装备科技译著出版基金

情报分析中的推理方法

Reasoning for Intelligence Analysts
A Multidimensional Approach of Traits, Techniques, and Targets

[美] 诺埃尔·亨德里克森（Noel Hendrickson） 著

果翀宇 彭丹杨 于泽雯 译

国防工业出版社

·北京·

著作权合同登记　图字：01-2022-5451 号

内 容 简 介

推理集情报分析的科学性与艺术性于一体，在情报工作中居于中心地位。本书系统介绍并梳理了关于推理工作的背景知识与专业理论，借鉴哲学和逻辑学思想，突出需求牵引与实践运用，从多维度提出针对情报分析中假设推导、因果分析、前景探索、战略评估等相关问题的推理方法，有利于深化对情报理论的认识，推动情报分析能力提升，为情报分析信息化、智能化发展提供理论基础。

本书可供从事情报研究、情报工作、情报分析智能化平台研发的相关人士参考，也可作为高等院校情报学、战略学、管理学等相关专业研究生和高年级本科生的教材。

Published by agreement with The Rowman & Littlefield Publishing Group Inc. through the Chinese Connection Agency, a division of Beijing XinGuangCanLan ShuKan Distribution Company Ltd., a.k.a. Sino-Star.

本书简体中文版由 The Rowman & Littlefield Publishing Group Inc. 授权国防工业出版社独家出版发行。版权所有，侵权必究。

图书在版编目（CIP）数据

情报分析中的推理方法 /（美）诺埃尔·亨德里克森（Noel Hendrickson）著；果翃宇等译. －北京：国防工业出版社，2025.1 重印

书名原文：Reasoning for Intelligence Analysts A Multidimensional Approach of Traits，Techniques，and Targets

ISBN 978-7-118-12604-4

Ⅰ. ①情… Ⅱ. ①诺… ②果… Ⅲ. ①情报分析－思维方法 Ⅳ. ①G252.8

中国版本图书馆 CIP 数据核字（2022）第 195754 号

※

国防工业出版社出版发行
（北京市海淀区紫竹院南路 23 号　邮政编码 100048）
雅迪云印（天津）科技有限公司印刷
新华书店经售

*

开本 710×1000　1/16　印张 23¼　字数 415 千字
2025 年 1 月第 1 版第 4 次印刷　印数 4501—6500 册　定价 158.00 元

（本书如有印装错误，我社负责调换）

国防书店：(010)88540777　　书店传真：(010)88540776
发行业务：(010)88540717　　发行传真：(010)88540762

本书献给我的父亲

恩贝特·J. 亨德里克森 博士（1928—2017）

他是我最好的朋友、导师、英雄

也是曾经的"亨德里克森教授"

译 序

情报是"知"与"拒知"的对抗、"诈"与"破诈"的较量。这种矛盾，既存在于战争又见诸于和平，既表现为有形又隐匿为无形，其形态的演进、强度的消长、对象的更迭，以及知与未知的杂糅、时间与空间的耦合，直接影响着情报活动的面貌，也决定着它一定是复杂的、善变的和斗争的。在这个意义上，情报分析作为一种认识活动与思维过程，自然也具有其内在特殊性。

情报分析是对情报资料进行甄别、筛选、研究、判断，最后形成结论的活动，是"加以去粗取精、去伪存真、由此及彼、由表及里"的思索。可以讲，情报分析自始至终都是情报工作的核心，是对抗博弈在高级思维领域的投射，是得以识之未萌、见之未发的保证，兼具科学性与艺术性。特别是在信息化时代，随着决策者对情报要求的不断提升以及反情报斗争的日益演变，以怎样的标准、要求、方法做好情报分析，正在成为情报研究与情报工作亟待破解的理论困惑与实践难题。

对此，美国情报研究学家诺埃尔·亨德里克森（Noel Hendrickson）选择用"推理"这把"钥匙"解锁情报分析。他以证伪主义、概率论、大趋势、博弈论等十二种现有通用方法论模型为基础，结合情报分析的特质，进行扬弃创新，从个人、程序与问题导向三个维度展开剖析，将每个维度进一步解构为十二个侧面，围绕情报分析中决策者与分析人员最关切的四个基本问题——正在发生什么？为何发生？还将怎样变化？该去如何应对？——就如何做好信息化时代的情报分析给出了系统回答。

值得一提的是，亨德里克森教授较好回避了一些国外情报研究学者常有的"美国中心论"或"西方中心论"问题，注重学理、突破浅表、回归本来。全书巧妙而严谨，全面且深入，一方面反映了作者其人深谙情报研究与哲学逻辑，为情报理论创新升华作出了示范；另一方面体现出作者长期以来对情报分析人员以及工作实践的深刻思考，展示了学术界在情报领域的应有作为。这也使无论是初学者，还是一线专家和研究学者都能从中获得补益。

实际上，推理作为一种思维形式，在某种程度上属于更深刻的分析，强调的是根据已知批驳已知、论证已知以及凭借已知获得未知、判断未知的方法路径，其过程既蕴含了情报对抗带来的复杂阻扰，又凸显了情报分析的过程性、辩证性、规律性与预测性。因此，推理是一种从认知域研究情报的重要视角，它在帮助人们洞悉情报中所展现出的穿透力时，又进一步加深了情报研究的深刻性。单从这一点，就足以说明译介本书的独特价值，也可以窥见译者对情报理解的独到眼光。

　　理论的深度决定实践的高度。情报理论的落后必然导致大国博弈和军事斗争的被动，这是历史规律。面对他山之木早已蔚然成林，我们呼唤早日迎来情报理论的春天！

2021 年 2 月 12 日

序 言

"安全专业情报教育系列丛书"(Security Professional Intelligence Education Series,SPIES)出版至今已逾十年,见证了国家安全教育从无到有的创立和发展历程。此前,情报教育在人们眼中并不是一门教育专业,而更多的是一种技能。它得益于具有文化教育经历的专门人才久而久之的培养历练。

自2006年起,这套丛书就已经在情报教育领域确立了领先地位。在情报伦理、情报词典、情报交流写作以及反情报教材等相关方向上,我们的著作出版量问鼎业界之最。

然而,在这套丛书涵盖的30余部著作中,我们对情报界作出的最主要贡献集中在情报分析领域。本书的出版建立在前期优秀的出版物和情报成果基础上,并且为情报分析领域增添了新的重要力量。我希望读者能够为这套丛书留下评论,特别是对其中关于定量情报分析、情报分析科学方法、情报分析练习、情报分析博弈以及介绍情报分析与研究的著作提出宝贵意见。

正因如此,"安全专业情报教育系列丛书"新近出版诺埃尔·亨德里克森博士(Noel Hendrickson)撰写的《情报分析中的推理方法》(Reasoning for Intelligence Analysts)就显得自然而然。亨德里克森的这部著作,在构建情报分析的逻辑与推理基础上做出了大量令人惊叹的工作,这也使情报分析工作者能够据此得出恰当的结论。这是一部教人如何思考的著作。亨德里克森既是一位实践者又是一位教育者,他的写作风格以及提供的图表使这本部著作深入浅出。这些也是一位优秀教师和情报分析人员所需具备的素养。

我一直认为这套丛书应当有这样一条好的标语:"我们不是在谈论情报,而是在做情报工作。"这部著作就是对这句话的印证和实践。

简·戈德曼(Jan Goldman)
"安全专业情报教育系列丛书"编辑

致 谢

在过去 12 年,我围绕本书中的理论和实践问题开展教学研究。在此期间,如果没有如此之多慷慨人士的意见建议和支持帮助,我所有的努力或许都难以成为可能。第一,我要向本书所有的读者致以谢意。如果没有你们对情报分析这项专业的投入,那么诸如此类图书的出版便失去了意义。第二,我要对詹姆斯麦迪逊大学行政部门在过去 12 年里给予我的莫大支持表示感激。从校长、教务长、副教务长到学院院长和部门领导,都对我投身的课题(以及情报分析学历教育课程)给予了极大鼓励,提供了很多机会。第三,我特别感谢十几年来整个情报界的分析专家、培训教员与有关领导对我的批评反馈,他们都曾围绕书中的相关议题(以及此前的一些版本)与我进行过细致讨论。我特别感谢许多来自美国国防部、美国司法部、加拿大军事情报指挥部、美国国防承包商的人士,以及"五眼联盟分析训练坊"(Five Eyes Analytic Training Workshops)①的许多参与者。第四,我对领导和支持"安全专业情报教育系列丛书"出版工作的罗曼和利特菲尔德出版社(Rowan & Littlefield)的每一位同仁充满感激,是你们能让更多读者看到了我的这部作品。第五,我感谢我的家人、朋友和詹姆斯麦迪逊大学情报分析学历教育项目组的同事,他们给予了我日复一日的持续鼓励。我要特别感激的是我的妻子和女儿,感激她们的支持与耐心。最后,但又最重要的是,我很庆幸能够在过去的十几年来结缘数百位致力成为情报分析人员的优秀学子,是他们帮助了我磨炼并完善出这条治学路径。十分感谢大家给予我的支持。

---

① 【五眼联盟】,是指第二次世界大战后由英美多项秘密协议催生的多国监听组织。它由美国、英国、澳大利亚、加拿大和新西兰的情报机构组成,其内部实现对情报信息的互联互通,同时通过窃取商业数据在国家政府部门和公司企业之间共享。——译者

目 录

绪论 ·· 1

第一部分　情报分析推理背景知识

第 1 章　推理概述（认识论与逻辑基础）······················· 11
第 2 章　情报分析概述·· 26
第 3 章　信息化时代概述·· 35

第二部分　情报分析人员的推理工作理论：推理的基本范式

第 4 章　推理的重要现行方法——关于结构化、非形式逻辑与思维
　　　　要素的范式 ··· 44
第 5 章　推理的多维方法——引入个人、程序及问题导向等维度 ·········· 60
第 6 章　推理的个人维度——推理的理想标准：所要体现的良好习惯　83
第 7 章　推理的程序维度——推理的理想标准：所需遵循的规则 ········· 97
第 8 章　推理的问题导向维度——推理的理想标准：所能提出的问题 ····· 108

第三部分　情报分析人员的推理工作实践：推理的基本方法

第 9 章　作为分析人员如何知晓自身特点——"分析平衡检查"方法 ··· 120
第 10 章　如何了解自身的分析过程——"分析过程反思"方法 ·········· 128
第 11 章　如何了解分析中的正确问题——"分析问题归类"方法 ········ 134

第四部分　情报分析人员的假设推导理论：
　　　　　　关于"正在发生什么？"的推理范式

第 12 章　假设推导的现行重要方法——关于证伪主义、贝叶斯法与
　　　　　解释主义的范式 ·· 143

第 13 章　发展假设的多维方法——关于观点、信息与含义维度的介绍 … 156

第五部分　情报分析人员的假设推导实践：关于"正在发生什么？"的推理

第 14 章　如何产生新的想法——"辩证假设生成"方法 …………… 169
第 15 章　如何发展最合理的假设——"三元假设发展"方法 ………… 177
第 16 章　如何认识何为理所当然——"基本假设三角剖分"方法 …… 184

第六部分　情报分析人员的因果分析理论：关于"为何正在发生？"的推理范式

第 17 章　因果分析的现行重要方法——关于概率论、干预论与
　　　　　系统动力学的范式 ………………………………………… 192
第 18 章　因果分析的多维方法——介绍顺序、系统与意外维度 ……… 204

第七部分　情报分析人员的因果分析实践：关于"为何正在发生？"的推理方法

第 19 章　如何识别个体联系——"比较影响分类"方法 ……………… 218
第 20 章　如何识别共性联系——"因果循环图示"方法 ……………… 226
第 21 章　如何识别意外联系（以及某事件怎样成为计划外结果的
　　　　　一部分）——"背景转换分析"方法 ……………………… 236

第八部分　情报分析人员的前景探索理论：关于"何时何地可能发生变化？"的推理范式

第 22 章　前景探索的现行重要方法——关于预报、大趋势与情境的范式… 244
第 23 章　前景探索的多维方法——关于缘起、延伸与结果维度的介绍 … 259

第九部分　情报分析人员的前景探索实践：关于"何时何地可能发生变化？"的推理方法

第 24 章　如何发现某种未来可能性的最合理缘起——"收敛设想开发"
　　　　　方法　面向未来的反事实推理，第Ⅰ阶段 ………………… 275

第 25 章　如何把对未来的估计纳入到全局考虑之中（并且预见到计划外结果）——"连锁反应分析"方法　面向未来的反事实推理，第Ⅱ阶段 …………………………………………………………… 284

第 26 章　如何确定最可能的未来结果——"发散设想开发"方法　面向未来的反事实推理，第Ⅲ阶段 …………………………… 291

第十部分　情报分析中的战略评估理论：关于"用户能够怎样应对？"的推理范式

第 27 章　战略评估的现行重要方法——关于风险、无知与博弈论的范式 …………………………………………………………… 305

第 28 章　战略评估的多维方法——关于环境、效应以及预期维度的介绍 ……………………………………………………………… 322

第十一部分　情报分析中的战略评估实践：关于"用户能够怎样应对？"的推理方法

第 29 章　如何支持决策：结果与预期均未知时——"战略关联检查"方法 …………………………………………………………… 332

第 30 章　如何支持决策：结果已知而预期未知时——"决策意义比较"方法 …………………………………………………………… 338

第 31 章　如何支持决策：结果与预期均已知时——"预期影响分析"方法 …………………………………………………………… 344

结语 ……………………………………………………………………… 353

作者介绍 ………………………………………………………………… 356

译者后记 ………………………………………………………………… 357

绪　论

我们在思想上正在面临新的挑战。数十年间，发生在政治、经济和社会领域的重大变化，促使整个世界之间的联系愈加紧密。技术的发展又进一步加剧了上述进程。与此同时，人与人、物与物以及思想与思想之间的传递速度也在迅猛上升。这种演进走向终点的一种可能，就是世界上的信息几乎能够畅达任何地方。此外，关于如何解释并运用这些信息的一些理念，也在不停更新换代并接连涌现。善于思考的人们，关心和追问的已不再停留于"我们真正知道①什么"，甚或是"这一切意味着什么"，而是"对于尚未发现的事物，它们蕴含的全部意义可能是什么"。这些变化的意义，特别是对那些服务于国家安全部门、私营工业集团、国家军事部门与执法部门决策者的情报分析人员而言，尤其关键。在这样的背景下，他们成为最早一批迎接科技进步中海量信息的先驱，率先承担起解读这种飞速变化的任务。更重要的是，情报分析人员还面临着更大的挑战，即不仅要去解译上述全部信息，还要为已经接触到这些信息并且正在从事进一步研究工作的情报用户，提供超越以往全部评估水平的深入见解。

0.1　本书的缘起：写作历程与动机是什么？

在过去十五年间，为更好应对情报领域面临的种种挑战，情报分析工作的"专业化"问题愈发引人注目，新兴的"**情报研究**"②领域也涌现出越来越多的内部培训、学术教育研究和奖学金项目，并且在数量上正在稳步增加。那些关于对情报分析人员理想思维样态所进行的描绘更加广为人知。因此，"批判性思维"（critical thinking）"创造性思维"（creative thinking）以及"结构化分析技术"（structured analytic techniques），经常出现在该领域的职业培训、院校教育

---

① 原著正文中使用斜体字表示强调时，本书译文对应使用着重号。——译者
② 原著正文中使用大写字表示强调时，本书译文对应使用黑体。——译者

和出版物中。然而，开辟出集专业实践性与学术研究性于一体的领域，需要一个长期协作的过程，需要一代甚至是几代人接续努力，不断探索多种不同的方法。

第一类方法是由资深情报分析工作人员遵循个人丰富经验，通过改善工作方法的路径发展而来，是一种对于情报分析人员理想思维方式的想象。这种"归纳式"（inductive）的方法从既有的"优秀实践"出发，试图形成一种新的"优秀理论"。该类方法的优势在于，它具有实践应用价值，并且在很大程度上能够"忠实于"情报分析人员的现实工作，但同时也伴有风险，那就是它在完整性上可能最终难以构成一种学术理论。第二类方法是由学术型情报分析人员或情报相关领域学者，运用跨学科专业知识探求如何运用相关重要理论，并解决情报工作中的挑战。这种"演绎式"（deductive）的方法从既有的"优秀理论"出发，试图衍生出此后能够投入现实使用的新的"优秀实践"。该类方法的优势在于，它具有理论性，并且在很大程度上"忠实于"最为有效的学术理论，但在现实情形中也会面临风险，那就是对情报分析人员而言，该理论并非全部"可用"。上述两类方法对情报分析这一领域的发展至关重要，同时对增进我们理解情报推理也至关重要。虽然这两类方法代表了迄今为止人们已经作出的大部分工作，但它们并不能代表全部。这里还有第三类可能：专门针对情报实践中的挑战，创建一种新的推理理论。这种"溯因式"（abductive）的方法，催生了一种新的"好理论"，该理论专门用于解释现有的（并且定义新的）"优秀实践"。它的潜在优势在于，创造了集"理论"和"实践"于一体的方法，在严苛的学术要求和实践需求中做到平衡（尽管此类方法也存在风险……下文将继续讨论）。或许，这也最终决定了本书的目标是着眼第三类方法开展研究：

> 为身处信息化时代的情报分析人员创建一种全面的理想推理方法，为立志于投身情报分析工作的读者提供一种教育背景支持，为情报专家提供一种拓展工具，同时也为情报领域学者和方法论专家提供一套全面的推理理论。

除了上述崇高的理论追求之外，本书主要的写作动因也很实际。对此，可以追溯至十二年半之前的一项挑战，我当时作为哲学教师，在为高校新生讲授"批判性思维"课程时遇到了一个问题："学术界在教学和方法论上能够为情报界作出哪些贡献？"当时，我所在的高校正在探索专门为那些致力于成为情报分析人员的学生设立新的本科专业，其内容可能也是为新的分析方法提供方法论上的"验证平台"。我围绕自己能够对该领域作出怎样的贡献这一问题，作了进一步跟进，并且同主要情报分析机构中为情报分析人员讲授推理的同仁进行持续且深入的交流，对新出现的**情报界**"条令"，特别是对那些与《情报界条令203：分析标准》(ICD 203：Analytic Standards)① 相似的一类文件草案进行了深入的研究和反思。由于涉及情报分析方法论的部分并不涉密，我能够与相关人士围绕他们所讲授的细节展开讨论，而且更为重要的是，我们还讨论了为什么需要在他们的支持下找出那些能够由学术界（如我本人）帮助解决的问题。这些讨论不断重塑着我对于情报分析人员所面临的那些推理考验的理解，并且影响了此后我对关于如何应对这些挑战的潜在方法的思考。根据我的总结，"归纳"的方法最适用于上述提及的一线人员，并且早已是情报界内部的正式在研项目，因此几乎不需要"外包"给学术界（学术界人士永远不可能获得一线人员的"一手经历"）。同时，我认为"演绎"的方法最适用于那些正从事围绕如何将方法运用于情报分析的专项跨学科学术研究人员。这一方法也包含在众多的在研项目中（而且这些项目并未将**情报研究**列入其自身专业领域）。然而，目前似乎还没有人尝试运用"溯因推导"的方法去拓展出一套新的完整学术理论体系，用以专门解决情报分析人员面临的挑战。

2006年6月8日，我在宾夕法尼亚州伊利城默西赫斯特学院（Mercyhurst College）② 主办的情报领域国际学术讨论会上，宣读了题为《超越演绎、形态和谬误：关于新型核心分析技能的一种学术视角》（Beyond Deductions, Forms, and Fallacies: An Academic Perspective on the New Core Analytic Skills) 的论文，论述了有关该方法的初期阶段成果。此外，我在此期间还宣读了题为《批判性思维的三维模型》（Three Dimensional Model of Critical Thinking) 的论文，并在此基础上经过进一步修改后以《情报分析中的批判性思维》（Critical Thinking in Intelligence Analysis) 为题发表在《情报与反情报国际期刊》（International Journal for Intelligence and Counter Intelligence)（2008年冬，21卷第4篇，679~693

---

① ICD 203：Analytic Standards，由美国国家情报总监办公室（Office of the Director of National Intelligence）于2007年6月发布，于2015年1月修订，正文共6页。发布该标准的目的在于：一是管控情报分析产品的生产与评估；二是明晰情报分析人员的职责，使其在分析思考与工作实践中做到卓越、正直和严谨；三是描绘美国国家情报总监办公室监察官的职责；等等。——译者

② 根据公开资料显示：该学院于2012年升格成为大学，即默西赫斯特大学（Mercyhurst University）。该校始建于1926年，坐落于美国宾夕法尼亚州伊利城第38大街东区501号，是一所培养本科和研究生的综合性小型天主教学校。该校于2018年成为了美国宾夕法尼亚州第二所"紫心大学"（Purple Heart University），为退伍军人及其家庭提供服务。值得注意的是，该校开设了许多情报专业类课程，服务于国家安全部门、军事部门、执法机关等，例如研究生专业有应用情报学、应用情报学（网络函授）、数据科学、商务分析与情报等。其中，应用情报学专业是科学硕士学位，主要讲授情报研究方法、情报理论及应用、竞争性情报、执法机关情报、情报交流、情报当代领导力、战略情报管理、网络威胁分析、大战略：战略规划与情报、核不扩散分析、地理空间情报、私人领域数据分析、军事及作战情报、反间谍政策与实践、金融情报分析、情报比较历史、高级分析技术等。——译者

页）上。更为重要的是，自 2007 年秋季起，该方法就已成为詹姆斯麦迪逊大学科学大类情报分析本科专业中长达四学期的分析方法论课程的理论基础。综合过去十年在"假设检验""因果分析""反事实推理"与"战略评估"四门课程中积累的经验，我不断深化对该模型的研究。这一过程中，我不仅结合了为数百名有志于投身情报分析的青年分析工作者（他们此前和之后均在情报领域及相关分析领域工作）授课的经验，还结合了自身无数次在参加不同领域有关研讨活动与专业会议时的展示发言，同时还吸纳了与大量情报分析工作者、教育专家和管理人员开展交流的经验。

0.2　撰写本书的目的：应当做什么（与/或不做什么）？

本书面向的是分析专家、情报领域学者、方法论专家以及立志投身情报分析事业的读者，着力在"理论"与"实践"之间寻求精妙平衡。本书的写作目的是：全面为情报分析人员阐示推理的理想标志，并提供与之紧密匹配且相对稳健的分析方法。因此，本书一方面具有足够严谨的学术规范性，既可以作为高校培养情报分析人员的教材，也可以作为推理理论的参考材料，供情报领域学者与方法论专家研究；另一方面，本书也足够实用，可用作为立志投身情报分析事业的读者培养推理技能，也可以为情报分析专家在完善既有实际工作与开拓分析方法时提供支撑。为平衡好上述作用，本书时刻注意行文语言，以便同时满足学术上的严苛要求并回应实践运用中的相关问题。为此，一些更加趋向于学术功用的读者，或许会感到这本书"太过注重应用"或是"学术严谨性还不够充分"，而一些更加趋向于实践功用的读者，则或许会感到本书显得"太过理论化"。因此，如果上述两类读者都提出了异议，那么或许也就证明了本书恰巧达到了适当的平衡。（无论怎样，我实际上也些许有着以上两种感受。）

至此，尽管本人对于本书的上述考量听起来显得特别雄心壮志，但本书在理论和实践上也存在着一些重要局限。首先，由我来阐述这其中的理论局限。我在撰写过程中，着力整理并确认了关于推理的学术理论，包括：①关于假设验证中**证伪主义**（Falsificationism）[①]、**贝叶斯法**（Bayesian）[②] 与**解释主义**

[①]【证伪主义（Falsificationism）】的基本观点是：科学理论不断通过有限的、个别的经验事实而被证实，但个别的经验事实都能证伪普遍命题。即如果根据演绎推理得出的结论是假的，其前提必假。——译者

[②]【贝叶斯法（Bayesian）】是一种计算假设概率的方法，这种方法是基于假设的先验概率、给定假设下观察到不同数据的概率以及观察到的数据本身而得出的，方法是将关于未知参数的先验信息与样本信息综合，再根据贝叶斯公式，得出后验信息，然后根据后验信息去推断未知参数的方法。——译者

(Explanationist)① 的范式；②关于因果分析中**概率**（Probabilistic）、**干涉主义**（Interventionist）与**系统动力学**（Systems Dynamics）的范式；③关于前景分析中**预测**（Forecasting）、**大趋势**（Megatrend）与**设想**（Scenario）的范式；④关于理性决策中**风险**（Risk）、**无知**（Ignorance）与**博弈论**（Game Theory）的范式。我坚信，一位发展均衡的分析人员，在分析工作中基本上应当熟悉上述全部方法。然而，本书并未对上述任何一项内容进行深度研究或是展开探讨。这是因为本书的最终目的在于，专门为情报分析人员构建一套不同于上述方法本来用途的推理理论。因此，我并没有按照一位情报分析人员"想要"的方式，对上述方法给出不公正的批评，而是试图从每种方法中选取其中最具洞见的部分，用作构建本书理论的灵感来源。同样，本书探索了一些在本质上属于情报研究的新方法，诸如，**结构逻辑**（Structural Logical）、**非形式逻辑**（Informal Logical）与**思维要素**（Elements of the Mind）范式等，但只是通过进一步熟识每一类方法，发现其中新的意义，使其实现新的发展。虽然这些方法与本书所构建的方法不尽相同，但我在与倡导这些方法的人士进行交流的过程中更加坚信，他们的最终目的与本书所构建的方法并不冲突，只是在所关注的侧重点上、运用的方向和背景上具有差别。因此，我在书中用了五章篇幅对已有的推理方法进行研究，并侧重选取了其中我认为是"最好"的方法。此外，本书还有三章内容主要是关于情报分析本质、推理以及信息化时代的背景介绍材料。撰写该部分内容的目的并非出于对细致探讨其中某一项概念的兴趣，而是主要用于"支撑"由我提出的那些情报分析人员在**信息化时代**所要面临的挑战。如果要对其中的某项问题进行更完整的讨论，那势必要等其他机会了。

其次，我将描述本书内容存在的实践局限。在我看来，现实世界的情报工作人员（甚至包括爱好者或初学者）能够即学即用本书的全部方法。本书对他们的要求包括：①无需经过该专业先期教育；②无需得到技术辅助；③至多投入 1/3 学期的时间便可在情报分析工作领域达到"高级初学者"（advanced beginner）的技能水平；④仅仅需要数小时即可掌握运用这些方法的"快捷版本"（fast version）。这就意味着，我不会再去考虑那些必须经过技术培训才可掌握的方法（诸如运用形式逻辑、完整建模或统计学）。尽管分析方法在这些工具的加持下，能够发挥出更加强大的效能，但显而易见的是，它会脱离本书服务于"大众读者需求"的宗旨。同样，我也并未考虑要去开发任何使用计

---

① 【**解释主义**（Interpretivism）】（本书作者使用了 Explanationist 表达同样意思）的哲学根基来源于唯心论，主张人类对世界的体验并非是对外界物质世界的被动感知与接受，而是主动的认识与解释。——译者

算机（或其他）技术的方法，尽管这可能对计算的可视化或简化过程具有裨益，但须知，在所有获得有用信息的方法中，没有什么是可以脱离纸、笔和分析人员思维的。我还选择了一些方法，可供那些完全是"新手"的读者在相对短的时间内学习使用，并至少使其达到基础等级的能力要求。在每个时长十五周的学期，我会重点讲授其中三种方法。因此，本书并不包含那些需要花费更长学习时间才能获得更高水平的方法。最后，虽然所有方法经过更长一段时间缓慢而稳定的应用后能变得更加得心应手，但对于具备一定推理经验的人士而言，应该能够在几小时内对其熟练掌握。显而易见的是，在现实世界中不需要那些过分耗时的方法。为此，对于那些可在短时间掌握却过分依赖"设备"的方法而言，便不再此列。

本书虽有意避免出现实践局限，但并未在真正意义上将其消除。本书在一定程度上，预设读者已通过高等教育基础科目中关于**批判性思维**或**逻辑学导论**等课程，预设读者已经熟知了逻辑和推理的基本原理。因此，我基本上并未围绕上述内容在基础层面进行讨论。这也意味着，一些读者（或许是情报分析爱好者）需要在阅读之前先行查阅有关资料。同时，我此前也专门围绕上述问题撰写了一部著作。① 学习本书，应至少要具备已经做好进入第二学期学习准备的高校新生（或更高年级）的基础。

考虑到方法论部分的实例运用，最后的一个局限是：由于不确定程度和细节程度不同，可供使用的例子不一而足，这也使得相关著作中的大多数例子在标准上较为适中，或是低于那些没有争议性的综述与"教科书事例"，或是高于那些有争议性研究与"案例研究"。由于教科书事例并不能为学生提供充分指导，我在书中斗胆使用了具有争议性的事件作为例子。同时，本书受篇幅所限并未对所有方法提供与之对应的案例研究。所有的事例均为第二次世界大战之后国际安全问题中的著名案例（案例遴选主要从西方英语国家视角出发），我坚信它们都是情报分析爱好者所熟知的，并且对于这些案例的探讨也会对其深入研究工作提供指引。一线工作者或许还会对其中一些案例有亲身经历。在此类情况下，也恳请读者（如果没有被惹恼）对本书的结论提出反对意见。当然，本书中的案例均用于说明方法而非用作他图。为此，本书对一些案例进

---

① 综合了解，参见：诺埃尔·亨德里克森（Noel Hendrickson）、柯克·圣·阿芒（Kirk St. Amant）、威廉·霍克（William Hawk）、威廉·奥米拉（William O'Meara）与丹尼尔·弗拉奇（Daniel Flage）合著的《罗曼和利特菲尔德批判性思维手册》(*Rowman & Littlefield Handbook for Critical Thinking*)(Lanham, MD: Rowman & Littlefield, 2008)。详细了解，参见经典著作：欧文·M. 柯匹（Irving M. Copi）、卡尔·科恩（Carl Cohen）与丹尼尔·E. 弗莱奇合著的《逻辑学要素》(*Essentials of Logic*)(Upper Saddle River, NJ: Pearson Prentice Hall, 2007)。

行了简化处理。最后，我希望所有读者可以理解我的初衷，那就是尽量避免使用具有不确定性的事例，并确保每一种方法均有简洁事例提供支持。

0.3 本书成果：主题与内涵是什么？

我认为在**信息化时代**，情报分析人员的理想推理方式，应当是多维度下理论与实践相结合的产物。这里主要涉及三个主要维度：个人（personal）、程序（procedural）与问题导向（problem-specific）。为此，情报分析人员在达成上述理想目标过程中，推理工作的理论与实践需要经过探索、解释和求证等多个角度方能达到理想状态。本书分为如下五个相互联系的部分。

第一部分：分析人员的理想推理工作源自理论与实践的融合

对于任何理论而言，无论在逻辑上如何严谨、研究得如何透彻或是具有怎样的历史意义，如果分析人员不能将其运用到现实世界的实践当中，最终也是一无是处。分析人员的分析推理，必须转化为用以指导解决实际工作中各种问题的建议。此外，某种方法无论在指导现实工作时能够用上多少，无论能够发挥多大作用，如果缺乏公认的理论为其作支撑，那么情报分析人员在运用时也会感到心里没底。如果脱离了可靠或是可信的传统理论或概念，就可能会作出明显具有风险性和潜在危险性的假设。既满足理论又满足实践的唯一方法是将二者结合起来。我们需要的是能够将其他相关方法加以集成的坚实理论，同时研究出一整套能够实现与实践无缝衔接且足够细致的方法，用以指导情报分析人员完成任务。

第二部分：分析人员的理想推理工作在理论与实践上都是具有个性的

推理中的个人维度，代表了分析人员的特征以及他们表现出的理想化认知素质，关乎的是"分析人员是谁"的问题。在这个维度上有四个第二层维度，都代表了情报分析人员的素养，即思维中的胆识（intellectual courage）、思维中的自制（intellectual self-control）、判断是非的能力（discernment）以及思维中的公正（intellectual fairness）。这其中的每一项还各包含有关个人的第三层维度，例如，谦逊、效率、多面性和务实。这些素养取决于情报分析人员的思维特质，体现在他们如何把握这些相互矛盾的"要素"，以及避免某一"要素"在程度上出现过多或过少之间的失衡。举例来讲：单就追求效率而言，需要在权宜之中全面考量，避免出现粗心大意、繁复冗余的问题（例如，不够"及时"）。

对于如何理想地运用情报分析方法，该部分还展示了（情报分析人员）

对自身特定素养的认知。情报分析人员应当考虑自身最需要发展的素养，并且坚持自身所选择的分析方法。本书提出的十二种情报分析推理核心方法，分别有各自独立的特定侧重点，也分别对应这些在思维层面所需的素养。这些不同的侧重点对于分析人员保持思维上的"均衡"非常重要。同样，情报分析人员的分析推理方式，也会直接反映出其推理个性，以及其可能受到优劣影响的程度。为此，本书还提出了一种更深入的基本方法，帮助分析人员在个人层面反思推理工作，以及他们达到具备特性的程度。

第三部分：分析人员的理想推理工作在理论与实践上都是具有程序性的

推理中的程序维度，代表了分析人员所遵循的技术上和理想中的认知规则，关乎的是"分析人员做什么"（what the analyst does）的问题。这部分包含四个第二层维度，也就是四条基本规则：确定相关背景（identify relevant background）、推断合理结论（infer plausible conclusions）、设想可能的替代方案（imagine possible alternatives）、解释更广阔的意义（interpret broader meaning）。每个内容都包括三个第三层维度，诸如：彻底研究分析对象（thoroughly research subject）、质疑每一个推断（challenge every inference）、不断启发判断（continually evolve judgments）以及确定证明的局限性（identify evidential limitations）。这些规则是分析人员在推理过程中所需遵循的行为方式。如果出现意见分歧，情报分析人员可以邀请同事参与其中。例如，在具体规则中，当确定举证时要求情报分析人员在规定时间内判断出所提结论的合理程度，同时确定其中最薄弱的环节。运用情报分析的理想方法还包括以下明确的认知规则。

运用一种分析方法的理想方式包含遵循特定的认知规则。因此，情报分析人员应该考虑其最需要遵循的规则，及其团队在选择方法论时最需要遵循的方法。本书提出的十二种核心方法各有其独特之处，同时专门针对的是这些特别的分析规则。这些不同的针对点非常重要，因为它们帮助分析人员保持了过程的"均衡性"。此外，分析人员应该有办法直接反映出他们分析推理的过程，以及他们在多大程度上能够遵循这些优秀的思维方法规则。因此，本书着眼程序维度，进一步提出一种通用方法，重点帮助分析人员反思分析推理，以及他们在何种程度上遵循了正确的规则。

第四部分：分析人员的理想推理工作在理论与实践上都是具有问题导向的

问题导向这个维度，代表着分析人员的工作目标以及分析人员心中的问题，关乎的是"分析人员走向哪里"（where the analyst goes）的问题。这其中包括四个第二层维度，也就是四个基本问题：（或是认知层面的）"正在发生什么？"（发展假设）"为何发生？"（因果分析）"何时何地可能发生变化？"（前景探索）以及"用户怎样能够作出响应？"（战略评估）。每个问题都包含如下第三层维度,例如:"对于了解正在发生什么而言,合理的理论是什么?""为什么此类事件正在发生?""这种变化可能会在何时何地发生?"以及"对于其他因素的前景探索,将会对用户作出响应带来怎样的影响?"。这些问题(或是推理领域)构成了分析工作人员开展研究和调查的途径与方法,也对用户所必需的评估以及所选择的方法进行了分解。举例来讲,当分析人员在试图了解用户所需结果的背后动因时,能够从三个不同的方向构思**因果分析**上的问题,即将其作为一系列的事件,将其作为正在进行的互动,或是将其作为一个意料之外的结果。

如果要理想地运用这些分析方法,还需要提出明确的问题。人们对以下情形不会感到意外,分析人员在选择采用何种方法时,应当结合考虑最适合提问的问题是什么(既包括用户所指定的问题,也包括涉及的全部先决条件)。同时,本书列出的十二种核心方法还分别侧重其对应的有关情报工作问题。进一步看,分析人员首先需要做的是,确定这些问题之中哪些最值得去问,以及反思他们是否选择了合适的对象和方法。因此,本书聚焦问题导向提出了更进一步的方法,主要为了帮助分析人员反思推理过程并提出正确的问题。

第五部分:分析人员达到理想标准的前提是成为一名推理工作的优良模范

在传统意义上,情报分析人员的价值,体现在他们能够"特别接近"(special access)真相,从而为用户决策提供支撑。这种价值得益于他们所掌握的通过秘密渠道搜集到的信息,以及他们(在党派和决策者之间)所保持的中立立场,后者令他们能够做到更加客观。但在"开源信息"效用迅猛增大的时代,用户更加想"看到搜集来的信息",并自行对其进行分析,并且更想在经过(虽然并不完全公平的)学术和文化讨论与批评之后使其呈现出理想的客观性。如果仅仅从情报分析人员的存在意义出发,上述情况所带来的影响是具有威胁性的。一些人也已经开始对情报公司存在的意义产生质疑。或许在我们的世界中,那些在网络社交平台上发表140字左右简练而辛辣评论的人也在对形势进行着评估。但具有潜在价值的情报分析人员应当是:从潜在意义上看,他们对于展示出"优秀推理"的样子起到了模范效应。他们挑战着我们已有的成形"体系",以及个体与大众的现有认知。这在一定程度上意味着,他们已经从我们此前听到的那些合理路径中超脱了出来。他们具备相应的潜质,为我们证明:一种理想的推理对我们是多么有价值。本书旨在探索、解释和例证全部推理方法,并帮助未来的情报分析人员为这份崇高的事业续写一代又一代的辉煌。

第一部分

情报分析推理背景知识

第1章
推理概述（认识论与逻辑基础）

　　本书为身处**信息化时代**的情报分析人员认识推理提供了的全面而**多维**的视野。之所以这样讲，是因为本书可用于支持立志投身情报分析工作的群体学习推理知识，可成为情报专家拓展推理工作的工具，还可为专注情报研究的方法论学家和学者提供一套系统的推理理论。正因如此，本书将视野铺展在情报分析人员、信息化时代与推理工作（例如，逻辑与认识论）的交叉区域之间。所以，本书预先铺设的基础是，对信息化时代、情报分析理论以及一些推理的基本观点给出解释说明。如此一来，在对本书方法进行详细论述之前，有必要对上述三个方面作出更精准的解读。当前的主要目的已不再是去辩护本书所要解释的这些概念，而是要弄清这些概念本身的含义。① 本章旨在介绍有关推理的基本观点，帮助身处信息化时代的情报分析人员辨别推理中的那些挑战。第一，本章解释了一些推理中的基本条件；第二，本章探究了一些推理中的基本过程；第三，本章考察了一些推理中的基本问题。

---

① 这部分内容简化并省略了该领域在学术上有关逻辑、认识论以及哲学科学的许多重要问题，这其中的原因是它们与情报分析人员特定的目标并非必然关联或能够得到充分利用。该领域的学者们首先关心的是，要为其尝试开发出的方法中的基础概念作最好的说明；反之，分析人员对这些概念首先感兴趣的是迄今为止它们在现实工作中发挥了怎样的影响。对于文中提到的一些与认识论相关概念，以下书目可提供更全面的介绍，参见：路易斯·P. 波伊曼（Louis P. Pojman）：《我们能知道什么?》（第 2 版）(*What Can We Know?*, 2nd edition.)（Belmont, CA：Wadsworth, 2011）。从通用哲学角度对这些问题更具深度的解释，参见：斯文·贝内克（Sven Bernecker）与邓肯·普里查德（Duncan Pritchard）合编：《劳特利奇的同伴认识论》(*The Routledge Companion to Epistemology*)（New York：Routledge, 2012）；保罗·K. 莫泽（Paul K. Moser）：《牛津认识论手册》(*The Oxford Handbook of Epistemology*)（New York：Oxford University Press, 2002）。

1.1 对推理中一些基本条件的解释

"推理"是试图形成知识与才智的认知过程。可以讲，推理针对的是理解世界的本质，或在世界中指引行动，或二者兼而有之。"理论推理"（theoretical reasoning）是针对系统阐述知识而进行的推理，而"实践推理"（practical reasoning）是针对系统阐释才智而进行的推理。它们尽管分别对应不同挑战，但仍紧密相连，因为知识与才智本就是相关的。

从常识出发，对于才智的理解，可能是指"对知识的应用能力"。一种经典的哲学解释是将其视为"自我具有的知识积累"（特别是对于人的自身弱点）或是"关于如何更好生存的知识"。① 上述不同理解之间的差距并不远，正如二者都认为，才智是对于某特定人员在特定情况下针对某特定问题作出决策时所需的某专门类知识。更确切地说：

才智＝知识，这种知识用于为某个明确的个人在某个明确的场景中面对某项明确的选择时提供充分恰当的指导，以达成其明确目标。

当前，尽管才智所涉及的是某个"明确的"个人、选择与场景，但这并不意味着才智就不能够指向全部类别的个人、选择和场景。例如，新手分析人员的才智、处理叛乱的才智、应用未来分析方法的才智等。才智具有的"明确性"，仅仅意味着所涉及的（种类）人、问题和考验处于场景化之中。才智是"与某一特定情境中的知识"。

因此，可以通过推理来教授或习得才智，而未必需要从岁月积淀、独特经历或是某种神秘的过程中继承而来。现在，由于才智已经深深地与某个明确的个体、问题和形势相对应，使得发现才智与发现（一般性）知识相比难度要大得多。人们经常会错过许多实际情况中的细微差别。因此，似乎有着岁月或独特经历才能获得才智，这是因为首先要获得（一般性）知识，之后第二位才是获得适当场景之中的才智。然而，尽管岁月和独特经历可能会为人们获得才智增加额外机会，但也并不能保证一定会起到作用。岁月/经历与才智分属两个层面，它们不存在必然关系。

---

① 对于前者，参见：《柏拉图作品集》（*The Works of Plato*）中柏拉图的《申辩篇》（*Apology*）和《理想国》（*Republic*），欧文·埃德曼（Irwin Edman）编（New York：The Modern Library，1956）；对于后者，参见：《亚里士多德作品集》（第 8 卷）（*The Works of Aristotle*）中亚里士多德的《尼各马可伦理学》（*Nicomachean Ethics*），W. D. 罗斯（W. D. Ross）编（London：Oxford University Press，1968）。

知识的本质显然是更加复杂且富有争议的。从常识出发，知晓某事是"去掌握有关它的真实情况"。同时，知识的经典定义是"得到确证的真实信念"（a justified true belief）[1]，其基本精神与前者并非相去甚远。并且，知识是一种明确的认知状态，即确信某事是正确的。知识包含信念。

　　信念（关于某一观点是正确的）=关于对某陈述是真理的理性赞同（或判断）（例如，认知上将实际情形通过特殊方式表示）。

但是，确信某事是正确的，并不足以说明它就是正确的。被确信是正确的事，必须的确是正确的。知识要含有真理。

　　真理（对某一陈述而言）=独立于任何主观判断所作出的代表实际情形的陈述。

现在，那些被确信是正确的事仍不足以成为知识。假如其成为知识，那么成为事实的那些随机或偶然的信念也能符合成为知识的要求。"知识"，意指在正确的信念和确信它的人之间存在着某种联系。然而，一项仅仅合理的正当理由，可能是建立在最后发现是假的东西之上的（尽管付出了最为理性的努力），所以这看起来依然不会妨碍它"侥幸"成为知识。但不幸的是，在这种情况下并没有可供使用的明显或容易阐明的选择条件。如此一来，本书试图描绘不同种类的潜在（并更加复杂的）选项，并且它们都笼统地与真理具有"充分的、在认知上理想的关系"。

　　充分的、在认知上理想的关系（对于真理而言）=独立于任何主观判断的现实情形自然地影响着判断，这个判断就是这个陈述确实使其有理由被确信为真。

这种情形是有意设计的，因此能够得到多种方法的解释。内在论（internalist）理论[2]的解释是在通过主观意识取得充足的证据基础上而作出判断，而外在论（externalist）理论[3]的解释是通过与主观上认知能力（和/或理智德性）的适当发挥形成相互作用而作出判断。因此，综上所述，知识的最终定义将是：

---

[1] 广为人知的是，这一陈述（据我们所知）由柏拉图首次阐述。参见：《柏拉图作品集》中柏拉图的《泰阿泰德篇》（Theaetetus）。

[2] 【内在论】是一种哲学立场，它主张人类经验就是确认的唯一终极来源。绝对的内在论坚持人的不假外求：人是万事万物的准绳，因为任何假定超越于理智的东西，按其定义本身，已经是"在理智以外的"，因此也在理性深入探索的范围以外。——译者

[3] 【外在论】指认为自然知识的探索要受社会、政治和经济环境影响的观点。——译者

知识=对观点为真的信念与实际上是真理的观点,有着充分的、在认知上理想的关系。①

在涉及知识的上述定义中,误解范围最大的是其与关于对"真理"的理解。在最近的几十年里,对传统意义上理想化真理的质疑(如果不是蔑视或摒弃的话)日益增多。哲学家称作"相对主义新人"(freshman relativism)的这类人拥有诸多拥护者,他们惯用的表达,例如,"不存在(绝对的)真理",或"真理仅仅是关乎观点的问题",或"你所认为的真理对我而言未必是真理"。然而,这些观点显然全部是荒谬的,因为他们是自相矛盾并且/或是站不住脚的(这些明确否定真理的人,同时肯定了他们所认为他们正在否定的事)。② 并且,他们对于"'真理'是指什么?"这一问题经常会有无知的误解。图1.1对上述术语关系进行了展示。

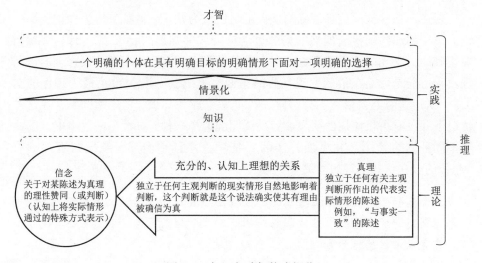

图1.1 知识与才智构成概览

一些人确信的正是他们自身持有的观点(这定义了"观点")。同时,一个人所确信的真理,其他人并非一定确信它是真理。每个人或许都会同意某个观点并建立共识,或者他们可能也都会发生分歧并产生出多种多样的观点。但

---

① 翻译中保留原文序号,对句法顺序进行了调整。——译者

② 更加准确地讲,关于"没有(绝对的)真理"的表述,是指要么它是一个(绝对)真理,要么不然。如果是,那么它驳斥了自己;如果不是,则它并不能排除(绝对)真理的存在。不管怎样,此见解都会快速崩塌。上述理由都适用于其他的相关陈述。"真理仅仅是关乎观点的问题"本身难道不就是一个关乎观点的问题吗(并且,如果这不是我的真理,那么真理绝对依然适用于每一个人)?"你所认为的真对我而言未必是真"的表述对于我是谬误的话,那么这样是不是也适用于每一个人?

是，上述所有都与"真理"的含义是不同的。"谁可以决定什么是正确的？"换言之，他们都误解了"真理"的含义。没有人能够"决定"什么是正确的，因为这不仅仅是一件关乎任何人作出决定的事。真理关乎的是人们所具有的这些信念、观点、共识和分歧。正因如此，真理又超越了它们。真理并非仅仅关乎某人的信念或是观点。真理所关乎的是世界上的事实。它并非仅仅关乎意见。真理就是对于所有人而言都是真的，或者对于所有人而言都不是真的。为此，一些人将此类真理称为"绝对真理"。①

导致真理混淆的另外一种可能原因，源于一些哲学家、语言学家、认知科学家更为深刻的担忧。他们所面对的技术问题是，当这些陈述"表征现实"（represent reality）时，是否可以说明信念（或陈述）与世界（独立于它们之外的）之间关系的确切本质。令一些人担忧的是，是否存在某种完全令人满意的说法可以解释这种关系（或是这种关系中的要素之间的关系，例如，有关认知的具象状态，或独立于它们之外的世界）。这就涉及相当复杂的问题，不仅有认识论和形而上学，还有精神哲学以及语言哲学，这些都远远超越本书的讨论范围。因此，从当前的目的出发，对此类解释的设想的确有用，但是又没有必要。

导致真理混淆的最后一种可能原因实际并非与真理本身相关，但却关系到人类认识真理过程中所具有的（或不具有的）认知基础。换言之，问题的重点不在于是否存在（绝对）真理，而是人类是否有资格去知晓它。或是在某些情况下，有关的担忧来自于担负寻求（绝对）真理的社会机构（如政府机构、宗教机构、科学机构）是否具有（或者缺乏这些）历史担当。当前，严格地说，这并不是解释既有真理的问题，而是真理与确信真理的理性基础之间是存在差异的。即使人类社会从未有过使人们能够接近真理的理性基础，真理（就所描绘的意义而言）依旧存在。所以，这里的问题不在于（绝对）真理是否存在，而是人们是否具有能够知晓真理所需的认知关系。换言之，问题不来自于相对主义（relativism）②（例如，声称不存在［绝对］真理），而是怀疑主义（skepticism）③（例如，声称不清楚人们是否知晓［绝对］真理）。

---

① 这是我有时会谈到（绝对的）真理时，为绝对的加上括号的原因。这个"绝对"是多余的。不存在"相对"真理。存在信念，但它与真理不同。从这个意义上讲，真理永远是"绝对的"。

② 【相对主义】是一种认为观点没有绝对的对与错，只有因立场不同、条件差异而相互对立的哲学学说。——译者

③ 【怀疑主义】是哲学上对客观世界是否存在、客观真理能否被人们认识表示怀疑的学说和体系。希腊文该词的原意指反思、犹疑、怀疑，也指面对彼此冲突的陈述的一种怀疑或犹豫不决的状态。——译者

对于什么是真理而言，什么才是"充分的、在认知上理想的关系"？以及，人们是否曾经达到自我满足的状态？离开了远远超越当下对于知识的"中立"定义，是不会提出上述这些问题的。然而，在围绕"确定性"（certainty）以及"知晓某人知道"（knowing that one knows）的概念对怀疑主义进行回应时，有两点显得非常重要。

第一，知识不意味着确定性。

> 确定性 = 当某人对信念给出的原因，使得信念不可能错误时（给予真理这些原因）。

换言之，在确定的情况下，明确的"充分的、在认知上理想的关系"保证了相应判断的正确性。按理讲，一个能够带来确定性的过程应当是一个"绝对可靠的"（infallible）过程，因此就确信了具有确定性的人类知识，也就意味着人们的推理过程（至少在潜在意义上）是绝对可靠的。有人可能会进一步认为，这样"绝对可靠的"过程并未得到正确的质疑，因此要停止相关论调，即通过情报上（甚或是政治上的）的权威去知晓真理。现在，有的人有（正确的）理由说明，引发上述所有情况的原因都并非真的是把知识视作具有确定性，而且也并没有理由认为知识首先就要具备确定性。同时在事实上，近乎所有的当代知识学家认为，知识并不意味着要有确定性。人们对知识的处理并不完美。

第二，知识也同样并不意味着"知晓某人知道"。有时，据称（特别是对于内在论者获取知识而言，尽管不公平），有人真正知晓某观点为真的前提是，只有当另有人也知晓有人知晓该观点为真时。这样的基本要求立刻会形成一个（看似无法遏止的）无穷循环：知晓 p 为真，将意味着知道有人知晓 p 为真，这将意味着另外有人知道有人知晓 p 为真，并将如此无休止继续下去。因此，看起来很明显的是，知晓某事为真可能并不需要具备相关知识。这并不意味着人们永远不具备"二阶"（second order）① 知识（人们所知的知识），但此类知识在通常情况下完全是不需要的。再说，人类对知识的追求过程本就不完美。

最重要的是，关于知识的理论有着两种可能：他们申明（知识）不可能具有"充分的、在认知上理想的关系"，否则（知识）不可能是谬误（例如，某人一定知道他所认为自己知道的所有事）；或者他们申明可能具有"充分

---

① "二阶"（second order）通常是指具有附加或更高的难度，该术语专门使用于数学、科学逻辑、心理工程以及宗教哲学。——译者

的、在认知上理想的关系",并且(知识)可能是谬误(例如,某人或许并不知道他所认为自己知道的事)。① 接受前者看法,就意味着具有"充分的、在认知上理想的关系"是指具有确定性,但持这种看法的人相当少。因此,人们的推理能力几乎使其永远不会达成他们的目标(假设推理是为了努力求知或变得明智)。人们几乎总是永远不会知道所有的事,更不用说有权宣称其知道如何去解释知识。接受后者看法,就意味着接受人类推理能力的不可靠性。一些人或许会认为他们在具有"充分的、在认知上理想的关系"的基础上了解了一些事,但这些可能仍会在最后被证明是错误的(因为他们在作出判断时,这些信念为真的机会不可能是百分之百的)。因此,有趣的是,替代怀疑主义的既不是教条主义(dogmatism)② 也不是相对主义,而是易谬主义(fallibilism)③。换言之,宣称知晓绝对真理与宣称知晓真实的绝对知识是不同的。

经过对知识本质更加详尽的(尽管依旧是经过简化的)说明,对于用于"阐明"知识和才智问题的"推理"这条术语而言,有一条内涵更丰富的定义:

> 推理=认知过程,该过程是试图将某人自身置于受现实适当(但并非易谬)影响的立场并使其独立于任何判断,从而确保判断就是知识或才智。

人们有许多处置方式可试图将其自身置于上述认知立场,由此他们可以知晓情况或变得富有智慧。这样就超越了基本的推理假设,并建构出基本的推理过程。

1.2 对一些基本推理过程的解读

人们可通过许多特别重要的推理策略,努力将其自身置于适当立场以获得知识或才智。该部分将简要介绍其中四种策略:进行观察、使用证词、作出推论、理解概念。上述每一项均为例证的来源,也是人们试图去拓展知识的基本手段。这些策略并非总能满足知识与才智所需,甚至不足以与真实的事达成一种"充分的、在认知上理想的关系"。正如所有的策略,它们仅仅是为了努力

---

① 本句中的"知识"是译者添加。
② 【教条主义】在普遍意义上,是指不分析事物的变化、发展,不研究事物矛盾的特殊性,只是生搬硬套现成的原则、概念来处理问题。——译者
③ 【易谬主义】认为,就算是最好、最重要的解释性理论,在真理之外也包含着谬误,因此要随时准备着努力修正理论以做到更好。——译者

使自己与目标更加接近。

关于拓展知识和才智的第一项主要策略是进行观察。人们了解世界的方法大都是源于自己（通过其身体感官）直观看到从而认识到某事为真的经验。观察并不能提供确定性，① 并且只能待达到一定标准时才能够提供依据。②

  对"p为真"的观察只有在以下情形下才能得出"p为真"的结论。

  a. 能力：观察者需要具备感知（以及一些必备的技术）能力，确保能够（在原则上）精确观察；

  b. 条件：观察者（以及所有技术辅助）需要适宜的条件供其正常操作；

  c. 记忆：观察者（以及所有技术辅助）能够准确描述并储存他们所观察的内容；

  d. 背景：观察者当前（或曾经）具有必备的充足背景知识，能够准确识别他们正在（显然的）观察的事物；

  e. 基本可信度：无理由对 p（或 p 为真）的观察可靠性表示怀疑。

值得注意的是，"观察"仅仅对于那些能够被迅速认知的事物，而并不是出于对它们大体可能作出的推断。例如，某人认为他们观察到某领导人并不理性，这是判断而非观察。此外，严格意义上，观察仅能够为进行观察的人提供证据。也就是说，他们能够直接或通过其他技术设备看到所观察的内容。如果想运用其他人第一时间直观（或通过技术设备）看到的观察内容，则需要依赖下一项策略。

关于拓展知识和才智的第二项主要策略是使用证词。可以说，人们对世界的了解甚至更多来自于他人观察的反馈，而不是来自他们自己。目前，重要的是将证词（证据中的一种）与评估（人们从潜在的证据中推断出结果的报告）区分开来。某人的证词是证据的一种潜在来源，但评估则不是（评估是目前

---

① 如果在观察时能够限定事物以怎样的方式呈现给你，那么这些观察按理能够提供确定性。例如，如果看上去在地板上有一只黑色老鼠，那么或许我能够确定"似乎在地板上有一只黑色老鼠"。显然，这虽不意味着这里有一只这样的黑色老鼠（或许我把一条解开的黑色领结错看了），但仍意味着这曾经仿佛有过一只。

② 关于将观察作为依据的简要说明（主要是在批判性思维语境中，而非专门的情报分析领域），参见：诺埃尔·亨德里克森、柯克·圣·阿芒、威廉·霍克、威廉·欧米拉与丹尼尔·弗莱奇合著的《罗曼和利特尔菲尔德批判性思维手册》(Lanham, MD: Rowman & Littlefield, 2008)。

为止可作为证据的强有力的推论,这些推论经过了独立评估)。如同观察一样,证词并不能提供确定性,并且只能在满足特定条件下才能提供证据。① 这些条件与将观察作为证据评估中所需的条件是相似的,但增加了一项与"作证者是否有(故意或不慎)曲解其所报观察内容动机"有关的条件。

对"p为真"的证词只有在以下情形下才能得出"p为真"的结论。

a. 能力:证明人需要具备感知(以及一些必备的技术)能力,确保能够(原则上)精确观察;

b. 条件:证明人(以及所有技术辅助)需要合适的条件供其恰当操作;

c. 记忆:证明人(以及所有技术辅助)能够准确描述并储存他们的观察记录;

d. 背景:证明人当前(或曾经)具有必备的充足背景知识,能够准确识别他们正在(似乎)观察的事物;

e. 可靠性:证明人当前(或曾经)不具有(充分的)动机去无意或不慎曲解(或另外给出错误的解释)他们所进行的观察;

f. 可信度:证明人当前(或曾经)不具有(充分的)动机去故意曲解(或另外给出错误的解释)他们所进行的观察;

g. 一般信用性:没有其他因素可以质疑对p(或是p为真)的观察可靠性。

同时要考虑证明人潜在动机以及有意曲解的重要性。有时,恐惧或其他尤其强烈的情感会导致人们相信自己观察到了本人(或他人)希望看到但实际并未发生的事情。人们不该假定,证词不可用作证据的唯一潜在原因是作证者试图主动欺骗他人(缺乏可信任性)。他们可能是在欺骗自己(缺乏可靠性)。

关于拓展知识和才智的第三项主要策略是进行推论。观察和证词通常仅提供片面的数据(以及/或者信息)。为了更全面地了解世界,需要以这些信息作为基础,得出一个整体结论。该过程就是一次"推论"。

推论=以一个(或多个)真命题为基础得出另一个命题为真的总结过程。

---

① 有关目击证据作为证据(主要是在批判性思维语境中,而非专门的情报分析领域)的简要说明,参见:诺埃尔·亨德里克森的《批判性思维手册》。

在一项推论中，有人断定一个（或多个）真理命题支持其他一个（或多个）真实观点。提供支撑依据的观点称作前提，得到支撑的观点称作结论。从前提到结论的推论时常称作论证。在推论中，并非每次尝试都是合理的。一项论证仅是通过其内容（例如，前提为真，或是具有合理的基础断定前提为真）给出证据以证明其结论的真实性，也需要具备结构上的根据（推论具有应有的形式，该形式是遵循有关要求在所提供的支持类型基础上进行构建的，时常称为"有效"论证）。前提正确与否取决于为其提供支撑的证据，因此我们通常根据可信推理的不同种类结构来区分推理类型。

对于推论，历史上的哲学家们有一些著名的分类方法。遗憾的是，设计这些方法的初衷更多是为了使分类清晰分明，且不具有任何异议，其目的并非是阐明不同种类思维模式的多样性。因此，其中并没有哪一种类型能够在情报分析环境下脱颖而出发挥作用。同时，他们也必然不会向情报分析人员围绕推理类型提供太多深入性洞见。或许，最接近的是演绎、归纳与分解推导这三类方法彼此之间的对比。由于这一方法并不完全直接作用于分析人员面对的挑战，目前尚不清楚这是否是最有用的情报分析方法。与此同时，本书在以应对上述挑战为核心的驱动下，最终提出一种（完全不同的）推理分类方法。然而，如果将此分类方法用于情报背景之中，它可能呈现如下列所述。请注意，这并不一定是哲学家或逻辑学家所偏好的一种分类纲要（schema），但它具备了可以将传统推理模式引入分析人员推理架构的优点。我们可以依据以下两个问题来区分推理模式，且二者均涉及基础信息的"稳固性"。第一，得出的结论是否已经以某种形式或方式包含在基础信息之中？第二，得出结论的方法是否将可供替代的其他结论排除在外？

在"演绎"推理中，结论已经包含在基础信息中，并且这些结论排除了所有其他替代结论（而且其确定无疑地遵循真理前提）。例如，如果在美国的所有"伊斯兰国"（ISIS）成员都对美国安全构成严峻威胁，而X先生是位于美国的"伊斯兰国"成员，那么X先生则对美国安全构成严重威胁。由于基本信息已经包含了人们所需知晓的所有内容，因此该推论基本上仅是"将碎片拼合在一起"。这意味着在演绎推理中，结论是从可获得的信息中提炼而成的。但要注意，我们必须具备相当确凿稳固的信息（并且其中的一些信息本身确实并非是单纯的信息，而是先前的结论），才能完成演绎推理。

在"归纳"推理中，结论已包含在基础信息中，但结论并不排除所有可供替代的其他结论（而且这些结论的前提并不是确定无疑真实的）。例如，如果在中东地区之外被识别出的70%"伊斯兰国"成员具有某种特定的外形特征，那么有理由相信在中东地区之外的70%"伊斯兰国"成员一般来说都有这样的特征。(这是一种归纳性的"概括"①) 或者,如果中东地区之外70%"伊斯兰国"成员有某种特定的特征,并且X先生是位于中东地区之外的"伊斯兰国"成员,那么X先生具备该种特征的概率为70%。(这是一种归纳性的"具体化") 该推论同样认为结论已经包含在基础信息之中(例如,70%已识别出的"伊斯兰国"成员的特征)。与演绎推理不同的是,该结论并不排除所有其他替代结论。仍有中东地区之外30%"伊斯兰国"成员并不具有此类详细特征,并且有30%的可能,X先生不具有此类详细特征。这就意味着在归纳推理中,结论是从有用信息中推断而来的。同时需要重申的是,所掌握的基础信息必须具有相当的稳固性(并且其中的一些信息要确实是先前分析的结论)。

在"溯因"推理中,结论尚未包含在基础信息中,并且结论排除了所有可供替代的其他结论。例如,如果X先生有类似于"伊斯兰国"成员的激进观念,于近期由"伊斯兰国"成员聚集地去往美国,并且被确认正试图搜集恐怖分子欲知的相关目标情报,那么结论或许是X先生是"伊斯兰国"成员,这也是对这些信息的最佳解释。尽管这些信息中未隐藏(或明确)包含X先生是"伊斯兰国"成员的任何话语,但确实以某种方式排除了其他的可替代结论。这并未要求前提信息具有绝对的确定性(当然,存在前提为真但结论为假的可能),但是其结论被认为是"最好的"解释。这意味着在溯因推理中,结论是源于对有用信息的研究。现在需要注意的是,这里有用信息的稳固程度远远低于演绎和归纳推理中所需的信息。

有趣的是,表1.1展示了推论的第四种类型,并且这种类型通常不在当代逻辑学家和哲学家的描述之列。假设X先生所在区域内有许多人转变为"伊斯兰国"的成员,并且他与这些被招募者具有人口统计学意义上的相似性,但是也有其他具有此类特质的人加入到反对"伊斯兰国"的斗争队伍之中。对于X先生而言,似乎有几条路可走:加入"伊斯兰国";加入反对"伊斯兰国"的斗争队伍;或是设法保持中立。在此类推论下,信息并非一定已经包含结论(像溯因推理一样),但是(与溯因推理不同的是)其中并不排除有可供替代的其他结论(没有任何结论能被认为是"最好的"解释)。相当多的情报分析推理(特别是对未来的分析以及与其相关的其他衍生分析)似乎都能适用于此类推理类型。目前尚不清楚常规逻辑架构对此如何解读。有人或许将之称作"溯因",但由于其中的结论来源于对有用信息(着眼未来)的延伸,所以创

---

① 【概括】在量化理论中,通过在它的前面放一个全称量词或存在量词从命题函项生成一个命题的过程。——译者

造出其他术语为其命名（或许是拼写错误，使用的并非是"预测性"）①。在此情况下，不仅是基础信息不具有特别的稳固性，结论也是如此。②

表1.1 推理的类型

	演绎 (……引自……)	归纳 (……引入……)	溯因 (……引离……)
结论是否已经包含在基础信息之中？	是	是	否
结论是否从所有可供替代的其他结论推导而出？	是	否	是
结论与有用信息是如何相互关联的？	结论从信息中提炼而来	结论从信息中推断而来	结论从对信息的解释而来
推论类型的一种范例	1. 在美国的所有"伊斯兰国"成员都对美国安全造成严峻威胁； 2. X先生是在美国的"伊斯兰国"成员之一； 3. 因此，X先生则对美国安全造成威胁	1. 在中东地区之外被识别出的70%"伊斯兰国"成员中具有一类特征； 2. 因此，在中东地区之外70%"伊斯兰国"成员则具有此详细特征（**归纳概括**）； 3. X先生是位于中东地区之外的"伊斯兰国"成员； 4. 因此，有70%的可能X先生具有此类特征（**归纳具体化**）	1. X先生与"伊斯兰国"成员拥有相似的激进观念； 2. X先生近期由"伊斯兰国"成员聚集地去往美国； 3. X先生被识别出试图搜集恐怖分子欲知的相关目标情报； 4. 因此，该情报的最好的解释（并且有理由相信）是X先生是"伊斯兰国"成员

关于拓展知识和才智的第四项主要策略是理解概念。这在所有策略中是最"玄妙"的，但很明确的是，这也是人们所依赖的。对于一些事情而言，人们所知可能要远胜于（甚至是更有信心地胜于）那些通过运用常规方法观察以及证词所得出的推论。有些事情是能够自行推理得出的，其潜在的概念和原理贯穿于认识论、逻辑学、数学以及其他似乎不依赖于观察、证词而得出推论的领域。因此，有建议指出存在第四种类型的证据——概念上的理解。此类证据

---

① 原文为"perhaps preductive, not predictive"——译者
② 我认为这是对老套逻辑模式的根本拓展，以至超越了人们所能承受的范畴，并且我怀疑许多哲学家都对此有所关注。因此，我仅提供给那些特别热衷于对演绎、归纳、溯因进行区分的一些分析人员。我所偏好的当然是运用本书在后续开发出表格模式。

可以从不同角度去理解，但最有趣的是将概念化的官能类推为传感器的官能，使其在概念化领域内实施"观察"。① 就此而言，一些人"看到"某些论断之所以正确，是出于对其本身含义的理解。例如，在理由最清晰的论断中有一项（甚至是具有必然性的一项）好像是"无矛盾原则"，即没有论断可以既是真又是假（或者在相同类型相同方式中不存在某种特质是既具有又缺乏的）。例如，没有一种形状可以既是方形（意指非循环论证）又是圆形（意指循环论证）。然而，有人或许会指出后者属于"定义上正确"，那他是如何知道某些事物不可用一种与之对立的方式进行定义呢？换言之，为什么概念一定要是一以贯之、合乎逻辑的？很可能人们对未来的向往也是与过去相贯通的，而且远不止是源自于过去一代人对所有事物的经验。只要某事在理性意义上是具有合理的可能性的（人们通过想象认为其为真，并且没有已知的其他事情可以排除它的可能性），人们常常就会（至少在理论上）推断它的可能性。这似乎需要凭借某种超越观察、证词和推理的能力来证明其具有合理性。因此，第四类证据似乎来自对事物的概念性理解。然而值得注意的是，为了更加全面解释人类为拓展知识和智慧的策略，将（对事物概念的理解）② 作为一种情报分析证据的情况并不多见（或许除了在最初想象不同的可能性之外）。

进行观察、使用证词、作出推论、理解概念，都是尝试发展知识和智慧的重要策略。但是，这些策略并非绝对可靠，或者说是不能给予任何形式的确定性保证。因此，试图发展知识和智慧的过程还面临着几个基本的结构性问题，这也是 1.3 节的重点。

1.3 对推理中一些基本问题的考察

关于基本假设和推理过程，可以讲的还有许多。但是这些足以帮助阐明一些推理中最为重要的挑战（这就**与信息化时代情报分析人员的推理工作**产生了关联）。因此，本节旨在考察其中的一些问题。推理工作面临三种挑战：来自"内部"的挑战（实施推理者）、来自"外部"的挑战（推理者实施推理的过程），以及来自背景环境的挑战（推理者正在推理的问题）。

推理者将要面对的是不断生发而出的各类的挑战（"内部"挑战）。这些

---

① 正如你的想象，哲学家们对于是否存在此类证据以及（甚至）它的本质是什么，已经有了相当多的争论。一些人指出它完全是基于语言结构，有的则认为是基于人类意识结构，还有的认为（我所倾向的）是基于对事物概念化本质的理解能力。显然，对于该问题的全面解释已经超出了本书的研究范围。

② 译者注。

挑战归根结底都建立在以下事实基础之上，即当人们作为推理者时，在试图发现真理的任何实施过程中都是会犯错误的。真理是一种"绝对的"独立于个人观念的存在，因此可能无法在推理过程中得到展现。这可能表现为其与理想标准的理性之间存在一定的特定偏差，这称为"谬误"。

谬误=推理过程中偏离于理想标准的一种特定情况。①

或者，它可能表现为一种不同于理想标准的理性的更为一般化的推理倾向，这称为"偏见"。

偏见=一类推理的一般倾向，这类推理不同于理想的推理标准。

请注意，这里存在一个重要的区别：谬误属于次合理推论中的个别事例，而偏见则属于以这种方式实施推理的倾向。人们既可能在没有此种倾向的前提下犯错误，也可能有倾向地实施推理，但并非每次都是如此。此外，正如人类实施推理，他们在特定的问题上会形成自己的观念，这称为"思维模式"。

思维模式=个体关于一类特别问题的整体观念或范式。

思维模式本身并不一定是坏事，但是如果其中包含了错误信念，它便成为了坏事。请注意，包含了错误信念的思维模式，并不意味着它就是产生于某种谬误或者偏见。由于大多的推理形式并不能保证其结论的正确性，即使是出自前提理由充分且结构恰当的推理，也会得出错误的结论。因此，人们应当认识到：即使排除谬误和偏见，以及包括谎言在内的因素，一个人的思维模式究竟会在多大程度上影响他的思想。总体而言，因为涉及影响人类恰当发挥其理性能力的程度，那些潜在的谬误、偏见以及思维模式都可能成为推理中的"特质挑战"。

人们在实施推理的过程中也会遇到挑战（"外部"挑战）。这些挑战归根结底都建立在这样的事实基础之上，即人们在实施推理中的任何标准化或制度化过程也都会出现错误。真理是一种"绝对的"独立于共性过程的存在，因此可能无法在推理过程中展现。推理可能并不"客观"，因为个体的信仰、欲望、偏好、经验或是地位已经将其"劫持"，因此它并不受制于适当的推理规则。几乎任何举例说明现实世界中推理过程理想标准的尝试，都会因为涉及的人的特殊原因而有所偏移，因此这一过程不一定总能得到真理。总的来说，因为涉及人类行为在多大程度上能够恰当地正确遵循理性，那些在探求真理过程

---

① 在柯匹的《逻辑学导论》(第11版) 中，对谬误的定义是：一种看似正确但检验可证其为错误的论证类型。——译者

中产生的与标准化或制度化理性理想的潜在偏离，是推理中的"技术挑战"。

推理中关于特征和技术的挑战涉及所有类型的推理，但还有其他挑战主要存在于特殊类型的推理。这些挑战归根结底是基于特定类型推理问题所具有的特征。第一，并非所有的推理都能产生知识，因为并非所有的主观看法（甚至是合理的看法）都是正确的。在人类对世界主观看法的基础与世界本身之间，存在着理论上的差距。这种差距正是因为使用了受人类主观看法影响的有限的可靠数据。这正是"信息不充分"（insufficiency）的问题。第二，人类对世界的主观看法与世界本身之间的差距还存在于其他方面。不仅仅是由于知识不够"充足"以至于难以依靠它们获得确定性，首要原因往往是经常难以明确哪些是以及哪些不是可以用作基础使用的知识。换言之，有些似乎能够产生影响的东西最终并未起作用，而有些似乎不能够产生影响的东西最终却发挥了作用。人类面临着"误导性信息"（misleading information）带来的问题。在人类对世界主观看法的基础与世界本身之间，存在着实践上的差距。这正是"信息不相关"（irrelevance）的问题。第三，知识涉及将世界描绘得好像它实际上独立于人类知识一样，并且这个世界还具有改变的可能性。在过去和当下正确的事情，在未来并非必然一直正确。这个世界有着许多通往未来的可能路径可供选择。过去和当下的知识与未来可能出现的知识之间是有差距的。这正是"信息不确定"（indeterminacy）的问题。第四，人类的决策会对可能的结论和主观看法（理想的知识）进行预设。但在作出潜在决定前，有许多可能的事情是需要我们知道的，并且这些事情彼此并不相关。这正是展现才智的地方。但是知识与才智是有区别的。对于某个特定的人、某项特定的决定或是某个特定背景而言，并非所有的知识都具有重要意义。这些知识并不都能够支持一项及时、有用的决定。这正是"信息无意义"（insignificance）的问题。总的来看，正是由于这些信息不充分、信息不相关、信息不确定和信息无意义构成的挑战，成为了推理中的"目标挑战"，当然这也与谁去实施推理有关。

由于情报分析的内质（见第2章），这些特征、技术、目标挑战以及它们所定义的"难题空间"具有了特殊的重要意义，并且这将随着**信息化时代**的特点（见第3章）而进一步升级加剧。事实上，这些挑战最终成为**信息化时代**的情报分析人员开展推理工作的独特之处，并且专门为这项推理工作进行**多维**的诠释是具有价值的。然而，正如本章所述，这些独特之处并不是因为这些挑战仅仅出现在情报分析当中。事实上，这些挑战存在于所有推理的基础架构之中。更确切地讲，这些挑战之所以"独特"，根本上是因为它们具有特殊的重要性，而这种重要性则是源自于情报分析以及**信息化时代**背景的内质。这些便是接下来两章内容的主题。

第2章
情报分析概述

随着情报分析推理方法研究工作的深入开展，一种信息化时代下情报分析人员推理方法的系统化、**多维化**的理论体系应运而生。这一体系涵盖情报分析、**信息化时代**研究和推理学（逻辑学和认识论）的概念，且可以专门应对以上三者结合带来的特殊挑战。因此，在进一步探索情报分析推理之前，了解其在这三方面的基础本质是很重要的。本章探讨了情报分析的本质，以及其如何对推理行为形成若干针对分析人员的困难挑战。本章的目的不在于巩固先前所述的情报分析理论，而只为更清晰阐述情报分析的一系列假设，因为本章论述的最终目的是定义信息化时代情报分析人员的推理挑战。本章首先阐释了情报分析的参数，其次是由此对情报分析人员推理带来的特定问题。

2.1 描述情报分析推理中的参数

在过往几十年中，各类情报组织一直致力于情报的专业化分析。[1] 同样，情报学科教育者长时间以来也持续致力于开发一门能够支撑（研究）情报分析的学科。[2] 随着情报学核心概念的范畴发生置换，即情报分析的出现，这一

---

[1] 例如，参见国家情报总监办公室，"分析标准"，dni.gov，最后修订于 2015 年 1 月 2 日，https://www.dni.gov/files/documents/IDC/ICD%20203%20Analytic%Standards.pdf.

[2] 例如，参见罗杰·Z. 乔治（Roger Z. George）和詹姆斯·B. 布鲁斯（James B. Bruce）编辑，"分析情报：起源，障碍和创新"（*Analyzing Intelligence: Origins, Obstacles and Innovations*）华盛顿：乔治城大学出版社（Georgetown University Press）；罗杰·Z. 乔治（Roger Z. George）和罗伯特·D. 克莱恩（Robert D. Kline）编辑，《情报和国家安全策略师》(*Intelligence and the National Security Strategist*)(Lanham, MD: Rowman&Littlefield, 2006); 马克·M. 洛文塔尔（Mark M. Lowenthal），《情报：从秘密到政策》第 5 版 (*Intelligence: From Secrets to Policy*, 5th edition)(Thousand Oaks, CA: CQ Press, 2012); 斯蒂芬·马林（Stephen Marrin），"将情报研究作为学术学科进行改进"（Improving Intelligence Studies as an Academic Discipline），《情报与国家安全》(*Intelligence and National Security*) 31, 2 (2016): 266-79, 以及 "情报分析理论：解释和预测分析责任"（*Intelligence Analysis Theory: Explaining and Predicting Analytic Responsibilities*），《情报与国家安全》(*Intelligence and National Security*) 22, 6 (2007): 821-46; 朱利安·理查兹（Julian Richards），《情报分析的艺术与科学》(*The Art and Science of Intelligence Analysis*)(New York: Oxford University Press, 2010); 蒂莫西·沃尔顿（Timothy Walton），《情报分析的挑战：从公元前 1300 年到现在的经验教训》(*Challenges in Intelligence Analysis: Lessons from 1300 BCE to the Present*)(New York: Cambridge University Press, 2010).

系列努力终于凸显出成效。当前,尝试定义"情报分析"效果最显著方法是专注于情报(把"情报分析"作为"对于情报本身的分析")。但是正如马克·洛文塔尔(Mark Lowenthal)在其对情报领域的经典介绍中所指出的那样,"情报"这一术语被广泛(且历来)同时用于表示某种过程,以及该过程的产物和该过程的程序。① 换言之,有时它指的是一种特殊类型的信息(例如,通过秘密搜集获得的有关对手的信息)以及与获取或分析它有关的过程;但有时"情报"也可指这些过程的结果,例如,面对决策者的情报简报,甚至决策者可能据此采取的一些行动(例如,针对对手的行动)。同时,"情报"还会出现在其他一些情境,指参与这些过程的组织方,如情报搜集者、分析人员,以及操作人员和给予保障支持的周边基础设施。

　　在可能的情报理论中,还要做一些重要的选择题。"情报"的概念是否狭隘(例如,只有以国家安全为重的秘密行动才能被称为"情报"),或是它的概念是否会更加泛化(即使是日常生活中的某些事也可被称为"情报")? 或者,这一概念是否介于上述两种情况之间(因此,在商业活动和执法行为中这一概念常常出现,但日常生活中很少甚至没有)? 与此相关的一个思考问题是,对"情报"应该进行"简化式地"定义还是"整体化地"定义。"简化"的定义法强调情报与其他概念领域间的相似性,即假设情报与另一个以不同方式或不同目标应用的现有领域是相同的。例如心理学的简化性方法认为,其对于譬如"意识"这样的核心概念所能给出的最佳理解是,"意识"实际上只是神经科学展示的大脑各个部分激活的结果。因此,可以将"情报"理解为一种应用于秘密搜集信息的可简化的社会科学。相比之下,"整体化"定义法强调情报和其他领域之间的差异。"情报"在此定义下是一门独立学科,仅参考另一个应用学科的概念就无法正确理解。值得注意的是,"整体化"定义法并不否认情报与其他学科领域之间存在相似之处。相反,它认可这种相似之处,但还认为"情报"和"情报分析"不能仅通过参考其他学科就可以充分得到定义。② 例如,心理学的整体化研究方法认为,其核心概念如"意识"并不只是神经科学展示的大脑各个部分激活的结果,还有更多需要"更高层次"描

---

① 马克·M. 洛文塔尔(Mark M. Lowenthal),《情报:从秘密到政策》第 5 版(*Intelligence: From Secrets to Policy*, 5th edition),第 9 页。
② 差异的浮动范围内存在相似之处。两种事物可以有一些有趣的相似之处,但在整体上仍然显得差异很大。(可以说任何两件事都至少会有一些共同之处。) 它们也可能有足够的相似之处(人们可以通过参考与另一个事物的相似性来推断一个事物)。它们可能有很多相似之处,而它们之间的差异仅仅是表面化的。也就是说,它们实际上是相同的。因此,情报可以与其他领域具有相似性,而不类似于那些领域。它可以类似于其他某领域,但与之并不相同(或者说也不能称作该领域的特殊版本)。描

述方能进行定义的其他内容。照此解释,这种定义情报的方法认定情报和/或情报分析具有一些不可被简化的独特之处,需要自己特有的"更高层次"的描述才能囊括。①

选择"情报"和"情报分析"的定义即是选择一种基础性的理论,而不仅仅是选择对几个术语给出定义。正如斯蒂芬·马林(Stephen Marrin)在一篇关于情报分析理论的重要论文中指出的那样,情报分析的研究目的不仅是以目的定义为导向的,而是为了解释现实世界中的某些现象。② 例如,他提出"情报分析"理论应该引导人们更加关注情报分析的存在、结构和功能等方面。这一重要观点揭示了为什么理论家关心诸如"什么是情报分析"之类的问题。很显然,如果他们只是对这一词的字面含义感兴趣,他们可以简单地下个定义了事。但当他们在说出这一定义时,就并不只是在谈论它表面上的意思。相反,他们是在提出一个对理解现实世界中的事物做"解释性工作"的概念,就类似于物理学家之所以提出空间、时间、物质或能量的定义,并不只为了阐明他们口中这些词句的字面含义。他们是把这些定义作为解释物理宇宙本质理论的一部分。因此,理论家探求有关"情报"和"情报分析"的定义的目的是为了阐明某些事情。

为拓展马林提出的理论,我们将采用情报分析定义来解释其核心目的。作为情报分析人员推理知识背景的一部分,该项工作需要做到使其他学科领域的人了解情报分析领域与其他领域差异的方法。此外,为能够让情报专业人员拓展知识、为情报方法学家拓宽视野,该项工作需要一种有助于阐明可应用于情报领域的推理行为的方法,即情报分析的定义应当对释清情报推理中的挑战,以及对情报分析人员备足推理理论的参数(称为"推理条件")起到辅助作用。因此,进行"情报分析"定义的目的即是帮助阐明分析人员的推理条件,这也是我们开展这项研究的目的。

什么样的情报分析会将其与其他领域区别开来,从而帮助解释分析人员的

---

① 作者没有尝试使用"情报周期"(Intelligence Cycle)来定义"情报分析",因为后者在解释情报分析的独特之处时并非特别适用。许多领域的核心工作可以用一种高层次的五步法来表述,这一过程与情报闭环基本相同。这些步骤包括:(1)识别问题、难点或想法;(2)探索资料来源、信息或选择;(3)精炼步骤2中的结果,准备在步骤4中使用;(4)运用技术方法;(5)传达结果。例如,战略决策、政策分析、科学探究、创造性写作和说服谈判都(可以)具备这种结构。所有这些都可以或多或少地通过智能周期捕获的过程进行描述,这也可以是情报分析。并无任何能区分情报分析与其他领域的明确定义。因此,情报周期虽然不是"错误的",但从作为一种"区分出"情报分析定义无用性的意义而言,更不用说它在情报推理中解决特有难题的作用了。

② 参见马林(Marrin)的"情报分析理论:解释和预测分析责任"(*Intelligence Analysis Theory: Explaining and Predicting Analytic Responsibilities*),第821-846页。

推理条件呢？我们可以采用下面这个反映情报分析本质的理论：

情报分析=从立场独立的视角为决策者提供的一种评估，它能够改善决策者所属组织在面对潜在竞争者（和/或对手）时的相对地位。①

在这条解释中，有两点应当注意：立场独立的视角与面对潜在竞争者时的相对地位。前者涉及分析人员的立场，后者涉及决策者或用户的立场。分析人员因与决策者在所属组织中发挥着不同的基础性角色，所以具有与之不同的"立场独立的视角"。他们不仅不用拍板做决定，通常也不负责决策的实施（与战略决策领域不同），不需要具有与决策者相同的、会影响决策制定的目标（与政策分析领域不同）。他们也不一定与决策者享有一样的哲学、政治或其他意识形态观点，他们也不会试图对决策者与分析人员应当有同样意识形态（不想说服对方或协作）而进行争论。

"面对潜在竞争对手时的相对地位"，指出了决策者所属组织能够在多大程度上实现其目标，取决于其他参与者的行为（及其后果）。分析人员在进行评估时，他们的对象（在某种程度上）在字面意义上，是与决策者相对立的主体（这与科学调查不同）。分析人员所试图了解的人和组织体，他们的行事方式是在想方设法隐藏自身潜在数据，伪造有关自身的误导性信息，故意使旁人无法预测，但是分析人员又必须设法拥有应对的方法和策略。此外，分析人员的目标是帮助决策者处于比此前更有利的地位。所以对决策者来说，与在未接受情报分析前相比，这样的情报分析工作应当能对自己的思考起到"增值"的效果。因此，分析人员通常不能简单给出那种以"我们不知情"为说辞的"中立"评估，因为这（通常）与决策者在最开始的地位不无差别（与大多数其他通常适合提供一种纯粹"消极"分析的学科不同）。②

这种情报分析方法旨在针对"情报"本身采取更灵活的（和中立的）形式。人们可以狭义地将其理解为分析人员进行评估的信息，或者在广义上也包括那些信息催生的产物、他们（和决策者）参与的过程，以及（他们所支持

---

① 这不是作者的原创观点。该一部分基本遵循马林的看法，参见："情报分析理论：解释和预测分析责任"（*Intelligence Analysis Theory: Explaining and Predicting Analytic Responsibilities*），第821-846页。

② 我认识到有一些情境对分析人员来说较为合适（至少可以说应该如此）。向决策者说明时，他们应该表现的更加不自信一些，甚至他们其实真的不知道自己行为的意义是有用的。但总的来说，通常不能完全进行"消极"评估，还必须有某种替代的观念用于支持它。换句话说，通常情报分析人员通过探索替代方法来展示我们不知道的信息，而不仅仅是解构传统论点（不同于那些仅仅批评彼此而没有提供任何替代方案的大量学术论文）。

的）工作的程序。此外，如果从更狭义的方式解读信息，也可以将其理解为只能秘密搜集有关竞争者或对手信息这种从程度层面进行衡量的狭义，或者稍宽泛些，是关于竞争者或对手的任何信息（无论其采取何种手段获得）。① 这些方法中的任何一种（以及许多其他方法）都可以在"情报分析"的有关理解中得到兼容。

从更广泛的意义上看，有一类决策者，他们的目标和目的在一部分上是取决于竞争者或对手的行为。从某种意义上说，任何与该决策者在目标或目的上有"差异"的人都有资格成为"竞争者"（有时甚至是"盟友"）。这显然有着限定的浮动范围：因为这种"差异"程度一旦加剧，便会导致"竞争者"成为"对手"。无论任何特定的代理方更像是"竞争者"还是"对手"，这对于我们的概念模式来说并不重要，因为这其中存在各种各样的可能。② 当然，决策者将持续作出决策来提升他们相对于目标的态势（拓宽一步讲，这也是相对于竞争对手/对手而言的）。他们决策的首要基础是他们个人对于信息的分析（或相关专业知识）、支持者（他们指定的或因意识形态相同而产生联系的）的分析结论，以及公共话语（流行的观点和外部专家的说法）。他们做决策的次要基础是情报分析人员的成果。以上所述所有方面都是决策者决策过程中的部分。

对于分析人员这一方的分析过程，是从对信息的"搜索和搜集"中生成数据（从观察、证词、记录和技术工具中所体现的事实），然后通过"表示和建构"将数据转换为信息（表现出的、结构化的、组合的和比较出的事实），然后通过"评估和推断"来推断出知识（与真理有着充分的、认知性理想关系的结论），然后通过"传播和使用"（希望）产生才智（在正确的时间和正确的背景下应用，以推进决策者目标的知识）。③ 当前，决策者作出的决策也是通过形成所搜集数据类型的"方向"参与进这一过程。而决策者的竞争者/对手也是分析人员试图发现的知识的"目标"。

由于决策者作出选择是基于两种潜在的意识基础，至于他们是否会参考分

---

① 人们也可以"分裂差异"（split the difference）并将"情报"称为"搜集有关竞争者或对手的尚未公开的信息"。这将为开源情报留出更多空间，但仍意味着我们需要一个获得它的搜集过程。我将这件事的最终解决方案留待后面讨论。

② 显然，我们所探讨的重点往往是对手或"近似于对手"的对象，而不是那些有资格成为盟友的人。但有时人们需要努力争取盟友的忠诚，或者至少考虑这类对象的利益以及他们长远来看可能与决策者合作的程度等。因此，不应将它们排除在复盘分析的可能目标之外。他们的利益也很重要。

③ 有些人可能对这里的"才智"一词感到不适。我相信最终它在强调分析人员对分析效益"增值"的困难方面比理解、实用性甚至洞察力方面更具实用性。但在某种程度上，所有这些术语都有相同的意义，所以如果读者认为必要，请不吝随意替换不同的术语。

析人员给予的才智，始终是一个悬而未决的问题。许多情报学理论家对这一问题，甚至是情报分析实际影响决策的程度，展开了有趣的讨论。这种影响程度（至少在原则上）与情报分析人员结论是否有着经常被提到的"增值"效益有关。也就是说，当分析人员的分析成果与决策者现有理解出现差异时，那么（可以假设）分析人员对决策的影响潜力很大。无论是否真的有这种影响力，都不影响分析人员的工作。他们的目标是为决策者提供其相对于竞争者/对手的态势情况相关的成果。但他们不负责决策者是否据此行动。无论自己的成果是否被采纳，他们都将继续作为向决策者提供智力成果的独立顾问而工作。[①]
图2.1可对上述内容提供示意。

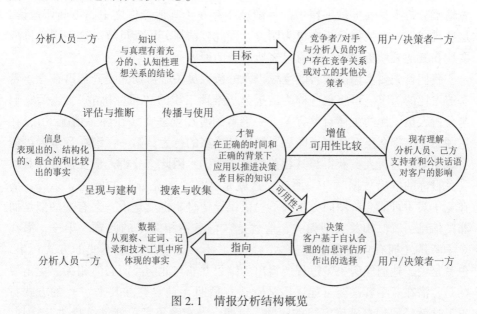

图 2.1　情报分析结构概览

2.2　刻画情报分析推理中的难题

再次强调的是，我们在情报分析推理研究中认为，情报分析是向决策者提供立场独立的评估意见，从而提高其所属组织相对于潜在竞争者（和/或对手）的实力对比。虽然这项研究并不是为了巩固这种"情报分析"的观点，但重要的是，之所以选择上述研究角度是因为它对情报分析研究起着重要的解

---

① 作者提醒此类情形并非情报分析人员独有。从古代宗教先知到学术指导领域，作者建议几乎所有相关顾问都可以针对其所提供的成果提出同样的问题。

释作用：它能够帮助阐明分析人员进行分析时的推理条件。也就是说，这种切入点有助于区分和描述情报分析人员在推理中面对的挑战（并且这还将有助于形成对他们最为有利的推理模式）。

情报分析理论应当为解释分析人员推理时所处的状况提供帮助，并且应该有助于确定情报分析人员构成合理推理的相关参量。分析人员需要保持一种独立立场并帮助提升决策者相对于潜在竞争对手的地位，而且以上两点极大程度地影响着人们对分析人员推理工作的预期。我们还应注意到，这种分析角度之所以能够在众多工作之中区分出分析人员的情报分析推理工作，原因并不一定在于其所处的环境真的与众不同，而是在程度上的区别。换言之，这并不意味着情报分析人员在推理工作中的挑战就不存在于其他工作之中。更确切地说，这些挑战仅仅在情报分析中更为明显。因此，情报分析人员解决这些困难挑战要比在其他领域更紧迫，这就是有所区分的地方。

我们首先要考虑决策者的立场以及分析人员关于帮助其提升与潜在竞争者态势对比的需求。可将这些称为情报分析推理工作的"目标挑战"，因为它们与分析人员工作的主体对象有关。决策者的潜在竞争者（在许多情况下），在主观意愿上都会反对任何试图完全解读其决策的行为。第一，潜在竞争者可能会试图阻止分析人员获得与其相关的可靠数据。因此，分析人员往往会在获取有关目标的准确数据时事与愿违，这就是"信息不充分"的问题。第二，潜在竞争对手可能会试图向分析人员提供误导信息。也就是说，会有一些似是而非的信息，看似相关实则无关，这就是"信息不相关"的问题。第三，潜在竞争者是（拥有自由意志的）人，因此并不一定会以一成不变的方式行事。也就是说，他们经历决策过程所得出的结果并非与此前经历必然相关。更重要的是，潜在竞争者甚至可能采取故意违背预期（且"突如其来"）的方式行事，这就是"信息不确定"的问题。第四，潜在竞争者可能继续推进其计划，从而迫使我方决策者在面对不完整数据、误导信息以及突如其来的决策需求条件下作出选择，致使我方决策者必须对潜在决策的效用有所估计，这就是"信息无意义"的问题。

现在要考虑的是分析人员的立场以及它们保持这种立场独立视角的需求。这会带来两种不同的问题。第一种问题来自于这样的挑战，即要有一种能够维持该视角的过程，这对情报分析的推理工作而言就是"技术上的挑战"，因为这涉及分析人员在分析流程中必须要做的事情。分析人员的分析流程需要依靠证据而非他们（或他们的决策者）的个人意志（无论是政治上的还是其他的）进行驱动。因此，该流程必须透明，并独立于分析人员与决策者之外加以管控——即需要一些"规则"。通过一套独立的规则进行管控，所得出的结论才是分析人员所评估的事件本身，而避免因不同分析人员或决策者（更不用说他们各异的议程）的特殊性而有所不同。换言之，如果分析人员在进行最终集体评估时彼此意见相左，那么也会存在某种（除纯粹靠级别、个人权力或是决策者是否接受之外的）用于解决争议的潜在基础。在某些方面，这应当有助于将流程聚焦在分析的客观性而非主观性上，从而使其实现"客观化"。

分析人员保持一种立场独立视角的需求带来了第二项挑战。他们不仅需要一个过程用于维护该视角，还必须成为一种能够维护该视角的人。这对情报分析中的推理工作而言就是"特质上的挑战"，因为这涉及分析人员必须是什么样的人的问题。这种挑战不仅仅来自于分析人员所评估的难题以及他们所采用的流程，分析人员自身也会制造潜在挑战。分析人员将下述挑战带入情报之中：思维习惯、偏见与谬误。这里的"思维习惯"仅仅是一组关于某事物的信念，它本身并不会产生问题。事实上，分析人员无法避免拥有某种思维习惯。当上述信念并不完全符合理性——当它们不能达到推理工作的理想标准时，问题便会出现。分析人员认为，任何不合理的信念都会对他们的工作质量构成潜在威胁，而这就会引发一个问题，即他们（通常）如何终结此类信念。这就是通过偏见和谬误来实现。① 偏见是一种个人在推理中与推理工作理想标准所不同的倾向，而谬误则是一种在推理中与推理工作理想标准所不同的特定实例。二者都涉及缺乏完全理性的问题：一个关于主要个人倾向，另一个关于个体实例。之所以对其进行区分，是因为一个大体上有偏见的人或许不会在特定案件中表现出来（有偏见但无谬误），同时一个大体上没有偏见的人仍然会在推理工作中犯错（有谬误但无偏见）。因此，对于情报分析人员（以及其推理工作的说明）而言，十分重要的是要特别注意思维习惯、偏见及谬误。②

情报分析人员在他们的推理工作中面临着重大挑战。他们的挑战既来自于他们潜在的竞争对手又来自于他们的上级决策者——也就是他们推理工作的目标（例如，信息不充分、信息不相关、信息不确定以及信息无意义等）。他们的挑战还来自于必须保持推理流程的透明性以及规则的制约，以致其能够具有一个立场独立的视角——推理工作中的技术性问题。同时，他们的挑战还来自

---

① 我再一次指出，完全有可能在不承认出现任何谬误或显现出任何偏见的情况下，秉持一种错误信念。这也是为什么思维习惯会成为一个独立于谬误与偏见之外的潜在问题。然而，在通常情况下，错误的信念也能够回溯至一些偏见或谬误。

② 此前论及情报中推理工作的一个不足之处是往往只关注到思维习惯与偏见，而没能论及谬误。平心而论，我还要指出有关推理的哲学讨论中的一个不足之处是，在谈及谬误时不会去论及思维习惯与偏见。显然，我们需要对其一并考虑。

于必须成为特定的个人,以致其能具有一个立场独立的视角——推理工作中的特质问题(例如,减缓思维习惯、偏见与谬误带来的不利影响)。值得注意的是,这些是基于一般推理工作框架的共同性挑战(该部分第 1 章)。事实证明,信息化时代将会进一步加剧和升级这些挑战(该部分第 3 章)。这些挑战尽管也会出现在其他的工作情境中,但情报分析的本质使它们的作用得到了最大程度的体现。因此,情报分析人员在推理中必须通过特质、技术与目标的**多维**方法来指导自身工作,而这就是本项研究的愿景。

第 3 章
信息化时代概述

本项研究为身处**信息化时代**的情报分析人员提供了全面的**多维**推理视角。然而在探讨此类推理视角之前，我们必须更精确地对推理工作、情报分析与信息化时代的概念进行阐释。本章从广义视角探讨了信息化时代的核心观念，最终目的仅在于通过介绍信息化时代的概念，明确其为分析人员的推理工作所带来的影响。因此，本章中的讨论不在于巩固论证上述问题，只是为了厘清上述概念框架下的诸多设想。为此，本章只会对此作简要说明，并无意去浓墨重彩地展示任何繁复的"技术发展历史"。首先，将介绍信息化时代的概念；其次，将探讨**信息化时代**中推理工作面对的挑战。

3.1 解释信息化时代的概念

用于理解主要人类行为（如情报分析）的背景的一个重要范例，是塑造它的主要技术能力。专门研究技术发展历史的社会科学家已经对这种方法进行过详尽探究。自然而然，绝大多数此类研究和相关见解也都超出本书的讨论范围，但其中还有一个重要方面会有所帮助：即广为人知的人类演进史中关于对四个主要技术"阶段"的区分。这四个阶段通常被确定为：**游牧时代、农耕时代、工业化时代**和**信息化时代**。[1] 尽管技术发展史还存在不少其他更为详细的分段方式，而且对

---

[1] 这里关于信息化时代的论述并非系我原创，并且我心中对这四个阶段也没有其他更多的说明。这里所述的观点在某种程度上代表本人关于这些问题相关思想与观念的统合，而它们也已在公众之中存在了一段时间。其中大都并非来自专门研究历史发展史的核心学术界，而是更为"大众的"一些版本，例如：托马斯·弗里德曼（Thomas Friedman）的《世界是平的：21世纪简史》(*The World Is Flat: A Brief History of the 21st Century*) (New York: Farrar, Straus, and Giroux, 2005)；以及丹尼尔·H. 平克（Daniel H. Pink）的《崭新的头脑》(*A Whole New Mind*) (New York: River Head Books, 2006)。特别值得注意的是与情报分析交叉的一些文献来源强化了相关的想法，其中包括：乔什·科贝尔（Josh Kerbel）的"对于情报界，创造力是新秘密"(For the Intelligence Community, Creativity Is the New Secret) 载《世界政治评论》(*World Politics Review*)，最新修订于 2010 年 3 月 25 日，http://www.worldpoliticsreview.com/articles/5329/for-the-intelligence-community-creativity-is-the-new-secret，"美国情报界创造力的挑战"（The U. S. Intelligence Community's Creativity Challenge）载《国家利益》(*National Interest*)，最新修订于 2014 年 10 月 13 日，http://www.nationalinterest.org/feature/the-us-intelligence-communitys-creativity-challenge-11451 和"美国情报共同体的柯达时刻"，《国家利益》，最新修订于 2014 年 5 月 15 日，http://www.nationalinterest.org/feature/the-us-inteligence-communitys-kodak-moment-1043（最新访问于 2017 年 8 月 10 日）。

于理解技术本身颇具效用，但这四个阶段的划分（尤其是**信息化时代**的思想）对于研究当前情报分析人员的理想推理方法至关重要。信息技术为社会带来的变化，深刻影响着情报分析人员特别是他们的思想。

在**游牧时代**（约公元前 10000 年之前），人类（使用技术）接触世界的第一种方式大体是以狩猎采集者的身份生活。① 定义该时代的技术类别是基础工具，特别是那些用于狩猎的工具（如长矛）。那时，人类对世界或生存必需品的掌控程度相对较低，因此其生存环境基本可以形容为普遍缺乏。在这样的情形下，人类聚集成以生存为目的的小型移动性群落。他们的主要工作是获取食物（狩猎和搜集），因此个人对集体的价值在一定程度上取决于他能否带来更多或更好的食物。一般而言，人类生存所必需的一切都源于人类社会的外部：食物、资源、知识。所有这些都必须从外部"发现"并引入。这个时代由此而生的主要风险或挑战，是由于资源搜集管理不善（不论是数量还是质量）而导致的资源不足（引发营养不良或饥饿）、资源过剩（引发由于成为食物而造成的物种灭绝）或资源劣质等问题（引发中毒或疾病传播）。显然，这个时代还存在其他风险，但对食物的需求无疑是至关重要的。

在**农业时代**（约公元前 10000 年到 1750 年前），人类（使用技术）接触世界的第二种方式大体是以农民和耕种者的身份生活。虽然从人类对这段漫长历史时期的大部分记载中可以看到，技术发展突飞猛进，但（在该范式中）定义该时代所使用的技术类型是"对植物、动物的驯化"，例如，谷物种植与牲畜养殖。了解这个时代的最佳方法就是将其与**游牧时代**进行比对。随着农业技术的广泛应用，人类逐渐对世界一个主要要素——人类的食物来源——有了更大程度的掌控。人类的生存环境也因此有了渐增（且更加稳定）的食物供应。更大的永久性群落（城市）越来越普遍，而且随着人类大范围转向与获取食物无直接联系的工作，越来越多的专业工人出现了。在这一时代，食物已成为人类文化的"内部"而非"外部"资产。相比之下，能源与知识等资源来自外部，仍然必须从外部发现和引入。因此，该时代最为典型的两类主要工作是：适应和应用农业（农场）产业技术，以及获取资源和知识。如果有人较擅长农业管理或是能够引进更多更好的资源就可以脱颖而出。由此而生的主要风险或威胁是因农业流程管理不当（无论是数量还是质量）而引起的食物浪费、变质或丢失/失窃。另一个风险则是无法获得足够的资源或知识。

在约 1750 年至 20 世纪 90 年代末的**工业时代**，人类（使用技术）接触世界的第三种方式大体是以制造者/生产者的身份生活。同农业时代一样，这一

---

① 奇怪的是，对于这个时代尚无通用命名，因此我在这里选择"游牧"（nomadic）一词。

时代也出现了许多重要的技术类型。(在此范式上)定义该时代的技术类型是能源生产和利用（最初起点是蒸汽动力）。人类逐渐对世界另一个主要要素——人类能源的来源——具备了更大程度的掌控能力。因此，(当他们具备掌控这种能源以及所需消耗的资源时）人类的生存环境主要是指可利用能源的增加以及人类运用机械能力的提升。人类运用机械的能力能够支撑他们以更高的效率和产量工作，这极大提升了人与人相互联系与交通运输的能力，以及人们对维持这种动力的资源需求。正如**农业时代**（及之后的时代）的食物一样，能源已成为人类文化的"内部"而非"外部"资产，但知识则有所不同（仍需被发掘）。① 因此，该时代最为典型的两类主要工作是：适应和应用工业（制造业），以及获取知识。如果有人擅长工业管理或能够引进更多更有益的知识就能够脱颖而出。由此而生的主要风险或威胁，来自工业流程管理不善（无论是数量还是质量）、能源供应中断（能源太少）、对能源需求的不可持续性（过度需求），或是资源彻底枯竭（污染/劣质能源）。另一个风险则是知识上的不足（尤其无法支持上述主要技术工作）。

大约始于20世纪90年代的**信息化时代**，人类（使用技术）接触世界的第四种大体方式——同时也是我们这项研究中最重要的一种，是以"知识管理者"的身份生活。(在该范式中）定义该时代的是信息数字化的技术概念。人类逐渐对世界另一个主要要素——知识——有了更大程度的掌控力，而这也推动了新阶段的开启。正在日益密集产出、存储和传送的信息定义了人类的生存环境。正如**农业时代**（及其后）的食物和**工业时代**（及其后）的能源一样，知识已成为人类文化的"内部"而非"外部"资产。因此，该时代最为典型的主要工作是：适应和应用知识（为得到知识、见解或智慧而将其组织起来）。如果有人可以比其他人更好地掌控知识，那么他（她）对集体就具有更大价值。由此相应的风险就变成了（无论是数量上还是质量上）信息流程管理不善的问题，例如，信息过载/不相关、信息损坏、信息被盗/被侵入等。

我们可以通过回顾数百年历史对转向**工业时代**的历史意义给出评价，也可以通过回溯数千年历史来转向**农业时代**的历史意义给出评价。然而，我们仅有二十年时间可以去探索和发现**信息化时代**可能带给世界的影响。因此，此前界定它的方法（更不用说以上所述的全部内容）依然属于推测（尽管我们希望是合理的）。归根结底，这是在此前三个时代与它们之间两个过渡阶段的史实

---

① 显然，一些可为能源驱动型产业提供动力的资源，在一定程度上也可被理解为来自"外部"。我在这里简化相关叙述的目的是为谈论最后关于信息化时代推理工作的部分，这也是进行上述探讨的首要原因。

基础上进行的"类推论证"。该论证得出的主要结论是，**信息化时代**同此前的过渡阶段一样成为了人类社会的新生存环境，而它所提供的更多更重要的新工作类型以及更多随之应运而生的机遇和挑战又为其增添了新的意义。**农业时代**的一个主要挑战即（通过农业）提高土地种植食物的质量效益，而不是（像**游牧时代**人们所做的那样）从外部获取更多的食物。**工业时代**的一个主要挑战即（通过工业）提高生产（和应用）能源的质量效益，而不是（像**农业时代**人们所做的那样）从外部获取更多能源。因此，（类似于农业和工业时代）**信息化时代**为人类带来的一项主要挑战是从知识出发教化人类了解所需（智慧），而不一定是从外部获取更多知识。对上述过程的比较见表 3.1。

　　在本节中，尽管我们从人类技术应用的基本方式出发理解**信息化时代**，但这个时代还有着更广泛的在社会文化、经济和政治层面上的内涵。至少在**信息化时代**的最初二十年里，上述提及的技术更新使得一些更广泛的趋势得到进一步加剧和巩固。为更加全面地考虑这一问题，我们对其中一些技术更新在此进行阐释。但这种对**信息化时代**的阐释并是指为这些其他的技术趋势必定会继续存在，而只是假定它们在**信息化时代**前二十年里与时代兴起相互交织，这才是值得我们注意的重点。最终我们通过更广阔的前景分析认识到，世界政治、经济社会和技术结构的巨大变化让世界比以往任何时候都更加紧密地联系在一起。随着苏联解体、中国开放以及欧盟的（最初）扩张，长期存在的政治障碍已被消除。全球化使美国、欧盟、中国、印度、俄罗斯、巴西和许多其他"新型大国"在商业上彼此交织，它们之间的经济壁垒也逐渐消失。这些由不同文化之间互动引发的社会变化同时催生了潜在的"全球公民"①和"文化冲突"。同时，在这个基础联系紧密的新世界中，因为此前的世界从未如此以"日"为计量单位紧密地互动过，那些快速的灾难性变化也构成了成倍增加的隐患。世界本身正以前所未有的方式和步伐发生着变化。

　　信息在与世界快速发展互联的同时，它在其中所扮演的角色也发生了转变。这些是**信息化时代**最核心的技术变革。信息和电信技术的广泛应用，意味着信息量、信息数字化以及信息随时随地的传输能力正呈指数级增长。这种发展可能的终点是，我们几乎可以获得近乎全世界所有的信息。面对信息的持续泛滥，试图理解任何问题的人们将不再会面对难以获得信息的难题。取而代之，挑战变成了如何解读和应用信息。因此，不仅世界本身正以前所未有的方

---

　　① 【全球公民社会】，是美国学者莱斯特·M. 萨拉蒙（Lester M. Salamon）在 2002 年提出的理论，是指公民为了个人或共性目的而在国家和市场活动范围之外，进行跨国结社或活动的领域。具体包括国家非政府组织和非政府组织联盟、全球公民网络、跨国社会运动等全球公共领域。——译者

表 3.1 比较技术发展的四个阶段

时代	驱动技术	区分环境	风险与威胁的特点	回报与机遇的特点	最典型的工作
游牧时代：人类作为"狩猎者—采集者"直至公元前10000年	无	资源短缺：生计取向下的小型、可移动定居点	对资源采集：不善：营养不良、灭绝、中毒	通过带来更多或更好的食物实现个体或集体区分	狩猎和采集：获取食物
农业时代：人类作为"农耕者"公元前10000年至18世纪50年代	谷物种植：人类对食物的掌控	增加的事物：更大的永久性定居点（城市），专业化分工与文化	对农业过程的管理：不善：食物浪费闲置、遭窃、被破坏	通过更好地掌握农业实现个体或集体区分，并由此带来更多或更好的资源	农耕：获取资源，适应并运用农业
工业化时代：人类作为"生产者"18世纪50年代至20世纪90年代	蒸汽动力的机械化：人类对能源的掌控	增加的能源：（当拥有自然资源时）扩大的物理处理能力	对工业化过程的管理：不善：不可持续、中断、污染	通过更好地掌握工业实现个体或集体区分，并由此带来更多或更好的知识	制造：获取知识，适应并运用工业
信息化时代：人类作为"知识管理者"20世纪90年代至？	数字化：人类对信息的掌控	增加的信息：对知识的产出、储存、利用与传送	对信息化过程的管理：不善：过载、不相关、被侵入、被损坏	通过更好地掌握知识实现个体或集体区分	为获得智慧与见解组织知识：适应并运用知识

式和步伐发生变化，我们理解世界的根本方式也在以前所未有的方式和步伐发生变化。

换句话说，出现了一种"新的"主要认知需求：它并不是对信息的存取或是专业上的知识，而是对信息的解读与应用。换言之，对思考的定义标准不是知识，而是才智。显然，我们仍需要将一些事物（就像以前的时代一样）从外部带入人类文化。定义**信息化时代**的工作方式类似于农业时代的土地耕种和**工业时代**的制造业生产，即将知识转育为才智。就目前所有对**信息化时代**可能的看法而言，这显然是一个相当狭义的结论，但这就是我们研究该问题所必需的核心：**信息化时代**对推理造成的挑战。这也有助于我们提出一个关键问题：在这种新环境中，情报分析人员需要做什么才能更好地获得（用户从知识中所需的）才智呢？

3.2 解释信息化时代的基本（推理）挑战

从广义上讲，**信息化时代**的核心挑战是在"渐增的信息产出、存储、利用和传送的环境"中"适应和运用知识（知识和洞察力的储备管理）"。应对这种挑战的方式有很多，但其中绝大多数超出了本书的讨论范围。就当前目的而言，我们更重视情报分析人员在推理工作中遇到的挑战。在前面的章节中，我们已经探讨了情报分析人员面对的一些挑战和推理过程中（大体上）会遇到的一些主要困难。然而，当我们同时考虑推理工作、情报分析和信息化时代三者时，就会感到上述讨论具有共通之处。更加普遍地讲，与我们所讨论范畴关系最密切的挑战可归类为特征、技术和目标上的挑战。

特征上的挑战与**信息化时代**环境下人内心可能出现的错误有关。交流平台开放性的显著增强，使得人们还未做好充分准备时就感受到了推理所带来的巨大诱惑。也就是说，如今产出、存储和传输信息的"成本"（相对而言）如此之低，使得那些对人们进行推理的限制比历史上任何时期都少得多。一些诸如社交媒体、博客和播客之类的平台，使得人们当前在围绕争议话题开展大范围文化对话时几乎已不存在什么障碍。在此之前的时代中，（依靠出版商付费的）出版需要经过严肃的审查过程，要不然就是个人承担出版费用，人们除非是有充分酝酿的合理想法，否则不会参与上述过程。同时，如果没有那些（尽管有着极高出错可能的）障碍用以保证它们达到最低限度的质量水平，对其中源于内部的错误的"检查"就会更少，由此也使得推理过程会出现更高风险。这些源于内部的错误通常分为思维模式、偏见与谬误。"思维模式"代表人们理解世界的信念，其本身并没有任何问题。但鉴于它们能够（且经常）使所得的推理结果与理想推理并不相符，因此成为了潜在挑战。不符合理想推理标准的一般推理模式称作"偏见"。相对而言，"谬误"指的是不符合理想推理标准（无论是否有大体趋势）的特定情况。在**信息化时代**，我们并不排斥思维模式、偏见和谬论，因为这样人们才能无需进行任何严肃审查过程（或其他相关"成本"，这会使人们进一步严肃质疑其推理情况），轻松产出、存储和传送信息。换言之，**信息化时代**已直接影响到了（作为推理者的）人类。

技术上的挑战与错误有关，而后者可能会出现在**信息化时代**环境下人们的推理过程中。人类在政治以及其他意识形态驱动因素下大量聚集在一起，这为理性地解决问题带来了极大阻碍。信息产出、存储和传输的低廉成本，不仅提高了人们参与推理思想交换的程度，也拓展了人们从事此类活动的空间。推理思想交换场所的增多，使得人们才有可能从周围那些分享自己独到见解的人群中更加容易地分离出来。在这之前的时代，可供信息和推理思想交换的场所还比较少，持有不同观点的人更加难以避免与持有其他观点的人发生直接对垒。这就使人们有一种天然动机去根据一些他们自己也觉得似乎有理的外部标准，努力让那些持其他观点的人更能去接受自己的推理，从而大幅增加理性解决问题的可能。但是现在，人们很容易就能认真参与到那些仅仅是分享自己观点的人群中，因此也就很少需要通过任何更宽泛的外部因素去为自己的推理进行辩护。这就使得推理过程中的"客观性"会随之降低，或是降低了人们对那些能够令不同观点变得清晰和可以接受因素的关注。换言之，**信息化时代**的推理已不再需要那么一目了然（持有不同观点的人都能够理解并给出评价）、那么受到规则约束（能够达到各方都认可的独立标准）。也就是说，**信息化时代**已经对人类的推理过程造成了影响。

目标上的挑战主要涉及问题与人们在**信息化时代**环境中可能会思考的主题有关。其中最为相关的有四个：第一，在**信息化时代**，不可靠数据越来越多，而可靠数据的占比（发现可靠数据的可能性）相应降低。在第 1 章和第 2 章中，我们将其称作有限可靠数据的"不足性"问题。没有足量的值得高度信赖的数据，人们就不愿意去回答重要问题。第二，人们所能获取的整体信息量正不断增加，这使得人们更加难以找到与感兴趣主题相关的信息，并且最终更可能获得与感兴趣主题无关的信息。在第 1 章和第 2 章中，这被称为误导性信息的"无关性"问题。这就是出现过多的似乎相关而实则不相关的信息，或是似乎不相关却实则相关的信息。第三，人际互动的增加放大了每个个体的不可预测性。在第 1 章和第 2 章中，这被称为许多可能的未来路径中的"不确定性"问题。任何一个特定个体都会有着一定程度的不可预测性（发生与此前历史模式有悖行为的可能性），而当更多的人在无需此前互动历史前提下即可相互影响时，这种不可预测性会随之陡增，从而增加了更多未来新路径出现的概率。第四，随着人物、事物和思想的增速，可用来进行决策的时间也受到了限制，而这种情形也使得每个人在他们还没有做好准备的时候就要致力于获得某个结果。在第1章和第2章中，这被称为需要及时决策的"非重要性"问题。交互与通信响应时间的缩短，意味着人们必须比以前更快作出响应，这也限制了人们评估最合理的响应方式和内容的时间。

信息化时代的环境为人类的推理带来了许多潜在挑战。本章列出了其中六类与思维模式、技术和目标上的挑战有关的内容。理所当然，本章还聚焦了那些大体会同时出现在情报分析与推理之中的挑战。因此，这些挑战并非是**信息化时代**所独有的。根本上，它们的独特性在于挑战会随**信息化时代**信息产出、存储和传送的提升程度而升级加剧。在对挑战经过总体上的细致考量后（即**信息化时代**情报分析人员在推理中会遇到的挑战），本书将会（在第5章）为那些在一定程度上对情报分析人员（以及**信息化时代**）具有特殊性的挑战提供解释。最后，尽管六类挑战全部建立在通用的推理工作基础上，但对于情报分析而言具有核心意义，并且它们在**信息化时代**中会有极大加剧。

我需要在此强调，之于**信息化时代**，以上对"技术发展史"的解读还是不够的。准确地说，它仅仅旨在为情报分析人员的工作环境提供更广义的背景信息，即他们在"哪里"工作又在"怎样的时代"工作。以上概略解读的价值，就在于完善和强化**信息化时代**情报分析人员在推理工作中面临的六类挑战图景，从而帮助本书读者拓宽和启发有关推理的视野和思考。

第二部分

情报分析人员的推理工作理论：推理的基本范式

第4章

推理的重要现行方法
关于结构化、非形式逻辑与思维要素的范式

情报分析正在发展成为具备基础学科理论支撑的学术领域。同时，它走向成熟的关键因素之一，是在发展过程中对其中的核心概念和重要观念进行更加强有力的自我反思，这一过程最终将清晰地呈现为概念与观念之间相互竞争的景象。由于推理、批判性思维以及分析方法论对于情报分析人员至关重要，因此应当在专业领域（以及其基础理论）中发现、发展、讨论一些与以往具有根本性区别的方法。然而，情报分析尚未发展到这一阶段。① 尽管是有一些可以分辨出的推理方法（包括本书最终提倡的方法），但它们彼此之间与众不同又存在相互竞争的关系，而对于它们彼此间关系的探讨与评估又比较少见。本部分的主要目标是，为鼓励和支持人们讨论与此类情报分析推理相关的新兴"思想流派"，进一步阐释本书发展替代方法的潜在动因。因此，本章旨在探讨，在情报分析推理的当前总体范式中似乎是最佳的三种方法：**结构性方法**（structural approach）、**非形式逻辑方法**（informal logical approach），以及**思维要素方法**（elements of the mind approach）。值得重视的是，本部分介绍这些方法是为了帮助读者全面熟悉它们，鼓励人们进行相关辩论和讨论，以及（最后）注重深刻理解它们中的每一个最重要部分，以便开发出本书的方法。

---

① 其中的一项指标体现为这些不同观点都缺乏标准化的名称。因此，我最终在我前期关于情报分析中的批判性思维的论文中简单地编写了一些作为弥补。参见：诺埃尔·亨德里克森，"情报分析中的批判性思维"，载《情报与反情报国际期刊》，2008年第21卷第4期，第679-693页；以及"批判性思维"，载于格雷格·摩尔（Greg Moore）编纂的《美国情报百科全书》（*The Encyclopedia of US Intelligence*）（Boca Raton, FL: Auerbach Publication, 2014），第213-219页。多么希望这些观点的倡导者们最终都能自如地使用它们所偏好的术语尽情纵论。至于现在，我将使用（至少对我而言）看起来合适的标题。

4.1 情报分析人员推理方法的背景

在转入说明上述提到的三种方法之前，人们暂时要注意的是所谓的第四种方法：约束性方法（disciplinary approach）。在近期的专业情报分析著作对其展开讨论之前，该方法就已经是一些成果中一般（但并不普及）默认的内容。这是要以特殊的背景标准去理解情报分析中的推理问题，这一特殊的背景就是分析人员作为专家所处的具有明确领域性和纪律约束性的主题环境。该方法源自冷战时期，能够用于清晰判定这一期间的假想敌手（苏联）以及所需了解的有关情况（政治领导、经济、军事技术等）。因此，分析人员由众多学科专家组成，并且这些学科看起来也都符合这些特别的固定领域。同时，他们理想的推理工作因此会从依据相应领域的多学科规范与一般性举证角度进行考量。由于这其中的许多领域属于社会科学范畴，一些人形成了一种默认的假设，即具备社会科学知识是成为一名分析人员所要有的那种恰当背景。在当今这个时代，大多数人现在已经不再满足于这个观点了，因为对于情报分析人员而言，他们的假想目标早已不再是固定不变的了（例如，人们不能通过假想去判定谁将成为自己的敌手以及自己需要具体了解它们的哪些情况）。此外，情报分析并非是（在原则上）可能有着自身一套推理标准的确切研究领域，该观点也建立在此基础之上，情报分析可能不仅是用于秘密搜集对手信息的社会科学——它或许具有自身的学科性。并且，对于分析人员而言，恰当的教育背景也不仅仅是怀着情报兴趣去学习现有的学科；而是经受专门的情报分析独立教育。也许，尽管仍有少数人依然怀疑（再一次默认）这种观点是否正确，但几乎没有人能够否认，在**信息化时代**这是情报分析人员实施正确的理想推理之所需。

4.2 结构化方法：在信息化时代的推理工作中，主题专家所使用的结构化分析技术

在目前建立的情报分析推理范式中，最近乎完备的就是结构化方法，该方法将分析人员的推理工作视为主题专家（subject experts）运用"结构化分析技术"（structured analytic techniques）。该方法与伦道夫·弗森（Randolph

Pherson)① 以及20世纪90年代期间美国中央情报局许多杰出的培训师和方法论专家的作品具有十分密切的关系,在他们之中就有杰克·戴维斯(Jack Davis)②、罗杰·Z. 乔治(Roger Z. George)③、理查兹·J. 霍耶尔(Richards J. Heuer)④ 以及摩根·D. 琼斯(Morgan D. Jones)⑤。根据弗森和霍耶尔所述,美国中央情报局谢尔曼·肯特情报分析学校⑥的创立就是一个重要的背景事

---

① 【伦道夫·弗森(Randolph Pherson)】,美国人,美国耶鲁大学国际关系专业硕士,拥有30余年情报工作经验,曾在美国国家情报委员会任职,担任过负责拉丁美洲事务的国家情报官,曾获美国"杰出情报生涯奖章"和"杰出情报工作奖章",现为情报、国土安全和国防部门提供培训,并协助开发情报分析工具,并与凯瑟琳·希布斯·弗森(Katherine Hibbs Pherson)于2003年合作创办了弗森联合有限责任公司,主要为情报领域提供分析、指导和管理支持等资讯服务。——译者

② 【杰克·戴维斯(Jack Davis)】,1956年加入美国中央情报局,是美国情报理论研究的领军人物,他从情报分析角度出发,对美国预警机制、情报失误以及情报与决策间关系等多个问题进行了大量的批判性研究,强调理论与应用相结合,提出了诸多改革建议,受到美国中央情报局重视,所著《情报分析技巧笔记》成为美国中央情报局的情报分析教材,是美国情报分析技巧推广领域的先驱式人物。——译者

③ 【罗杰·Z. 乔治(Roger Z. George)】,美国西方学院(Occidental College)国家安全实践专业教授,拥有30余年美国中央情报局情报分析工作经验。同时,乔治也曾在国务院和国防部供职,是对欧洲国家方向的情报军官。著有《情报分析:起源、障碍和创新》(*Analyzing Intelligence: Origins, Obstacles, and Innovations*)、《情报与国家安全战略家:持久的问题与挑战》(*Intelligence and National Security Strategist: Enduring Issues and Challenges*)、《国家安全事业:在迷宫中前行》(*The National Security Enterprise: Navigating the Labyrinth*)等作品。——译者

④ 【理查兹 J. 霍耶尔】(Richards J. Heuer Jr, 1927年6月15日—2018年8月21日),美国人,先后毕业于美国威廉姆斯学院、美国加州大学伯克利分校、美国南加州大学,美国著名的情报分析专家和学者。霍耶尔曾在美国中央情报局供职45年,曾在行动指挥部和情报指挥部任职,并在退休前长达28年的时间里任政治分析办公室方法组领导,致力于情报中的搜集行动、反情报、情报分析以及人员安全等领域。霍耶尔因其在竞争性假设分析法上的有关工作以及著作《情报分析心理学》(*Psychology of Intelligence Analysis*)而蜚声业内。2010年,他与伦道夫·弗森合著了情报著作《情报分析中的结构化分析技术》(*Structured Analytic Techniques for Intelligence Analysis*),提出了"关键性假设核对法""指标验证因子法""结构性头脑风暴法""竞争性假设分析法"等55种结构性分析方法。——译者

⑤ 【摩根·D. 琼斯(Morgan D. Jones)】,是美国陆军和经验丰富的美国中央情报局成员,曾负责美国中央情报局谍员分析训练工作。琼斯还在美国乔治城大学教授科学外交服务的硕士研究生课程,成立了超凡分析技能公司(Analytic Prowess),主要为联邦政府和私人组织机构开设讲习班,著有《思考者的工具包:解决问题的14个强大技巧》(*The Thinker's Toolkit: 14 Powerful Techniques for Problem Solving*)。——译者

⑥ 美国中央情报局为解决情报分析的短板弱项,促进和提升情报人员的情报分析能力,于2000年成立该校,专门为情报处提供情报分析及管理培训,被誉为情报分析培训的"最佳实践基地"。该校于2002年合并到新成立的美国中央情报局大学中,作为一个独立学院提供外语、区域研究、谍报技术培训以及媒体报道服务。该校的育人目标是培养具有出色情报分析能力的分析人员,要求学员具备高效的解决问题能力、较强的沟通能力和团队协作能力。该校主要由三部分组成。**基础培训**:教授基本技能,分析人员将学会思考、写作、简报技巧等必备素养,以及研究分析工具、预警能力、反间谍等问题,通常培训时间持续4个月,其中最著名的是提供给新分析人员的职业分析项目(Career Analyst Program, CAP);**中高级培训**:培训对象主要是分析人员与管理人员,内容包括领导技能、分析方法及实质性管理问题,主要目的是提升领导力,较为代表的如提供给中高层职业分析人员的情报分析培训项目,该项目一般要求受训人员需具备5年或以上的情报分析经验;**肯特中心**:该校宣传中心,用于传播和评价中情局的情报产品,为学术和社会情报团体提供推广。另外,肯特学校培训提供异地培训与继续教育两种形式:**异地培训**是指分析人员除了在华盛顿地区的大学接受训练以外还可选择其他地区提供的专职训练,如陆军、海军战争学院或国家战争学院的军事服务计划,包括外语训练和区域知识培训,可选择全日制或兼读课程的形式;**继续教育**是指当新入职人员经过职业分析项目训练后,在整个职业生涯中随时返回肯特学院接受继续培训,以便及时了解情报技术的变革以及关注情报界和全球发展的关键问题。——译者

件,该学校的早期任务就包括汇编过去几十年里发展形成的各类技术——名为《类分析》(alternative analysis),用以探索考察难以评估的事件,诸如:军事政变以及其他需要分析的重大突发事件。该项任务扩展后包括了更广义的一套方法,目的是作为分析改革的一部分,"将严密和结构思想滴灌至情报分析人员每日的工作过程"。最后,结构化分析技术 (structured analytic techniques) 这个术语在 2005 年被接纳为这些方法技术的首选名称,并写入美国中央情报局的入门读物(公开版)《间谍情报技术入门:用以提升情报分析水平的结构化分析技术》(*A Tradecraft Primer*:*Structured Analytic Technique for Improving Intelligence Analysis*)①。此后,类似的读物在美国情报界②以及盟国的兄弟机构中纷纷出现,并且该方法的研发者们继续在他们自己的出版物、授课以及培训中逐步发展这一观点。③

结构化方法与默认的"传统"方法形成了鲜明对比,后者曾在此前有所介绍,即分析人员根据对总体证据进行评估以及依据独立学科标准实施推理的方法。弗森与霍耶尔作为独立领域的专家在论述传统分析方法时写到,该方法"通常反映的是个体的努力,推理过程直到写入报告初稿时还是大部分留在分析人员自己的脑海中。"④ 传统方法"将主题相关的专业知识与批判性思维融为一体,并且此过程主要发生在分析人员的头脑中。"⑤ 相比较而言,运用结构化分析方法的推理在实施过程中"会使思考过程变得具象化并得到分解,从而以这样的方式使它在今后一点一点地或是一步一步地接受其他渊博的分析人员的回顾与评价。"⑥ 这一过程通过结构化分析技术得以实现。每项技术都是用于评估某类问题的一个独立又循序渐进的过程。在这些方法中比较著名的

---

① 这是一本旨在起到立竿见影作用的历史概要。更多信息可参见:理查兹·J. 霍耶尔与伦道夫·H. 弗森:《情报分析中的结构化分析技术》(*Structured Analytic Techniques for Intelligence Analysis*)(Thousand Oaks,CA:CQ Press,2010)。
② 例如,参见:美国中央情报局分析指挥部编写的《间谍情报技术入门:用以提升情报分析水平的结构化分析技术》(*A Tradecraft Primer*:*Techniques for Improving Intelligence Analysis*)(CIA:Sherman Kent School,2005),以及国防情报局分析指挥部编写的《间谍情报技术入门:基础结构化分析技术》(*A Tradecraft Primer*:*Basic Structured Analytic Techniques*)(DIA:Directorate for Analysis,2008)。
③ 例如,参见:摩根·琼斯:《思考者的工具包》(New York:Three Rivers Press,1998);理查兹·J. 霍耶尔:《情报分析心理学》(CIA:Center for the Study of Intelligence,1999);伦道夫·H. 弗森:《分析工具与技术手册》(*Handbook of Analytic Tools and Techniques*)(Pherson Associates,2008);霍耶尔与弗森:《结构化分析技术》。
④ 霍耶尔与弗森:《结构化分析技术》,第 22 页。
⑤ 同上,第 23 页。
⑥ 同上,第 4 页。

包括**结构化头脑风暴法**（structured brainstorming）、**关键性假设核对法**（key assumptions check）、**竞争性假设分析法**（analysis of competing hypotheses），以及**替代性未来分析法**（alternative futures analysis）。

  在情报分析推理中运用结构化分析技术，会将推理置于一个显而易见的过程中，并将其分解成为一个个明确的、可识别的步骤。这会带来四个方面的主要潜在好处。第一，它有可能减轻一些永久性认知缺陷带来的影响。例如，证实性偏误（confirmation bias）是一种在人们中常见的偏向，这一偏向就是仅仅去寻找（或是强调）那些符合自身早已信服条件的证据，而不是搜寻那些与其存在潜在矛盾（或是支持其他替代方案）的证据。诸如**竞争性假设分析法**的结构化技术，可指导分析人员在明确地权衡考虑潜在观点时，不去根据那些不"符合"他们（主观认知）①的信息，而是根据与其相矛盾的信息（这就潜在地阻止了分析人员表现出的证实性偏误）。② 第二，结构化技术还加强了分析人员之间的协作。当一个分析人员实施推理的核心内容在他/她的脑海中时，其他人是难以评估其中存在的问题的。但是，如果分析人员能够遵循预先步骤，那么更多的分析人员就可以共同遵循同样的步骤。这也就带来了结构化技术的第三点好处：具有调处情报分析人员之间分歧的潜在作用。当推理过程完全停留在主题专家的头脑中时，解决分歧要更倾向于去选择到底更加信任哪一位主题专家（或是在直觉上哪一位更加符合）。但是一旦这些想法以分段式的形态具象化之后，将会有独立的标准以供人们开展评估，从而有可能使解决意见分歧的过程变得有"规则"可循。显然，我们不能保证分歧的解决都能符合每个人的意愿，但是至少会有更加具有约束力的"基本准则"能够用以去尝试解决上述问题。③ 第四，一旦分析人员已经选定了一项评估内容并且介入了潜在的分歧，那么他们将要面临的不仅是他们所要评估的内容，还会强烈感受到他们进行评估的动因。如此一来，结构性技术也就能够帮助他们实现与委托人之间进行推理过程交流的过渡，因此他们能够更加便利地对其进行充分考虑，或是更加简单地确认跟进哪些问题更适合。

  这些技术本身的来源各种各样。一些技术，例如，**竞争性假设分析法**与**替代性未来分析法**就有清晰的来源，它们是关于哲学科学证伪主义方法的一种专

---

 ① 译者注。
 ② 这是霍耶尔在《情报分析心理学》中提出的一个著名的首创观点。
 ③ 严格地讲，我并没有意识到该方法的这一主张，即结构化分析技术的第三点好处，但是我认为这的确是具有潜在价值的。

门学术理论（例如，卡尔·R. 波珀［Karl R. Popper]①，以及诸如彼得·施瓦兹［Peter Schwarz］② 等思想家们基于想定的战略规划）进行的实践尝试。其他的，诸如关键性假设核对法，是由开发者原创的并且出现在了情报分析人员现实世界的"工作中"。因此，该方法可以被视作一个"自下而上的"过程，也就是通过实践者们力图去编辑和提炼他们"最好的实践"，试着去获得一个理想的情报分析人员的推理过程。这些技术可以分为八个主要类型：分解与可视化（decomposition and visualization）、构思生成（idea generation）、想定与指示（scenarios and indicators）、假设生成与检验（hypothesis generation and testing）、原因与影响评估（assessment of cause and effect）、挑战分析（challenge analysis）、冲突管控（conflict management）以及决策支持（decision support）。同时，对技术的选择将依据技术所属的部分种类以及情报分析人员参与分析过程中的具体部分。例如，在详细说明一个项目时，分解与可视化类技术或是构思生成类技术，最可能派上用场。在理解一个最近发生的事件时，假设生成与检验类技术、原因与影响评估类技术，或是挑战类技术最可能受用。在预测未来时，想定与指示类技术可能是最重要的（等等）。③ 这是指，对于每一项独特的分析项目都会有一系列能够起到作用的技术，这些技术与该项目的每一个方面都直接相关。可以说，分析人员对推理方法最为重要的全面洞察是：情报人员的理想推理与特定的问题种类相适合。通过运用适用于明确问题种类的技术，分析过程将变得显而易见并且有规则可循，这也能够缓解由认知缺陷带来的影响，促进协作，帮助协调分歧，并提升与决策制定者交流潜在推理过程的清晰程度。

---

① 【卡尔·R. 波珀】（Karl R. Popper，1902 年 7 月 28 日—1994 年 9 月 17 日），英国自然科学和社会科学哲学家，批判理性主义的创始人。1959 年首次出版的《科学发现的逻辑》(*The Logic of Scientific Discovery*) 一书是他的主要代表之一，在现代科学哲学界颇享盛名。本书主要讨论知识理论的两个基本问题：划界和归纳问题。波珀论证了科学与非科学的划界标准不是可证实性而是可证伪性，科学的方法不是归纳法而是演绎检验法。书中提出的有关科学的性质和方法以及科学知识增长的独创性论点，对科学哲学、认识论、逻辑学、方法论以及科学史、自然科学、医学、设计理论、社会科学均有影响。一些著名科学家都认为他的方法符合科学研究的实际。该书集中地显现出，波珀关于科学与非科学分界问题的主张受到了爱因斯坦及其相对论的影响。波珀认为可证伪性是科学不可缺少的特征，凡是不可能被经验证伪的问题，如本体论问题、形而上学问题、数学和逻辑上的重言式命题、宗教、神学和占星术都属于非科学。——译者

② 【彼得·施瓦兹（Peter Schwarz）】，美国中央情报局前雇员，著有《胜利：美国政府对苏联的秘密战略》，曾有一段著名论述，即"谈论苏联崩溃而不知道美国秘密战略的作用，就像调查一件神秘突然死亡案子而不考虑谋杀。"——译者

③ 参见：霍耶尔与弗森《结构化分析技术》第 36-37 页。

4.3 非形式逻辑方法：信息化时代下作为论证中创造与评估过程的推理（从前提到结论的推论）

如果说结构化方法是为情报分析内部推理（或是最接近情报分析推理的）所建立的主要范式，那么非形式逻辑方法则代表了为情报分析外部推理所建立的主要范式。尽管最初的例子可以在巴门尼德（Parmenides，公元前 60 世纪晚期/50 世纪早期）等前苏格拉底时期的哲学家们之间找到，但还是由苏格拉底（Socrates，公元前 470—399 年）与柏拉图（Plato，公元前 428—348 年）在后者的著名对话为使其赋予了更多生机，它此后又在亚里士多德（Aristotle，公元前 384—322 年）的作品中系统编入法典。[①] 结果，这一方法成为了自始至今众多西方哲学家绝对的依据。最后，用于推理的方法（特别是亚历山大的方法）成为了界定中世纪期间经院哲学研究中的三个基本领域——"三学科"的其中之一（其他两个是语法与修辞）。这支"三部曲"发展到今天让我们看到，大多数大学中有着"通识教育"需求的一年级新生，在第一个学期都会有协作、交流研究/公开演讲，以及"批判性思维"。一般来说，该方法认为推理的核心，是根据一系列证据和标准形成事实和辨别影响——其中的"论证"涉及的是由前提到结论的推论过程。上述这些证据标准涉及合理推论的组成规则，以及正当前提（并非从早前的推理得来）的组成原则。推论的规则既涉及关于从一个事实指向其他事实的时间与方式的规则标准，还涉及有关从单一事实不能指向其他事实（例如，"谬误"）的时间与方式的一般例子。目前，由于这种方法源于西方哲学的核心，人们可能想知道它与其他基于论证的推理有什么不同（比如在早期提到的"多学科"/主题专家方法基础上究竟做了什么）。尽管这种方法的确解释了"一般性证据考量"的要素组成，而且这些考量将会（理想化）运用到任何领域，但这种方法在关注这些考量方面要远比其他更加认真，并且相较在其他领域中找到的那些惯常"论证"而言，它能够以一个更加自然和准确得多的方式得以运用。

在近代早期哲学阶段（17 世纪至 20 世纪早期），随着逻辑学方法在本质上更加趋向"数学化"，这种推理方法在发展过程中绕了一些圈子。亚里士多

[①] 参见：《柏拉图作品集》中柏拉图的《申辩篇》《理想国》或《泰阿泰德篇》，欧文·埃德曼编，纽约：现代图书馆出版公司，1956 年版。至于亚里士多德，考虑参见他在《亚里士多德作品集》（第 1 卷），W. D. 罗斯编（London：Oxford University Press，1960）。

德的逻辑①取得了代表性的发展，并通过"自然语言"得以解释；这就是完整明确的典型语句。例如，想一想著名的三段论："所有的人终有一死。苏格拉底是一个人。因此，苏格拉底会死。"然而此后，诸如以戈特弗里德·莱布尼茨（Gottfried Leibniz，1646—1716）②的"形式"逻辑为代表下对这一方法进行发展和解释，涉及更多的是符号与变量，而非明确的典型语句。例如，对上述相同的三段论，可以更加概略地将其表示为：对于所有的 x，如果 x 是 P，则 x 是 Q、x 是 P。因此，x 是 Q。或者甚至更加正式：（1）$Vx(Px \rightarrow Qx)$；（2）Px（3）Qx。这也使得逻辑学在本质上更加"数学化"，并且正是得益于以乔治·布尔（George Boole，1815—1864）③和戈特洛布·弗雷格（Gottlob Frege，1848—1925）④等学者为代表所作出的工作，才最终使符号哲学这一充满生机的系统在今日为人所知。他们的工作对逻辑学和数学都带来了许多进展（并且最终像计算机编程与建模一样为表示方法奠定了更为广阔的基础）。然而，它也消减了"三学科"中逻辑学的"总体"适用性，并使逻辑学变得令人费解。那些对逻辑学感兴趣的人也是出于种种原因，在那些容易理解但又"过时的"非形式类亚里士多德学派的方法中去进行选择，也有的会选择更加现代的形式类方法。相应地，一个新的变体出现了："批判性思维"。从某种程度上讲，这种方法旨在用于理解越来越严苛的现代符号逻辑，而且使其更加容易让人理解并且能够像亚里士多德的逻辑学那样"每天都能适用"。由此而来的著作，像欧文·柯匹在1953年出版的著作《逻辑学要素》就为推理定义了"非形式逻辑"方法，并且还有这几十年里大多数人在大学期间所修过的"批判性思维"课程。⑤

专门运用非形式逻辑方法实施推理，为的是去理解论证（基本的前提、

---

① 【亚里士多德的逻辑】是西方重要的形式逻辑、传统逻辑的起点，所以亚里士多德的逻辑又称为传统逻辑（traditional logic），他的逻辑是专门研究思想的形式，所以又称为形式逻辑。传统逻辑主要的推理是用演绎法来推理，所以亚里士多德的逻辑又称为演绎逻辑。——译者

② 【戈特弗里德·威廉·莱布尼茨】（Gottfried Wilhelm Leibniz，1646—1716），德国哲学家、数学家，历史上少见的通才，被誉为17世纪的亚里士多德。——译者

③ 【乔治·布尔】（George Boole，1815—1894），英国数学家，曾于1847年出版了《逻辑的数学分析》(The mathematical analysis of logic)，使用通常的代数符号并以等式来表示逻辑关系，对符号进行形式上的处理而抽出了符号所代表的具体含义，后来称为"逻辑代数"。这也是布尔对符号逻辑作出的诸多贡献之一。同时，布尔也被誉为19世纪最重要的数学家。——译者

④ 【弗里德里希·路德维希·戈特洛布·弗雷格】（德语：Friedrich Ludwig Gottlob Frege，1848—1925），德国数学家、逻辑学家和哲学家。弗雷格是数理逻辑和分析哲学的奠基人，代表作为《概念演算——一种按算术语言构成的思维符号语言》。——译者

⑤ 参见欧文·M. 柯匹、卡尔·科恩、丹尼尔·E. 弗莱奇这些偶像合著的《逻辑学要素》(Upper Saddle River, NJ: Pearson Prentice Hall, 2007)。

得出的结论，以及潜在的联系），评估论证的结构（他们是否"有效"），并且评估基本前提的质量。通常，这都是通过演绎推理完成的（例如，论证中前提是其结论的必要条件；不会出现前提是真但结论为假的情况）或者通过归纳推广（例如，论证中使用一个样本去支撑一个总体）。有时，也会发现一些关于统计/概率推论的基本观点（运用概率理论中的核心公理）。特别强调这三种类型是因为评价它们的标准十分清晰，并且解释起来相对容易理解（甚至有时掌握起来具有挑战性）。

思想家们已经通过多种方式运用了非形式逻辑法，他们所关心的是让这种方法在现实世界的推理中更加适用（特别是大学生在"批判性思维"课程中学习推理用以支撑他们的"通识教育"）。一些人将重点放在了对论证的建构和评估上，并使之更加一般化而且将关注点更多地从推理与深层谬误的类型转向更加一般的论证过程实践。在这些方法中，有一项将中心放在了对"论证图谱绘制"（argument mapping）的使用上。论证图谱绘制工作是开发一个可视化图表，表达一个论证的起点（在最顶点）与结论，从前提出发以推论的形式推进，用以支撑前提之下一步步加深的各层级（并在之后是用次级前提去支撑前提过程中的论证）。这种方法源自于约翰·H. 威格莫尔（John H. Wigmore）[1][2]与斯蒂芬·图尔明（Stephen Toulmin）[3][4] 的著作，它尽管已经存在了一段时间，但随着像"Rationale 推论辅助器"[5] 等软件以及拥护它的如蒂姆·范格尔德（Tim van Gelder）[6]，以及 AUSTHINK 集团的推广与发展，这种方法变得更

---

[1]　参见：约翰·亨利·威格莫尔的《司法证明的原则》(*The Principles of Judicial Proof*)（Littleton, CO：Fred B. Rothman & Company，1998）。

[2]　【约翰·H. 威格莫尔】（John H. Wigmore，1863—1943），美国著名法学家、法学教授，创立了《哈佛法律评论》(*Harvard Law Review*) 杂志。威格莫尔一生著述颇多，在法律哲学、法律史学和证据学等领域都有建树。其中，最主要的代表作除了《世界法学概览》(*A Panorama of World`s Legal Systems*)外，还有《证据论》(*Treaties on Evidence*，共 10 卷)、《英美法文集》(*Essays in Angle-American*)、《法律进化论》丛书（*Evolution of Law*）、《现代法哲学》丛书（*Modern Legal Philosophy*）和《欧陆法制史》丛书（*Continental Legal History*）。——译者

[3]　参见：斯蒂芬·图尔明的《论证的运用》(*The Uses of Argument*)，最新版（New York：Cambridge University Press，1998）。

[4]　【斯蒂芬·图尔明】，美国哲学家、科学史学家，是"新科学哲学"的主要代表。——译者

[5]　一款用于制作类似思维导图的线上软件。——译者

[6]　【蒂莫西·范格尔德】，澳大利亚墨尔本大学生物科学学院的企业研究员，并且正在参与美国情报高级研究项目局资助的项目。值得注意的是，美国情报高级研究项目局，成立于 2006 年，现隶属于美国国家情报主任办公室，由一群卓越的科学家和研究者领导，官方称为"情报高级研究项目活动"（Intelligence Advanced Research Projects Activity，IARPA），主要是投资那些高风险、高成本的研究项目，用于应对美国情报界各部门所面临的一些最复杂的挑战，并保证其研究项目能满足未来所需。——译者

加受人欢迎。① 这种方法首次直接用于情报分析，最早见诸于由哲学家转为情报方法论学家史蒂文·里伯（Steven Rieber）的著作，里伯将这种方法推广为提升分析人员思考能力的一种有潜力的方法。② 此后，大量的情报训练项目（包括美国中央情报局和美国国防情报局）在它们的课程中试用或是完全加入了关于论证图谱绘制的教学内容。甚至霍耶尔与弗森也在他们的著作中引入了论证图谱绘制，尽管他们对其进行了重新解读，将这种方法作为某种特定的结构化分析技术，而非适用于所有推理形式的普遍性方法。③ 这种方法的变体也出现在了格奥尔基·泰库奇（Gheorghe Tecuci）④、大卫·A. 斯科姆（David A. Schum）⑤、多林·马尔库（Dorin Marcu）⑥ 以及米哈伊·博伊库（Mihai Boicu）⑦ 等最近的著作中，他们提出了一个关于论证图谱绘制的框架，基本区别于那些正在用于为（他们说明）假想制定与评估方法的推理提供支持的演绎、归纳以及溯因。⑧ 因此，可以将非形式逻辑方法视作现有学术理论中一种"自上而下"的方法，用于试图应对情报中的挑战。

　　从操作上讲，这种方法在使用中是很粗糙的，原因如下：分析人员将某个潜在结论置于最顶部的方框中。随后，左侧供他们去辨别那些可用作接受这些

---

　　① 参见：蒂莫西·范格尔德的"Rationale™ 的基本原理"，载《法律、概率与风险》（第 6 部）（*Law*，*Probability and Risk* 6）（2007 年）第 23-42 页。
　　② 参见：史蒂文·里伯与尼尔·托马森（Neil Thomason）的文章"国家分析方法研究机构的创立"，载《情报研究》（*Studies in Intelligence*）第 49 卷第 4 期，2005 年。
　　③ 霍耶尔与弗森，《结构化分析技术》，第 72-170 页。
　　④ 【格奥尔基·泰库奇（Gheorghe Tecuci）】，法国巴黎南部大学和布加勒斯特理工学院博士，乔治梅森大学沃尔根诺工程学院计算机科学教授、学习代理研究中心（Learning Agents Center）主任，罗马尼亚科学院会员，美国陆军战争学院战略领导中心人工智能前主席。泰库奇长期致力于计算理论和技术研究，发表论文约 200 篇，出版著作 11 部，研究领域包括人工智能、知识工程、认知辅助、机器学习、基于证据推理，以及情报分析。他曾因在重力测定的人工智能运用中作出了突破性基础贡献而获得"美国陆军杰出平民服役奖章"，并获得了美国人工智能协会授予的"创新应用奖"。——译者
　　⑤ 【大卫·A. 斯科姆（David A. Schum）】，美国俄亥俄州立大学博士，乔治梅森大学系统工程与操作研究荣誉退休教授、学习代理研究中心首席和法律科学家。斯科姆长期致力于概率推理中的证据性能、发现与编组研究，发表论文百余篇，出版著作 8 部，其中包括证据科学的奠基性著作。——译者
　　⑥ 【多林·马尔库（Dorin Marcu）】，美国乔治梅森大学博士，乔治梅森大学沃尔根诺工程学院学习代理研究中心软件和知识高级工程师、研究助理教授。马尔库发表论文 40 余篇，出版著作 5 部，曾获美国人工智能协会授予的"创新应用奖"。——译者
　　⑦ 【米哈伊·博伊库（Mihai Boicu）】，美国乔治梅森大学博士，乔治梅森大学沃尔根诺工程学院科技信息副教授、学习代理研究中心副主任。博伊库发表论文 90 余篇，出版著作 5 部，曾获美国人工智能协会授予的"创新应用奖"。——译者
　　⑧ 参见：格奥尔基·泰库奇、大卫·A. 斯科姆、多林·马尔库以及米哈伊·博伊库的《情报分析——探索证据、想定与论证》（*Intelligence Analysis as Discovery*，*Hypotheses*，*and Argument*）（New York：Cambridge University Press，2016）。

结论的潜在原因（它们都分别在独立的方框中，并且各自通过（通常为绿色）箭头与结论相连）。右侧供他们去辨别那些可用作反对接受这些结论的潜在理由（同样也是分别在独立的方框中，并且各自通过（通常为红色）箭头与结论相连）。在这些对结论的支持原因和反对理由之中，还有着对这些支持原因或反对理由的一些更深刻的支持原因或是反对理由。人们可以继续无限地向着更深的层次实施这个过程（至少在理论上），或者至少是直到人们辨别出所有潜在的支持原因和反对理由后感到满意为止。在结构上，它并非完全像是与语法中如句法图组相似的东西，或者像是在修辞和写作中如列提纲相似的东西。

非形式逻辑方法具有许多潜在优势。第一，它使得对潜在证据间联系实施批判性审查的过程更加透明。这不仅意味着分析人员可能更早地看到证据，而且它们可以更轻易地区分推理中各条目之间的不同关联。因此，举例来讲，事实上一条证据出现不足并不意味结论也随之出现问题（或是仅仅因为一条反对理由最终没能站住脚，就必然意味着结论就会成立）。这种方法能使协作更加容易，并且可以帮助调处分析人员之间的分歧，这与运用结构化分析技术时带来的透明性优势具有相似性。第二，与结构化方法类似，但这种方法或许更多能够促进用户对潜在原因的理解。这种方法与文本表述的产品相比，将所有潜在支持原因和反对理由（以及他们背后的支持原因和反对理由）全部绘制而出形成的结论，在传递方面要简单得多。正如大纲能使讲稿更加有序并且扣人心弦，绘制出的论证对于推理而言也是一样的。第三，许多倡导这种方法的人还提出，（在某种程度上）在对其运用进行的诸多研究已经证明，该方法能够提升"批判性思维"能力。尽管这种方法复杂而且富有争议，但他们的建议是那些已经经受过大量论证图谱绘制训练的人，要比那些没有得到培训的人在论证评估问题的标准测试中表现得更好。因此，那些认为有可能能够"确认"推理方法论（并且这些推理方法论正是在情报分析推理中想要得到的最重要的方法）的人，① 发现这种方法就是其中一个令人信服的方法。总的来说，洞悉这种方法最为重要的方面或许体现如下：理想分析人员的推理遵循着一系列的普遍原则。这些原则利于对证据的评估和清晰的交流，以及根据那些标准实施潜在评估。

---

① 我对此方案表示怀疑。

4.4 思维要素方法：在信息化时代将思考标准用于思维要素去培养有效的思维习惯

"批判性思维"这个术语有着各种各样的含义，它们由使用术语的上下文所决定。对于一些场景而言，它仅是一个普通术语，代表着细心谨慎的推理工作。相比其他术语，它对于推理工作而言，代表着对潜在的反对和批评都保持着明晰的判断。在许多的学校课本中，"批判性思维"是指人们在早期教育时的一门特别的课程（是我们此前探讨到的三门学科中"逻辑"的现代派生课程）。同时，后者覆盖了从传统亚里士多德逻辑学到基本现代符号逻辑学，并且概略地包括二者之间的一些内容。正是如此，很多人仅仅把"批判性思维"作为基础逻辑，并且它也被认为是一些人最喜欢的逻辑方法。因此，举例来讲，如果有人寻求更多的"高级"批判性思维课程，或是去拓展"批判性思维"的学术领域，通常难以达到预期。因此也就有了思维要素方法的施展空间。该方法反映了理查德·保罗（Richard Paul）和琳达·埃尔德（Linda Elder）两位学者（"批判性思维"的创始人）的努力，他们发展了"批判性思维"这一套完整理论，使其达到并超越了仅仅是"幼稚逻辑"（baby logic）的层次。他们将批判性思维定义为"在思维中为了使思维变得更好的思维艺术"。[①] 在他们的方法中，此类推理是将思想要素中（例如，目的、问题与观点）的思维标准（如清晰、精准）用以培养更有效的思维习惯（例如，理智的谦逊、自主性与保持公正的能力）。[②] 这种观点得到了如杰拉德·诺西克（Gerald Nosich）[③] 等思考者们更深刻的提炼，并且在支持大学以及中小学教育的批判性思维教学过程中受到了影响。正是本着这种精神，大卫·T. 摩尔（David T. Moore）将这种方法用于开创首个适用于情报分析人员的自我认证的批判性思维课程，该课程起初是在美国国家安全局实施，但是后来在摩尔2006年出版的著作《批判性思维与情报分析》（Critical Thinking and Intelligence Analysis）影响下，这门课又扩展到了包括美国国防部在内的其他高层部门。因此，像非形式逻辑方法一样，思维要素方法可以被看作是一种"自上而下"

[①] 理查德·保罗与琳达·埃尔德合著的《批判性思维：学习最好的思考者所用的工具》(Critical Thinking: Learn the Tools the Best Thinker Use)（上萨德尔里弗，新泽西州：培生·普伦蒂斯·霍尔出版社，2006），第 xiii 页。

[②] 参见：保罗与埃尔德的《批判性思维》。

[③] 参见：杰拉德·诺西克的《学会去透彻思考》(Learning to Think Things Through)（Upper Saddle River, NJ: Prentice Hall, 2008）。

的方法，它将现有的学术理论（例如，"最优原则"）运用到了应对分析人员面临的挑战中。

思维要素方法有着非常广泛的适用范围，因为任何问题都能够被分解为下述的八项思考要素，它们是：①**目的**（Purpose）：分析这个问题的缘由是什么？②**观点**（Point of View）：对问题不同的提议评估都是什么？③**假定**（Assumptions）：对问题不同的提议评估背后的潜在主张是什么？④**可能的影响**（Implications）：对问题的提议评估的结果是什么？⑤**信息**（Information）：对于问题的提议评估，什么证据能证明其成立/不成立？⑥**推论**（Inference）：从有关问题的潜在信息之中能够推断出什么？⑦**概念**（Concepts）：对于问题的提议评估，与之相关的主要理论有什么？⑧**问题**（Questions）：在评估这个问题是有哪些主要问题必须得到处理？①不仅仅是想法能够被分解成上述八项要素，人们随之还能有意地再加入其他一些思考标准。该方法所提出的十项关键标准有清晰（clarity）、准确（accuracy）、关联性（relevance）、逻辑（logic）、广度（breadth）、精密（precision）、意义（significance）、完整性（completeness）、公正性（fairness）和深度（depth）。②为了运用这些标准，可以提出一系列的问题。例如，运用"逻辑"时，有人可能会问："所有这些标准能够组合在一起吗？"，或者"结论真的能够从你所说的标准中推断出来吗？"因此，这些思考标准是依据标准问题进行操作的，优秀的思考者在他们自己工作的时候会通过这些思考要素来向自己提出问题。

思维要素方法优先考虑的，不仅是使推理在反思中令思考变得更加透明并且容易进行审视和裁断（如结构化方法和非形式逻辑方法），还有使自身得到完善。更加准确地讲，这种方法通过如下方式介绍推理，即这种方法不仅可以使人们更好地实施推理，而且可以使人们的推理能力变得更好。换言之，这里所强调的是，这个过程引向了培养"有效的思维习惯"。这种方法能够鉴别如下八种品质：谦逊、自主、正直、勇气、毅力、信心、同情以及公正。这些所共同界定的与其说是"批判性思维"，还不如说是"具有批判性的思考者"。因此，这种方法并非简单地提供推理技术，还记述了推理所具有的特质。人们实施推理的目的并非简单地运用严谨的方法去寻找"正确答案"，而是将自己完善成为一名推理者。实施推理并非单单是分析人员运用一套工具进行工作，还体现了分析人员作为人所表现出的特质。因此，这种方法所强调的不只在于

---

① 查阅有关情报问题被分解为上述八项要素的内容，参见：大卫·T. 摩尔的《批判性思维与情报分析》（Washington, DC: JMIC Press, 2006）。

② 更多详情，参见：保罗与埃尔德的《批判性思维》。

他们例证时所运用的法则或技术，而是在于分析人员自身在推理过程中所扮演的角色。这也为推理方法提供了一个非常重要的观点：理想分析人员的推理，体现的是良好的思维习惯。

4.5 三种方法的比较：它们有什么区别？

对这三种方法的比较，拟从以下几个方面展开，即支配它们时的感知（它们从何而来？）、提炼它们的主题（作为思考对象的人所聚焦的是什么？）、指导它们时遵守的标准（对思考对象使用什么？），以及从中衍生出的重要观点（为发展一套关于推理的完整理论）。

在比较这三种方法时，可能要从它们的"感知"出发：它们从何而来。**结构分析方法**源于情报分析人员与方法论学家在同行之间寻求如何登统和优化那些"最佳实践"的过程。这一种"自下而上"的方法，从特定的好的推理范例开始，得出一条更具一般性的路径。相比之下，**非形式逻辑方法**与**思维要素方法**则是源于学术理论以及情报分析人员（或是专注于情报研究的学者）解决情报问题的运用过程。它们寻求"最优原理"用以情报工作，并且紧接着借以展示其在应对情报分析人员面临的现实世界挑战时的作用。因此，它们属于一种"自上而下"的方法，从适用于好的推理的既有方法出发，随之展示其在情报分析中的应用。

在比较这三种方法时，可能要从它们的"主题"出发：作为"思考对象"的人所聚焦的是什么。换言之，它关乎的是情报分析人员在思考什么。**结构化方法**在解释这个问题的过程中，所涉及的是情报分析人员的具体问题，例如：明确一个项目、理解一个近期发生的事件，或是推想未来的结果。**非形式逻辑方法**在解释情报分析人员所思考的对象时，是将其作为一项命题和推论。换言之，情报分析人员正在思考的是，通过可能的论证，从一组前提条件（潜在可能的信息）得到结论。思维要素方法将其解释为思考中的一个部分，例如，目标、观点、假设、可能的影响、信息、推论、概念和问题。可以认为，**非形式逻辑**与**思维要素**这两种方法论范式相比较而言，前者所聚焦的范围更小，因为前者的目标锁定在了全部"思考中的部分"所含有的子集里，其中有单独的命题与推论。然而，这也并不是说**非形式逻辑方法**就忽略掉了目的、概念或是问题，这种方法在聚焦上述要素时与**思维要素方法**有着不同的方式。较之于**非形式逻辑方法**和**思维要素法**，**结构化方法**关注的更多是思维对象的内容（例如，一个近期发生的事件的含义、对未来的推想等），而前两者则是事件所对应的其中一类（例如，一个推论、目的等）。

在比较这三种方法时，可能要从它们的"标准"出发：对思考对象（规范地）使用什么。也就是说，情报分析人员在进行思考时，在独立于他们之外，还有什么能够启发他们？结构化方法和非形式逻辑方法都需要以合理的技术作为标准用以指导情报分析人员思考。结构化方法提供了广泛而多元的技术（大多是针对情报分析人员的每一类问题）。与之相反，**非形式逻辑方法**提供的是一种单一的方法，它适用于所有类型的问题。相比较而言，**思维要素方法**提出的是一系列类别不同的标准：理性特质；这就是说这个标准像谦逊、自主或公正一样，属于"有效的思维习惯"。这些特质与**非形式逻辑方法**中的一般技术一样，可以等同运用于所有类型的问题之中，但是它们不仅仅是一系列步骤或者规则。当然，它们也能够以这样的方式进行运用，但是它们更是为了用来描绘理想的推理者（而非仅仅是理想的推理）。

最后，在比较这三种方法时可能要从它们最为"重要的观点"出发：用以发展一套关于推理的完整理论（见表4.1）。

表4.1　比较现行推理范式

	结构化分析法 主题专家运用结构化分析技术	非形式逻辑方法 对论证和推论的建构与评估	思维要素方法 将思考标准运用到思考要素中用以培养"有效思维习惯"
描述方法的总结	信息化时代下的理想推理是针对特定相应的问题所使用的**一系列特定的简化步骤**（"结构化分析技术"）	信息化时代下的推理是通过恰当结构（论据充足）的推论实施的从前提（信息）到结论的推理	信息化时代下的推理是**运用理想的思考标准进行思考**，并将其分解为其所具有的主要要素
驱动方法的感受	实践工作者 （"自下而上"）：现今/曾经的分析人员寻求去对"最佳实践"进行登计和优化	学者 （"自上而下"）：学者们与分析人员将现有的学术理论用以应对情报分析的挑战	学者 （"自上而下"）：学者们与分析人员将现有的学术理论用以应对情报分析的挑战
提炼方法的主题	分析人员的问题	命题与推论	思考的分解开的部分
指导方法的标准	好的方法	好的论证	好的习惯
从方法衍生出的重要观点	理想分析人员的推理是与特定类型的问题相匹配的	理想分析人员的推理遵从一系列普遍规律	理想分析人员的推理**体现着良好的思维习惯**

第二部分　情报分析人员的推理工作理论：推理的基本范式

　　这是本书重在评估的观点。就它的价值而言，已经显而易见，但是因为这本书的目的是为了"建构"（去为情报分析人员开发一种新的推理方法），而不是去"破坏"（去批评其他的替代方法）那些对其他方法用途的完整说明，而其他的方法会在另一个场合进行讨论。所以，假设是所有这三种方法对于供情报分析人员使用的推理理论，都具有一定的价值和贡献。尤其是，总的来看，他们认为理想的推理是与特定类型的问题相匹配的，遵从着一系列普遍规律，并且体现着良好的思维习惯。上述绝不是这些观点潜在贡献的全部，但是在本书提出的方法中，它是特别值得记录的。因为它们都符合本书最根本的提议，即情报分析人员的理想推理包含特质、技术与目标三方面。

第 5 章
推理的多维方法
引入个人、程序及问题导向等维度

本书希望能够为**信息化时代**的情报分析人员开发出一种方法,全面介绍推理工作,为志愿成为情报分析人员的人士提供关于推理的教学背景材料,为情报分析专家提供扩展工具包,并且为专注于情报研究的学者和方法论学家提供一套系统的推理学术理论。为了达成上述目的,此前章节在本质上探讨了一些核心概念,遍及从推理理论(基础认识论和逻辑)、情报分析与信息化时代,再到辨别来自上述三者的一些主要挑战。在此之后,本书探讨了当前情报分析领域中的主要推理方法,并且辨析了它们对于一个全面的理论体系所具有的最重要的潜在贡献。对于这四部分的讨论,每一项都在总结中伴有此类推理方法的相关提示,其中构建出了一些观点以及现存需要全面应对的挑战。现在终于要在本章探讨由此得出的关于推理的**多维**视角。首先,本章描述分析人员实施推理的**多维**目的;其次,本章界定了情报推理的**多维**参量;最后,本章为情报分析人员实施推理开发了一系列(非常广泛)的**多维**实践。

5.1 关于情报分析人员实施推理的目的的多维方法:一个理想推理背后的动因

分析人员通过推理形成知识(对陈述为真的信念与实际上是真理的观点有着充分的、在认知上理想的关系)和才智(知识,这种知识用于为某个明确的个人在某个明确的场景中面对某项明确的选择时提供充分恰当的指导,以达成其明确目标)。情报分析人员从独立的岗位去形成知识和才智,目的是为完善决策者关于潜在竞争者(以及/或者对手)的立场。同时,正如在此前部分中提到的一样,**信息化时代**最主要的挑战是在逐渐获取信息的过程中获得才智。上述三个方面构成了**信息化时代**下情报分析人员实施推理的目的：分析人员通过逐步获取信息来收获知识和才智，为决策者提供一种不同视角并接触到一系列独特的特质、技术以及目标挑战。

5.1.1 情报分析人员的不同视角与推理目的

分析人员获得不同视角最合适的方式是依靠最原始的信息。情报分析人员的岗位在根本上是不同于决策者（以及与之相关的政策分析人员）的。决策者的视角由其担负的职责决定，而这种职责有着特定的意识形态倾向，对应的岗位也有一个固定（通常比较短）的期限。此外，还需要在问题分析、决策制定、决策实施、评估实施以及更广阔的背景下去拥护决策。相比较而言，分析人员在其视角的形成中不承担上述责任，他们没有固定的意识形态倾向，职责岗位期限更长，能够全身心投入到对难题的分析工作当中。因此，这种岗位职责决定了他们倾向于形成一种更加长远、更少受意识形态影响并且能够聚焦于分析的视角。当前，具备丰富经验的独立分析人员可能会抵制这种界定方法。但是总的来说，有一种非常合适的形容：分析人员最终不会像决策者一样受限于他们职位所对应的意识形态取向、较短的任期或是分析问题之外的种种问题，而且这些问题本就不在一个层次上。

分析人员的视角之所以被认为可靠且特殊，都是源于其可信度在不断提升。在传统意义上，人们可能会与这个观点联系起来的是，分析人员有能力通过秘密搜集的信息形成自己的评估。冷战期间，情报分析的主要课题（对苏联及相关国家）可能就是（直接并且大量地）通过这种方式实施评估。而且此类信息并非总是直接送到决策者那里由他们自己进行评估。但是，在**信息化时代**，这种方式就不再适用了。尽管对有些地区（如朝鲜）的情报搜集和评估工作只能通过秘密的方式开展，但与以往相比，这种情况已经大大减少了。此外，一场大规模的开源情报革命已经到来，越来越多的信息并非只是来自于秘密渠道。另外，当通过秘密搜集得到的情报展示出重要性时许多决策者会更加倾向于亲自去对这些搜集而来的"原始情报"进行甄别与界定。①

界定情报分析人员特殊性与可靠性的"现代化"方法，建立在以下基础之上，即他们（提议）提高"客观性"以增进可信度。目前，有两种不同的方式用于理解这里提到的"客观性"。第一种是将其理解为"中立立场"。这

---

① 我并不否定评估使用秘密搜集的情报是情报分析人员的一个重要方面，但是我只能说这并不是使情报分析视角与众不同的全部。

里指的是，分析人员在思考问题时受其自身因素的影响相对比较小，例如，他们自身所处的环境和背景，拥有的性格或是意识形态，但这是对客观性的一种"消极的"理解：客观的思考并不是仅仅这样。第二种是将其理解为"有规则可循"。这里是指分析人员是在受到一系列证据引导原则的影响下，去思考推理工作的。这是对客观性的一种"积极的"理解：客观的思考就是这样。目前，许多人认为这两种理解都在部分程度上解释了分析人员具有特殊性的原因（并且具有可信度）。例如，他们体现了"分析标准"中 2/5 的部分，这个标准由美国国家情报总监办公室（US Office of the Director of National Intelligence）提出，目的是对美国全体情报分析人员的工作进行规范。① 第一种理解，体现了标准要求中的"独立于政治进行思考"。第二种理解，体现了标准要求中的"客观性"。因此，从某种程度上讲，对分析人员推理特殊性与可信度（在他们能够接触到秘密搜集信息之外）最普遍的解释就是它的客观性。

正如解释分析人员具有的特别可信度一样，任何关于客观性的讨论都会面临赫然涌现出的挑战，这些挑战就是近来学术界对客观性这一概念的怀疑。一些人早已指出客观性只是人类的一种不现实愿望（实现它的可能性很有限），并且/或者是试图去实现客观性还可能会造成其他意外结果，那就是在特定背景下，与以往相比，一些人会对他们自己以及他人的观点缺乏敏感性。需要说明的是，解决上述分歧的最终办法并不在本书讨论之列，但是这里要公正地指出两点。第一，对于客观性的一种合理解释，是承认（为了回应上述对客观性的第一种理解）其初衷是成为以驱动为目的的一种规范性的理想，而并非是人们在一般意义上要给出的一种真实的描述说明。第二，对于客观性的另一种合理解释，是认为它是对于其他团体观点中独特内容的忽视，并不是在理解他们观点时的客观态度。换言之，由于某人的意识形态原因，使之对他人给出完全负面的评价，就是一种不客观的现象。客观性作为情报分析人员特殊可信度的特性（或是全部的特性），尽管在这里远远不能对它的方方面面予以诠释，但是如果说人们（当更加虚心地理解时）根本看不出理想标准的客观性则是毫无道理的。

尽管本书赞同对分析人员那些独特观点给出宏大的解释，但在这些解释中最开始的一部分则应显得更加谨慎和谦虚。并且在最后，尽管分析人员接受这并不是为其他所有观点背书的先决条件，但这是作者所偏向的解释。因此，这也不是为了新增加新的辩论主题，而是为了在本领域触动更深刻的反思以及完

---

① 参见：美国国家情报总监办公室，"分析标准"，2015 年最新更新。https://www.dni.gov/files/documents/IDC/ICD%20203%20Analytic%Standards.pdf.

善本书的观点。提议如下：分析人员观点的特性可能不仅仅是与原文的区别，还包括那些不含直接假设的更高的可信性。或许是因为推理工作本身就与众不同。这就是说，在分析人员的思考中，区别不只是体现在其外部来源（分析人员的文本）或是外部结果（分析人员的可信度与事实之间的联系），其原因更是在于推理的内在品质。或许分析人员推理的特殊性就在于其本质的特点。这就是，情报分析人员的推理要具有例证说明的潜力，甚或是去构成在本质上具有分析人员理想价值的推理。换言之，语境与可信度的专业性是情报分析人员在思考（这些是如何与思考的起点或结果建立起联系的）中的所要考虑的外部因素。这些也使情报推理从分析人员的思考中独立衍生出来。但是影响分析人员思考问题的内部因素才让其变得与众不同。换句话说，相对而言，评价分析人员思考问题"理想"与否的标志，并不在于问题从哪里来或是向哪里去，而是在于问题本身是什么（这些就取决于内部因素）。

更具体地讲，分析人员的视角之所以与众不同是因为它的特质：这在本质上也是理想推理（或者至少是为理想推理而努力）的一个范例。那么这种分析人员推理的理想标准是什么？正如本书所介绍的，该问题的根本答案就是情报分析人员**信息化时代**所具有的视野与远见。因此，这也能在后面找到答案。这里先做一个铺垫：分析人员的推理代表的是一种**多维**理想标准，包括好的推理特质（积极的思维习惯）、好的推理技术（受到监督、基于规则的管理思维），以及好的推理目标（以问题为导向聚焦于情报推理的挑战，例如，信息不充分、信息不相关、信息不确定以及信息无价值）。同时，与思考的起点（推理人员的内容）和结果（推理人员成果）相比，推理工作呈现出的多维理想标准才使其与众不同，尽管它显然也可以同这些潜在的外部特点相互兼容。因此，情报分析人员的工作目的可分为以下两部分：第一，他们想试图去证明推理的理想标准本身在本质上是好的；第二，他们还想试图去启发他人（也就是决策者）也能认识到推理中理想标准的重要性。换言之，他们为的就是成为（分析问题的）理想推理的"榜样"。①

情报分析人员逐渐将信息转化为才智，用以为决策者提供一个与众不同的视角。理解这一不同的视角就要涉及其特殊的语境、特殊的可信度，以及/或特殊的特质。语境的特殊性（按理）是不可否认的。可信度的特殊性（至少在原则上）是有道理的，尽管这还受制于那些超出本书范畴的潜在的

---

① 如果有人因为分析人员想作推理工作的"榜样"而觉得他们"骄傲自大"或"不切实际"，并由此对以上说法感到厌恶，那么我要在这里指出的是，相比分析人员具有"特别的可信性"或与真理的独特联系，那些潜在的"骄傲自大"或"不切实际"一定会不复存在。

更多反对声音。同时，关于特质特殊性的理念（据作者所知）还是一项新的提议，因此还难以给出最终判断。但这里有两个最终想法对其有利：第一，至于谈到有人接受语境或可信度的特殊性，这些与分析人员的推理（起点和结果）的确并不相关。是任何关于特殊性完全建立在外部因素基础上的解释都不够充足吗？难道还没有其他需要聚焦内部因素的解释吗（例如，特质的特殊性）？第二，**在信息化时代**，交流平台的文化开放以及更多仅是意趣相投的人走到一起，使得找到理想推理的范例变得越来越难了。因此，相比拓展理想推理范例，什么能对决策者更有价值呢？在当前的整体文化中，可用的还是相当少——决策者还能在哪里找到可靠的辅助来源呢？或许这就是（或者至少应该是）情报分析人员及其"独特角度"存在的目的。

5.1.2 情报分析人员的独特挑战与推理目的

此前章节分别探讨了推理工作、情报分析与**信息化时代**中的挑战。这三方面的问题都与推理的特质、推理的技术与推理的目标相关。现在，可以对这三个领域中所有独立性挑战发挥的共同作用进行全面探讨。情报分析推理在**信息化时代**面临着三类挑战：人员内部的错误、过程外部的错误，以及信息不充分、信息不相关、信息不确定与信息无价值的问题。所有的这些挑战都源于情报分析，但也根植于普遍的推理工作中，并且在**信息化时代**进一步加剧。因此，它们对情报分析有着决定性意义，这不是因为它们有多么独特，而是因为它们对情报分析而言尤其重要。

首先，要考虑人员内部错误带来的特质性挑战。一般来说，这方面的阻碍包括思维模式、偏见与谬误。分析人员的工作就是减轻个人缺点传递至更广阔情报分析过程的程度。在某种程度上，这也是分析人员保持其立场独立性的方式。他们的"思维模式"使得他们对于正在分析的主题有自己的见解。这本身并不一定是坏事，除非这些见解可能出现错误并且将它们带入至更宽泛的过程之中。分析人员一定要找到能够减轻任何错误的思维模式可能带来的影响的办法。分析人员可能会因为偏见或是出现谬误而形成错误的思维模式。①也就是说，他们可能会形成一种大体趋势，即以一种非理性的方式（偏见）去推理，或是在某一具体的问题上采用了非理性的方式（谬误）。分析人员必须要找到降低可能出现偏见性影响的方法，并且避免他们在独立于任何可能大体趋势之外的推理中犯错。这样的挑战更加普遍地存在于推理工作的本质当中，因

---

① 因为我们在推理中容易犯错，且不说持有立场偏见或是陷入某个具体谬误，还有可能出现错误的理解信念。这也是为何"思维模式"，在严格意义上成为了独立于偏见或谬误之外的个人挑战。

为在任何发现真理的过程中，分析人员（作为推理者）自身在工作中都容易犯错。同时，**信息化时代**还加剧了这样的挑战，因为这个时代大幅开放了交流平台（特别是社交媒体），尚未做好（合理的）准备时就不断邀请人们加入其中并发表他们的结论。**信息化时代**的技术鼓励所有人在无须严格审查过程的条件下作出判断，并且会因此加剧已有的不可靠特质，并为他们寻求知识和才智带来更大的潜在困难。

第二，考虑过程外部错误带来的技术性挑战。一般来说，这方面的阻碍包括过程的不透明性或依规受控。这对情报分析而言十分重要，因为在分析过程中自然而然会形成不同的观点和问题，同时分析人员一直在试图保持着一种立场独立的视角。因此，在解决不同观点和问题时，应当按照一种开放、独立的标准或是避免来自政治上/意识形态上或制度上及其他方面的压力。分析人员需要诉诸个人（以及决策者）的独立，思考并通过努力去把握不断变化的意见。分析人员（与决策者）去"检查"他们的成果也是可以的，并借此确定他们是否做到了理性公正。这意味着该过程一定需要某种特定的过程（透明且依规受控）。① 这一挑战更加普遍地根植于推理之中，因为分析人员为寻找真理所使用的任何标准化/制度化的过程都有可能是容易出错的（因此也需要使之公开且为之负责）。同时，信息化时代加剧了这类挑战，因为这个时代势必会让越来越多的人因为共同的政治观与意识形态聚集在一起，使得分歧更难得到理性解决。这就是说，与其面向存在分歧的人们去阐释理由，分析人员（实质上）更可能只会简单地去与那些已经赞成他们的人进行互动。这加剧了技术挑战的影响，并为分析人员寻求知识和才智带来更大的潜在困难。

第三，（整体）考虑目标挑战中信息不充分、信息不相关、信息不确定与信息无价值的问题。一般来说，这方面的阻碍包括有限的可靠数据、误导性信息、众多可能的未来路径，以及作出及时有效决策的需求。分析人员的目标就是努力去完善决策，使得决策者能够相对潜在竞争者处于更具优势的地位，这也导致了上述问题在整体意义上从中涌现。情报分析中出现了上述全部四种挑战。决策者的竞争者（或是对手）都在努力避免使其获得关于他们的可靠数据，运用不相关的信息分散其注意力，通过不可预测（或是出其不意）的方式去挫败决策者对他们的预计，并且压迫决策者在他们真正"准备好"或是

---

① 再说，一些人可能会认为这意味着该过程一定要"客观"。我对这个特点表示认同，但由于前文已对相关原因进行过探讨，因此我并未在这里指出。为此，我采用了一种替代方式，并且同意将其称为"透明且依规受控"。

弄清最有效的选项之前便要作出回应。然而目前对其他领域而言，这些挑战对于情报分析具有特殊的重要意义。

第四类挑战也普遍植根于推理之中，这就是存在于信念与知识之间的差别，存在于过去知识与未来知识之间的差别，存在于知识与才智之间的差别。信念与知识之间存在理论上的差别，正如拥有可用的证据并不能保证能得到真理（有限的可靠数据）。信念与知识之间存在实践上的差别，正如拥有可用的证据时也并不能总是清楚它们就是证据（误导性信息）。过去的知识与未来的知识之间存在差别，正如世界具有变化的可能（众多可能的未来路径）。同时，知识与才智之间也存在差别，因为知识并不总是对每个人，以及决策、情境、目标都有意义（作出及时有效决策的需求）。

信息化时代已经进一步加剧上述全部四种挑战，详见表 5.1。不可靠数据的增多，使得可靠数据的比例有所降低（有限的可靠数据）。信息量的增加使得找到相关信息越来越难，而轻易得到的是不相关信息（误导性信息）。人们之间互动行为的增加放大了个人信息来源的不可预知性（众多可能的未来路径）。人、事物与观念方面的提速进一步限制了决策的可用时间（作出及时有效决策的需求）。随着分析人员努力从与众不同的视角为决策者培育知识和才智，这四类目标挑战（信息不充分、信息不相关、信息不确定与信息无价值的问题）的显著性也得到扩大。

表 5.1 情报分析人员在推理中面临的挑战

	一般推理如何陷入挑战	情报分析如何生成挑战	信息化时代如何加剧挑战
特质上的挑战（个人内部错误）："思维模式、偏见或谬误"	分析人员在进行任何发现真理的过程中**自身都容易出错**	分析人员应当减轻**将他们的弱点传递**至更广泛过程的程度	日益放开的交流平台在人们还未准备好时即邀请其加入其中
技术上的挑战（过程外部错误）："不透明或依规受控"	分析人员通过任何标准化/制度化过程去发现真理时**容易出错**	解决分歧应当**通过独立的标准予以解决**并且避免政治上的压力	有着相同意识形态的人越来越多地聚集在一起对理性解决问题起到阻碍作用
第一种针对性挑战（信息不充分问题）："有限可靠数据"	信念与知识之间的理论差别：拥有可用的证据并不能保证能够获得真理	竞争者/对手们可能会努力**避免使其接触到**关于他们的可靠数据	不可靠数据的日益增加降低了（找到的概率）可靠数据的比例

续表

	一般推理如何陷入挑战	情报分析如何生成挑战	信息化时代如何加剧挑战
第二种针对性挑战（信息不相关问题）："误导性信息"	信念与知识之间的实践差别：拥有可用的证据时并不能总是清楚它们就是证据	竞争者/对手们可能会努力用不相关的信息**分散**其注意力	信息量的日益增加使得找到相关数据越来越难，并且更轻易找到的是不相关数据
第三种针对性挑战（信息不确定性问题）："众多可能的未来路径"	过去知识与未来知识之间的差别：世界有改变的可能	竞争者/对手们可能会努力做到**不可预测**（做到出其不意；与预期相悖）	人们之间互动量的日益增加扩大了个人的不可预知性
第四种针对性挑战（信息无价值问题）："作出及时有效决策的需求"	知识与才智之间的差别：并不是对每个人、决策、情境以及目标都有意义	竞争者/对手们可能会努力在我方用户没有"真正"做好准备时就**迫使其作出回应**	人、事物以及观点方面上的提速进一步限制了决策时间

需要注意的是，如何很好地将这三类（特质、技术与目标上的）挑战注入早期从情报分析人员推理的三种现存方法中，以从中获得深刻见解。通过思维要素的方法所得出的结论是分析人员的理想推理体现为好的思维习惯，并且看起来相当于"特质挑战"，即思维模式、偏见与谬误。**非形式逻辑**的方法所得出的结论是分析人员的理想推理要遵循一套普遍化原则，也就是看起来相当于那些推理中的"技术上的挑战"，即必须是透明且依规受控的。同时，**结构化**的方法所得出的结论是理想的分析人员的理想推理要适配于特定种类的问题，也就是看起来相当于"具有针对性的挑战"，即要求去应对不同类型的推理。

5.1.3 情报分析人员推理的目的：结论

情报分析中推理所发挥的作用是对信息进行耕耘，为决策者生成知识与才智，并提供一种与众不同的视角（与其特殊的情境、特殊的可信度，以及/或特殊的特点有关）。但是要找到这样客观，情报分析中的推理还必须要面对三类主要挑战。因此，看待情报分析中推理作用的另一个角度就是其要面对在特质上的挑战（思维模式、偏见与谬误）、技术上的挑战（做到过程透明且依规受控）以及目标上的挑战（有限的可靠数据、误导性信息、众多可能未来路径与作出及时有效决策的需求）。这些挑战对于情报分析都十分重要，并且它们源于其保持的独立立场视角，它们都针对某个竞争者（或对手）但也根植于普遍意义的决策之中，并且在**信息化时代**进一步加剧。因此，它们并非是情报分析所独有，但它们的影响大小却对情报分析有着决定性意义。

5.2 多维方案——一种情报分析的推理理论：推理理想标准的指标体系

对于撰写关于情报分析人员推理工作的著作而言，有这样一点让人备感压力。情报斗争中的一些挑战将分析人员引入了充满竞争的领域。一方面，分析人员十分需要透明且依规受控的推理过程，目的是为了做到"客观"并且符合他们精确分析的意愿。分析人员的推理过程应当是清晰且循序渐进的，能够让他们自己和其他人进行评估。但是，从另一方面看，对于分析人员而言，同样重要的需求还有如何应对他们的思维模式、偏见与谬误。有人可能认为如果满足了之前一项需求就可以满足第二项，但是它们在实际中着实是两个相当不同的问题。前一个更加关乎分析人员运用的程序（它们推理的过程），而后一个则更加关乎分析人员个人。在理论上，思维模式、偏见与谬误并不是推理过程独有的特点，而是个人特别是他们在推理中所具有的具体特征。仅仅提供关于推理步骤的说明，无论做到多么严谨，也不足以应对思维模式、偏见与谬误。人们在对待分析人员时，不能仅仅将他们视为过程中的一部分，而应当将他们视作一个（最终回归自己的）人。然而，如果将重点转移至解释分析人员的潜在特质，例如，他们的心理习惯，那么上述内容也是不够的。由于还没有对优秀推理人员的像样描述（他们的认知特征），他们的推理工作也因此有充分的理由需要做到透明且依规受控。因此，会有一个艰难选择摆在面前：要么去强调解释分析过程，这样的代价是不再把分析人员作为人去进行解释；要么去强调解释作为人的分析人员，这样的代价是不再解释他们的分析步骤。无论哪种方式，人们都想得到更多。而这种渴望获取更多的意愿，就是本书研究的一个核心动力。

在考虑如何解决上述难题之前，还需考虑其他一系列问题：那些有关分析人员正在推理的主题中所涌现出的问题。具体讲，分析人员正在针对其用户的竞争者/对手进行推理，以及应对这些对象的可能局面，即有限的可靠数据（"信息不充分"的问题）、误导性信息（"信息不相关"的问题）、由于他们自由的意志与不可预知的意愿所带来的众多可能的未来路径（"信息不确定性"的问题），以及迫使用户在没有完全做好"准备"时作出及时有效决策的需求（"信息无价值"的问题）。在解释分析人员的推理工作时，应当特别明确地注重这些特别的挑战，同时还要对他们有一个全面的考量。这就是说，推理的方法应当不仅仅只是适用于这些挑战，而且要对这些挑战进行优化。这也是人们必须优先考量的问题。在情报分析人员的世界中，为其设计和发展一套新的学术理论，也是上述问题的一个关键部分。

从一开始，本书已经预示了最终会对该难题作出一个**多维化**的回应。关于推理、情报分析和**信息化时代**中一些问题的讨论，以及其他有关推理工作的现有解释，都对本部分中的提议带来了很多提示。关于如何做到既强调分析过程又强调分析人员个人，以及如何优先考虑情报推理中的特有问题，解决方案很简单：

> 从三个相互平等的维度去看待分析人员的推理工作——个人、程序以及问题导向。

这是**多维化**分析方法的核心。如果分析人员的推理目的具有不同维度（似乎是有），那么唯一满足理想标准的方法也将具有不同维度。在这些维度之间没有哪个是优先的，更没有哪一个可以被约减至另一个之中。它们就像衡量一个物体的尺寸一样：宽度并不是深度，深度并不是高度，高度也不是宽度。它们中的任何一个都不能转化或传递至其他另一个（并且它们还是针对相同的对象）。宽度、深度和高度是该物体的所有维度。同时，可以通过其类比**信息化时代**的情报分析人员如何设想理想的推理。分析人员的理想推理是**多维化**的：同时涉及个人、程序以及问题导向。

将此**多维化**的理想标准置于最为普遍的形式之中：推理是个人针对问题所进行一种程序。第一，推理是一种"程序"。作为一种理想标准，它为分析人员提供了所需遵循的"规则"：在他们的思考之中应当涉及的一些具体行为。分析人员对其遵循的程度代表着他们思考的"深度"（有多么严谨）。这些就是分析人员在推理时的技巧——分析人员要做什么。这属于推理中的程序维度。第二，推理是由"人"完成的。作为一种理想标准，它为分析人员提供了所需树为典型的"良好习惯"：他们作为思考者所应具有的具体的思维特点或习惯。分析人员所拥有的程度代表着他们思考的"宽度"（他们有关思考的适用范围）。它们就是分析人员在推理时的特质——分析人员是谁。这属于推理中的个人维度。第三，推理关乎的是（特定类型的）"问题"。作为一种理想标准，他为分析人员提供了推理的领域：关于去思考什么的具体化的特许问题。它们就是分析人员在推理时的目标——分析人员去向哪里。这属于推理中的问题导向维度。因此在**信息化时代**中，最适合情报分析人员推理的理想标准是**多维化**的，并且在展示中要等同强调以下三个"角度"：推理的特质、推理的技巧，以及推理的目标。推理基本维度概览如图 5.1 所示。

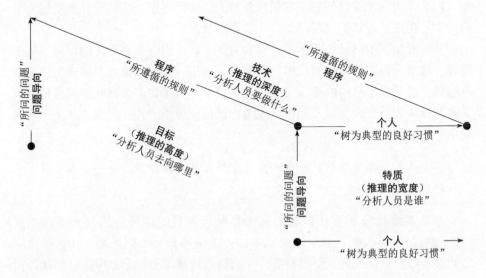

图 5.1 推理基本维度概览

作为理想的推理标准，这种**多维化**方法为回答如下问题提供了一种解释：在**信息化时代**，什么对于分析人员算是"好的"推理。它的规则性与/或规范化也是分析人员应当立志保持的标准，代表了他们的推理工作所能达到的（理想）标准。这种方法还旨在将以下内容纳入其中，即道德或伦理层面等其他规定性理想标准所具有的意义与效果。因此，这种方法要像独立存在的事物一样，追求保持"绝对"的独立，同时也不能仅仅体现为现实中任何个体或集合所拥有的一种概念。在描述它时，本书正在创造的是一种对理想标准的诠释，而非这种标准本身。正如人类应当追求类似于至高无上的道德这样有利于己的东西一样，他们也应当追求一种卓越的智慧（推理）。尽管大多数人都熟悉评价美德所需的客观理想标准，但是对于什么才是优质思维（推理）的客观理想标准还知之甚少。推理受到类似于理想道德的一种标准的管控，当然包含此类思想的著作不止本书一部。反映相关思考的哲学传统源远流长，与其完全一致的思想可以上溯至亚里士多德及此后一直延续至 14 世纪的有关学术传统。这种思想继续延续至现代思想，以不同的形式体现在约翰·洛克（John Locke）① 这类学者的著作中，并且在1877年，在经过 W. K. 克利福德（W. K. Clifford）② 富有影响力的文章 **"信仰的伦理"**（*The Ethics of Belief*）倡导之后进一步得名。③ 虽然并非所有的思想家都是以这样的方式去思考推理，但是对于提出该观点的著作而言，本书绝非是第一部。

如果关于情报分析人员推理规范性标准的想法听起来仍然奇怪，那么可以考虑美国国家情报总监办公室（US Office of the Director of National Intelligence）的五条官方"分析标准"：客观（objective）、独立于政治考量之外（independent of political consideration）、及时（timely）、基于全部的可用情报信息来源（based on all available sources of intelligence information），以及实施并展示谍报流程与技术标准（implements and exhibits tradecraft standards）。④ 对此，人们仅凭分析人员在组织中的受雇佣地位，就会一定认为上述标准仅仅是一个经过集体讨论得出的分析人员的义务清单。但是，人们也可以认为通过上述标准就能够去追求"捕捉"更多有意义的东西：例如，对于分析人员理想推理标准的一部分看法。当然，作为一个大型政府组织的产物，上述标准符合简约的原则（以避免难以实施和评估）。但不难想象的是，上述标准又像是任何职业为发现它们所应有的至上价值观所作出的尝试。还有另一种比喻：这些标准所追求的效果是否仅仅相当于篮球比赛中禁止"走步"的规则（用一种惯例去定义某个由人类所创的活动是否也一样容易）？或者，他们是否追求去做到类似于"公平竞争"或"竞技精神"中所包含的那种理想标准（人类互动中的一个潜在优点就是抓住人类本身所具有的本质上的优秀潜质）？似乎有理由认为，这些标准背后反映的就是分析人员在推理工作中（即使是在无意中）所追求的理想目标。

现在，与其他关于人类推理的哲学化理想标准所不同的是，这里提出的**多维化**方法并非是所有人类推理所通用的理想标准。相反，它专门用于**信息化时**

---

① 【约翰·洛克】（John Locke, 1632—1704），英国哲学家，被誉为英国历史上最伟大的哲学家之一，并被广泛形容为自由主义之父。——译者

② 【W. K. 克利福德】（W. K. Clifford, 1845—1879），英国数学家、哲学家，曾任伦敦大学学院应用数学教授和英国皇家学会会员。——译者

③ 参见：亚里士多德《尼各马可伦理学》（*Nicomachean Ethics*），载《亚里士多德作品集》（*Works of Aristotle*）第8卷，W. D. 罗斯（W. D. Ross）编（London：Oxford University Press, 1968）；《人类理解论》（*An Essay Concerning Human Understanding*）. 彼得·H. 尼迪奇（Peter H. Nidditch）编（New York：Oxford University Press, 1975）；W. K. 克利福德. "信仰的伦理"（Ethics of Belief），载《信仰的伦理等论文》（*The Ethics of Belief and Other Essays*），蒂莫西·J. 马迪根（Timothy J. Madigan）编（New York：Prometheus Books, 1999）。

④ 参见：美国国家情报总监办公室（ODNI）的"分析标准"（Analytic Standards）。

代中情报分析人员的推理工作。创造它的动力就在于此前章节描述的情报分析推理所要面对的独特挑战。然而，这些挑战之所以与众不同，并非是因为它们在情报分析领域之外闻所未闻，而是因为它们在该领域中表现得尤其深刻。因此，这种理想标准中的部分要素也会转化至所有的特别是**信息化时代**的推理之中。但是也有其他一些要素不会如此。（基本上可将其归结如下：它们对于情报分析至关重要并且属于推理理想标准中的一部分。）因此，**多维化方法**仅仅想要成为的是**信息化时代**情报分析人员推理工作的一种理想标准。当然，这并不意味着它在其他领域就没有用处。它确实是有用处的，但是在其他情形下并非是最理想的选择，① 并且我们也从未对其有过这样的设计或是期许。

作为一种规则性和规范化的理想标准，很自然地存在一些与**多维化方法**相关的规则。这些规则就是分析人员应当面对的特殊推理行为，如树立决策的意义（establish decision significance）、开发出合理的替代方案（develop plausible alternatives），以及识别证据的局限性（identify evidential limitations）。同道德规范相似的是，这些被认为是通用优点。也就是说，这些是一直得到鼓励的好事，（也或许）是一直不要去做的坏事。在所有的情境与局势中都可以找到它们存在的价值，并且无论环境如何都应当照此行事。例如，在情报中好的推理标准总是为用户去关注什么才是"利害攸关"，以及什么才是用户所希望得到提醒的选择。它会总是考虑可行的替代性结论。同时，它总是能识别出自有（证据的）局限性，并且相似的是，如果在情报分析中没有做到这些，会在一定程度上出现坏的问题。现在，与道德规范一样，人们会为其建立一个等级标准，这样它们在某种特殊局面下，一旦彼此之间有所冲突，那么其中一个就可以"取代"另一个。当然，这也是一个普遍存在的问题。更一般地讲，推理规则代表的是当某人认为可以用"好的"推理去形容某种行为时所发生的事情——这种行为，即分析人员理智去做（或不去做）的事。人们还可以认为它们是与推理过程有关的好事——这个过程，即分解为一步一步动作的推理。

虽然大多数人习惯于将规则性或规范化的理想标准视作与规则相关，但也可以思考将他们视为有关的良好习惯。这些良好习惯并非用于描述特定的好的（像有规则的那类）推理行为，而是用于描述优秀推理人员所具有的独特特质。例如，一个好的推理供作者所展现出的谦逊（humility）、深思熟虑（re-

---

① 换言之，举个例子，如果让我为哲学领域发展一套推理的理想标准，尽管所使用的三个维度或许相同（实际上，我并不确定会如此），但是它将会看起来与当前这个标准有所不同。每一个维度下次一级的详细内容一定会有所不同。当然，可能会存在很少的相同之处，但是我将舍去与此有关的大部分内容；反之亦然。同样的，如果让我为社会科学建构一套推理的理想标准也将如此。可能会转化其中一些内容，但是其他的不会。

flectiveness）与讲究（elegance）。像道德美德一样，这些良好习惯并非是推理者所要作出的行动，而是他们所具有的性情或习性。它们是作为一个推理人员所要有的普遍性优点。然而，它们与规则的不同之处是，在具体的操作层面则很大程度上取决于所处的情境。例如，在一个推理过程中，这种讲究所表现的，就是在专业详尽与通俗易懂之间做到平衡。但是当涉及特定情形时，它便会以一种规则的方式展现出来，就像是要开发出合理的替代方案。相比能够在专业与通俗之间做到平衡而言，一个人是否已经开发出了合理替代方案的衡量标准会更加清楚，且无须特定的场景环境，这两者之间具有"明显分别"（cutoff）。这对于良好习惯而言，也是一种很自然的结果，毕竟其核心是对一个人而非一段过程进行描述。拥有一种良好的习惯要比遵循一套规则要求更高。后者在根本上关乎的是分析人员要做什么，而前者在根本上关乎的则是分析人员是谁。二者之间相互影响，但它们并不是一回事。

在伦理学中，有一种历史悠久的哲学传统认为，美德（moral goodness）从根本上讲与规则相关。例如，著名的现代思想家伊曼纽尔·康德（Immanuel Kant）① 根据"绝对命令"（categorical imperative）构想美德，在该理论中人们有义务做到人人始终如一的行事方式。② 另一种基于规则的方式源于约翰·斯图尔特·穆勒（John Stuart Mill）③，他根据"实用原则"（utility principle）构想美德，在该理论中人们有义务以大多数人获得最大程度幸福（在理解上，这不仅仅是快乐的感觉）的方式行事。④ 相比之下，亚里士多德与中世纪经院哲学也有一种悠久的伦理学传统，它们在构想美德时将其作为诸如勇敢、节制与正义的例证。⑤ 同样，还有哲学家在理解时所运用的是关于认知规则的知识理论，其他人则将其理解为"心灵的美德"（virtues of the mind）。本书认为：

---

① 【伊曼纽尔·康德】（Immanuel Kant，1724—1804），德国哲学家、作家，德国古典哲学创始人，其学说对近代西方哲学影响极深，并开启了德国古典哲学与康德主义等诸多流派。——译者

② 参见：伊曼纽尔·康德《道德形而上学的奠基》(The Groundwork of the Metaphysics of Morals)，玛丽·格雷戈尔（Mary Gregor）与延斯·蒂默曼（Jens Timmermann）编。纽约：剑桥大学出版社（Cambridge University Press），2012年版。

③ 【约翰·斯图尔特·穆勒】（John Stuart Mill，1806—1873），英国哲学家、心理学家和经济学家，是19世纪具有很大影响力的古典自由主义思想家。——译者

④ 参见：约翰·斯图尔特·穆勒《逻辑体系》(A System of Logic)，载《约翰·斯图尔特·穆勒作品选集》(The Collected Works of John Stuart Mill) 第7卷（Indianapolis：The Liberty Fund，2006）。

⑤ 参见亚里士多德的《尼各马可伦理学》(Nicomachean Ethics) 与托马斯·阿奎那（Thomas Aquinas）的《尼各马可伦理学述评》(Commentary in the Nicomachean Ethics) 第1—2卷，C.I.利辛格（C. I. Litzinger）译（Chicago：Henry Regnery Company，1964）。

在考虑分析人员推理的理想标准时，应当将两个方面统一起来。① 换言之，不能仅仅将好的推理约减为规则或是美德，而是它应当同时担负这两项角色。②

规则性与规范化的理想标准，在传统中的构想既是关于规则也是关于美德。但是本书对理想标准所提出的第三个维度，即问题导向维度，在与之类似的理想标准中似乎鲜有先例。粗略地讲，是第三个维度为**信息化时代**的情报分析人员塑造了这种具有理想标准的推理愿景。对于这种情境而言，有着专门适用的特殊类型推理问题，这些问题也在很大程度上决定了好的推理的构成差异。这就是问题导向维度所要努力获得的东西：在分析人员聚焦于他们用户的竞争者/对手时所创建的情报分析推理中的独特目标。尤其是，这里有四类推理挑战，即信息不充分（有限的可靠数据）、信息不相关（误导性信息）、信息不确定（众多可能的未来路径）以及信息无意义（作出及时有效决策的需求）。当前，对于推理而言拥有挑战或问题显然不算理想；相反，理想标准的目的是为迎接这些挑战的相应类型的推理。因此，问题导向维度所代表的相关类型问题，是对情报分析而言具有特殊重要性的一类，同时相关种类的推理也是与之对应的。以下是其中的四类（分别对应四个问题）：（1）**发展假设**（Hypothesis Development）提出的问题是"正在发生什么？"（What is happening?）；（2）**因果分析**（Causal Analysis）提出的问题是"为何正在发生？"（Why is this happening?）；（3）**前景探索**（Futures Exploration）提出的问题是"何时何地可能发生变化？"（When and where might this change?）；（4）**战略评估**（Strategic Assessment）提出的问题是"用户能够怎样应对？"（How Can the client respond to it?）这四种相互关联的推理类型（及其对应的问题类型），是在提出**信息化时代**情报分析推理理想标准时之所以能称其为理想的一个主要原因。

现在，问题导向维度对于分析人员的推理工作而言，并非是理想的**多维化**方法所需的唯一要素。此前介绍的明确规则与良好习惯同样也是**信息化时代**情

---

① 这里作出限定的意思是，我并不一定要在一个纯粹的哲学情境下对上述两者给予肯定。我显然倾向于这样去做。但是由于信息化时代情报分析推理的理想标准与哲学（或人类存在的普遍目的）中推理的理想标准并不一定相同，因此上述解释可能看起来有很大不同。

② 我将不会在这里对该观点进行讨论，但是你或许能够猜到，尽管（康德的）道义论（deontology）与（穆勒的）功利主义（utilitarianism）经常作为（亚里士多德的/经院哲学的）美德伦理（virtue ethics）的反对者而出现，也会有研究道德的哲学家至少在构想良好习惯时尝试将其视作规则与美德的统一。如果不出意外的话，人们可能会说一个是关于好的行为的理论，另一个是关于好人的理论。这里想要做的就是把这两种想法都提供给我们。

报分析人员推理理想标准所需的要素。换言之，它们也不一定是其他领域推理人员所需的理想要素。例如，树立决策的意义就显然不是哲学家或社会科学家所需的规则。哲学家或社会科学家，即使在难以看到与决策者所考虑的明确选择之间具有联系的情况下，依旧能够很好地进行推理——实际上也的确做得很好。这种与用户决策之间的联系是情报分析所独有的，并且与其他任何领域都不相关。同样，讲究这种习惯也难以成为哲学家与社会科学家的理想标准。事实上，人们还可能举出与之相反的例子：许多学者骄傲地将讲究作到极端，以至于只是处在他们这个小的次领域之外的人甚至也经常看不懂他们的论文。的确，决策的意义以及这种讲究的习惯也能在其他领域发挥作用，但是他们并非是这些领域中所必需的规则或良好习惯。毕竟，他们属于情报分析人员。因此，尽管在问题导向维度与**信息化时代**中，情报分析人员推理所面对的特殊挑战对应的理想标准之间，有着非常直接的联系并在其中发挥着明显的作用，但是这并不意味着其他的个人与程序维度就不会与它一样只适用于这种特殊环境。①

多维化的方法还同时运用如下相关方面去定义"好的"推理：特质（推理的良好习惯：用以表征好的思考者）、技术（推理的规则：思考中的好的行为），以及目标（推理的情境：要思考的好问题）。这三个维度同样具有基础性和重要性。它们正如包括宽度、深度、高度在内的三个衡量物体的维度一样，已经被称作推理的三个"维度"。这是一种有意图的语言选择，因为它们并非是推理的三个"部分"。这些"部分"能够彼此独立地存在，即使只有在它们相互连接起来时才能有整体。例如，人们能将桌子腿从顶端与桌子抽屉分开。相比之间，一个维度（至少对于物体而言）如果独立于其他则无法存在。就像是桌子的宽度并不能独立地与其深度或高度分开存在。人们可以在不改变其他维度情况下对其中之一作出改变（例如，切掉 1 英尺（约 0.3 米）的高度），但是并不能完全分开它们。这就是推理工作的**多维化**理想标准所蕴含的理念。人们不能完全将推理的良好习惯从推理的规则以及推理问题中区分出来。它们是同一事物的三个截然不同的方面（尽管并不能完全分离）。换句话说，这种理想标准（例如，推理中的"优点"）也发挥着三种截然不同的作用。它就解释了分析人员应当像怎样的思考者一样（个人维度上的良好习

---

① 对于这一点，我在先前的解释版本中是有错误的。例如：诺埃尔·亨德里克森"情报分析中的批判性思维"（Critical Thinking in Intelligence Analysis），载《情报与反情报国际期刊》（*International Journal of Intelligence and Counterintelligence*）第 21 卷第 4 期，2008 年，第 679-693 页。我曾经的想法是只有问题导向这一维度明确是仅仅适用于情报分析。现在，我认为所有三种维度在任何版本下也同样明确适用于情报分析。

惯)、分析人员在思考中应当去做什么(程序维度中的规则),以及分析人员在他们的思考过程中应当去向哪里(问题导向维度中的情境/问题)。理想标准就是能够等同实现这三类作用的一种理念。

在这里应当作出两点重要的澄清(并且还将在此后专门分别探讨以上三个主要维度的章节中重申)。这并不是为了去解释"批判性思维",而是去阐释情报分析中的"推理"。尽管在提出这种方法之初的有关工作中运用了"批判性思维"这个术语,但是重要的是要注意并非是运用此方法去看待全部的探索过程。不幸的是,批判性思维这一术语已经(在很多时候)用作去说明一种例如与创造性思维不同且属于不同类型的推理。因此,如果说这里是对"批判性思维"的一种阐释,也将意味着它不是一种对"创造性思维"的阐释(并且反之亦然)。然而,**多维化**愿景认为这些不是独立的推理类型,而是在总体上对推理不同方面进行强调的两种方式。一种倾向于更多去关注选项的"生成",另一种则更加倾向于关注对选项的"评估"(尽管这确实是一种粗糙的简化表述)。这两者对于任何有关情报分析推理的合理解释而言,都是绝对重要的。如果所做的评估针对的并非是很好生成的选项,那么评估就没有作用;同时,如果选项没有经过很好地评估,那么就不用去生成选项。从另一个角度去说明这一观点,即这种方法选择的并不是将"批判性思维"与"创造性思维"中蕴含的最大意义作为思维的不同类型对待。显然,人们是为了让这种方法能够包含"批判性思维"所具有的意义,而不是去达成任何远远超出它的其他目的。因此,这就是为什么贯穿使用的是更为一般的术语推理,而非批判性思维(或者甚至是创造性思维)。而使用这些术语则意味着它们在确实并非是对立的过程中成为了独立的过程。

需要澄清的第二点是关于本书提出的最终解决方法。如果分析人员能够在他们的推理工作中充分运用这十五种方法,那么本书关于理想情报分析推理的愿景将会实现。这些方法对于理解总体建议绝对重要,因为它们代表"实践",意味着通过它们可以无缝对接本书提出的"理论"。然而,重要的是要注意到构成这些方法的步骤本身并非推理的理想标准。它们不是定义的良好习惯、规则或问题。建议涉及的良好习惯是从推理的个人维度提出的十二种品质(此后第6章将会研究,例如,谦逊、深思熟虑与讲究)。建议涉及的规则是从推理的程序维度提出的十二种理想行为(此后第7章将会研究,例如,树立决策的意义、开发出合理的替代方案,以及识别证据的局限性)。建议涉及的问题是从推理问题导向维度提出的十二种理想目标(此后第8章将会研究,例如,对于"**正在发生什么**"而言,"什么才是合理的理论?""确定最合理理论所需的最佳信息是什么?""最合理理论所需具备的假设条件是什么?")。有以上这些便可以代表这种建议的"绝对真理性"（absolutes）。这些方法还包括示范性建议，即如何在特定情形下去举例说明这三种理想标准。正因如此，这些方法对于那些与它们设计对应相关的一些情形也具有某种程度的相关性。这些方法中的步骤可以通过许多不同的方式予以展示。无论详尽与否，其中每一种方式都或多或少可以成为理想标准的范例。考虑到各方面情况，所有呈现方式都是作者为本书的目标受众（对于那些相对较新颖的类似方法，他们也准备好去花费必要的时间来学习，并且他们不仅仅是达到初学者的熟练程度就会满足）所能找到的大体最为有效的方式：

> 书中的方法就像一个厨师的菜谱，或者像是对一个舞者或武术家身姿和动作的刻画。它们帮助初学者能够逐步擅长去做到一些事情，但是如果要做很棒的话，这些方法还并不够。

因此，尽管本书提出的方法很重要（并且代表了使用该建议的任何人每天可能关注的实际），但是它们并非是这种**多维化**所要阐释的一切的一切。所以，也请读者根据他们自身所处的独特环境去对这些步骤作出适当调整。这里的关键就是在运用它们时要知其所以然，并且确保那些作出调整的理由能与之对应。这种建议的根本"落点"（end）是理想标准本身，而这些方法是表明它的方式。

5.3 情报分析推理实践的多维进路：一种推理理想标准的重要意义

关于**多维化**理想标准的最完全阐释，需要分别对各维度做更加细致的探讨（这将在之后的三章中进行）。然而，就分别探讨它们对于该建议的重要意义而言，对其内容的展示应当潜移默化地融入其中。它对现实世界中的情报分析人员带来了怎样的影响？这个问题的答案也将在这些后续章节中揭晓，相关阐释将会以特定的方法论形式展现。但是这里也会用一种更一般的方法去说明它对分析人员带来的"影响"。特别地，因为这种**多维化**方法建立在情报分析这门与众不同的专业基础之上，彰显了情报分析作为一门专业的价值以及身处其中的分析人员的成长路径，所以它十分重要。此外，它还为分析人员开发（并评估）其所需的潜在方法奠定了基础。

首先是运用第二层维度对其进行分解阐释。第一，个人维度通过一系列十二种在认知上的"良好习惯"（或思考者的理想特征）呈现出"分析人员应有的样子"。这十二种"良好习惯"可以在广义上归入四类"大体的"良好习惯组别（或称其为"第二层"维度）：思维中的胆识（intellectual courage）、思维中的自制（intellectual self-control）、判断是非的能力（discernment）以及思维中的公正（intellectual fairness）。第二，程序维度通过一系列十二种在认知上的"规则"（或思考过程中的理想行为）呈现出"分析人员应当做什么"。这十二种"规则"可以在广义上归入四类大体的准则（或称其为"第二层"维度）：确定相关背景（identify relevant background）、推断合理结论（infer plausible conclusions）、设想可能的替代方案（imagine possible alternatives）、解释更广阔的意义（interpret broader meaning）。第三，问题导向维度通过一系列在认知上的领域（或考虑到的理想问题）呈现出"分析人员应当（在推理过程中）去向哪里"。这十二个问题可以在广义上归为四大类（或称其为"第二层"维度）：**正在发生什么？为何正在发生？何时何地可能发生变化？以及用户能够怎样应对？**推理的第二层维度概览如图5.2所示。

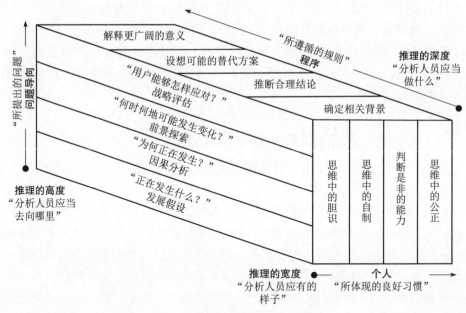

图 5.2 推理的第二层维度概览

情报分析人员所要做的应当是立志成为这项工作的行家里手。但是，分析人员所做某项工作的"专业性"并不只是一般意义上的认真负责，而是因为其反映了情报分析作为一门学科以及这一工作领域的一系列独特特质。同时，定义其专业性的本质也并非在于所做的是什么，而是如何做到这一点的。换言之，该专业的边界是由其自身"存在方式"界定的。该专业的真正核心就是一整套价值观——也可以说是"行为准则"（ethic）。情报分析之所以与众不同，在于其对"独立立场视角"的追求，并借此评估由"竞争者和对手"构成的独特目标以帮助用户提升他们希望获得的优势感。然而，这还不是情报分析自身具有专业性的全部原因。该专业的不同之处也在于那些理想标准。**多维化**建议就为此提供了一个非常可靠的阐释，即这套价值观可能与以下三种同层次的价值有关：良好习惯（宝贵的品质）、规则（宝贵的行为），以及问题（宝贵的领域）。相关阐释的细致程度在很大意义上代表了一种有力论证，即它能够帮助情报分析奠定其作为一项专业的独特性。

然而，情报分析人员的工作也不仅仅是一项专业性工作，它是一项"增值"（value-added）的专业性工作。这就是说，这项工作存在的目的是为（用户和决策者）其他类型的工作实现"增值"。对此，**多维化**方法认为其存在如下潜在价值，即一位情报分析人员的推理工作就举例说明，甚或是包括其在推理时的理想标准，而这本身也是推理的内在价值所在。分析人员追求的专业性不仅仅是由分析人员思维之外的某些东西（所处情境或与真理的关联性）衍生而来，而是源于分析人员思维的内在因素的特殊性。换言之，分析人员思维中的"价值观"就是其内在本质。**多维化**方法为这种内在本质的可能面貌提供了一种非常可靠的阐释，并且以这样的一种方式可靠地建构出了一种真正的理想标准。相关阐释的细致程度在很大意义上也代表了另一个有力的论证，即它能够帮助情报分析奠定其作为一项专业的价值。

情报分析人员同其他所有的专业人士一样，在工作中可能做得或好或差。但是一个人的工作质量是一个关于程度性的问题，而且随着时间推移这种对程度的衡量会有所发展和提升。他们只有具有相关评估标准时才能进行。换一种方式讲，一定有一个他们所追求的理想标准，而这恰恰是**多维化**方法所要提供的。这种方法能够告诉分析人员他们应当追求提出怎样类型的问题（这是问题导向维度的"领域"），他们在回答上述问题时应当作出怎样类型的行动（这是程序维度的"规则"），以及他们在行动中应当变成怎样类型的人（这是个人维度的"良好习惯"）。这种推理的理想标准不仅仅是一个理论问题，同时更关乎实践。它告诉了分析人员他们作为思考者所应有的样子，他们在思考中应当去做什么，他们在思考过程中应当朝向哪里。因此，**多维化**方法提供了一种可靠的理想标准，能够帮助分析人员理解他们的推理应当具有的样子，并以此促进其在此后能有所发展。相关阐释细致与否，在很大意义上代表了更多的考虑，即它能够帮助分析人员奠定其在自身专业领域的发展路径。

通过假设情报分析推理理想标准有着三个等同的维度，**多维化**方法为情报分析推理工作以及分析人员推理的理想标准提供了一种可靠的学术理论。这对于情报分析人员的工作而言具有现实意义，因为它建立在：①情报分析作为一项专业的独特性之上；②情报分析作为一项专业的价值之上；③情报分析人员在自身专业领域的发展路径之上。然而，若要了解这项工作的全部意义和影响，就要相当细致地去探讨每一个维度，以及由此产生的方法论。关于三种维度的比较性认识可参考表5.2。

表5.2 比较推理的三种主要维度

个人维度	程序维度	问题导向维度
分析人员作为思考者的**样子**	分析人员在思考中**要做**的事	分析人员在思考中的**去向**
认知上的**特质** （思考者的**品质**）	认知上的**技术** （思考中的**行为**）	认知上的**目标** （所思考的**领域**）
作为**良好习惯**的推理理想标准	作为**规则**的推理理想标准	作为**问题**的推理理想标准
受到来自**分析人员内部**的挑战 （思维模式、偏见、谬误）	受到来自**分析人员外部**的挑战 （对透明性评估的需求）	受到来自**分析对象**的挑战 （竞争者或对手）
分析的**宽度**	分析的**深度**	分析的**高度**
分析平衡检查法的着重所在	分析过程反思法的着重所在	分析问题归类法的着重所在
思维中的胆识 （个人维度的次级维度1）	确定相关背景 （程序维度的次级维度1）	"正在发生什么？" （问题导向维度的次级维度1）
思维中的自制 （个人维度的次级维度2）	推断合理结论 （程序维度的次级维度2）	"为何正在发生？" （问题导向维度的次级维度2）
洞察事非的能力 （个人维度的次级维度3）	设想可能的替代方案 （程序维度的次级维度3）	"何时何地可能发生变化？" （问题导向维度的次级维度3）
思维中的公正 （个人维度的次级维度4）	解释更广阔的意义 （程序维度的次级维度4）	"用户能够怎样应对？" （问题导向维度的次级维度4）

关于**多维**方法及其给出的**最终方法论**的重要性，这里还有最后一点需要注意。这种方法所提供的是用于决定哪类分析方法值得使用的一个基础。基于此，最好的方法就是哪些能够使分析人员展现出良好习惯、哪些能够使分析人

员遵循规则，以及哪些能够使分析人员提出问题的分析人员推理工作的理想标准。换言之：

> 什么才是最好的潜在方法，这只能在分析人员推理理想标准的环境中找到答案。

潜在方法论应当根据如下的三个标准（以及本书开头描述的有关情报分析人员现实世界工作限制的方法论总体规范）进行评价。

1. 个人上的标准：该方法使分析人员做到知晓、重视以及展现多样化良好认知习惯的程度？这些良好习惯包括思维中的胆识、思维中的自制、洞察是非的能力以及思维中的公正。
2. 过程上的标准：该方法使分析人员做到知晓、重视以及展现多样化认知上的规则的程度？这些规则包括确定相关背景、推断合理结论、设想可能的替代方案，以及解释更广阔的意义。
3. 问题导向上的标准：该方法使分析人员做到知晓、重视以及展现多样化提出认知上的问题的程度？这些问题包括"正在发生什么？""为何正在发生？""何时何地可能发生变化？""用户能够怎样应对？"

换言之，"好的"方法能够让分析人员知晓、重视并且展现出"好的"推理。① 然而，为了全面对其进行研究，必须要做的就是对这些维度进行更细致的划分。尤其，**多维化**方法为推理工作提供了第三层次的维度，用以支持提出最终的一些方法（在本书第 6 章、第 7 章和第 8 章将确定它们的应用方法）。推理的第三层维度概览如图 5.3 所示。

---

① 显然，人们想要了解更多发现、发展和支持有关分析方法论的过程。我并不是要忽略它们（例如，争论"预测准确性"（predictive accuracy）与/或正式的"验证"等作为标准是否合适）。相反，我不过是认为本书的目的是甚至在开展可能的此类讨论之前，更多地去奠定一些必要的理论基础。正如此后章节所要论证的那样，从一套专门为应对情报分析推理中挑战的完善学术理论中，天衣无缝地出现一些遵循它的方法是可能的。或许，这并非是我们想要的全部，但是在我看来，这绝对是一个最低的标准。

情报分析中的推理方法

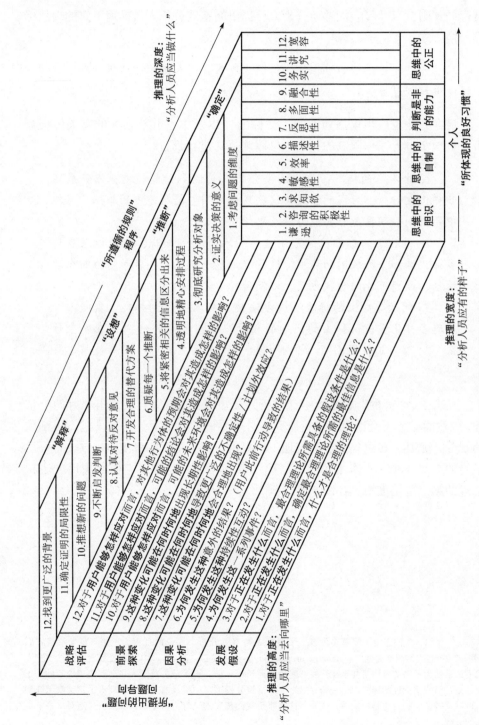

图 5.3 推理的第三层维度概览

第 6 章
推理的个人维度
推理的理想标准：所要体现的良好习惯

情报分析人员推理的理想标准包括三个层次等同的维度：个人、程序与问题导向。个人维度代表的是分析人员（作为推理者）应有的样子：他们的特质——一种有关认知良好习惯的推理工作理想标准。程序维度代表的是分析人员应当做什么：他们的技术——一种有关认知规则的推理工作理想标准。同时，问题导向维度代表的是分析人员应当去向哪里：他们的目标——一种有关认知领域（提出的问题）的推理工作理想标准。本章所要描述的是推理在**多维化**愿景中的个人层面。在良好认知习惯中，什么是分析人员推理工作的理想标准？更确切地说，本章首先要去解释在分析人员的推理工作中个人维度的用途；其次，研究了该领域的总体指标体系以及推理中良好习惯的本质；最后，检验了如何将该理论转化至分析人员的推理实践。

6.1 通过多维方法研究良好习惯在情报分析人员推理中的用途：为何情报分析的理想标准是要体现良好的认知习惯

个人维度从"分析人员在认知上的良好习惯的例证"层面阐释了理想的推理，例如，思维中的胆识、思维中的自制、判断是非的能力与思维中的公正。对于阐释情报推理而言，它成功实现了多个重要目的。这一维度最初的动机是为了培育出一种理论，强调分析人员所面对的独特认知挑战，这其中就包括思维模式、偏见以及谬误等"特质"上的问题（"人内在的错误"）（参见第 5 章）。分析人员必须努力去弱化他们带入至广泛情报分析过程的个人弱点（参见第 2 章）。情报中的此类挑战普遍存在于分析人员因自身错误而对推理工作形成的众多挑战之中（参见第 1 章），并且在**信息化时代**得到进一步提升，原因就在于日益开放的交流平台诱使人们愿意在没有做好（理性上的）准备的情况下就加入其中（参见第3章）。这种**多维化**阐释认为，是这些"个人"方面的挑战造成了一些思维品质上的缺陷（即认知恶习[cognitive vices]），然而对于其他的理想反制措施是通过个人维度（良好认知习惯）而非程序维度去平衡。个人维度在情报分析中起到如下两类重要作用：它鲜明指出了分析人员所要毕生培养的全部品质（并且解释了为何常常难以轻易获得或在短时间具备）；同时，它强调了"无形"要素在成就一名好的分析人员中所发挥的作用。

第一，个人维度的重要性在于它鲜明指出了分析人员所要毕生培养的全部品质。当前，许多分析人员能够意识到他们的思维模式、偏见与谬误已经逐渐损害到了情报过程的合理性。然而，教导分析人员应对这一问题的传统方法是运用"结构化分析技术"使之客观化，抵消个人推理在情报分析中的比重，使情报过程更加透明，并且他人更容易对该过程实施评估。而直接用于抗衡思维模式、偏见与谬误影响作用的方法是为良好理想推理者所具有的品质提供一种替代性的阐释。换句话说，思维模式、偏见与谬误是一种个人层面问题，只能直接通过个人方式去消除，即良好认知习惯。偏见是由于通过一种不理想的方式进行推理的倾向所构成的基础性个人挑战，而谬误则是这类推理中的个体事例。通过非理想（以及通常是不可靠的）方式进行推理，其（潜在）结果便是出现有问题的思维模式。于是，偏见与良好认知习惯相悖。偏见并非是理想推理的倾向（在富有竞争积极性的思维品质中处于一种平衡状态），而是运用非理想方式实施推理的倾向（在富有竞争积极性的思维品质中处于一种不安定的状态）。换言之，认知偏见是真正意义上的认知恶习。它们是思维品质中的缺陷。现在，这已经不简简单单是有没有良好习惯或是恶习/偏见的问题了，而是反映其成熟程度，即一个人在其中能够在多大程度上进阶至（尽管并不一定顺利）更加接近（并且偶尔也会远离）该谱系中良好习惯一端的程度。消除偏见并不能一蹴而就——它是一种毕生的思维追求。这一点很重要，因为它解释了为什么那些帮助培养分析人员的努力不会快速或轻易地"奏效"。那么，为何教育、训练或指导一个人成为一名优秀的推理人员如此之难？因为，这项工作是努力去帮助这些人塑造他们的思维品质。因此，通过认知推理中个人维度所包括的良好认知习惯与恶习，人们会由此认识到培养分析人员的重要性所在，即（努力）① 一生（lifetimes）。

第二，个人维度的重要性还在于理想图景原本忽视的大量"无形"因素。

---

① 括号中文字系译者添加。

换言之，尽管分析人员的确遵循着（理想标准中的程序维度所代表的）规则，但是他们所要注意的还有更多。一个优秀的分析人员还有着另外一面，它由良好认知习惯所构成。因为它们所代表的是理想推理的"波动"（fluctuating）一面，而这在每一种情境中都会以不同的方式显现，因此更加难以对其进行估量和描述。例如，当人们谈到一些分析人员具备良好的"直觉"（intuition）（或是能够信任他们的"本能"[gut]）时，人们的意思是这些分析人员在面对特别棘手的情况时能够找到认知上的平衡。很难准确描述他们在规则体系下到底做了什么，因为这种情况本身就与那些规则无关；而是关乎他们所具有的良好认知习惯。例如，一项评估何时过于悲观？何时会过度关注风险或威胁？对此，并没有明确的管理规定（这超出了分析人员应当同时识别机遇与威胁的这一必要工作）。在某种程度上，这个问题关乎的是良好思维习惯中的务实性（realism）（它所要平衡的是对威胁与机遇的认知，以免过于乐观或悲观）。这个平衡似乎将决定于问题中的特定情境。可以将其理解成一种良好习惯，不过如果有人试图将这种良好习惯限定为一种规则或是过程或是技术的话，那么就会遗漏一些"无形"的东西。与其依赖于利用一个人的"直觉"或（更糟的是）"本能"这种难以理解的表达，还不如使用个人维度为探讨此类"无形"事物所提供的话语，它不会强制将其限定为一种严格规则、过程或是技术。因此，通过认识由良好认知习惯与恶习构成的推理个人维度，人们可以知晓一些如何判断好的推理的影响因素，这些因素独立于大量的场景与形势，也同样有助于推理人员推理向好发展。

通过假设情报分析人员的理想推理具有个人维度的良好认知习惯，**多维化**方法为认知上的思维模式、偏见与谬误提供了不同的应对方式。这种方法并没有将它们作为分析人员在分析过程中的根本性问题，而是将它们归结为分析人员自身存在的困难。思维模式、偏见与谬误在根本上属于认知恶习，即某种或多种良好认知习惯有所缺位（或匮乏）。并且，抗衡这些问题的任务也是一个培养思维品质的毕生过程。这种方法具有重要的实践意义，它在情报分析中发挥着如下两种作用：它突显了分析人员所要毕生培养的全部品质（并且解释了为何常常难以轻易获得或是在短时间具备）；同时，它强调了"无形"要素在成就一名好的分析人员中所发挥的作用。

6.2 情报分析人员推理中的良好习惯所涉及的多维指标：将理想推理阐释为所要体现的认知良好习惯的意义

推理的**多维化**愿景致力于提供一种理想标准，即运用良好认知习惯刻画作为思考者的分析人员应有的样子。然而，什么才是"良好认知习惯"？人们可能最初会将其与积极的思维习惯还有促进推理向好的性情联系起来。接着，虽然这些良好习惯是积极的思维习惯与能够促进推理向好的性情，但是像习惯与性情（disposition）这类术语可能会让人感到困惑，因为它们似乎在暗示一个具备良好习惯的思考者总会去做同样的事情。尽管一个真正具备良好习惯的推理者会做到一以贯之，但这并不意味着他们必然会一直做同样的事情。一种良好习惯并非仅仅是一种反映在行为上的频繁性，因为良好习惯并不是理想化的行为。这种理想化的行为是规则。相比时常遵循某种思维上的规则而言，良好习惯包含的更多。良好习惯是理想化的个人的品质（characteristics of persons）。

多维化的阐释并不是为了建构一种对良好习惯本质的说明方式，而是运用和改编从亚里士多德以及中世纪经院哲学传统成果中长期流传下来的（经典）方法。① 现在，虽然人们非常尊崇大师前辈给出的相关解释，但这并不意味着其中就没有缺点。之所以使用他们的观点，并不是因为其完美，而是由于它们通过某种方式解释了良好习惯，突出了它们与规则之间的差异，从而保留了推理中个人与程序维度之间的区别。换言之，这些观点使得分析人员不用将关于作为思考者"他们应有的样子"的问题约减到成作为思考者"他们应当做什么"这类更专业化的版本当中（或者，反之亦然）。还要注意的是，尽管亚里士多德有其自身对良好思维习惯的描述，但这里对良好思维习惯的解释将采用亚里士多德关于道德、美德的描述。这其中的原因，用一种简化的方式来讲就是，亚里士多德关于良好思维习惯的描述依赖于对不同推理类型的区分，而这种描述不容易转化为当下人们对推理多样性的理解，而且特别对于**信息化时代**情报分析人员的推理更是如此。同样，虽然上述讨论深受亚里士多德学派的影响，但是这里要做的并不是为他的方法去作确切注释。且限于篇幅，这里的讨论并不会去解释它与亚里士多德的全部不同之处。

良好习惯是一种卓越的品质。它是一个人在现实中对其潜在能力的迸发与发展。然而，人类拥有许多潜在能力，它们全部都在相互影响并形成人类的品质。一种能力的发展会影响另一种能力的发展。因此，良好习惯并不能独立形成；相反，它们是从整体中获得的。鉴于此，亚里士多德（及其古典观点）在两种可能的极端品质之间寻找"均值"（mean）时很好地考虑到了上述情况。良

---

① 更多详情请查看：亚里士多德：《尼各马可伦理学》(Nicomachean Ethics)，载《亚里士多德作品集》（第8卷）(The Works of Aristotle)，W.D. 罗斯（W.D. Ross）编（London：Oxford University Press, 1968）；托马斯·阿奎那（Thomas Aquinas）：《尼各马可伦理学述评》(Commentary in the Nicomachean Ethics) 第1~2卷，C.I. 利辛格（C.I. Litzinger）译（Chicago：Henry Regnery Company, 1964）。

好习惯与节制（moderation）之间的联系很容易就会被误解为这样的观念，即人们应当追求一种对任何事物只作出"部分"承诺的永恒状态。这是不可行的，因为对于良好的习惯而言，并不存在"部分"。人们应当完全做到。

良好习惯=一种卓越的品质，涉及在竞争性的积极状态中保持一种平衡或均衡性，以避免出现过度或不足。

换言之，在某种程度上（所有其他条件相同的情况下）存在一系列"好的"品质特质。但这些特质之间相互冲突。这就是说，人们必须在不同的可能方法之间作出妥协，努力去避免过度发展某一种品质特质而造成其他对应特质的不足（并且，反之亦然）。例如，对潜在风险的重视，通常是一个好事。并且，对潜在回报的重视，通常也是一个好事。但是这两者之间可能会彼此削弱，致使它们之间存在冲突。过度重视潜在风险（并且/或者过度轻视潜在回报）会导致怯懦（cowardice），而过度重视潜在回报（并且/或者过度轻视潜在风险）则会导致蛮勇（foolhardiness）。二者之间的平衡就是良好习惯中的"胆识"。

亚里士多德很好地提出了四类首要具备的良好习惯（有时将其称作"主德"[cardinal virtues]）：胆识（courage）、节制（temperance）、公正（justice）与审慎（prudence）。"胆识"是指某人在面对重视潜在风险与重视潜在回报的局面下所要保持的理想平衡。"节制"（或者在当前的术语体系中运用"自制"（self-control））是指某人在面对避免痛苦与追求欢娱的"内心生活"（inner life）（特别是一个人感情与欲望）时所要保持的理想平衡。"公正"（或者在当前的术语体系中运用"公平"[fairness]）是指某人特别是在追求仁慈与报应时与他人之间的互动。这些良好习惯可以分解至许多子范畴之中，而古典传统也做到了这一点，并且确定了一系列似乎合理的其他补充选项。但是还是要将这些留至其他地方讨论，这里只关注于首要具备的良好习惯中最后一点。"审慎"与其他的良好习惯有些许不同，**古典**传统将其视作一种主要能力，用于决定风险与回报、仁慈与报应之间的平衡状态包括什么（或不包括什么）。出于这个原因，有时也将其译作"实用智慧"（practical wisdom），并将其理解为主要的良好习惯，而其他良好习惯则不然。

由于良好习惯的发展涉及实用智慧以及对于竞争性状态下什么才是合适平衡的判断力，因此良好习惯不能简化为规则。尽管在构想一种规则时的确能够使之具有类似的潜在例外，但是这并不是理解良好习惯的方式。良好习惯中的胆识并非简单是"重视潜在风险与重视潜在回报之间的平衡"这种形式规则。规则在所有情境下应当具有相同的操作。再次强调，它们自身可以有例外，或是因其处在具有层级的规则之中，在某种情势下可以得到预先制止。然而，这一点也已明确内置于规则之中。换言之，人们会感到以下规则具有"机械性"（mechanical）。现在的重点不在于去过分强调这一理念，也不在于认为应当无差别地运用规则。因为这已然存在。而关键在于，规则意味着其在运用方式上具有普适性，而良好习惯则不然。换句话说，规则所代表的是理想标准中"固定化"（fix）或"独立于情境"（context-independent）的一个侧面的指导方式，而良好习惯所代表的是理想标准中"波动化"（fluctuating）或"依赖于情境"（context-dependent）的一个侧面的指导方式。良好习惯容许存在一定的程度（一个人所拥有的良好习惯是有"程度的"），但是规则则不然（一个人要么遵循规则，要么不遵循）。或者，规则所代表的是理想标准中依赖于过程的一个侧面，而良好习惯代表的是理想标准中依赖于个人的一个侧面。换言之，规则的实施过程看起来经常是相同的，而良好习惯则或许不是这样。良好习惯关乎的是个人向推理中带入了什么，但规则则是关乎人们介入推理的过程。良好习惯本身尽管是相同的，但将其置于实践时则会根据具体形势发挥出不同的作用。这是因为良好习惯是对某人的状态所作出的描述，而规则是对某一行为所作出的描述。正因如此，当有人试图去用对应的行为来描述某一良好习惯时，不同的形势将会带来不同的结果。这也是为什么良好习惯在应用中是"依赖于情境的"。

这种总体框架能够帮助我们增进如下理解：美德能够帮助我们形成一种良好认知习惯的阐释，这种良好习惯在**信息化时代**构成了情报分析人员推理的一个理想标准。分析人员面对着许多相互竞争的事物，它们本身都属于认知上的"东西"（所有其他因素相同的情况下）。例如，分析人员应当有着很专深的兴趣（成为"主题专家"[subject expert]），但是他们还有很宽泛的兴趣（避免"烟囱问题"[stove piping]①）。分析人员应当使其推理过程做到周密（不"草率"[sloppy]），但是他们同样应当找到权宜的推理方式（做到"及时"）。分析人员在推理过程中应当采用一种"分析"或是"自下而上"的方法（把事情分解），但是他们在推理过程中还应当同等采用一种"综合"或是"自上而下"的方法（把事情组合起来）。分析人员应当以突出威胁的方式构想未来，还应当以突出机遇的方式构想未来。人们可能的确会从如何推理问题

---

① 【烟囱问题（stove piping）】，又称"分析烟囱问题"（analytical stovepipe），是情报分析中的专业术语，其成因是不同的情报搜集手段往往采用不同技术，它们实行独立管理，经常互为对手。相关的分析机构虽然采用不同的方法，却从事的是相同的工作，处理的是同样的问题，但由于官僚政治责任，这些机构更愿意为其特定政策雇主提供直接支持，而不是为跨部门项目提供情报支持。——译者

的不同类规则之中捕捉到上述理念，但是从分析良好习惯的视角去看待这些理念将会显得更加自然而然。例如，上述成对的表述涉及良好习惯中的求知欲（inquisitiveness）(保持深度与广度之间的均衡)、效率（efficiency）(保持周密与权宜之间的均衡)、融合性（integration）(保持分析与综合之间的均衡)，以及务实（realism）(保持威胁与机遇之间的均衡)。这是**多维化**方法中从个人维度提出的十二种良好习惯中的四种。

推理的个人维度包括一个总体的首要维度，其中有四个第二层维度与十二个第三层维度。自然，对于该维度最详尽的阐释就是十二个第三层维度，它们指出了分析人员的良好习惯与品质，并为其提供了一种理想标准。然而，为精心安排这十二个方面，运用在认知上大致相当于亚里士多德的四种"主德"作为第二层维度。换言之，个人维度（以及它的十二种良好习惯）能够划分为四种"笼统的"良好习惯：思维中的胆识、思维中的自制、判断是非的能力（"审慎"），以及思维中的公正。

思维中的胆识＝分析人员对于包括谦逊、咨询意识和求知欲在内的思维上的外部环境，所表现出的认知上的均衡程度。

思维中的自制＝分析人员对于包括敏感性、效率和描述性在内的思维上的内部环境，所表现出的认知上的均衡程度。

判断是非的能力＝分析人员对于包括反思性、多面性、融合性在内的理念，所表现出的认知上的均衡程度。

思维中的公正＝分析人员在面对其他人（以及他们的观点）时，在务实、讲究、宽容上所表现出的认知上的均衡程度。

现在，并非所有的十二种良好习惯都能够完美适配于包括思维中的胆识、思维中的自制、判断是非的能力以及思维中的公正这四种"笼统的"良好习惯所构成的框架之中。这里显得有些许武断。而且，判断是非的能力在良好习惯中所发挥的统摄作用也与亚里士多德的阐释（如"审慎"或"实用智慧"）存在出入。因此，的确存在与亚里士多德的不同之处。但是，这四种良好习惯（在它们所属的美德版本中）却有着如此丰富的历史，并且在帮助分析人员免于陷入十二种细节之中时能够展现出生动的作用。鉴于上述原因，本书使用了这一概念。

第一套中的三种良好习惯，能够划分至总体"笼统的"良好习惯中的思维中的胆识。它们全部（粗略地）都是关于分析人员与外部环境之间的思维上的均衡状态。它们主要关心的是分析人员在他们的推理过程中关于对思考的确认和建构（并因此列入推理习惯中的首位）。

1. 谦逊：在识别出原因过程中的信心与识别出原因过程中的不确定性之间保持均衡，既避免迟疑不决（"分析瘫痪"），又避免轻率（hastiness）或固执（stubbornness）（"直接跃至某个结论"或［这种特殊的案例］轻率地拒绝一种替代性方案）。①

2. 咨询意识：对于现实世界中的关切保持中立性，既避免对用户现实世界兴趣的拥护（"为政之道的方案"（policy prescription）），又避免超脱出用户对现实世界的兴趣（"不相关"）。

3. 求知欲：在兴趣点/关注点的深度与兴趣点/关注点的广度之间保持均衡，既避免持续分心（"兔子轨迹"②），又避免孤立或完全忘我（"烟囱问题"）。

尽管对于这些良好习惯的排序方式显得有些武断，但是谦逊肯定应当被认为是（按顺序的）第一种思维上的良好习惯。这出自于一个非常悠久的理念（特别是在西方传统中），能够追溯至古犹太国王与先知所罗门（Solomon）的箴言，即"敬畏耶和华是智慧的开端"（The fear of the LORD is the beginning of wisdom），以及苏格拉底（Socrates）对于（更伟大的）智慧的宣言，即"我唯一知道的就是，我什么也不知道"（What I do not know I do not know either）。③尽管当代的标准可能认为这两位思想家的话听起来有些极端或固执，但它们中的每一句（通过其自身方式）都声称智慧首先是要认识到，尽管容易出错，但智慧（所有思维上的良好习惯的总和）的首要因素是认识到一个人要去努力获得的是远远超越其自身已有的东西（知识与才智）。一个人如果在一定程度上丧失了谦逊，将会（在事实上）破坏其想要提升其他良好习惯所作出的任何努力，要么削弱培育这些良好习惯的过程（在查找原因时过度自信），要么过分注重于过程而永远停滞不前（在查找原因时过度关注不确定性）。因此，从这个意义上看，有理由说所有都"始于"谦逊。

第二套中的三种良好习惯，能够划分至总体"笼统的"良好习惯中的思维中的自制。它们全部（粗略地）都是关于分析人员与内部环境之间的思维上的均衡状态。它们主要关心的是分析人员在他们的推理过程中的推断性与关联性思考（并因此列入推理习惯中的中间部位）。

---

① 我列出了两个与迟疑不决相反的极端。尽管如此，我最终还是认为对于某人"直接跃至某个结论"选择或拒绝某替代方案这种错误而言，"固执"依旧是"轻率"表现的一种特殊案例。

② 【兔子轨迹】，是指一种将分析人员带向与其初始目标渐行渐远的偏题路径。——译者

③ 参见：柏拉图的《申辩篇》（*Apology*），欧文·埃德曼（Irwin Edman）编（New York：The Modern Library, 1956）。

4. 敏感性：在认识相似性与认识差异性/多样性之间保持均衡，既避免思考出现不稳定，又避免思考中的顽固（intransigence of thought）。

5. 效率：在周密与权衡之间保持均衡，既避免粗心大意，又避免力量冗余（或"不及时"）。

6. 描述性：在（努力做到）定量（或其他正式的）特征与定性（或其他非正式的）特征之间保持均衡，既避免模糊，又避免虚假的精确性。

第三套中的三种良好习惯，能够划分至总体"笼统的"良好习惯中的判断是非的能力。它们全部（粗略地）都是关于分析人员与观念之间的思维上的均衡状态。它们主要关心的是分析人员在他们的推理过程中思考的想象力与比较能力（并因此列入推理习惯中的中间部位）。

7. 反思性：在关注（某外部目标的）客观性与关注（内部自身的）主观性之间保持均衡，既避免固执己见（self-absorbed），又避免忘记自己（oblivious to oneself）（没有"自知之明"）。

8. 多面性：在运用既有步骤/范式与运用自发适应（spontaneous adaptation）之间保持均衡，既避免随机性（或不可预料），又避免机械性。

9. 融合性：在分析（"自下而上"）视角与综合（"自上而下"）视角之间保持均衡，既避免不严密，又避免简化论。

第四套中的三种良好习惯，能够划分至总体"笼统的"良好习惯中的思维中的公正。它们全部（粗略地）都是关于分析人员与其他人（以及他们的想法）之间的思维上的均衡状态。它们主要关心的是分析人员在他们的推理过程中思考的解释性与场景化（并因此列入推理习惯中的最后部位）。

10. 务实：在识别威胁与识别机遇之间保持平衡，既避免天真的乐观，又避免过度的悲观。

11. 讲究：在局势的特殊性、细节性与普遍性、一般性之间保持均衡，既避免过分简单化，又避免淹没其中（overwhelming）。

12. 宽容：在提出反对与改进观点（既包括既定的/想要的观点，又包括替代性/反对的观点）之间保持均衡，既避免相对主义（将所有的观点都等同视为"真相"），又避免教条主义（"封闭思想"）。

在上述良好习惯中，有两类在排序上"有些武断"（kind of arbitrary），另一项则位列第二个特例之后。宽容是最终的思维上的良好习惯。它所代表的是要超越"将邻伴的想法视为自己的想法"的观念。换言之，分析人员应当尽己所能，在评估到底是屈从于它还是拒绝它之前，先去看该想法是否合理。然而，这并不意味着他们从不指出其他任何观点是错误的。这样的想法是应当存在的，毕竟思维上的"严苛的爱"（tough love）[①] 能够帮助每个人看到什么时候需要去拒绝一个观点。"接受"一切浑噩自得，并不是真正的爱，同时也不是真正的良好习惯。一些观点并不起作用，也不应以任何形式去接受它。然而，还有一些看似不起作用，但在最终得到了进一步改进。在上述两者之间作出决定，或许是在所有良好习惯中唯一最难实现的，因此最好（按照排序）将它列为最后一项。[②] 所以说，良好认知习惯以谦逊为始，以宽容作结。相关小结可参考图6.1。

最后，还有一些值得注意的地方。第一，可以确定，这些在理想标准中并非是想要分析人员所要具备的全部潜在优秀特质。**多维化**方法（有些武断地）已经受限于三个首要维度（个人、过程与问题导向）所包含的十二种第三层维度（按四种第二层维度排列）。在很大程度上，正如认知中良好习惯中的讲究，它在指导思考时需要有足够的细节使相关阐述显得丰富而精致，但是又不能淹没于细节之中。最终，十二似乎是一个去合理呈现这些良好习惯的最好数量，不会让人特别感到数量带来的压迫感。还有部分原因是，十二可以（大致）分入四个组之中，每组三个（对应西方思想历史长河中的"四主德"）。因此，为了全面了解，请看这十二种良好习惯。如需快速浏览，那么可看四种"笼统的"良好习惯。如果需要的是一种真正高层次的阐释，那么只需深刻反思一个事实，即推理存在一种个人维度，其中包括的良好认知习惯可以帮助人们在具有竞争性的思维上的"东西"里保持均衡。

第一，应当清楚上述列表并不能囊括所有，不合适排除在"前十二位"之外的东西看起来似乎也是很少的。有许多思维上的"东西"没能包含其中，因为它们存在于以上列举的数个（不然的话就是全部）良好习惯之间的互动中。例如，"严密性"（rigor）本身并不具有作为一项良好习惯的意义，但它（可以说是）包含于反思性、效率以及描述性之间。出于类似的原因，批判性思维也并非一种良好习惯，但它（类似）是一种强调某类良好习惯的推理方式，例如，反思性、效率以及描述性。"创造性思维"也并非是一种良好习惯，但它（类似）是一种强调其他类良好习惯的推理，例如，求知欲、多面

[①] 这里指为起到帮助作用而严厉地对待有问题的人。——译者
[②] 在某种程度上，当人们以最强烈的意识探讨"客观性"时，我理解他们所真正探讨的正是良好思维习惯中的宽容。

性、融合性与讲究。这反映了多维化的表述大致更加抵触去使用批判性与创造性这样的术语描述思维，而是采用了替代性的语言，它能够包含一种"精神"，即贯穿于这种方法的多种不同方式中的理念。这属于两类不同种类的思维，但是不同的方式可以去强调推理的不同方面。

推理的"广度"

12.宽容 在提出**反对**与给出**改进**的替代方案/对立方案之间保持均衡，既避免相对主义，又避免教条主义/封闭思想。	思维中的 公正
11.讲究 在局势的**特殊性**与**一般性**和普遍性之间保持均衡，既避免过分简单化，又避免淹没其中。	对"他者"保 持均衡的程度
10.务实 在识别**威胁**与识别**机遇**之间保持均衡，既避免天真的乐观，又避免天真的悲观。	解释方面的 特质
9.融合性 在**分析**/"自下而上"与**综合**/"自上而下"之间保持均衡，既避免不严密，又避免简化论。	判断是非的 能力
8.多样性 在运用**既有步骤**/**范式**与**自发适应**之间保持均衡，既避免随机性，又避免机械性。	对理念保持均 衡的程度
7.反思性 在关注**客观性**与关注**主观性**/**自身**之间保持均衡，既避免固执己见，又避免忘记自己。	想象方面的 特质
6.描述性 在事物特征的**定量**与**定性**之间保持均衡，既避免模糊，又避免虚假的精确性。	思维中的 自制
5.效率 在**周密**与**权衡**之间保持均衡，既避免粗心大意，又避免力量冗余（或"不及时"）。	对内部环境保 持均衡的程度
4.敏感性 在认识**相似性**与认识**变化性**/**差异性**/**多样性**之间保持均衡，既避免不稳定，又避免顽固。	推断方面的 特质
3.求知欲 在兴趣点的**深度**与**广度**之间保持均衡，既避免持续分心，又避免孤立/完全忘我。	思维中的 胆识
2.咨询的积极性 对于**现实世界中**的问题保持**中立性**，既避免拥护（"为政之道的方案"），又避免超脱（"不相关"）。	对外部环境保 持均衡的程度
1.谦逊 在**信心**与**不确定性**之间保持均衡，既避免迟疑不决（"分析瘫痪"），又避免轻率（"直接跃至某个结论"）。	确定方面的 特质

十二种第三层维度　　　　　　　　　四种第二层维度

图 6.1　推理的个人维度概览

6.3 情报分析人员推理中良好习惯的多维方法实践：如何运用推理理想标准中的良好认知习惯

本书致力于为分析人员提供一种推理的理想标准，以将其树立成为他们自身以及鼓舞其他后来者的"榜样"。然而，这样的唯一方法就是发展一种既包含"理论"又包含"实践"的愿景。因此，本书提供了一些实例性建议，主要内容是如何在现实世界中通过上述方式去运用这种方法。但重要的是要认识到，尽管它们仅仅是关于如何"使用"该方法的一些事例，但是该愿景的实际意义远远超出了这些方法所包含的内容。关于个人维度中各要素之间的比较参见表6.1。

表 6.1 比较推理的个人维度

思维中的胆识维度	思维中的自制维度	判断是非的能力维度	思维中的公正维度
确认 特质	**推断** 特质	**想象** 特质	**解释** 特质
对**外部环境**保持均衡的程度	对**内部环境**保持均衡的程度	对**理念**保持均衡的程度	对**他者**保持均衡的程度
第三层维度的第一位： **谦逊**： 信心 vs 不确定性	第三层维度的第四位： **敏感性**： 看到相似性 vs 看到变化性	第三层维度的第七位： **反思性**： 关注自身 vs 关注他者	第三层维度的第十位： **务实性**： 看到威胁 vs 看到机遇
第三层维度的第二位： **咨询意识**： 中立性 vs 现实世界中的问题	第三层维度的第五位： **效率**： 周密 vs 权衡	第三层维度的第八位： **多样性**： 既有范式 vs 自发适应	第三层维度的第十一位： **讲究**： 特殊性 vs 一般性
第三层维度的第三位： **求知欲**： 兴趣点的深度 vs 兴趣点的广度	第三层维度的第六位： **描述性**： 定量 vs 定性	第三层维度的第九位： **融合性**："自下而上" vs "自上而下"	第三层维度的第十二位： **宽容**： 反对 vs 改进

将推理中个人维度的理论付诸实践的第一个也是最重要的方式，就是对理论本身要有充分的理解。定义该维度的良好习惯，为分析人员提供了应当去立志实现的理想标准。因此，它们是推动分析人员培养自身运用该方法或是修正现有方法（包括本书所提出的方法）的重要灵感来源。理论在根本意义上永

远比实践显得更加全能，因为一种理论的潜在应用范围几乎是无限的，而任何特定实践与之相比在适用范围上则要严密得多。因此，尽管具体的实践很重要，但是并不能说它们是某种理论唯一的"实践"方式。

个人维度的理论向实践转化的第二种方式，是本书为发展假设、因果分析、前景探索与战略评估所提出的十二种"核心"方法（参见表6.2）。这些方法都强调了推理中问题导向维度的不同方面。同时，这也是将所选方法运用到其他方向的一种常用方法。然而，这些方法对于展示推理中个人维度良好习惯是最佳选择。并且其中的一些良好习惯对于其中的一些方法尤其重要。尽管它们都具有某种程度的相关性，但对于每一种方法而言，总会有一些具有特殊重要性。因此，将这些良好习惯付诸实践的第二种方式，是采用多种办法去（整体地）强调全方位的优秀思维特质。那些不经常使用多种方法以及多次频繁聚焦于相同方法的分析人员，他们所具备的思维品质也存在有失衡的风险。对于他们强调的具体方法与良好习惯，在此后的对应章节都会进行更为细致的探讨。

表6.2　个人维度强调的方法

注意：每一种良好习惯、规则与问题对于每种背景都很重要；这些良好习惯对于对应方法的关注重点尤其重要。		发展假设			因果分析			前景探索			战略评估		
		辩证假设生成法	三元假设推导法	基本假设三角剖分法	比较影响分类法	因果循环图示法	背景转换分析法	收敛设想开发法	连锁反应分析法	发散设想开发法	战略关联检查法	决策意义比较法	预期影响分析法
思维中的胆识	1. 谦逊：信心 vs 不确定性			✓			✓	✓			✓		
	2. 咨询意识：中立性 vs 现实世界中的问题	✓			✓		✓					✓	✓
	3. 求知欲：深度 vs 广度			✓		✓			✓			✓	
思维中的自制	4. 敏感性：看到相似性 vs 变化性			✓		✓			✓				
	5. 效率：周密 vs 权衡	✓				✓							
	6. 描述性：定量 vs 定性			✓	✓	✓							
判断是非的能力	7. 反思性：关注自身 vs 他者		✓			✓							
	8. 多样性：预置 vs 自发适应				✓	✓					✓	✓	
	9. 融合性："自下而上" vs "自上而下"	✓			✓								
思维中的公正	10. 务实性：看到威胁 vs 机遇					✓			✓		✓		
	11. 讲究：特殊性 vs 一般性		✓				✓					✓	
	12. 宽容：反对 vs 改进				✓			✓			✓		

个人维度的理论影响分析人员推理的第三种方式，是通过一种专门的特定的方法："**分析平衡检查法**"（Analytic Balance Check）。尽管大多数方法已经归入，诸如发展假设、因果分析、前景探索与战略评估这些不同的特定推理类型，但其中有三类专门针对一般性推理及其个人、过程和问题导向维度。尽管每一种方法都涉及个人维度的良好习惯，但是"**分析平衡检查法**"的独特之处就在于它直接聚焦于这些良好习惯。该方法在建构过程中重点突出了处于分析人员注意力重心的这些良好习惯本身。这是分析人员的某种"沉思"，分析人员通过它能够系统地提示自己"应当成为什么样子"以及他们对照理想标准有哪些缺项。这种方法关乎的是如何查找自身的失调之处，既为未来努力实现自我发展提供指导，又能帮助察觉自己存在的失调之处将如何导致工作失衡。该方法不仅仅是试图对分析人员进行"心理画像"（psychological profile），也是为其提供一条可被认为是"良好习惯"的路径，用以为学习、再学习以及反思推理工作的理想标准提供规范。正如人们可能会通过考量一个人如何协调其伦理特质而认真思考其"优秀"之处一样，人们也能够通过考量分析人员如何协调其思维特质来反映其优秀程度。这有些类似于依纳爵（Ignatius）①的"**灵性操练**"（spiritual exercises）②③对于传统基督教的意义（或者）：关于一个人沉思于其所追求的根本价值及其自我实现（与未能实现）程度的一种系统的方法。这种方法在更大程度上关乎的是对良好习惯的学习和再学习，并且其重要意义在于一个人对其自身事例的自我评价。实际上，运用该方法本身就是一种对理想标准的体现：对良好习惯进行自我评价就是一种良性且有效的（virtuous）方法。

---

① 【依纳爵·罗耀拉】（Ignatius of Loyola, 1491—1556），西班牙贵族，天主教基督会创始人，是16世纪天主教反宗教改革运动中影响最大的人物之一。——译者
② 主要用于指导人们以冥思的方式控制意志，为上帝服务，其影响仅次于《基督教要义》。——译者
③ 参见：依纳爵·罗耀拉（Ignatius of Loyola），《灵性操练》（The Spiritual Exercises），安东尼·莫托拉（Anthony Mottola）译（New York：Doubleday, 1989）。

第7章

推理的程序维度
推理的理想标准：所需遵循的规则

情报分析人员推理的理想标准包括三个同等层次的维度：个人、程序与问题导向。个人维度代表的是分析人员（作为推理者）应有的样子：他们的特质——一种有关认知良好习惯的推理工作理想标准。程序维度代表的是分析人员应当做什么：他们的技术——一种有关认知规则的推理工作理想标准。同时，问题导向维度代表的是分析人员应当去向哪里：他们的目标——一种有关认知领域（提出的问题）的推理工作理想标准。本章所要描述的是推理在**多维化**愿景中的程序层面。在认知规则中，什么是分析人员推理工作的理想标准？首先，本章要去解释分析人员推理的程序维度的用途；其次，阐释了程序维度的总体指标体系以及推理中规则的本质；最后，检验了如何将该理论转化至分析人员的情报推理实践。

7.1 通过多维方法研究规则在情报分析人员推理中用途：为何情报分析的理想标准是所需遵循的认知规则

程序维度阐释了作为"分析人员所需遵循的认知规则"的理想推理，例如，确定相关背景、推断合理结论、设想可能的替代方案、解释更广阔的意义。对于阐释情报推理而言，它成功实现多个重要目的。该维度带来的首要灵感是为分析人员孕育出一种愿景，强调分析人员所面对的独特认知挑战，其中之一即是推理缺乏透明度与独立标准的"技术"问题（过程的外部错误）（参见第5章）。分析人员必须去解决除去政治或意识形态因素之外的（存在于他们之间，以及他们与用户之间）差异（参见第2章）。情报分析中的此类挑战根植于一般推理的挑战中，即分析人员探索真相所要依靠的标准化或制度化过程都是不可靠的（参见第 1 章）。同时，这类挑战在**信息化时代**得到了进一步提升，原因就在于以政治和意识形态为基础不断扩大的群体，阻碍了人们去理性解决分歧（参见第 3 章）。这种**多维化**阐释所指出的一套普遍性认知规则是为了使分析人员落实责任，促进分歧在透明与独立标准中得以解决。这些规则以及普遍意义上的程序维度，在情报分析中发挥了两类重要作用：强调了独立标准中外部一致遵循的重要性，同时鼓励一种不同衔级、不同视角以及不同资历推理人员之间的"公平竞争环境"（level playing field）。

首先，程序维度对于强调突出独立标准中一致外部遵循的重要性具有重大价值。分析人员有时会不可避免地对不同问题以不同的方式作出判断。这些差异性就需要通过某种特定方法予以解决——而非通过政治或意识形态形式。分析人员与他们用户的不同之处在于，（原则上）不应该根据他们的政治或意识形态分歧去考虑问题。而问题在于，尽管分析人员（在理想状态下）的工作与政治或意识形态立场不直接相关，但他们本身并非是完全中立的。并且，仅仅告知分析人员要独立于政治或意识形态进行思考是不够的。原因在于对"独立性"的呼吁从根本上就是被动的：它告诉分析人员的是他们不应当去做什么。但正如一则古老的谚语"不要想一些不可能的事情，因为世界上没有粉红的大象"（don't think about pink elephants）所阐释的那样，一个人在完全依据不应当去做的事情而去执行任务时，就很难避免不出现相关问题。相较而言，以主动的替代方式去提请分析人员注意，往往对规避特定后果更有帮助（如"想想蓝色的猫"[do think about blue cats]）。因此，程序维度为分析人员定义了一系列应当去做的主动行为，并以此为策略帮助他们规避一系列分析人员不应当去做的事情。这一点突出强调了一致外部遵循的重要性，这也是去抵御向政治或意识形态弯腰这类风险的一种方式。

第二，程序维度在鼓励不同衔级、不同视角以及不同资历推理人员之间的"公平竞争环境"方面具有重要作用。认知规则不仅仅是任何特定个体的问题，而是要做到普遍化。它们适用于每一种情形中的每一个人。这意味着分析人员不必再去面对那些培养他们的人去接受或拒绝其得出的判断，而是可以通过独立于每个人的替代方法去对这些判断实施评估。不透明的推理是难以通过此类标准进行评定的，由此自然而然会促使推理变得透明，从而能够与其针对的对手进行"抗衡"。同时，推理一旦透明化，每个人都能根据这一标准等同地对其进行评定。在相同的认知标准下，自然也可以对推理进行"追责"（held accountable）。该过程将使所有推理人员得到平等对待，并且指望他们平等行事（推理中的个人之间的不同作用体现在他们拥有的不同水平的良好习惯）。规则代表的是一种相对简便和直接的方式，是为推理人员在免受资历等级干扰下共事而建立的一种程序。分析人员即使没有某种特定的高水平良好习惯（当然，尽管这并非是理想状况），也能有一系列规则得以遵循。同时，可以不必对人们的资历等级进行深刻了解（或是不必将他们纳入某种尚未参与又进行公正评定的资历水平标准），便根据是否遵从这些规则而认真去履职尽责。规则关乎的是推理理想标准中与外部和公开方面关联最直接的一面（"行为"）。无论分析人员的衔级、职位、视角或是资历水平，同样的推理标准适用于他们中的所有人。规则是一个等化器（equalizer），因为每个人无论视角和职位，都有遵守它们的平等义务。同时，每个人都能对其他没有遵循规则的人（当然，要尊重地）提出批评。规则实现了使所有人都负有等同的行为责任。

通过假设情报分析人员推理的理想标准具有关于认知规则的程序维度，多维方法为推理中的一个问题给出了回应，这个问题就是推理在某种独立标准之下是不透明的。这种方法为分析人员在推理过程中所应遵循的思考规则给出了一种可靠的阐释。这些规则为分析人员提供了一种主动策略，用以尽力规避受到政治或意识形态考量的影响。分析人员努力保证其推理行为，能够在这些规则所建构的过程中得以实施。通过这样的做法，他们将找到达成如下目的的方法，既指导他们在推理中形成一种自我满意的过程，这里的标准就是该过程能使他们得出自认为最合理的观点，同时能够左右他们与其他人之间的互动，用以帮助他们说服那些与其观点相左的人们（或是被其他人说服）。概括地讲，它实现了情报分析的两个作用：强调了一致外部遵循对于独立标准的重要性，同时鼓励建构一种不同衔级、不同视角与不同资历的推理人员之间的"公平竞争环境"。

7.2 情报分析人员推理规则涉及的多维指标：将理想推理阐释为认知规则的意义

推理的**多维化**目标是致力于提供一种关于分析人员在思考中应当做些什么的理想标准。这是指**信息化时代**分析人员推理工作中的程序维度，将推理中的理想标准理解为认知规则。理解这一概念所代表的挑战，与良好认知习惯以及个人维度的有关认识并不相同。理解某一"良好习惯"的主要挑战在于区分它与"规则"之间的不同之处，但对于理解某一"规则"的主要挑战，则在于要看到如何通过规则去有效地指导行为而非武断地去进行约束。

规则的观念相对直接。规则代表的是对行为给出"良好"（遵照规则完成）或"不好"（没有遵照规则完成）的评价。① 这与良好习惯有所不同，因为它代表的是对品质给出"良好"（当做到保持各项特质的均衡时）或"不好"（当各项特质出现失调时）的评价。良好习惯用以表征理想标准中依赖于个人的一面，而规则用以表征理想标准中独立于个人的一面。规则涉及的是分析人员参与的过程。因为规则关注的是过程中的行为，而这些行为与参与者及其所处的特定情势和环境是相互独立的。

规则＝一种理想的通用行为（理想条件下，所有人在所有环境中都要去做）。

规则试图去捕捉的是理想标准中"固定"或是"独立于情境"的一面，而良好习惯则是去捕捉理想标准中"波动"或是"依赖于情境"的一面。良好习惯容许存在程度性（degrees）（对于一个人而言，其拥有良好习惯是有程度的），而规则不容许（要么遵循规则，要么违背规则）。一项规则的实施（原则上）应当在所有情境中都不存在差异。其中可能存在自身内部引发的特殊情况，即什么时候运用规则或是不运用规则，又或者什么时候一项规则要优先于另一项规则。但尽管如此，它也在全局范围内适用。规则是对行为的通用指示。

近期的西方文化特别注重去分辨不同情势与环境之间的差异，并且人们特别怀疑规则以及其他"通用指令"可能会使人们潜在性地忽视上述差异，并被迫武断地实施统一。因此，虽然规则的理念相比良好习惯而言或许显得更容易去把握，但它（有时）让人们更加难以理解这些规则是如何避免这种武断，以及为何说这些规则并非武断。规则是对那些构成"最好"行为的概括，而这种概括也总有可能会错过一些特定情况中的细微差别（特别是如果在仓促中制定出这些规则，或是这些规则所依据的基础又很有限）。但是，如果将上述情况简单总结为"所有概括都是不好的"，也是不符合逻辑的。这里需要的并不是在总结"优秀推理人员所要做的事情"时完全不去考虑个人差异，原因就在于同样可以肯定的是，每个人都有着不同程度（从个人维度出发）的良好认知习惯用以回答"谁才是优秀的推理人员"这一问题。这些关于推理工作中良好行为构成的合理概括也不是随意得出的，反之它们拥有十分充分的

---

① 这种有关"规则"的概念旨在做到能与一些著名伦理哲学家对于"规则"的见解相类似并与之相容，他们包括：伊曼纽尔·康德《道德形而上学的奠基》(*The Groundwork of the Metaphysics of Morals*)，玛丽·格雷戈尔与延斯·蒂默曼编（New York: Cambridge University Press, 2012）；约翰·斯图尔特·穆勒，《逻辑体系》(*A System of Logic*)，载《约翰·斯图尔特·穆勒作品选集》(*The Collected Works of John Stuart Mill*) 第 7 卷（Indianapolis: The Liberty Fund, 2006）。

存在理由：它们为理解推理过程提供了基础，而且它们也是用以评估推理的独立标准的一个起点。

多维化方法中的认知规则使得独立的推理标准成为现实，用以在推理本身独立存在时去进行评估。虽然个人维度中的良好习惯也是一种独立标准，但是对这些良好习惯的表现所进行的评估却是一种对人的描述，而不是对推理工作中某一片段的描述。这个差别十分重要，原因在于某分析人员推理工作中的具体片段会独立存在下去（如分析人员对用户的简报）。因此，人们需要一种评估推理过程及其推理产品的方法，并且这种方法并不依赖于它的开发者。这就是规则特别重要的地方。优秀的推理过程具有端正的思路，能够遵循规则，并因地制宜。然而，当一个人身处其中又要独立地去对其观念进行审视时（好像是对另一个人的工作进行评估，或是对不具有明确人物联系的某个观点或论题进行评估），这种对推理的评估，习惯的好与坏则是不够的。人们可以通过对推理工作片段的接受程度去评估其发挥良好习惯的水平，但是最为直截了当的方法就是形成一套标准，他们的关注点不在于任何特定个人，而在于推理过程本身。规则提供了一种独立标准，用以辅助驱动推理过程在超越任何个体的条件下进行。良好习惯是个人及其品质的一种理想标准，而规则则是过程与行为的一种理想标准。二者对于理想的推理都有着重要意义。

推理的程序维度包括一个总体的首要维度，其中有四个第二层维度与十二个第三层维度。显然，对于该维度最详尽的阐释就是十二个第三层，它们指出了一种被称为是理想标准的规则与思考行为。然而，为精心安排这十二个方面，可以将其划分为一个过程中的四种类别或部分："建立"（set up）、"行动"（act）、"回应"（react），以及"贯彻"（follow through）。更明确地讲，它们是四类"大体上的"规则。

确定相关背景＝对推理过程的认知"建立"，由分析人员的以下义务构成：考虑问题的维度（consider problem dimensions）、证实决策的意义（establish decision significance），以及彻底研究分析对象（thoroughly research subject）。

推断合理结论＝对推理过程的认知"行动"，由分析人员的以下义务构成：清晰地构建过程（structure process transparently）、将紧密相关的信息区分出来（make relevant distinctions），以及质疑每一个推断（challenge every inference）。

设想可能的替代方案＝对推理过程的认知"回应"，由分析人员的以下义务构成：开发合理的替代方案（develop plausible alternatives)、认真对待反对意见（take objections seriously），以及不断启发判断（continually evolve judgments）。

解释更广阔的意义＝对推理过程的认知"贯彻"，由分析人员的以下义务构成：投向新的问题（project new issues）、确定证明的局限性（identify evidential limitations），以及找到更广泛的背景（locate broader context）。

在对上述内容进行详细探讨之前，需要指出一个重要的问题。虽然在对这些规则进行排序时并不是随意的，但不意味着这是唯一可能的合理方式。正式地讲，这十二种规则可作为方案运用于分析人员推理工作全部过程中的各部分。因此，它们没有"严格的"排序方式。但是它们也有着一个"松散的"（loose）次序，对于推理过程中的某些部分而言，其中的一些规则的关联程度比其他更强。这些规则可以解释为一个推理过程的顺序步骤。然而，它们的次序并非是这些规则本身的绝对次序。例如，一个人在各种情况下都有义务去彻底研究分析对象，并且（通常）对于分析人员而言，在其推理过程的早期付诸实施似乎更加合理。但这并不意味着分析人员在此后的研究过程中就不能再（或者不再有义务）继续下去（实际上这项工作告诉他们要继续下去）。因此，虽然这里意在给出一种程序，但这只是一个"松散的"程序。这种安排（在广义上）方式与**多维化**方法中个人与问题导向维度中的其他第三层维度次序也是相协调的（"确定"之后是"推断"，再之后是"设想"以及"解释"）。

第一套中的三种规则能够划入到总体"笼统"规则中的确定相关背景。它们全部（粗略地）都涉及在思维上对人们的推理工作进行"构建"。它们主要关心的是在推理中确认和构建有关分析人员的思维（并因此列入推理过程中的首位）。

1. 考虑问题的维度：对问题、问题的影响程度、评估问题的恰当方法中的不同方面进行确认。

2. 证实决策的意义：确定问题的解决会对客户未来的决策（或是决策的背景）带来怎样的不同。

3. 彻底研究分析对象：通过新的消息来源或是与当前看法相悖的方式，以未知问题为关注点继续进行研究。

第二套中的三种规则能够划入到总体"笼统"规则中的推断合理结论。它们全部（粗略地）都涉及人们对推理工作在思维上的一种"行动"。它们主要关心的是在推理中，有关分析人员的推断性与关联性思考（并因此列入推理过程中的中间部位)。

4. 清晰地构建过程：按步骤实施推理，重视其中每一项主张，以及与其相关的所有推论与/或证据。

5. 将紧密相关的信息区分出来：通过辨别出常见的易混淆的信息，避免出现误导性/含蓄的（loaded）描述/分类（categorizations）。

6. 质疑每一个推断：确定每一项主张中的可能性推论，对它们以及（通常）每一项主张中的证据进行仔细察看。

第三套中的三种规则能够划入到总体"笼统"规则中的设想可能的替代方案。它们全部都（粗略地）涉及人们对推理工作的一种建立在思维上的"回应"。它们主要关心的是，在推理中关于分析人员思考的想象力与比较能力（并因此列入推理过程的中间部位）。这三种规则在过程中的未知性最为灵活，因为有人可能会根据其推理合理性或设想可能性的偏好，试图将其置于上述三种规则之前。然而，在通常情况下，人们是在既有的合理观点基础上展开设想的。因此，将这些规则稍后排列是合理的。

7. 开发合理的替代方案：开发出一系列可能性（可行性）选择/答案，其中包括一些在最初不太可能的选择。

8. 认真对待反对意见：找出对既定/偏好观点的主流或可能的反对意见，并且尽可能以令人信服的方式将其描绘出来。

9. 不断启发判断：根据新的信息、论证与反对意见，修正你的推理（结论及其论证）。

第四套中的三种规则能够划入到总体"笼统"规则中的解释更广阔的意义。它们全部都（粗略地）涉及人们对推理工作一种在思维上的"贯彻"。它们主要关心的是在推理中有关分析人员思考的解释性与场景化（并因此列入推理习惯中的最后部位）。

10. 投向新的问题：根据推理带给未来的启示，找出需要探索的新问题，或者去考虑新的选项。

11. 确定证明的局限性：证实结论合理与否的程度，并且找出其中的薄弱点。

12. 找到更广泛的背景：（根据客户的兴趣）描述（多个）结论以及涌现出的更大机遇/威胁的全貌。

对以上内容的总结可见图 7.1。

图 7.1 推理的程序维度概览

类似于个人维度的十二种良好习惯，上述这些并非是理想情况下分析人员可能要遵循的全部的潜在性良好规则。**多维化**方法仅限每一个主要维度（个人、过程与问题导向）拥有十二个第三层维度要素（存在于四个第二层维度）。基本上，这十二种似乎也是人们在现实中所能接受的最大数量，以免再多会让人感到数量带来的压迫感。同时，这实际上只适用于认知规则，因为人们可以将其视为一种可行的"十二个步骤"用以在推理中遵循。现在，如果想要一种更便捷的版本，那么可以去看那四种"笼统的"规则，甚或是直接在总体要义中找到答案,即肯定推理中存在的可以称作透明且受制于规则的程序维度。

尽管或许极少有人会建议将规则的数量增加到十五种,但是还会有人认为,即便如此仍有一些明显的规则没有纳入其中。例如,这里没有体现出重要的"批判性思维"或"创造性思维"。这是因为它们二者都已在整个过程中得到了具象化说明。或者,至少有一些规则对于人们所说的"批判性思维"十分重要,例如,彻底研究分析对象、清晰地构建过程、质疑每一个推断、认真对待反对意见以及确定证明的局限性。同样,即使"创造性思维"并非整体过程中的一个必须要素,那么至少它似乎会要求分析人员去考虑问题的维度、证实决策的意义、开发合理的替代方案、不断启发判断、投向新的问题以及找到更广泛的背景。这里需要注意的是,强制性地将表 7.1 中各占一半的部分规则与批判性和创造性思维联系在一起并非偶然。

表 7.1 比较推理的程序维度

确定相关背景 维度	推断合理结论 维度	设想可能的替代方案 维度	解释更广阔的意义 维度
认知建构 (construction)	认知组成 (constitution)	认知比较 (comparison)	认知情境 (contextualization)
建立	行动	回应	贯彻
第三层维度的第一位: 考虑问题的维度	第三层维度的第四位: 清晰地构建过程	第三层维度的第七位: 开发合理的替代方案	第三层维度的第十位: 投向新的问题
第三层维度的第二位: 证实决策的意义	第三层维度的第五位: 将紧密相关的信息区分出来	第三层维度的第八位: 认真对待反对意见	第三层维度的第十一位:确定证明的局限性
第三层维度的第三位: 彻底研究分析对象	第三层维度的第六位: 质疑每一个推断	第三层维度的第九位: 不断启发判断	第三层维度的第十二位:找到更广泛的背景

7.3 情报分析人员推理规则的多维方法实践: 如何运用推理理想标准中的认知规则

本书致力于为**信息化时代**的情报分析人员提供一种综合可靠的推理工作愿景,旨在帮助推理人员成为推理的"榜样"。因此,对于程序维度中的"理论"阐释(分析人员所遵循的"规则"),在该维度都有与之对应的"实践"

阐释。良好推理工作规则的实践运用，大体包括它所提供的鼓舞人心的目标、强调规则的具体方法论，以及特别关注该维度的一般性方法。

第一，运用推理的个人维度的最重要方式，是将领会理论本身作为分析人员的目标。这就是说，这些规则代表着优秀分析人员在推理中所应具有的行为方式。这为他们所要做的事情提供了一个遵循标准。这些规则在实践中的具体应用方式几乎是不存在限制的，并且其范畴远超于能够捕捉到的任何提及的具体实践。因此，重要的是去注意规则本身对实践的影响。它们将逐字逐句告知分析人员"要去做什么"。

第二，运用推理的程序维度的最常见方法，是使用十二种"核心"推理方法中的任意一种，它们适用于**发展假设**、**因果分析**、**前景探索**与**战略评估**。这些方法不仅有着明确的问题导向，对于过程性也有侧重。尽管上述四种适用领域都遵循良好推理的全部规则，但是对于每一个领域而言都有一些具有专门意义的规则。因此，在选择一种特定的方法时，分析人员也会选择一系列须作重点强调的规则。为了充分使规则在实践中显得切实可行，分析人员应当有规律地采用丰富的方法，重视所有的优秀思维技巧。那些不经常使用多种类别推理而是一遍又一遍采用相同方法的分析人员，会因此有在过程中失衡的风险。具体的方法以及它们所强调的规则会在此后相应的章节中作更详细的阐述。

第三，运用推理的程序维度的最直接方式是注重其通用方法：**分析过程反思法**。本书中的三种方法专注于一般推理工作，以及内部的个人、过程或问题导向维度与这些维度本身。**分析过程反思法**旨在突出"背景"中常规存在的东西，即良好推理的规则。这种特别的方法为的是将注意力聚焦至规则本身。它几乎是一种为情报分析人员准备的"分析问答集"（analytical catechism），可以系统地提示他们要去遵守的"戒律"（commandments），并且为他们提供机会去根据对规则的遵循（或违背）程度进行"分析忏悔"（analytical confessional）。这种方法并不在于从心理上对分析人员的习惯或性格进行富有洞见的评估，而是更多为了使其参与到以理想推理标准中的"规则"为基础的学习、再学习与反思训练。正如人们在遇到某种艰难的伦理情形时会询问其是否与道德"规则"相适应，人们在面对思维上的艰难困境时也应当询问其是否与认知"规则"相适应。分析人员怎样履行他们在思维上的义务？那就是通过这种聚焦于规则的方式，与之等同的是聚焦于推理良好习惯的**分析平衡检查法**。二者对情报分析人员都很重要，因为它们直接要求分析人员珍视推理的规则（与良好习惯）。关于程序维度要素中涉及的方法参见表7.2。

表 7.2 程序维度强调的方法

注意：每一种良好习惯、规则与问题对于每种背景都很重要；这些规则对于对应方法的关注重点尤其重要。		发展假设			因果分析			前景探索			战略评估		
		辩证假设生成法	三元假设推导法	基本假设三角剖分法	比较影响分类法	因果循环图示法	背景转换分析法	收敛设想开发法	连锁反应分析法	发散设想开发法	战略关联检查法	决策意义比较法	预期影响分析法
确定相关背景	1. 考虑问题的维度			✓			✓			✓			✓
	2. 证实决策的意义	✓				✓		✓				✓	
	3. 彻底研究分析对象		✓		✓				✓			✓	
推断合理结论	4. 清晰地构建过程		✓										
	5. 将紧密相关的信息区分出来	✓			✓				✓		✓		
	6. 质疑每一个推断		✓				✓	✓					
设想可能的替代方案	7. 开发合理的替代方案	✓						✓					
	8. 认真对待反对意见		✓										✓
	9. 不断启发判断				✓	✓			✓		✓		
解释更广阔的意义	10. 投向新的问题		✓				✓						
	11. 确定证明的局限性				✓	✓		✓				✓	
	12. 找到更广泛的背景	✓									✓		✓

第8章

推理的问题导向维度

推理的理想标准：所能提出的问题

情报分析人员推理的理想标准包括三个同等层次的维度：个人、程序与问题导向。个人维度代表的是情报分析人员（作为推理者）应有的样子：他们的特质——一种有关认知良好习惯的推理工作理想标准。程序维度代表的是情报分析人员应当做什么：他们的技术——一种有关认知规则的推理工作理想标准。同时，问题导向维度代表的是情报分析人员应当去向哪里：他们的目标——一种有关认知领域（提出的问题）的推理工作理想标准。本章所要描述的是推理在**多维化**愿景中的问题导向层面。对于认知中所提出的问题（或者所要推理的领域）而言，什么是情报分析人员推理工作的理想标准？首先，本章要去解释情报分析人员推理的问题导向维度的用途；其次，阐释了问题导向维度的总体指标体系，以及推理中这些问题（或领域）的本质；最后，检验了如何将该理论转化至情报分析人员的情报推理实践。

8.1 通过多维方法研究问题在情报分析人员推理中的用途：为何情报分析的理想标准属于认知问题

问题导向维度阐释了作为"分析人员所提出的认知问题"的理想推理，例如："正在发生什么？""为何正在发生？""何时何地可能发生变化？"以及"**用户能够怎样应对？**"该维度的基本目的在于为阐释那些聚焦于分析人员推理的独特挑战（参见第5章）提供支撑，这些挑战中就包括在对用户的竞争者和对手进行推理时所面对的"目标"问题（"信息不充分""信息不相关""信息不确定性"以及"信息无价值"）（参见第2章）。这些情报分析领域的挑战既植根于普遍性的推理挑战中（参见第1章），同时又在**信息化时代**进一步加剧（参见第 3 章）。这种**多维化**阐释指出了分类之后的分析性问题，以及与之相适应的推理类型，而且这些问题所涉及的是目标导向型问题。总体上，这种分类以及问题导向维度，在情报分析中具有如下两种主要作用：为分析人员提供针对其目标对象所需提出的"标准"问题（"目标导向型推理"），以及将特定类型的情报分析问题与分析人员所能采用的特定方法相对应（"目标与方法统合"（target-method integration））。

第一，问题导向维度发挥的作用建立在"目标导向型推理"的基础之上。在与本书主题相关专业研究中，很少将其目标定位在主动地与他方雇主进行竞争。许多学科的目标对象都难以理解（自然科学、宗教、哲学）。但是在理解物理世界与一般现实时，往往无须主动地防止其他任何人去了解自己。尽管这种情形可能在其他领域发生，但是该情形在极大范围和意义上根本地定义了情报分析这一领域。问题导向维度定义了推理的四种类型，这些推理专门针对该情形造成的特别挑战。换言之，这也是该方法直接强调情报分析目标本质的方式。该方法为分析人员面临的问题提供了一种高级的"分类法"（taxonomy）。分析人员在评估中必须要回应的挑战包括：①纵使可靠信息受限，可以运用**发展假设**的方法分析正在发生什么；②纵使相关性信息具有误导性，可以运用**因果分析**的方法分析为何正在发生；③纵使具有众多可能的未来路径，可以运用**前景探索**的方法分析何时何地可能发生变化；④纵使有限时决策的需求，运用**战略评估**的方法分析用户能够怎样应对。

第二，推理的问题导向维度对分析人员实现"目标与方法统合"具有作用。该维度的十二个第三层维度都具有与之明确对应的方法论。四类"主要"领域/问题中的每一种都能够分解为三个次领域/次级问题，并且其中每一种也都对应着一种分析人员在其推理工作中可用作理想标准的具体方法。分析人员如何在可能的方法之间作出合理选择？在对推理工作的若干方法进行解释时，不仅应阐释其彼此间联系，还要指出分析人员在特定问题面前应当如何选择方法。在这一点上，例如，**发展假设**维度可区分为三种次级维度，用以将"正在发生什么"这一相对宽泛的问题分解为三个次级问题。一是"**对于正在发生什么而言，什么才是合理的理论？**"，该问题对应的是发展假设的观点维度以及**辩证假设生成法**。二是"**对于正在发生什么而言，确定最合理理论所需的最佳信息是什么？**"，该问题对应的是发展假设的信息维度以及**三元假设推导法**。三是"**对于正在发生什么而言，最合理理论所需具备的假设条件是什么？**"，该问题对应的是发展假设的含义维度以及**基本假设三角剖分法**。因此，问题导向维度的分类法为分析人员选择方法论时提供了指导。

通过假设情报分析人员推理的理想标准在认知领域具有一种问题导向维度，**多维化**方法为推理中的问题给出了一种回应，这些问题就是目标对象会去主动制约推理人员。这些问题包括可靠数据受限、误导性信息、众多可能的未来路径，以及指导决策的需求。问题导向维度的方法为上述问题以及更细化的问题和与之相适应的推理类型提供了一种强效的分类方法，并且该维度还拥有一系列能够进一步向下分解的次级维度。这种分类对于分析人员的工作具有至关重要的意义，发挥出了如下两种重要作用：为分析人员提供针对其目标对象所需提出的"标准"问题（"目标导向型推理"），以及将特定类型的情报分析问题与分析人员所能采用的特定方法相对应（"目标与方法统合"）。

8.2 情报分析人员推理问题所涉及的多维指标：将理想推理阐释为认知问题的意义

推理的**多维化**愿景旨在提供一种关于分析人员在思考中应当去向哪里的理想标准。这种问题导向维度，将推理中的理想标准理解为认知上的问题（questions）或领域（domains）。推理的"领域"代表的是要去思考的一类问题，或是某种可能要去推理的特定主题。换言之，问题导向维度是推理工作的一个方面，这一类推理由其目标对象的特殊性所决定。在情报分析中，推理人员的目标是用户的竞争者或对手，以及他们的意图、计划与能力所形成的影响。正因如此，就会有一些特定种类的问题对于情报推理具有特殊意义，并且分析人员的理想推理在回答这些问题时也会特别重视。所以，问题导向维度构成了审视理想推理工作的最终视角。

回溯到这样的理念，即持续用美德作为建构分析人员的优秀思维理想标准。领域对这种理想标准有何贡献？将推理工作个人维度的良好习惯类推为亚里士多德关于胆识、节制、公正与审慎的道德习惯。[①] 将推理工作程序维度的规则类推为康德的绝对命令（做到始终如一的行事方式）与穆勒的实用规则

---

① 参见此前第6章中的相关讨论，《尼各马可伦理学》（*Nicomachean Ethics*），载《亚里士多德作品集》（*Works of Aristotle*）第8卷，W. D. 罗斯（W. D. Ross）编（London：Oxford University Press，1968）；托马斯·阿奎那（Thomas Aquinas）的《尼各马可伦理学述评》（*Commentary in the Nicomachean Ethics*）第1-2卷，C. I. 利辛格（C. I. Litzinger）译（Chicago：Henry Regnery Company，1964）。

（做到使全面的幸福最大化），以及由它们推导出的第二层级规则。① 在将推理工作问题导向维度的问题或领域类推为伦理学中不同的门类范畴时，或许可以用到亚里士多德的习惯或是康德与穆勒的规则。医学领域为医学伦理提供什么，商业环境为商业伦理提供什么，法律专业为法律伦理提供什么，上述提及的领域这一概念就提供什么。换言之，领域就是综合类型的环境，在其中人们可以运用理想标准，并且不同领域的理想标准会得到不同的呈现。例如，在医学领域，关于伦理的考量将会与其在商业环境中有所不同，因为医学中的决定（往往）与人们的生命直接相关，人们的隐私以及相关监管义务与商业是不同的。从这个意义上看，这些差异中的每一项都是一种"领域"，类似某一种能够塑造整体理想标准呈现形式的问题或因素。②

由于推理工作的理想化解读已经自我发展出一种"领域导向"的形式，甚至在对相关良好习惯与规则中也是如此（与伦理学中的典型做法有所不同），上述类比起到了一定的分门别类作用。但对于相关良好习惯与规则而言，还会有更深入的"领域导向"因素对它们的呈现方式进行塑造。指出这些更深入的"领域导向"因素，就是在问题导向领域指引下那些推理中的"问题"或"领域"所要达成的意图。

> 领域/问题＝一种特别重要的"目标导向"背景类型，它所影响的是某种理想标准在具体案例中的呈现，并且对定义关注该目标的意图所在具有辅助作用。

这些问题并非是将推理工作的这一理论与一般性理论或是其他领域该类理论区别开来的唯一途径。但是，当涉及情报分析人员在推理工作中的目标对象时（分析人员开展分析时的立场对立面），这些问题就会为阐释这些对象的主要独特性发挥作用。回顾此前的内容，情报分析在这里即可理解为从一种独特的立场视角出发为决策者开展评估，用以提升其所在组织相对于潜在竞争者（与/或对手）的优势。个人与程序维度的形成，主要源于分析人员对"立场独立视角"（positionally independent perspective）的需求，而问题导向维度的形成，则主要源于分析人员对于"与某潜在竞争者/对手相关"（relative to a po-

---

① 参见：伊曼纽尔·康德《道德形而上学的奠基》（*The Groundwork of the Metaphysics of Morals*），玛丽·格雷戈尔（Mary Gregor）与延斯·蒂默曼（Jens Timmermann）编（New York：Cambridge University Press，2012）。

② 注意在我的类比中，"医疗领域"（medical field）并非是"领域"（domain），但是"医疗提供者与患者间关系"或许是一种"领域"。因此，当我说"领域"时，我所使用的是关于"领域中可区分要素"（distinguishing element of the domain）的简约表达。

tential competitors/adversaries）的关注。① 因此，之所以涌现出的挑战在根本上明确为该领域所指向的"领域"与"问题"，其具体的主要原因在于分析人员的关注点是对某潜在的竞争者/对手的理解。

推理的问题导向维度包括一个总体的首要维度，其中又有四个第二层维度（分析人员推理工作的四个"领域"）：

发展假设＝在推理工作中，确定对于正在发生什么而言，什么才是合理的理论，用以在"可靠数据受限"（信息不充分的问题）的条件下，去回答**正在发生什么**（What is happening?）这一问题。

因果分析＝在推理工作中，认识过去与当前事件/因素之间的联系，用以在"误导性信息"（信息不确定的问题）的条件下，去回答**为何正在发生**（Why is this happening?）这一问题。

前景探索＝在推理工作中，发现未来的合理愿景，用以在"众多可能的未来路径"（信息无意义的问题）中，去回答**何时何地可能发生变化**（When and where might this change?）这一问题。

战略评估＝在推理工作中，描述某用户可能性决策的意义，用以在"及时性和有效性为先"（信息不相关的问题）的条件下，去回答**用户能够怎样应对**（How can the client respond?）这一问题。

这些领域排列的顺序并非完全是绝对的，但也的确具有一些具体的原因。每一个问题从最基础到最深入都有一个复杂化的演进过程。**发展假设**在本质上是一种基础描述性的推理类型（该类型还涉及确定并建构某人对某对象的思考）。**因果分析**在本质上是一种中等程度描述性的推理类型（该类型还涉及关于某对象的推断性与联系性思考）。**前景探索**在本质上是一种深入描述性的推理类型（该类型还涉及关于对象的想象性与比较性思考）。**战略评估**在本质上是一种规定性的推理类型（该类型还涉及关于对象的解释性与前后关联性思考）。因此，这种在分层中对问题与领域的排序方式是有所考量的。这类似于个人维度以及程序维度中已经对良好习惯与规则进行的排序方式。但是，这种排序方式又可能是其中最为"严苛的"，原因在于从应然层面看不大可能会遭到反对。每一个领域都被理解为下一个领域基础的一部分，而且每个领域所对应的问题（大体上）都构成了下一个问题的前提。

---

① 对于这全部三种案例的形成，要注意我所讲的"主要"。在根本上，这两种情报的与众不同之处（"立场独立视角"以及"与某潜在的竞争者/对手相关"——译者）对于理想标准的三种维度都有着重要作用。

尽管这四个领域是分析人员可能要探索的一类有所区别的"问题",但严格地讲,每一种所要分析的问题(在某种意义上)都包括上述所有"问题"。换言之:

> 所有的情报分析问题都具有**发展假设**的层面、**因果分析**的层面、**前景探索**的层面,以及**战略评估**的层面。

分析人员经常会问,正在发生什么,为何正在发生,何时何地可能发生变化,以及用户能够怎样应对。而分析人员专门地仅对其中一个问题进行提问的情形则确实罕见。尽管某用户或许仅仅关心的是听到这些问题中的一个,但是分析人员仍须考量全部的问题。因此,对于上述四个领域的区分是为了帮助理解分析人员推理中相关问题的丰富性,而不是将其思想剥离成为全然孤立的各部分。分析人员所应做的并非是去模块化推理,而是要在推理中将所有的四个领域融合起来。

第一总领域——假设发展及其问题"**正在发生什么?**"——可从如下三个主要角度进行探索(这些是问题导向维度中的前三个第三层维度):

1. 对于正在发生什么而言,什么才是合理的理论?是指**辩证假设生成法**(dialectical hypothesis generation)所强调的发展假设的观点(idea)维度。

2. 对于正在发生什么而言,确定最合理理论所需的最佳信息是什么?是指**三元假设推导法**(triadic hypothesis development)所强调的**发展假设**的信息(information)维度。

3. 对于正在发生什么而言,最合理理论所需具备的假设条件是什么?是指**基本假设三角剖分法**(underlying assumption triangulation)所强调的发展假设的潜在(underlying)维度。

第二总领域——因果关系及其问题"**为何正在发生?**"——可从以下三个主要角度进行探索(这些是问题导向维度中的此后三个第三层维度):

4. 为何发生**这一系列事件**?是指**比较影响分类法**(comparative influence classification)所强调的**因果关系**的次序(sequence)维度。

5. 为何发生**这种持续性互动**?是指**因果循环图示法**(causal loop diagramming)所强调的**因果关系**的系统(system)维度。

6. 为何发生**这种意外的结果(用户行动导致的结果)**?是指**背景**

转换分析法（background shift analysis）所强调的**因果关系**的意外（surprise）维度。

第三总领域——前景探索及其问题"何时何地可能发生变化？"——可从如下三个主要角度进行探索（这些是问题导向维度中的之后三个第三层维度）：

　　7. 这种变化可能在何时何地真实地出现？是指**收敛设想开发法**（convergent scenario development）所强调的**前景探索**的缘起（origin）维度。

　　8. 这种变化可能在何时何地导致更广泛的不确定性（以及计划之外的结论）？是指**连锁反应分析法**（ripple effect analysis）所强调的**前景探索**的外展（outreach）维度。

　　9. 这种变化可能在何时何地导致出现长期性影响？是指**发散设想开发法**（divergent scenario development）所强调的**前景探索**的结果（outcome）维度。

有时运用未来导向的反事实推理方法（future-directed counterfactual reasoning），通过**前景探索**的方式去综合探索可能的未来变化是可行的，这种方法将上述所有的三个第三层维度与相关问题统合为一种单一方式。

第四总领域——战略评估及其问题"用户能够怎样应对？"——可从如下三个主要角度进行探索（这些是问题导向维度中的最后三个第三层维度）：

　　10. 对于用户能够怎样应对而言，可能的未来环境会对其造成怎样的影响？是指**战略关联检测法**（strategic relevance check）所强调的**战略评估**的环境（environment）维度。

　　11. 对于用户能够怎样应对而言，可能的结论会对其造成怎样的影响？是指**决策意义比较法**（decision significance comparison）所强调的**战略评估**的影响（effect）维度。

　　12. 对于用户能够怎样应对而言，对其他行为体的预期会对其造成怎样的影响？是指**预期影响分析法**（expectations impact analysis）所强调的**战略评估**的预期（expectation）维度。

类似于其他维度的十二个良好习惯和十二个规则，上述十二种次级领域/

次级问题并不是分析人员在理想情况下想去推理的全部。(对于问题导向维度的小结见图 8.1)。正如其他领域,**多维**方法受限于十二个第三层维度(存在于四个第二层维度),而它们又从属于三个主要维度(个人、程序与问题导向)之一。(几乎所有的)这十二种似乎也是人们在现实中所能接受的最大数量,再多则会让人感到数量带来的压迫感。同时,这实际上只适用于认知领域,因为其关注之处的确就在四个总领域之中(**发展假设**、**因果分析**、**前景探索**以及**战略评估**)。这十二种主要就是对其更细致的分解方式。当然,在人们专注于这些领域并致力于通过对应的方法对其进行探索时,这十二种就更为重要;但是,当人们对于情报分析人员问题领域或目标对象的需求更加简洁化时,那么可以去考虑四个总体问题。

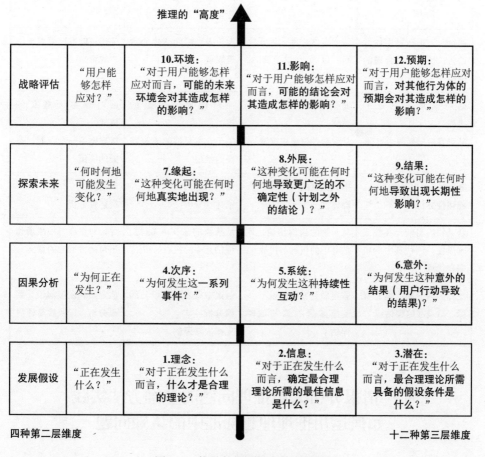

图 8.1 推理的问题导向维度概览

值得注意的是，由于这些维度和方法全部包含了对决策选项的生成与评估，并不是以是否以"批判性"或"创造性"思维为依据进行分类的。人们可能会指出，其中一些方法与"生成"决策选项的关联更为直接，而其他则与"评估"相关，但是这些方法的真实细节否定了上述特征，因此人们不会打算去作出任何一个哪怕是"粗略的"尝试。关于问题导向维度的比较性研究参见表 8.1。

表 8.1 比较推理的问题导向维度

发展假设 维度	因果关系 维度	前景探索 维度	战略评估 维度
问"正在发生什么？"	问"为何正在发生？"	问"何时何地可能发生变化？"	问"用户能够怎样应对？"
确定对于正在发生什么而言，什么才是合理的理论	认识事件之间、因素之间，以及力量之间的联系	发现未来可能变化的合理愿景	描述可能性决策对于用户的意义
面对**信息不充分**的挑战： 从可靠数据受限中推理	面对**信息不相关**的挑战： 从误导性信息中推理	面对**信息不确定**的挑战： 关于众多可能的未来路径的推理	面对**信息无意义**的挑战： 推理得到一个及时、有效的决策
基础的 描述性分析	**中间程度的** 描述性分析	**深入的** 描述性分析	**规定性的** 描述性分析
从某物的**当前存在性**或**本质性**，评估其中的机遇与挑战	从某物的**当前结论**，评估其中的机遇与挑战	从某物的**未来可能性**，评估其中的机遇与挑战	评估对机遇与挑战所作出可能性回应的意义
支撑**因果分析**、**前景探索**，以及**战略评估**	假定做到**发展假设**；支撑**前景探索**与**战略评估**	假定做到**发展假设**与**因果分析**；支撑**战略评估**	假定做到**发展假设**、**因果分析**，以及**战略评估**

8.3 情报分析人员推理问题的多维方法实践：如何运用推理理想标准中的认知问题

本书致力于为分析人员提供一种综合可靠的推理工作目标，旨在帮助其在推理工作中成为具有鼓舞性的"榜样"。因此，对于问题导向维度中的

第二部分　情报分析人员的推理工作理论：推理的基本范式

"理论"阐释（分析人员所提出的"问题"），在该维度都有与之对应的"实践"阐释。运用这些推理问题有三种重要的方法：将其作为分析人员推理工作的一种总目标，将其作为一个强调每个问题所对应的具体方法论的中心点，以及将其作为一种在总体上突出该领域（以及其中的所有问题）的综合方法。

对于问题导向维度，排在第一位同时也是最为重要的应用方式，是为分析人员的推理工作提供一个目标。这就是说，其中的问题定义了分析人员推理工作的"空间"：他们考虑的目标对象。它提供了分析人员在思考中所要"前往"的方向。这些问题在一些具体的案例中能够表现出许多不同的形式，但须牢记的是，这些问题通常也超出了任何特定案例的关联范围。

对于问题导向维度，排在第二位且最普遍的应用方式，是运用聚焦于十二种具体问题的特定方法论。它们是**发展假设**、**因果分析**、**前景探索**与**战略评估**的十二种核心方法。每一种方法都对应着一个最关键的问题。尽管每一个问题都是审视一类总问题的三种路径之一——总问题包括"**正在发生什么？**""**为何正在发生？**""**何时何地可能发生变化？**""**用户能够怎样应对？**"——但是它们中的每一个都具有独特的重心。因此，分析人员在提出这些问题时希望能够保持均衡，并且使它们得到丰富运用。那些只去专注其中极少部分而没有采用一系列方法的分析人员，便会有遇到失衡难题（或是在提出问题时出现失衡）的风险。对于分析人员关注的特定方法与问题，将会在此后相应的专门章节中进行更为细致的探讨。

对于问题导向维度，第三位也是最为直接的应用方式，是通过一种对其进行专门强调的综合方法：**分析问题归类**（analytic problem classification）。这十二种"核心"具体方法分别突出了问题导向维度的十二个问题，而这种综合方法则考虑到了上述所有。它构成了三种主要维度三部曲中的完结部分，促使分析人员对其推理工作进行反思，审视分析人员所要展现的良好习惯是否合理均衡（**分析平衡检查**），他们所需遵循的规则是否合理均衡（**分析过程反思**），以及他们所要提出的问题是否合理均衡（**分析问题归类**）。因此，这种综合方法可以帮助分析人员确定他们"在方法上保持均衡"的程度，即扪心自问他们提出的是"正确的问题"吗？最后，没有什么要比思考清楚推理工作的对象是谁更加"实际"了。问题导向维度中各要素对应的方法参见表8.2。

表 8.2　问题导向维度强调的方法

问题	发展假设			因果分析			前景探索			战略评估		
	辩证假设生成法	三元假设推导法	基本假设三角剖分法	比较影响分类法	因果循环图示法	背景转换分析法	收敛设想开发法	连锁反应分析法	发散设想开发法	战略关联检查法	决策意义比较法	预期影响分析法
1. 对于正在发生什么而言，什么才是合理的理论？	√											
2. 对于正在发生什么而言，确定最合理论所需的最佳信息是什么？		√										
3. 对于正在发生什么而言，最合理论所需具备的假设条件是什么？			√									
4. 为何发生这一系列事件？				√								
5. 为何发生这种持续性互动？					√							
6. 为何发生这种意外的结果？						√						
7. 这种变化可能在何时何地真实地出现？							√					
8. 这种变化可能在何时何地导致更广泛的不确定性（与计划外结论）？								√				
9. 这种变化可能在何时何地出现长期性影响？									√			
10. 对于用户能够怎样应对而言，可能的未来环境会对其造成怎样的影响？										√		
11. 对于用户能够怎样应对而言，可能的结论会对其造成怎样的影响？											√	
12. 对于用户能够怎样应对而言，对其他行为体的预期会对其造成怎样的影响？												√

注意：每一种良好习惯、规则与问题对于每种背景都很重要；这些问题对于对应方法的关注重点尤其重要

第三部分

情报分析人员的推理工作实践：推理的基本方法

第 9 章
作为分析人员如何知晓自身特点
"分析平衡检查"方法

优秀的情报分析人员知道自身优势与弱点会带来怎样的影响。情报专家致力于达成合理性，但这样做为的不仅仅是使他们作出"正确的"最新评估。严格地讲，甚至一个在行为上或在决策上不够合理的人也能得到正确的结论。同时，一个近乎是典型理性化的人也会出现错误。对于一个要得出某种论证的人而言，相比论证本身的结构与内容，对人的品质进行批评是一种逻辑上的错误（针对个人的谬误）。但是，从长远来看，个人在推理工作中的特质可能会对他们推理工作的质量造成影响。从"宏观"来看，更优秀的思想者会带来更加优秀的思想。这在情报分析中还具有更进一步的意义，对于情报用户而言，他们不经常会有时间或性情去评估分析人员为其提供的推论的质量和细微之处。实际上，有时他们不得不选择是否要去信任分析人员的成果。此外，情报分析人员以及他们的独立立场视角的价值所在，就是他们可以成为理想推理的典范。因此，分析人员自身的特点——他们思维上良好习惯与恶习——以及他们具有这些特点合理与否的程度就显得很重要。但是即便一个人的行为或决定，在一定程度上不尽合理，他们通常也并不自知。并且对于情报分析人员而言，现实世界的工作强度很少会给他们留出时间去进行完善的自我评估。更重要的是，如果一个人被冠以"情报分析人员"的头衔，很容易会认为其早已很好地塑造出了杰出的思维技能。因此，分析人员需要相关建议，从而知道如何能够对自身行为或决定的合理化程度更加具有更强的自我认知意识。

9.1 问题导向方面：建议分析人员提出哪些问题？

当分析人员运用**分析平衡检查法**时，他们会选择用一类特别的问题去引导思考。首先，他们总体上会提出一个具有一般性的推理问题，反思他们在思维特点、技巧或目标上恰当与否的均衡程度。例如，分析人员可能已经作出了一份关于未来海上作战空间的评估，并且愿意去思考他们自身的特点可能对其预测造成了怎样的无意识影响。或者，他们可能仅仅是希望以个人或是团队集体的形式对其作为分析人员的水平进行反思。现在，如果换作是他们正在对未来进行分析，那么他们就会提出一个直接满足客户问题要求的具体推理问题（例如，"20年后的海上作战空间会是什么样子？"），而一般性的推理问题探讨的是对于此类问题的思考（例如，"我们的思维弱点是什么，以及它们可能将会怎样影响我们的评估？"）。可以很容易得出这样的结论，分析人员从不"需要"运用一般性的推理方法，因为这些方法与客户的问题之间并没有直接联系。然而这是一种非常危险的预设，因为按理来说，一个理智的人（分析人员希望成为的样子）最具标志性的特点就是他们在如下方面所反映出的推理工作的优秀程度，即特点、行为和关注的领域是否理想。同时，这类特点还体现在他们会自我反思自己的现实表现如何。诸如**分析平衡检查法**的一般性推理方法，其目的就在于突出分析人员个人、分析的过程以及分析中的问题。

其次，如果一名分析人员正在使用**分析平衡检查法**，那么就会使分析人员围绕思想者的特征（认知上的优势与弱点、思维上的良好习惯与恶习）去进行自我反思。一般性推理问题的特殊侧重点在于推理工作的三种总体维度之一（个人、程序和问题导向）。本方法所侧重的就是"个人"维度，原因就在于分析人员会努力去了解他们展现出一名优秀推理工作者良好习惯的程度。他们会要求自己去探索其自身在思维中的胆识、思维中的自制、判断是非的能力以及思维中的公正上的表现情况。这种方法就是从"分析人员（作为一名思考者）是什么样子"以及个人维度特质的角度对推理工作进行审视——通过一个优秀思考者的良好习惯，去理解理想的推理工作。该方法建议分析人员要去花时间进行自我反思和追问，"我的思维特质在多大程度上保持均衡（良性）？"

9.2 程序方面：建议分析人员遵循哪些规则？

在使用**分析平衡检查法**时，情报分析人员不仅仅是为他们进行的思考去选择一个特别的问题，还要决定去用特别的规则去引导思考。他们要关注自身在分析中所须遵循并且要负责的具体程序。尽管这种方法的特殊之处在于，它对推理工作中个人维度的强调在整体上要优先于程序维度，但是依然要注重程序维度中的规则。这里有四点十分重要。第一，为了确定相关背景，该方法注重去树立决策的意义，原因在于即使分析人员对他们自身的个人特点进行了深入自我反思，他们依然要去考虑这些会对他们为用户决策所提供的最终产品将带来怎样的影响。第二，为了推断合理结论，该方法注重通过促使分析人员明确揭示出思考中的失衡之处来透明地建构过程（structure process transparently）。第三，为了设想可能的替代方案，该方法注重通过让分析人员针对他们的自身特点形成一系列替代性保障，去开发出合理的替代方案。该方法使分析人员针对每一种潜在的思维上的良好习惯，定位出他们的短板所在。第四，为了解释更广阔的意义，该方法注重通过寻找分析人员弱点的可能影响以及因其在无意中形成的结论分析，来突显出新的问题（project new issues）。因此，**分析平衡检查法**敦促分析人员在推理过程中要树立决策的意义，透明地建构过程，开发出合理的替代方案，以及突显出新的问题。因此分析人员在选择这一方法时，所作出的决定不仅是在具体的案例中去遵循这些规则，还要努力去支持他们在整体的分析过程中遵循这些规则。

9.3 个人方面：建议分析人员体现哪些特点？

如果分析人员使用**分析平衡检查法**，他们要做的不仅是为其思考过程去选择所要关注的某一特定问题以及某组规则，还要努力去证明他们独到的良好思维习惯。它们作为分析人员想要突显出的某些特质，不仅仅只是停留在特定情形之中，而是要贯穿全局。这些特点构成了分析人员理想的"自我"认知。**分析平衡检查法**在方法论上的独特之处，就在于它将推理工作特别是推理工作个人维度中所有理想的良好习惯都等同摆在优先地位。该方法的主要功能是用于巩固推理工作的"个人"维度——"分析人员该有的样子"中的"良好习惯"所代表的理想推理。该方法引导分析人员去更加注意这些良好习惯，对于他们在总体上去进行呈现时，会对怎样（以及为什么）出现缺陷做到更加自知，并且更多去考虑他们的这些缺陷（思维"恶习"）可能会怎样影响分析工作。它所强调的是情报中有意识的自觉性。在最理想的情况下，该方法将会成为每一位分析人员自然而然要去做的事情——它将成为每一位分析人员个性的一部分。因此在选择运用这一方法时，意味着分析人员决定既要努力做到在具体的案例中成为这种思考者，又要试图去在总体上展现出这些特点，使其成为思考者理想"样子"（Who they are）中的一部分。

9.4 方法呈现：一般情况下如何操作？

分析平衡检查法在启动时，要将注意力集中到优秀分析人员的十二种理想化的良好习惯（以及四种主要的良好习惯），接着会要求分析人员假定他们并没有完全具备这些良好习惯。后者会对他们提出质疑，以确定他们是怎样没能做到完美——他们具体表现出怎样的"失衡"。这一点会从个人习惯开始，确认他们失衡的方向，具体方式就是"感知"有什么引诱了他们，"感知"在哪里耗费了更多（思维上的）时间，以及"感知"他们所在的团队有哪些建议。接下来就会要求分析人员通过做同一件事情去验证其思维中的胆识、思维中的自制、判断是非的能力以及思维中的公正四种主要的良好习惯，并分析他们更倾向于其中的哪一种。该方法会进一步向他们提出质疑，用以评估他们作为推理工作者的总体弱点（最失衡的地方）在哪里，并评估这些弱点可能会如何影响他们的工作。最后，再次提请他们注意整体的十二种良好习惯。

注意：这些步骤虽然针对的是个体分析人员，但它们也适用于在一起工作的一组分析人员，用以对其整体"习惯"进行评估。

步骤1：记住（作为思考者的）理想推理人员的十二种良好习惯。阅读并背诵，或是（在理想的情况下）努力从记忆中回忆优秀情报分析人员的十二种具体的理想推理特点（以及四种主要的良好习惯/类别）。在这一过程中，一定还要去想到良好习惯中两类相互矛盾的"要素"（goods）间的平衡。

思维中的胆识

1. 谦逊：信心与不确定性之间的均衡。
2. 咨询意识（动机）：中立性与现实世界中的问题之间的均衡。
3. 求知欲：兴趣点的深度与兴趣点的广度之间的均衡。

思维中的自制

4. 敏感性：认识的相似性与认识的差异性/变化性之间的均衡。
5. 效率：周密与权衡之间的均衡。
6. 描述性：定量与定性之间的均衡。

判断是非的能力

7. 反思性：关注客观性/他者与关注主观性/自身之间的均衡。
8. 多面性：运用既有范式与自发适应之间的均衡。
9. 融合性：分析/"自下而上"与综合/"自上而下"之间的均衡。

思维中的公正

10. 务实：识别威胁与识别机遇之间的均衡。
11. 讲究：特殊性/特定局势与一般性/普遍情形之间的均衡。
12. 宽容：反对替代方案与改进替代方案之间的均衡。

步骤2：通过考虑你**受到的引诱**去考察你潜在的失衡之处。假定你并没有将每一种良好习惯都做到完美——在两种极端之间至少会存在一些轻微的"倾斜"。每一次针对一种良好习惯，通过思考什么才是你所感受到的属于自己的天生性情，去确定你更加（即使是轻微的）倾向于哪一种相互矛盾的"要素"。

步骤3：通过考虑你的**时间**去考察你潜在的失衡之处。继续假定你并没有将每一种良好习惯都做到完美。每一次针对一种良好习惯，通过思考什么事情耗费了你更多的时间，去确定你更加（即使是轻微的）倾向于哪一种相互矛盾的"要素"。需要注意的是，这可能会（或者可能不会）与（**步骤2**中）你所感受到的属于自己的天生性情相同。

步骤4：通过考虑你的**团队**去考察你潜在的失衡之处。继续假定你并没有将每一种良好习惯都做到完美。每一次针对一种良好习惯，通过询问其他团队成员（或其他十分了解你的推理工作的人）对自己的评估结果，去确定你更加（即使是轻微的）倾向于哪一种相互矛盾的"要素"。对上述步骤的示意见图9.1。

自信				1. 谦逊				不确定性
中立性				2. 咨询的积极性				现实世界中的关切
兴趣点的深度				3. 求知欲				兴趣点的广度
对相似性的认知				4. 敏感性				对差异性的认识
周密				5. 效率				权衡
定量特征				6. 描述性				定性特征
关注客观性/他者				7. 反思性				关注主观性/自身
运用既有范式				8. 多面性				自发适应
分析/"自下而上"/细节				9. 融合性				综合/"自上而下"/全局
对威胁的识别				10. 务实				对机遇的识别
特殊性/特定局势				11. 讲究				一般性/普遍情形
反对替代方案				12. 宽容				改进替代方案
你是否因偏向这一侧而失衡？（你在这些方面做的更多。）				步骤1：良好习惯=均衡 步骤2：通过受到的引诱找到失衡 步骤3：通过时间找到失衡 步骤4：通过团队找到失衡				你是否因偏向这一侧而失衡？（你在这些方面做的更多。）

图9.1 分析平衡检查法步骤1~4的框架

步骤 5：考察一种潜在的"优化标签式"（meta）的失衡之处——"批判性"（critical）vs"创造性"（creative）。现在，要聚焦于思维中的胆识、思维中的自制、判断是非的能力以及思维中的公正四类主要良好习惯下的那些特点。假定你在主要良好习惯上并没有做到完美，而是相对他人其中有些要更强或是更弱。你所呈现出的是更倾向于"批判性"——展现出推断的良好习惯以及表现出思维中的自制——还是"创造性"——展现出想象力以及思维上的辨识能力？

步骤 6：考察一种潜在的"优化标签式"的失衡之处——"发现问题的人"（finder）vs"解决问题的人"（fixer）。继续聚焦于四类主要良好习惯，并且假定你在其中的一些项目上做的比他人更强。你更倾向于去做"发现问题的人"——展现出确认（特别是困难、信息以及问题）的良好习惯以及表现出思维中的胆识——还是"解决问题的人"——展现出解释（特别是潜在威胁、机遇以及内涵）的良好习惯以及表现出思维中的公平？

步骤 7：考察一种潜在的"优化标签式"的失衡之处——"反应性"（reflective）vs"深思性"（reflective）。现在，成对地去考虑你刚才所比较的几类主要良好习惯：思维中的胆识与判断是非的能力 vs 思维中的自制①与思维中的公正。你更倾向于去作出"反应"——展现出识别的良好习惯/做到有胆识且能够给出解释/做到合理——还是去"沉思"——展现出推断力、自制力、想象以及辨识力等良好习惯？对上述步骤的示意参见图9.2。

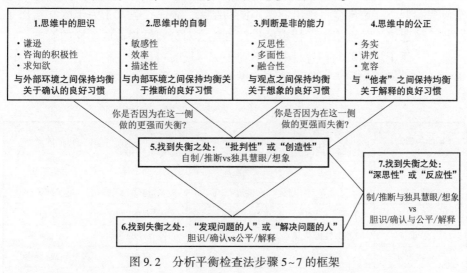

图9.2　分析平衡检查法步骤5~7的框架

---

① 原文"思维中的胆识"（intellectual courage）恐有误。——译者

步骤8：辨别出你在整体上最大的失衡之处。总览全部的潜在失衡之处，哪里看起来是最严重的一处？哪些个人的良好习惯（**步骤2~4**）或是"优化标签式"的良好习惯（**步骤5~7**）相比之下是最薄弱的？哪些良好习惯最值得去进行更大的发展？

步骤9：投射出你在整体上最大失衡之处的潜在影响。考虑在**步骤8**中辨别出的失衡之处。去问：对于你的分析工作而言，你的失衡之处的潜在后果是什么？你的结论会以何种形式出现潜在失衡的风险？（**步骤5~7**中识别出的失衡之处往往在这里尤其重要。）

步骤10：再一次回忆理想情报分析人员（作为思考者）的十二种良好习惯。阅读并背诵，或是（在理想的情况下）努力从记忆中回忆优秀情报分析人员的十二种理想推理特点（以及四种主要的良好习惯/类别）。在这一过程中，一定还要去想到良好习惯中两类相互矛盾的"要素"（goods）间的平衡。特别要去注意你已辨别出的自己的短板和弱项。

9.5 方法实践：在具体实例中如何操作？

运用分析平衡检查法的具体个人或是团队，都在极大程度上与该方法本身相关联。因此，如果不能吸引读者自行去单纯照搬使用该方法，则很难给出一个运用实例。由于使用这种方法的个人千差万别，因此它在任何可能给出的特定设想案例中，或许会呈现出迥然不同的结果。但是，表9.1为**步骤9**给出了一些具体建议，并且指出了特定的失衡可能会对分析结果造成怎样的影响。这些是完全属于示例性的，且目的也不在于穷尽所有可能。它们只是一些简单的理解，用以说明如何去开始思考不同潜在失衡之处的影响。

表9.1 个人失衡的影响

可能的影响	第一类 可能"偏向"	良好习惯=均衡	第二类 可能"偏向"	可能的影响
轻率	自信	谦逊	不确定性	优柔寡断
旁枝末节	中立	咨询意识	现实世界的关切	过于政策化
孤立	兴趣点的深度	求知欲	兴趣点的广度	分心
顽固	对相似性的认知	敏感性	对差异性的认知	不稳定
冗余或迟钝	周密	效率	权衡	粗心或懒惰
"错误的"精确	定量	描述性	定性	模糊
忘记自我	关注客观性/他者	反思性	关注主观性/自身	固执己见

续表

可能的影响	第一类 可能"偏向"	良好习惯=均衡	第二类 可能"偏向"	可能的影响
机械	既有范式	多面性	自发适应	随机性
以简释繁	分析/"自下而上"	融合性	综合/"自上而下"	不精确
悲观主义	对威胁的识别	务实	对机遇的识别	盲目乐观
过量带来的压倒性	特殊性/特定局势	讲究	一般性/普遍情形	过分简单化
武断	反对替代方案	宽容	改进替代方案	相对化
保守	"批判性"	推导 vs 想象	"创造性"	不够严密
不切实际 不善规划	"发现问题的人"	识别 vs 解释	"解决问题的人"	不具说服力
缺乏深刻见解	"反应性"	识别与解释 vs 推导与想象	"深思性"	没有关联

第10章
如何了解自身的分析过程
"分析过程反思"方法

高质量的情报分析能体现出其是否遵循了正确的程序。情报分析人员追求严格的推理过程，遵循优秀分析中的每一条规则，诸如：得出强有力的推论，探索相关的替代方案，以及保证他们的结论的可信性和正当性。但是，由于人们持续去追求完成下一个情报产品，现实世界并不支持分析人员去反思他们是否真的遵循了这些规则。同时，无论分析人员的意愿有多好，他们甚至经常在忽略了一些重要的东西之后，还可能认为自己已经遵循了理想的标准。"完成任务"的紧迫性可能会隐隐地诱使分析人员只去在"名义上"遵循一些程序。换言之，分析人员通常不会有意地去违背优秀分析所需的主要规则。相反，他们会不自觉地去违背，或是由于没有认识到某种规则，或是没有意识到自己已经忽略规则。因此，分析人员需要相关方面的建议，去反思他们所追求的理想标准以及他们是否真正做到了遵循。与此同时，相关建议可以为他们构筑自我察觉的能力，用以提醒他们标准是什么，评估他们是否真正完成了这些标准。

10.1 问题导向方面：建议分析人员提出哪些问题？

当分析人员运用**分析过程反思法**时，他们会决定将其思考聚焦于某项具体问题。首先，他们在总体上会提出一个一般性的推理问题，用以反思他们在分析特点、技巧和目标上恰当与否的均衡程度。例如，分析人员可能会作出一份关于阿富汗毒品市场发展趋势的可能性评估，并且愿意去检查他们的分析过程是否彻底做到了严谨。或许，他们会因为项目太过重要、太需要做好，而对于是否"丢失了一些东西"感到隐忧。或者，他们总体上单纯是为了鼓励他们的团队去关注分析的标准。现在，如果换做是他们正在对未来进行分析，那么他们就会提出一个具体的推理问题。这个具体的推理问题会直接对应客户的问题（例如，"在今后十年里，毒品交易将会逐渐发展到什么地方？"），而一般性的推理问题所探讨的是，对于此类问题的思考（例如，这是一种就问题而问的问题，如"关于毒品交易未来的分析会做到怎样的严谨程度？"）。正因如此，鉴于一般性的推理方法并不能直接得到用户所需的产品，可能会诱使人们就此认定分析人员永远不再需要这些方法了。然而，这是其中一种十分致命的危险结论。认定一个人理智与否所需要的标志，就是他们在多大程度上反映出了优秀推理工作所需理想特点、行为与领域，以及他们在多大程度上去自我反思他们对上述要求所作出的展示。诸如**分析过程反思法**这类一般性推理方法，其目的就在于突出分析的过程、分析人员个人，或是分析中的问题。

其次，如果分析人员正在使用**分析过程反思法**，那么他们就会围绕思考中的行为去建构他们的自我反思。这种一般性方法特别注重三种总体推理维度中的一个，即"程序"方面。分析人员探讨的就是他们所遵循的优秀推理工作规则。他们所要问的，就是他们在多大程度上遵循以下至关重要的问题，即确定相关背景、推断合理结论、设想可能的替代方案，以及解释更广阔的意义。这种方法就是从"分析人员（在思考中）做了什么"以及程序维度特质的角度对推理工作进行审视。这种方法建议分析人员要重点花时间去进行自我反思和追问，"我在多大程度上遵循了正确的分析程序？"

10.2 程序方面：建议分析人员遵循哪些规则？

在使用**分析过程反思法**时，情报分析人员不仅仅要为他们所要进行的思考去选定一个特别的问题，还要引导自己在思考中去制定一套特别的规则。他们要注重现在要遵循的具体程序。**分析过程反思法**在方法论上之所以与众不同，是因为这种方法对推理工作中所有理想规则都同等重视，并且在整体上对全部程序维度都有所关注。该方法的主要目的是得到一个完全严谨的分析程序，其中的每一项理想规则都要在推理工作中得到同等并慎重的遵循。这种方法是为提示分析人员推理工作中的"程序"维度——作为"规则"的理想推理工作，即"分析人员应该做什么"。这种方法还引导分析人员去明确并自觉反思他们的工作在多大程度上遵循了这些规则，并且支持分析人员为他们的整体分析过程做更好的自我反思。这种方法支持人们在分析中去进行系统化的自我觉察。在理想条件下，分析人员甚至在他们并不是要明确选择去使用这种方法时，也设法去使其能够自然融入到他们的过程之中。因此，在决定去使用这种方法时，分析人员既要努力在他们的具体案例中有意识地遵循这些规则，也要在他们的一般分析过程中努力强化自我觉察的意识。

10.3 个人方面：建议分析人员体现哪些特点？

在选择**分析过程反思法**时，情报分析人员不仅仅是受到某种特定类型问题或是某套规则的引导，而且还会选择受到如下问题的引导，即举例说明特别的良好认知习惯。尽管这种方法最注重分析规则中推理工作的程序维度，但它也注重（尽管是第二位的）分析人员良好习惯中推理工作的个人维度。这种方法在根本上会为分析人员建立起一种指导方式，从推理工作的理想规则方面去反思他们所从事的具体分析方案。这直接引发出了分析人员是谁的问题——意识到他们的"自我认知"。而且，选择这种方法凸显出了独特的良好习惯，而这些良好习惯对于分析人员实现自身的总体目标具有更为重要的意义，因为它们对于所使用的这种方法本身也特别重要。第一，这种方法通过直接针对分析人员是否遵循推理工作理想规则的可能性，强调谦逊（在自信与不确定之间保持均衡）这种具体的良好习惯，而它也是思维中的胆识这一主要良好习惯中的一部分。第二，这种方法通过暗中提出以下问题，即有关分析人员是否会继续按照他们通常的做法（或不去做的）去遵循规则，或者是否会在他们过往所做的（或不做的）事情上获得更多（或更少）的关注，强调敏感性（在对相似性与差异性的认知之间保持均衡）这种具体的良好习惯，而它也是思维中的自制这一主要良好习惯中的一部分。第三，这种方法注重分析人员自身的工作与目标，显然也是要去优先指出反思性（在关注客观性与主观性之间保持均衡）这种具体的良好习惯，而它也是判断是非的能力这一主要良好习惯中的一部分。第四，这种方法通过支持去思考分析人员是否遵循了推理工作的理想标准，突出宽容①（在反对与改进替代方案之间保持均衡）这种具体的良好习惯，而它也是思维中的公正这一主要良好习惯中的一部分。因此，这种**分析过程反思法**建议分析人员更加谦逊、敏感，具有反思性和宽容性②。所以在选择去运用这一方法时，就意味着分析人员决定既要努力做到在具体的案例中成为这种思考者，又要试图去在总体上展现出这些特点，使其成为思考者理想"样子"（who they are）的一部分。

---

① 原文有误，已修正。——译者
② 原文有误，已修正。——译者

10.4 方法呈现：一般情况下如何操作？

分析过程反思法在启动时，要将注意力集中到优秀分析的十二项理想化规则，接着会要求分析人员专门解释在多大程度上遵循或是没能遵循其中的每一项规则。它会进一步对分析人员提出挑战，确认他们的推理工作在哪些方面最大程度完成了这些规则，以及在哪些方面差的最多。最后，再次提请他们注意整体的十二项规则。

步骤1：记住理想情报分析中的十二项理想规则。阅读并背诵，或是（在理想的情况下）努力从记忆中回忆以下十二项优秀情报分析人员的理想推理行为。

确定相关背景：
1. 考虑问题的维度
2. 证实决策的意义
3. 彻底研究分析对象

推断合理结论：
4. 清晰地构建过程
5. 将紧密相关的信息区分出来
6. 质疑每一个推论

设想可能的替代方案：
7. 开发合理的替代方案
8. 认真对待反对意见
9. 不断启发判断

解释更广阔的意义：
10. 投向新的问题
11. 确定证明的局限性
12. 找到更广泛的背景

步骤2：探讨这个过程在多大程度上遵循了规则。选取一个具体的分析课题，而后根据一步步的规则提出以下问题，"我们如何去做，我们在哪里要做，我们做到了什么程度？"（替换后的表述方式："我们如何没有去做，我们哪一步没有做，我们没能做到什么程度？"）要十二次去回答上述问题，每一次对应一种规则，尽可能做到透明和精准。在表现这些规则时不能使其比此前做得更好（或者更差）。

步骤 3：确定过程中最少遵循规则的位置。察看完整的记录，试图去评估所遵循的哪三项规则距离理想标准最远。在可能的情况下，通过一系列多样化课题去审视分析过程，并确定遵循最差的规则有哪些。换言之，分析过程中最薄弱的地方在哪里？

步骤 4：再一次回忆理想情报分析的十二项规则。阅读并背诵，或是（在理想的情况下）努力从记忆中回忆优秀情报分析中的十二项理想化推理行为。

10.5 方法实践：在具体实例中如何操作？

分析过程反思法是专门针对情报分析人员个人或团队使用的具体分析过程。因此，如果不是让过程看起来无关紧要或是怂恿每个人单纯照搬范例内容，就很难给出一个可操作的实例。这种方法必须用于身边出现的特殊局势，并且在具体运用方式上往往也同其他方法并不相同。但是，依旧可能给出一些典型的想法。表 10.1 提供了一些人可能要问到的潜在问题，试图为步骤 2 中的每一个相关问题阐释出更加具体、更加透明化的答案。

表 10.1　询问程序均衡性的示例问题

确定相关背景	1. 对于"考虑问题的维度"，我们如何去做，我们要在哪里做，我们做到了什么程度？ 确定议题的不同要素，它们的作用，以及适合用于评估它们的方法。 线索问题：我们如何定义需要分析的问题？它由什么组成？ 是否存在必须率先回答的潜在问题？
	2. 对于"证实决策的意义"，我们如何去做，我们要在哪里做，我们做到了什么程度？ 确定议题的不同要素，它们的作用，以及适合用于评估它们的方法。证实议题的解决方案可能对未来决策（或是其背景）带来怎样的影响。 线索问题：我们希望通过这种分析去指导哪些（类型）具体的未来决策？
	3. 对于"彻底研究分析对象"，我们如何去做，我们要在哪里做，我们做到了什么程度？ 确定议题的不同要素，它们的作用，以及适合用于评估它们的方法。 从新的信源或者与当前评估相反的方向出发，不断针对未知去进行研究。 线索问题：我们所用的是哪一种信源？它们的质量与数量是怎样？ 我们想要但却没能找到的是什么？

续表

推断合理结论	4. 对于"清晰地构建过程"，我们如何去做，我们要在哪里做，我们做到了什么程度？ 在一步一步去推理的同时，突出每一个观点以及与其相关的推论和/或证据。 线索问题：我们推理工作中的主要步骤有什么，以及支持推理工作的主要信息是什么？ 5. 对于"将密切相关的信息区分出来"，我们如何去做，我们要在哪里做，我们做到了什么程度？ 通过区分出通常令人混淆的事情，避免误导性或过多的描述/分类。 线索问题：澄清了哪些容易误解的概念？我们作出了哪些重要区分？ 6. 对于"质疑每一个推论"，我们如何去做，我们要在哪里做，我们做到了什么程度？ 确认每一个观点中的可能推论，对上述推论以及每一个观点的（基本）证据进行详查。 线索问题：我们得出的最有力的推论与最令人信服的信息有什么？我们得出的最薄弱的推论与最不能令人信服的信息有什么？
设想可能的替代方案	7. 对于"开发合理的替代方案"，我们如何去做，我们要在哪里做，我们做到了什么程度？ 发展出一系列潜在（可行）选项/解决方案，包括一些最初看起来不大可行的。 线索问题：我们推理工作中最薄弱的不确定性是什么？如果从上述薄弱点继续深入下去，会得到哪些新的其他结论？ 8. 对于"认真对待反对意见"，我们如何去做，我们要在哪里做，我们做到了什么程度？ 确定对既有/心仪观点的普遍性和可能性反对意见，并且尽可能令人信服地将其描述出来。 线索问题：对于我们的结论而言，"最佳的"反对意见是什么？我们如何让它们变得更好？ 9. 对于"不断启发判断"，我们如何去做，我们要在哪里做，我们做到了什么程度？ 根据新的信息、论证与反对意见，持续得出并修正结论。 线索问题：从开始之初我们的思考有了怎样的变化？针对"最佳的"反对意见，作出了什么变化？
解释更广阔的意义	10. 对于"投向新的问题"，我们如何去做，我们要在哪里做，我们做到了什么程度？ 确定新推理工作在未来所要探索的新问题，或是要思考的新选项。 线索问题：我们推理工作中最薄弱的不确定性是什么？如果从上述薄弱点继续深入下去，会得到哪些新的其他结论？ 11. 对于"确认证明的局限性"，我们如何去做，我们要在哪里做，我们做到了什么程度？ 确定结论的（不）正当程度，并确定出最薄弱的地方。 线索问题：结论的（不）正当性的程度如何？最薄弱的基础是什么？ 12. 对于"找到更广泛的背景"，我们如何去做，我们要在哪里做，我们做到了什么程度？ 描绘出结论的"全局"以及（考虑到用户的兴趣点）由此显现出的更大机遇/威胁。 线索问题：在我们的结论中能够显现出什么机遇与威胁？（考虑到客户所面对的可能性决定）其中更广泛的意义是什么？

第 11 章
如何了解分析中的正确问题
"分析问题归类"方法

高质量的情报分析往往能提出正确的问题。分析人员往往具备老练的手法，而且应当能够去使用一系列严密的方法。这是分析所具有的潜在优势，但它同样有着巨大的潜在弱点，因为"好的"方法也会用于"错误的"问题。多样的分析方法意味着分析人员能够从一些具体方法中得到其自身向往（或抵触）的新方法，并由此决定不再使用之前的那些方法。过于频繁地提出同样的问题（而对其他问题则问的不多），会加剧分析人员在方法论上出现"失衡"。当分析人员从个人感觉出发选择使用某种特别方法时，他们在无意中会以自己（以及他们的用户）可能并不完全清楚方式对问题进行定义。正如老话所说，"对于一把锤子而言，一切都是钉子。"（To a hammer, everything is a nail.）① 换言之，分析人员应当"针对问题去匹配方法"而非"针对方法去匹配问题"。有时未能提出的问题与那些已经问过的问题同等重要。因此，分析人员需要的建议是如何提出"正确"问题。

现在，虽然上述宗旨的确正确，但事情确实比最初看起来要复杂，原因就在于每一个问题都具有多种潜在维度，并且每一种方法都对这些维度中的一个或多个进行了强调。因此，选择方法并不像是为某个问题找到对应方法那样简单。问题往往有自相矛盾的多面，其中的每一面都有"与之相配"的不同且

---

① 这句话在心理学上被称为【马斯洛的锤子（Maslow's hammer）】，引自美国心理学家亚伯拉罕·马斯洛（Abraham Maslow，1908—1970）于 1966 年发表在《心理科学》（The Psychology of Science）上的内容，"If all you have is a hammer, everything looks like a nail."，但其理论原文是："I suppose it is tempting, if the only tool you have is a hammer, to treat everything as if it were a nail."（我想这很诱人，如果你唯一的工具是一把锤子，就很容易把每件事情都当成钉子来处理。）其中含义是指，人们往往不管适合与否，惯于用自己熟悉的方式来解决问题。——译者

具有相互竞争关系的方法。将同样的问题换一个说法，对于未经强调属于哪个维度的一个问题而言，并没有完全中立的描述方法，而是都会有排在优先位置的某种特定类型的方法。换言之，任何对某一个问题的描述，（在某种意义上）都已经有了预设的对应方法。因此，每当分析人员试图去对他们的问题进行明确时，都会可能出现下述重大风险，即他们已经盲目预设了某一种或是其他适合其使用的方法。分析人员需要十分了解他们在分析中是如何描述问题的，以及通过什么方法进行评估。他们所选的方法决定着理解问题的方式，而他们需要自觉领会的就是这种方式，反之亦然。他们需要考虑可能忽视的问题解决方式用以支持其推理工作。还有人敦促他们，要进一步分析那些他们可能习以为常的基本假设，也有人恳求他们，为了时间问题以正确方式在方法使用上作出"妥协"。换言之，分析人员需要得到这样的建议，就是通过方法上的"均衡性"提出"正确"问题。

11.1 问题导向方面：建议分析人员提出哪些问题？

分析人员在运用**分析问题归类法**时，试图通过运用某类特定问题精心组织他们的问题。首先，他们会在总体上提出一个一般性的推理问题，用以反思其在分析特点、技巧和目标上恰当与否的均衡程度。例如，分析人员可能受领类似这样的任务，即评估敌对国右翼候选人赢得选举后的长期影响。同时，分析人员可能还想知道什么才是描述潜在问题以及选择合适评估方法的最佳方式。现在，如果分析人员已经确定这个问题属于**前景探索**，那么他们就会提出一个具体的推理问题（例如，"如果这位右翼候选人长期掌权会怎样？"）。具体的推理问题已经找到了如何调查用户提问的方法，而一般性的推理问题探讨的则是在哪里开展调查。现在，人们可能会容易忽略一般性推理方法，因为这些方法并不能与情报产品立即产生关联。但是，这并非是一种靠得住的假设，因为认定一个人理智与否所需的标志，就是他们会在多大程度上反映出优秀推理工作所需的理想特点、行为与领域，以及他们在多大程度上会去自我反思他们对上述要求所作出的展示。诸如**分析问题归类法**这类一般性推理方法，其目的就在于去突出分析中的问题、分析的过程，或是分析人员个人。

其次，认真使用**分析问题归类法**的分析人员会去反思他们所思考的领域。这种一般性方法特别注重三种总体推理维度中的一个，即"问题导向"维度。这种方法引导分析人员评估他们在多大程度上提出了正确的问题。他们问自己在多大程度上以"正在发生什么?""为何正在发生?""何时何地可能发生变化?"或"用户能够怎样应对?"的方式,恰当地理解了客户的问题。这种方法就是从"分析人员（在思考中）去向哪里"以及问题导向维度目标的视角对推理工作进行审视,这种目标就是将理想的推理工作理解为好的思考领域。这种方法建议分析人员花时间进行自我反思和追问,"我在多大程度上提出了正确的分析问题?"

11.2 程序方面：建议分析人员遵循哪些规则?

在使用**分析问题归类法**时,情报分析人员不仅仅要为他们所要进行的思考去确定出一个特别的问题,而且要用一套特别的规则去对他们的思考进行引导。他们所要重视的是在分析中必须要遵循的明确程序。以下四个规则不仅仅只是与这种方法有关,而且单纯对这种方法十分重要。第一,要去确定相关背景,该方法指导分析人员要保证思考问题的维度,明确需要探讨的不仅仅是全部的潜在问题维度（以及有关的方法）,还有具体问题的四种主要潜在维度。第二,要去推断合理结论,该方法指导分析人员要保证将每个相关信息区分出来,梳理每个问题的不同维度,以及每一种方法在对这些问题进行探讨时的不同方式。第三,要去设想可能的替代方案,该方法指导分析人员要保证不断形成判断,鉴于要考虑到分析人员所面对的问题具有共同性,或是具备相同背景的分析人员在一起长时间共事,以及分析的进展过程需要他们提出不同的问题、强调不同的规则并展现不同的良好习惯,因此还要明确注重对方法的多样化需求。第四,要解释更广阔的意义,该方法指导分析人员去识别证据的局限性,所要注重的不仅是一些问题和方法,因为它们是构成其他问题与方法的"先决条件",同时还要注重人们在对某问题具备（以及还没有具备）充分的先验知识时所作出的假设。因此,**分析问题归类法**要求分析过程要在整体上更加清晰地去思考问题的维度,区分相关信息,不断形成判断,并且识别证据的局限性。此后,分析人员在选择该方法时,所要做的不仅仅是努力在他们的具体案例中遵循这些规则,还要试图在他们的一般分析过程中去强化这些规则。

11.3 个人方面：建议分析人员体现哪些特点?

在选择**分析问题归类法**时,分析人员不仅要去注重某项特别的问题以及受到特定规则的引导，而且还要试图去举例说明具体的良好认知规则。选择该方法要注重分析人员在大体上希望自身所能具备的那些具体的理想特质，因为这些特质对于在推理工作中使用该方法至关重要。尽管这种方法最注重推理工作中的问题导向维度，但它也通过对良好习惯的关注强调了推理工作中个人维度的重要性。第一，该方法通过突出用户的问题与现实关切，以及其中的不同潜在含义与维度，实现对咨询意识（动机）这种具体良好习惯（在中立性与现实世界相关性之间保持均衡）给予重视，而其中首当其冲的就是主要良好习惯中的思维中的胆识。第二，该方法通过试图帮助分析人员确定哪些问题与之相关并且最适合去忽略它在时间上的限制要求，实现对效率这种具体的良好习惯（在周密与权衡之间保持均衡）给予重视，而其中首当其冲的就是主要良好习惯中的思维中的自制。第三，该方法通过要求分析人员仔细考虑问题的结构以及方法多样化的要求，实现对多面性这种具体的良好习惯（在既有范式与自发适应之间保持均衡）给予重视，而其中首当其冲的就是主要良好习惯中的判断是非的能力。该方法通过将视野从广阔的解决问题的理想标准，移向在规定时限内所能完成的有限且现实的工作，实现对讲究这种具体的良好习惯（在特殊性与特定局势对应普遍性与一般情形之间保持均衡）而言，首当其冲的就是主要良好习惯中的思维中的公正。因此，这种**分析问题归类法**建议分析人员要有更强的咨询意识（注重动机），更加注重推理工作的效率、多面性，更加讲究。所以在选择去运用这一方法时，就意味着分析人员决定既要努力做到在具体的案例中成为这种思考者，又要试图去在总体上展现出这些特点，使其成为思考者理想"样子"（who they are）的一部分。

11.4 方法呈现：一般情况下如何操作？

分析问题归类法在启动时，要求分析人员了解他们所遇问题的全部可能维度，以及所有针对这些问题发挥作用的方法。接着，要求他们从四种宏观的问题维度去解释他们最初遇到的问题："**正在发生什么？**"（**发展假设**），"**为何正在发生？**"（**因果分析**），"**何时何地可能发生变化？**"（**前景探索**），以及"**用户能够怎样应对？**"（**战略评估**）。由此，该方法有助于分析人员运用理想方法去提出所有的问题，并且通过缩小他们在现实中的使用范围，要求将所有的方法运用于特定局势，而实现后者需要考虑到用户的意义、前期的知识、方法的多样性、主要的不确定性与时间的制约。

步骤 1　记住多维度的理想标准：要对所有分析性问题、推理工作维度与相关方法的所有先决性结构进行反思。记住（在所有其他条件相同情况下）可能要去进行假设的事物，即每一个问题都包含许多子问题，每一个维度（在某种程度上）都与每一个问题相关，并且每一种方法（在某种形式上）都对每一个问题起到作用。除了某种具体原因之外，如果假定上述提到的都很重要，那么这又将意味的是什么？

步骤 2　从四种问题维度分别描述用户的问题：向用户（或通过分析团队）获取最初的问题（或困惑），并且从四种问题维度分别对其进行描述。也就是分别开发出一种**发展假设**层面的版本、**因果分析**层面的版本、**前景探索**层面的版本与**战略评估**层面的版本。（如果并非显而易见）找到上述四个中的哪一个与原始问题最接近。详见图 11.1。

步骤 3　客户的重要性——基本不再强调高于用户问题所属层面的任何问题（与方法）：优先考虑减少高于用户问题所属层面的任何问题。这并非是要将这些问题绝对排除在考量之外，而是（在正常情况下）一种实质性的制约方式。

步骤 4　前期的知识——基本不再强调低于用户问题所属层面的任何问题（与方法）以及任何既有的完善回答：优先考虑减少低于用户问题所属层面的任何问题以及既有的完善回答。不要在优先考虑中忽视那些既有的不完善回答。这同样并非是要将相关问题绝对排除在考量之外，而是（在政策情况下）一种实质性的制约方式。

步骤 5　方法的多样性——强调用于支持理想推理工作不同方面的问题（与方法）：为这些问题赋予某些价值，用于为下述方面提供支持。

问题的广度——不经常提出问题

程序的精度——不经常遵循认知规则

个人的发展——没能很好具备良好的认知习惯

问题的广度会随着对相同对象（从广义上讲）一遍又一遍地探讨而得到增强。**程序的精度**与**个人的发展**会随着对任何对象一遍又一遍地相同分析工作而得到增强。因此，在某个单一事例中，通常这些都还不足使某个问题（或方法）的重要性得到凸显。在某个单一事例中，它们充其量能够起到"打破僵局"（tiebreaker）的作用。但是，随着时间的推移，它们实际上会逐渐变得更加具有决定性意义（并且甚至会打破某个问题或方法的"实质性"界限）。

第三部分　情报分析人员的推理工作实践：推理的基本方法

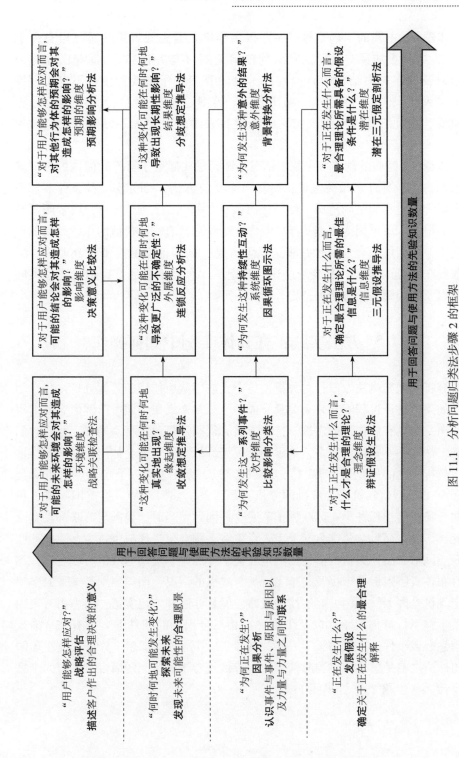

图 11.1　分析问题归类法步骤 2 的框架

步骤6　主要的不确定性——在很大程度上要去强调至少是已经充分了解以及/或是更加具有根本性意义的任何问题（与方法）：为那些已经充分了解以及（在先决结构中）最具根本性的答案赋予重要价值。假定问题答案的最大"风险"在哪里？（相比之下）答案之外未知性更大的所有问题更加重要，并且那些（在先决结构中）更具根本性且更加不确定的问题最为重要。

步骤7　时间的制约——基本不再强调无法实际置于可行时间内的任何问题（与方法）并注意相关假设：所有问题（与方法）都能在某种条件下置于某个更大或更小的时间范畴。如果任何最重要的问题（或方法），或者问题与方法的组合，单单因为不能从其中或多或少找到具有实际价值的东西而没能得到使用，那么可能会（尽管并非是理想所要）削弱他们通过某种合理的"工作假设"得到的答案。要清楚这样的假定，即必须不能通过提出上述种类的问题以及使用相关的方法去得出分析。

11.5　方法实践：在具体实例中如何操作？

分析问题归类法专门针对分析人员个人或团队所使用的具体分析过程。因此，如果不是让过程看起来无关紧要或是怂恿每个人单纯照搬范例内容，则很难给出一个具有操作性的实例。这种方法必须用于身边的特别局势，并且它们看起来往往并不一样。但是，给出一个关于分析人员可能会如何根据不同维度分解剖析问题的示例（**步骤2**），可以考虑去想象这样一个场景。对于应处1960年U-2型侦察机遇袭危机的分析人员而言，如何看待一架美国间谍飞机在执行秘密监视任务中在苏联领土坠毁这一问题？当时，美国与苏联都没有承认此类事件，而且在传统意义上飞入竞争对手领空可视作战争行为，因此苏联捕获美国U-2型侦察机的潜在影响可能会十分惊人。美国与战机失联之后，苏联宣布该机坠毁但并未提及关于飞行员与战机的情况，而美国则尝试采取坚持认定飞机是因天气原因偏离航线的策略，但是苏联却知道实情，因为当时美国并不了解飞行员仍然幸存以及飞机（在相对可识别的条件下）没有完全损毁的消息。该事件为冷战增添了一些"热度"。但是可以试想，分析人员在美国作出回应之前是怎样探讨当时情势的，特别是对于这个问题而言，不同的维度都是什么（**步骤2**）？详见图11.2。

第三部分 情报分析人员的推理工作实践：推理的基本方法

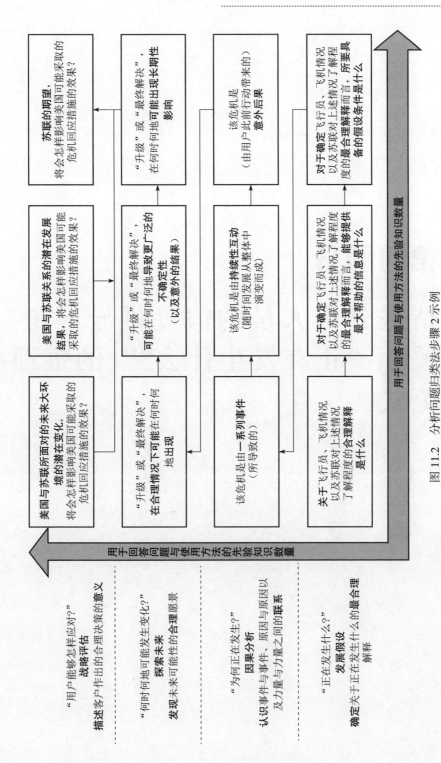

图 11.2 分析问题归类法步骤 2 示例

第四部分

情报分析人员的假设推导理论：关于"正在发生什么？"的推理范式

第12章
假设推导的现行重要方法
关于证伪主义、贝叶斯法与解释主义的范式

情报分析问题可以理解为需要着力的四种具有相互关联的推理要素：**发展假设**（正在发生什么）、**因果分析**（为何正在发生）、**前景探索**（何时何地可能发生变化），以及**战略评估**（用户能够怎样应对）。因此，对情报推理进行理想化的说明可以帮助人们更加深入理解上述四个方面。但是这些并不仅仅是情报分析人员感兴趣的主题，（尽管出于不同的目的）他们还需要对其他情境进行大量的细致探索。不幸的是，许多分析人员对上述领域的漫长历史并不熟悉，也未进行过相关探讨。关于分析人员推理工作的理想化说明所要涉及的就是这些重要的可用外部范式，并且利用它们当中"最好"的部分。因此，这里所要描述的是有关**发展假设**的最重要外部"思想流派"：**证伪主义**、**贝叶斯法**与**解释主义**。现在，本章所要做的并不是对这三种方法进行完整而详尽的说明，而是为了将其引入进来，目的就是提升情报分析人员对它们的全面了解，发起更为广泛的辩论与讨论，并（最终）为此项工作创造出一些替代性方法。因此，本章不会去评估这些方法的合理性，而是在其中每个部分，着重强调这些方法中一些特别重要的内容，为最后在工作中使用这些方法提供说明和帮助（见后续章节）。

12.1 发展假设的学术理论背景

大多数人最初都会将**发展假设**与自然科学中的推理方法联系在一起。而且大多数学者会不加区分地将许多科学方法作为用于发展假设的范式摹本。因此，有关**发展假设**最扎实的谈论均属于科学哲学的范畴。由此，本部分就从科学哲学探讨上述三种方法。然而，本章重点虽然在科学领域，但并不意味着情报分析就是一种（应用）科学，或者说科学就代表了推理工作的理想形式。（实际上，本书也不赞同这样的认知。）更确切地讲，将重点放在科学，单纯是因为科学哲学是对**发展假设**讨论最为集中的领域。

在20世纪上半叶（大约从20世纪30年代至60年代），**逻辑实证主义**（Logical Positivism）（而后发展为稍微广义一些的版本，即**逻辑经验主义**（Logical Empiricism））① 在总体上主导了哲学（特别是科学哲学）。② 诸如A.J. 艾耶尔（A.J. Ayer）③、鲁道夫·卡尔纳普（Rudolf Carnap）④、汉斯·赖欣巴哈（Hans Reichenbach）⑤ 与莫里茨·施利克（Moritz Schlick）⑥ 等哲学家拥护这种观点，也是对19世纪德国唯心主义的一种反动。后者追随的是G.W.F. 黑格尔（G.W.F. Hegel）⑦ 以纯概念为基础，（部分）追溯至得到合理证明的理想化结构或形而上学实体之后，对事件的解释方式。**逻辑实证主义者**试图将哲学重新定位为更具经验与科学导向性的学科。他们认为唯一具有认知意义的探究不是出于**逻辑/数学**（基于"凭定义为真"的公理，或是那些他们称之为"分析性"陈述的内在含义），就是出于**经验**（基于直接对世界进行观察所得到的被称作是具有实证性的东西，或是那些他们称之为"综合性"观点的内在含义）。在上述过程中，他们坚信正在将哲学（与科学）引向一条更具智慧成果的道路，原因就在于只有得到（在他们看来是）理性许可的问题才能够通过明确且对应的程序来确定是真是假。而其他的所有主张要么完全与个人

---

① 对这两者而言，没有便捷的区分方法，只能说诸如卡尔·亨佩尔（Carl Hempel）这样的哲学家，他们的**逻辑实证主义**正式学说中存在一些技术性问题，但是（即便不去为他们的学说提供一些相对温和的版本）他们仍然在心理上十分认同。他们通常也被称作**逻辑经验主义者**。——译者

② 逻辑实证主义是以经验为根据，以逻辑为工具，进行推理，用概率论来修正结论，认为科学方法是研究人类行为的唯一正确方法。因此，它虽然以感性的经验为依据，却否认了感性认识的积极作用，属于理性主义范畴。它与逻辑经验主义有很多联系和相似之处，但二者的发展历程、代表人物不同，并不能简单混同。逻辑实证主义坚持反科学实在论和可证实性，主张用现象主义语言建立统一的科学，反对科学解释。逻辑经验主义坚持科学实在性和可检验性，主张用物理语言建立统一的科学，支持科学解释。——译者

③ 【A.J. 艾耶尔】（A.J. Ayer, 1910—1989），英国哲学家，逻辑经验主义者，是最早在英国传播逻辑实证主义的人之一。——译者

④ 【鲁道夫·卡尔纳普】（Rudolf Carnap, 1891—1970），德裔美籍哲学家，逻辑实证主义的主要代表，研究逻辑学、数学、语言的概念结构。——译者

⑤ 【汉斯·赖欣巴哈】（Hans Reichenbach, 1891—1953），德国哲学家，早年信奉康德哲学，坚持唯理主义，后转向逻辑实证主义，是逻辑实证主义运动的主要创始人之一。——译者

⑥ 【莫里茨·施利克】（Moritz Schlick, 1882—1936），德国唯心主义哲学家、物理学家，维也纳学派领导者，是逻辑实证论创始人之一。——译者

⑦ 【格奥尔格·威廉·弗里德里希·黑格尔】（G.W.F. Hegel, 1770—1831），是德国19世纪唯心论哲学的代表人物之一，标志着19世纪德国唯心主义哲学运动的顶峰，对后世哲学流派，如存在主义和马克思的历史唯物主义都产生了深远的影响。——译者

"品味"相关,要么就单纯是毫无意义的胡言乱语。① 照此,**逻辑实证主义**是后来被称为"科学自然主义"(scientific naturalism)的雏形(与特别激进的版本),而后者持有的观点是唯一存在的东西全部是由自然科学所创立的。尽管前者或多或少遭到了学术界的扬弃,② 但后者依然很受追捧。此外,对于那些认为情报分析必须是属于某种自然科学的人而言,上述两者都可以被视为是他们的灵感来源。

在**逻辑实证主义**(与**经验主义**)的影响下,科技哲学中的相关理论是根据所发生的某事件 E,将其解释为一种对于一般性"规律"的诉求:这是一种指出事件 E 与其先决条件之间必要关联的某种具有普遍真实性的观点。在这种方法中,相关规律具有这样的形式,即"如果具备条件 C,则会发生事件 E。"因此,假设检验就包括试图去确认所提出的这种规律——如果规律正确且具备条件 C,那么应该会发生事件 E。③ 这也是第一个重要学术理论所注重的要点:**证伪主义**。

12.2 证伪主义的方法:通过实施猜想与寻求反驳发展假设

尽管这种假设检验框架的吸引力在于试图去确认"具有覆盖性的规律"及其在多大程度上影响了人们对科学方法的理解,但是仍然也有很多潜在的反对意见。哲学家卡尔·波珀(可以说)将其视作一种关于逻辑谬误的例子:否定后件推理(modus tollens)(从"若 p,则 q"为真,推导出 p 与 q 均为真。)在回应逻辑实证主义者时,波珀认为有关世界的理论在严格意义上从未得到证实。更确切地讲,他所主张的反而是要去经受这些潜在的差异性("证伪"),同时要么去避免,要么因此遭受拒绝。④ 因此,如果规律将条件 C 与事件 E 联系起来并具备条件 C,接着如果事件 E 并未发生,那么所提到的规律

---

① 众所周知,他们将有关道德与审美的主张(关于什么是/不是"好的"和/或"美的"的评价性判断)归结为前者,将有关宗教的主张(关于非物质领域的形而上的主张)归结为后者。

② 具有讽刺意味的是,逻辑实证主义者有一个令人感到遗憾的缺点,就是它对于一个有意义的观点由什么构成这个问题没能形成符合自身标准回答,因为这类问题既不是"凭定义为真",也不是通过观察(或其中的内在含义)得到实证的。如果这令你对于这种观点是如何在哲学界占据超过 30 年而感到困惑,那么我所想表达的只是要说明不只有在情报领域才会有许多非常聪明的人,依然会把自己(最终)带入到十分低级和直接的错误之中。

③ 与此相关具有标志性意义的介绍,见卡尔·G. 亨普尔(Carl G. Hempel),《科学解释的若干方面》(*Aspects of Scientific Explanation*)(New York:The Free Press,1965)。

④ 相关说明,参见卡尔·波珀,《猜想与反驳》(*Conjectures and Refutations*)(London:Routledge,1963)。

则会被"证伪"。如果事件 E 的确发生了，而规律并未得到确认，那么就完全避免去进行证伪了。假设检验关乎的是"实施猜想与寻求反驳"。波珀进一步认为，可证伪性不具有明确的一般性意义（或合理性），而是仅仅构成了科学性（因为它反对非科学性）。① 因此，有理由坚信科学就是指那些能够经受而非去避免潜在差异性的规律。在广义上讲，任何观点都必须表明其具有潜在的可证伪性——指明受到伪造的条件——目的就是为了让它看起来具有科学性。

人们同样能够运用这种方法去检验是否已经具备了某种特定条件 C。如果已知条件 C 与事件 E 之间具有如下联系，即"如果具备了条件 C，那么事件 E 就会发生"，那么人们就能够通过观察事件 E，来判断是否已经具备了条件 C。如果事件 E 没有发生，那么（考虑到二者之间的联系）条件 C 则没有具备。例如，如果需要为苏联从东欧方向通过陆路进攻联邦德国（西德）作出某种准备，那么人们就要去考察苏联是否具有发动此类进攻的意图。发动一项进攻的意图体现在许多准备活动之中（例如，搜集补给、调动部队等）。因此，如果这些准备活动没有进行，那么他们（至少在当时）便不具备发动此类作战的意图。这正是在冷战期间，人们试图去测定欧洲在任何特定时段爆发战争可能性的推理方式。

波珀的**证伪主义**已经为科技哲学带来了影响，人们对科学方法的普遍理解，以及**发展假设**的方法，已经很难再去夸大了。通常认为，所有提出的理论以及此后它们所受到的批驳都会完全交织在一起。更加普遍的说法是，**证伪主义**范式有效突出了潜在不一致信息的意义。这干脆已经成为了如下问题的中心，即有多少当代情报分析人员理解假设评估过程，会采用"**竞争性假设分析法**"（Analysis of Competing Hypotheses）中流行的结构化分析技巧的形式。在发展这种思路时，理查兹·霍耶尔（Richards Heuer）② 明显是从**证伪主义**中得到了一种方法，用以支持分析人员评估与其观念相矛盾而非那些具有一致性的信息。③ 霍耶尔坚信这种方法能够帮助分析人员避免因为只考虑已经得到确认的信息而受制于"确认偏见"（confirmation bias）。可以说，这种方法仅仅是将**证伪主义**运用到现实世界问题当中的一种尝试。就其本身而言，很容易发

---

① 在波珀看来，具有非科学性的重要探究类别（如伦理学）。因此，可证伪性对于划分科学界限很重要，对于理论本身则不然。

② 【理查兹·J. 霍耶尔】（Richards J. Heuer Jr., 1927—2018），美国中央情报局资深教育家、理论家和反情报专家，在情报分析与反情报分析领域享有盛誉。——译者

③ 参见：理查兹·J. 霍耶尔，《情报分析心理学》（*The Psychology of Intelligence Analysis*）（美国中央情报局：情报研究中心，1999）。

现这种**证伪主义**方法所具有的潜在好处。第一，这种观念极其简明。第二，它还驱使分析人员去考虑更多的选项。严格地讲，人们不能够固守一种理论，而是要经常考虑多种选项。这里支持一个假设的唯一合理方式是避免对其进行证伪（合理的理论是一种能够"保持长期存在"的理论，它在考虑所有信息时，能够看到可能选项中的潜在不确定性）。第三，在使用这种方法之后，人们能够轻易辨别什么信息才值得去与客户进行沟通：那些伪造成其他合理假设的信息。所有未能证明不能成立的信息，都会因其"诊断性"（diagnosticity）不足而不能使用。

12.3 贝叶斯式的方法：在发展假设中根据现有证据评估可能性

证伪主义对于分析人员的检验假设具有精妙的简约性，它所做的就是试图去确认这些假设中的错误影响之所在，进而证明此类假设本身就是错误的。相较而言，**贝叶斯主义**考虑的是某个假设意指某事的程度，以及（在理性上认为）该假设的真假程度。其中，**发展假设**正是根据现有证据去评估概率。这种理念以尊敬的托马斯·贝叶斯（Thomas Bayes，1701—1761）命名，这位英国神甫提出了一项统计学定理，用理性的方式确定一个人应当在多大程度上去根据某个具体信息来调整置信度。该项公式最初是为用以支持那些关于上帝存在的论据，后来由他的一位同事公开发表。从此之后，它不仅在**发展假设**的总体方法中居于核心位置，而且还在一切合理置信性的全部理念中也居于中心位置。在20世纪后半叶，**贝叶斯主义**成为继**证伪主义**与**逻辑经验主义**之后越来越流行的替代方案（该理论还很自然地适用于本书后续所要讨论的**战略评估**中的流行方法，如**风险范式**）。①

贝叶斯定理显示了如何在给定某特定信息 I 与某组关于假定 K 的背景条件下，计算某假设 H 的概率。它的值用"Prob（H｜I&K）"进行表示，读作"在给定 I 与 K 的情况下，H 的概率"。鉴于结果的概率值是在了解信息之后

---

① 关于贝叶斯法的一些主要说明，参见卢克·鲍文斯（Luc Bovens）与斯蒂芬·哈特曼（Stephan Hatmann），《贝叶斯认识论》（*Bayesian Epistemology*）（New York：Oxford University Press，2003）；约翰·伊尔曼（John Earman），《贝叶斯是否有价值：对贝叶斯确认理论的批判性检验》（*Bayes or Bust：A Critical Examination of Bayesian Confirmation Theory*）（Cambridge，MA：MIT Press，1992）；科林·豪森（Colin Howson）与彼得·乌尔巴赫（Peter Urbach），《科学推理：贝叶斯法》（*Scientific Reasoning：The Bayesian Approach*）（Chicago：Open Court，2006）；理查德·斯温伯恩（Richard Swinburne），《认知辩护》（*Epistemic Justification*）（New York：Oxford University Press，2001）。

得到的，因此称之为 H 的"后验概率"（posterior probability）。该理论指出 H 的后验概率是下述三点的函数：①在给出假设 H 与背景条件 K 的情况下，信息 I 的概率（如果假设为真，信息存在的概率——人们在多大的合理程度上，能够期望信息由该假设推断而出；该假设关于 I 的预测能力）；②在仅给定背景条件的情况下，假设 H 的概率（独立于该信息之外的该项假设为真的概率）；③在仅给定背景条件的情况下，信息 I 的概率（独立于该假设之外的该项信息为真的概率）。用公式表达，该理论的运行方式如下：

贝叶斯定理（基本表达式）

$$Prob(H|I\&K) = Prob(I|H\&K) \times Prob(H|K)/Prob(I|K)$$
$$[\text{Assumes that } Prob(I|K) > 0]$$

因此，在**贝叶斯定理**中，在给定信息 I 的条件下，假设 H 相较以下情况具有更高的概率。（1）H 令人们对 I 有着更大概率的预期（用 H 预测 I 的存在）；（2）假设 H 是人们在某种程度上已经预期存在的事件（在某种程度上可能独立存在）；（3）信息 I 并非是已经预期存在的事件（已经预测不会存在）。通过贝叶斯定理，人们可以知晓某条信息是否得到证实，或是它是否没能对某项假设的概率产生影响：

如果 $Prob(H|I\&K) > Prob(H|K)$，那么 I 证明 H 成立

如果 $Prob(H|I\&K) < Prob(H|K)$，那么 I 证明 H 不成立

如果 $Prob(H|I\&K) = Prob(H|K)$，那么 I 与 H 无关

上述基本是**贝叶斯定理公式**中最简单的表达形式，实际上在某些案例中的实际应用中会更加烦琐。许多使用贝叶斯定理的人反而更加偏好使用一种替代表达式：

贝叶斯定理（替代表达式）

$$Prob(H|I\&K) = \frac{Prob(I|H\&K) \times Prob(H|K)}{Prob(H|I\&K) \times Prob(H|K) + Prob(I|\sim H\&K) \times Prob(\sim H|K)}$$

该表达式尽管看起来更加难以操作，但是实际上用起来更加容易，因为它允许在假设为假的情况下（$Prob[I|\sim H\&K]$），去使用相关信息的概率。这种情况就是即使没有假设为真，人们也希望相关信息能够存在。该表达式在独立于信息之外的情况下依然适用（$Prob[\sim H|K]$，也就是 $1-Prob[H|K]$），得到假设为假的概率。但是要注意，$Prob(I|\sim H\&K)$ 与 $1-Prob(I|H\&K)$ 并不相同。$Prob(I|H\&K)$ 与 $Prob(I|\sim H\&K)$ 的值也是相互独立的。

贝叶斯主义中最重要的概念就是似然（likelihood）。某假设的"似然"是指它能够多大程度上成功预测出可行信息的存在性（$Prob[I|H\&K]$）。

似然＝在给定假设的情况下，信息的概率（Prob[I|H&K]）：H相对于I的预测能力。

要注意的是，似然与可能性（likeliness）是不同的。某假设的"可能性"是指它的后验概率（Prob[H|I&K]）——在给定信息的情况下，假设的概率。一个（可能性）是假设的总信度值，另一个（似然）则是它的预测能力，这也是确定总信度值的多个因素之一。如果有人使用贝叶斯定理的上述替代表达式，那么就能够分辨出H的阳性似然（Prob[I|H&K]）与H的阴性似然（Prob[I|~H&K]）。前者是指如果假设为真，人们期望信息的存在性程度，而另一个则是指如果假设为假，人们期望信息的存在性程度。

贝叶斯主义的另一个重要概念是后验概率。某假设的"后验概率"是指它在独立于信息的条件下，为真的可能性。在某些情况下，例如多次运用贝叶斯定理，将会得出在给定其他（先验）信息的情况下的后验概率。但是当人们最终开始这一过程，将会得到这个假设本身的概率。这是假设为真所固有的可能性（有时这就是它的"基本比率"）。类似地，信息的先验概率是它独立于假设之外为真的可能性（甚至是在缺少假设的条件下，人们期望该信息在多大程度上存在）。

假设在（21世纪之初）秘密监视中，有人监听到"史密斯"（Smith）谈到他表达出对奥萨马·本·拉登（Osama bin Laden）、"9·11"劫机者与伊拉克叛乱分子的钦佩。几乎所有的（比如说99%）基地组织成员也在他们坚信保密良好的场所表达了同样的敬佩。并且，他所在的地区人口中每万人中都有一名基地组织成员。基于这样的信息，"史密斯"有多大概率是基地组织成员？很有可能会认为，"史密斯"是基地组织成员的概率为0.99。然而，这确是严重错误的。这里就要考虑到贝叶斯定理的第二个表达式。其中，"Prob(I|H&K)"是指在"史密斯"是基地组织成员的情况下，他表达敬佩的概率，其值为0.99。"Prob(I|~H&K)"是指在"史密斯"不是基地组织成员的情况下，他表达敬佩的概率，将其可能性规定为非常之低（0.10）。现在，要轮到的概率是在不考虑I的情况下，"史密斯"是基地组织成员的概率（Prob[H|K]）。这种概率是仅基于背景证据，即"史密斯"是基地成员的可能性。它也是在其所在地区人口中一个随机的人是基地组织成员的比率。由于该比率是万分之一，这就意味着"Prob(H|K)"就是0.0001。这就令"Prob(~H|K)"等于0.9999（也就是1−0.0001）。因此，所需值就变为

$$\text{Prob}(H|I\&K) = \frac{0.99 \times 0.0001}{0.99 \times 0.0001 + 0.10 \times 0.9999}$$

得到的结果是 0.00098912，大约为 0.1%。换言之，"史密斯"是基地组织成员（在给定信息的条件下）的可能性为千分之一。

根据"史密斯"所表达的敬佩，他是基地组织成员的可能性或许看起是要比千分之一要高出很多的。但是，这只是有一条孤立信息，并且他是基地组织成员的可能性从万分之一增长到千分之一，也是有了 1000% 的提升。然而，他依旧相对不可能是基地组织成员。然而，如果其他信息也能发挥作用，那么通过其在公式中的运算，最终值还能够得到增加或降低。贝叶斯主义的一个优势就在于，它能显示出人们下意识会在多大程度上高估（或低估）一些概率值。

有些人可能会担忧，是否总能理智地确定每一个假设的先验概率。例如，伊拉克在 2002 年拥有大规模杀伤性武器项目的先验概率是多少？据推测，这里并没有像是"史密斯"案例中那样的"基准比率"。这也并不等同于一般意义上拥有大规模杀伤性武器项目国家（或是独裁统治的某地区国家）的总体比例。并且一旦脱离这些参考，似乎任何其他东西就会显得更加有投机性与/或独断性。一些人提出，对于某假设而言，是存在确定其先验概率和估计其固有概率的客观方法的。例如，对于某假设的简化（确认多少东西存在，或者在描述它所使用的任意公式中有会引入多少变量）就可能会与之相关。似乎看起来，假设中的基本条件越多，它（在总体上）为真的可能性就越低。（例如，要对所有从概念上讲具有可能性的案例进行检验，大概至少 10 个国家拥有活跃大规模杀伤性武器项目的区域，要比至少三个国家拥有活跃大规模杀伤性武器项目的区域更加少。因此，由于至少三个国家拥有活跃大规模杀伤性武器项目的基本条件（拥有活跃大规模杀伤性武器项目的数量）要少，它的后验概率就要高于那些十个拥有活跃大规模杀伤性武器项目的后验概率。）[1] 其他理论家则使用贝叶斯公式的一种如下更为简约的表达式，仅用以关注积极与消极似然性（以及二者之间的比例）。这种用法又被称为"似然比"（likelihood ratio）或"贝叶斯因子"（Bayes Factor），用来比较在假设为真条件下信息的真实性（Prob[I|H&K]），以及在假设为假条件下信息真实性（Prob[I|~H&K]），并得到其比率（Prob[I|H&K]/Prob[I|~H&K]）。

贝叶斯因子/似然比：

$$\frac{\text{Prob}(I|H\&K)}{\text{Prob}(I|\sim H\&K)}$$

---

[1] 这种规律也被称为"奥卡姆剃刀原理"（Ockham's Razor），以纪念中世纪哲学家威廉·奥卡姆（William Ockham，1287-1347）。他因推广（通常是在"如无必要，勿增实体"的必要情况下）运用该原理而受到赞誉。

如果在假设为假的情况下信息存在的可能性越小,并且/或者如果在假设为真的情况下信息存在可能性越大,那么似然比/贝叶斯因子(以及由此在某种程度上对假设的确认度)就会越大。围绕这一比率专门(或主要)建立的整体确认方法,有时又称作似然性(likelihoodism)。贝叶斯主义的目的并非用以支持先验概率,更多为的是通过补充信息与贝叶斯定理对其进行限制,而第三种方法就介于这两类具有斗争性的观点之间。换言之,贝叶斯主义并不是要去对客观概率实施完美评估,而是对于相比没有使用贝叶斯法而言,更能给出一种更加客观的概率评估。独立思想者早已在某种程度上相信 H 或 ~H;而上述方法的目标就是根据信息与贝叶斯定理去约束这种可信度。

贝叶斯主义能够从它的定量特质中得到一些自然而然的好处。第一,这种方法鼓励分析人员去思考某个假设的可信度(degrees of belief),而不是仅仅去接受或拒绝该假设。它为约束这种可信度提供进一步帮助;也就是,能够依靠该假设(在给定可用信息的情况下)的先验概率。第二,它勉励分析人员参与到对某个假设的渐进分析之中,而不是进行"一劳永逸"的评估。这个公式总会给出在某套具体信息的情况下假设的概率,而不是对这种概率给出一个总体的判断。因此,无论何时出现新的信息,贝叶斯主义都会请分析人员对假设进行再评估。第三,这种方法还使分析人员能够去使用拥有多种信度级别的信息。

贝叶斯范式也能很好地凸显出辅助假定(auxiliary assumptions)的重要性。[①] 20 世纪 70 年代以来,事实上所有**发展假设**的方法都是在以某种方式去回应相同的观点。但是贝叶斯主义则是以特别重要的方式去提出问题,并且这也是它的一个重要的潜在贡献。**发展假设**评估的是某个假设能够在多大程度上成功(或不能)预测可用信息的存在性。然而可以说,这是一种程度很深的(和危险的)简化。因为没有假设仅凭自身就可以成功(或不成功)预测任何事情。更确切地说,假设是因为它额外桥接了一些判断才能进行预测,这些判断就是将假设中的假定内容与(潜在)信息中的假定内容连接起来。同时,只有凭借这些可用信息以外的判断(称为"辅助假设"),才能够说某假设得到了证实(或驳斥)。

辅助假设=关于的某假设引导人们期望存在特定信息的判断(例如,"如果 H 成立,则 I 存在"或"如果 H 成立,则 ~I 不存在")。

[①] 此前的讨论可能被称为是对著名的"奎因-迪昂假设"(Quine-Duhem Hypothesis)所进行的反思,它由 W. V. O. 奎因(W. V. O. Quine)提出,参见:"经验主义的两个教条"(Two Dogmas of Empiricism),《心理学评论》(*The Philosophical Review*), 60, 1 (1951): 20-43.

例如，考虑这样的假设，即"伊斯兰国"（IS）打算成为叙利亚阿萨德（Assad）的反对派（在21世纪10年代）。如果发现阿萨德与"伊斯兰国"拥有非正式经济关系，即"伊斯兰国"向阿萨德售卖石油，那么是否可以驳斥这种假设？人们可能会自然而然地认为的确可以驳斥，因为人们通常不会在战争中与对手进行交易。但是，这在根本上应该是一个独立于假设为真与信息可靠之外、或真或假的假定。或许"伊斯兰国"与阿萨德最终是为了击败对方，但是他们起初的重点是率先打败其他的叙利亚抵抗力量（并且现在是为其各自计划在进行合作）。或者，他们现在也可能是正积极努力去击败对方，但是每一方都相信自己可以从这种经济关系中获得比另一方更多的收益。更一般地讲，似乎有三种针对该信息的可能回应方式可以削弱这种假设：①否定该假设；②否定该信息，因为它不可靠；或③否定其中的矛盾点（并认为假设与信息之间是相互一致的）。此类辅助假定的合理性对于评估处于讨论中的假设至关重要。但是，如果选择不去直接言明并且认真思考这些假定则异常轻松。因此，**发展假设**的适当方法是一定要去关注这些假定，并对其进行认真评估。

贝叶斯主义也间接要求分析人员思考这些辅助假设。分析人员使用 Prob(I│H&K) 向 Prob(I│~H&K) 作比，借以确定 H 在 I 的条件下具有更高的概率。在评估这两种概率时，如果假设为真，则要考虑信息在多大程度上具有可信性；以及在假设为假时，信息的可信度又是多大。尽管贝叶斯主义并非唯一注重辅助假定的方法，但它的确凸显了辅助假定的重要性，并且要求分析人员去评估所需假设与信息之间的潜在联系。

12.4 解释主义的方法：作为评估解释力的发展假设

证伪主义与**贝叶斯主义**对假设进行优先评估，为的是对其进行成功预测。假设是否会令分析人员思考本不存在的东西的存在性（**证伪主义**）？假设是否会令分析人员思考某事存在的可能性要比不存在更高（**贝叶斯主义**与似然比）？两种理念都聚焦于对信息的预期。相比之下，**解释主义**则注重某假设（如果为真）能够在多大程度上增进人们对**发展假设**的对象的理解。它不仅强调要预测成功，而且还有一个更大的概念，即解释力。长期以来，哲学家都将一种类型的推导称作"溯因推理"或"推导出最好的解释"（参见第1章）。同时，**解释主义**是一种发展假设的方法，而**发展假设**则是此类推断的中心用法。虽然**证伪主义**通过演绎推理的方式去辨别某假设的含义，用以指出其潜在错误之所在。**贝叶斯主义**则通过公式来计算某假设的概率（并且暗中使用归纳推断的方式确定它们在某些案例中的概率）。但是**解释主义**则注重于归纳推理，其目的并非为了确切判断它是真是假，也不是真和假哪个更加具有可能，而是为了确定最有用的选择。①

此类推理的理念通常归功于哲学家查尔斯·桑德斯·皮尔士（Charles Sanders Peirce, 1839—1914）②，它是通过"解释力"从那些可得到的"最好"情况中辨认出某假设。该理念在20世纪后半叶的哲学家圈子里十分流行，因为一些有关论证的看似合理的术语，不仅仅只有演绎的内涵或是归纳意义上（统计学上）的推理。随着时间推移，这个理念得到了进一步传播，因为它看起来能够更好地去描述许多科学实践（特别是在试图对新现象或是尚未探索完的事情提出假设并进行检验的早期阶段）。再后来，哲学家彼得·利普顿（Peter Lipton）③ 提供了关于"最佳说明的推理"最完整和最可靠的阐释，并且形成了其自身有关**发展假设**的一个全面成熟的不同视角。④ 解释主义指出，某假设的"魅力"就是其"可能性"的指南。这就是说，关于X的某假设（如果为真）能够为X提供理解的程度（它的"魅力"），也是该假设就是X的可能解释的程度（它的"可能性"）。

一般而言，**解释主义**认为由**发展假设**得出的判断经常是具有相对性的。也就是说，它们所提供的是从"最好"到"最差"的可用选项排名，而并不（潜在）意味着总体判断就要比所有可能选项都好。

假设的"魅力"体现的是关于它拥有各种"解释性特质"的程度问题。对于这些特质是什么，有很多不同解释，但所有都是用于衡量假设（如果为真）对于增进某人理解的程度。以下是利普顿给出的六个例子⑤：第一，用于增进理解的假设，是通过某个单一方法集中了从属不同主题的多种理论。这是假设的"范围"（scope）或"统摄潜力"（unification potential）。第二，用于增进理解的假设，能够帮助揭示出此前尚未考虑到的新关系。这是假设的

---

① **证伪主义**并不能确定某假设的正确性，但是的确能够进一步确定它的虚假性。
② 参见：查尔斯·S. 皮尔士，《皮尔士珍本》（*The Essential Peirce*），第一卷，南森·豪塞尔（Nathan Houser）与克里斯蒂安·J. W. 洛克莫尔（Christian J. W Kloesel）编（布卢明顿，印第安纳州：印第安纳大学出版社，1994）（Indiana University Press），以及《皮尔士珍本》，第二卷，皮尔士项目编辑组编，（Bloomington, IN: Indiana University Press, 1994）。另须注意的是查尔斯·桑德斯姓氏"Peirce"的发音像是"purse"。
③ 【彼得·利普顿】（Peter Lipton），英国人，当代科学哲学领域的著名学者，剑桥大学科学史与科技哲学系教授，研究领域集中于科学中的说明和推理及其结构、科学进步的本质、社会认识论、科学与宗教的关系，以及生物医学伦理等方面。——译者
④ 参见：彼得·利普顿，《最佳说明的推理》（*Inference to Best Explanation*）（New York: Routledge, 2004）。
⑤ 参见：利普顿，《最佳说明的推理》。

"孕育能力"（fertility）。第三，用于增进理解的假设，能够识别出特定的潜在机制或组成成分。这是假设的"一般特征"（general specificity）。第四，用于增进理解的假设，能够精准说明由理论假定的任何数字。这是假设的"量化特征"（quantitative specificity）。第五，用于增进理解的假设，能够很好地与已知正确的（或是有理由确信的）事情相"匹配"。这是假设的"一致性"（consistency）。第六，用于增进理解的假设，以完成其解释工作所需的极少必要条件（敌人、过程、变量）为前提。这是假设的"简洁性"（simplicity）。

　　解释主义并不否认预测成功对于确定最可能假设的重要性，它仅仅将其视作解释所应具有的多种特质之一。更重要的是，该理论鼓励分析人员开发和注重具有解释性特质的假设，而不是仅仅为了得到成功预测。例如这样假设，即2002年A国并未重启化学武器计划，而是希望全世界认为自己或许已经成功预测了A国会在1997年之后会拒绝联合国核查人员进入。但是对于A国的动机（诸如A国领导人为避免邻国入侵，正努力展现出更大的威胁性）而言，该假设又能提供多少更具解释性特质的后续细节呢。这并没有增强该假设的成功预测性，而是增进了对A国领导人意图中潜在机制与组成的理解，因此更具"解释性特征"。此外，对于几个仅仅断言A国在2002年并未重启化学武器项目的假设，任何人都能提出批评，其原因不只在于A国在1997年之后不愿联合国核查人员进入相关设施，而是在于该假设并未对理解A国决策提供更多的帮助。

　　解释主义者的范式有效强调了假设中解释性特质的重要性。虽然解释主义还承认了其在发展假设中的辅助假定作用，但它发挥最佳用途的情况是在人们考虑要去强调解释性假设本身之时。它优先关注理论发展的过程，具体是首先对某理想理论的特质给出可靠说明，并且指出它在多大程度上增进对目标的理解：范围/统摄潜力、孕育能力、一般特征、量化特征、与证据的匹配度以及简洁性。在该方法中，举例而言，提出理论的这个课题不只是要与证据相匹配就达到要求。这只是假设所需的众多理想特质中的一个。最好的假设还需要其他的解释性特质。虽然每一种假设验证方法都承认首先需要通过一些过程来生成假设，但是**解释主义**将该过程提升为发展假设中绝对必要与核心的组成部分。

12.5　比较三种方法：它们有何不同？

　　这三类现有的**发展假设**范式能够激发出不同的灵敏度，并且对应着不同的主要观点的主题。**证伪主义**主要考虑的是外部因素（假设的含义），仅仅是为了能够找到抵制弄虚作假的假设。相比之下，**贝叶斯主义**与**解释主义**考虑的既有内部也有外部因素（假设自身的特点与意义）。**贝叶斯主义**在寻找最可能假设时特别注重定量，而**解释主义**在寻找最可信假设时特别注重定性。它们有着不同的标准。**证伪主义**试图根据每一种选择的含义对其进行驳斥。**贝叶斯主义**则是在独立于信息之外去评估假设的概率，并在假定该假设正确的条件下（而后假设它是错误的）对信息概率进行比较。**解释主义**评估的是如果假设为真，根据其解释性特征，能够提供多少理解。

　　对于**证伪主义**、**贝叶斯主义**与**解释主义**在情报分析中的潜在应用，还有更多可以书写的东西，对于它们的比较见表 12.1 本书的目的，首先并不是在情报推理中去调整和运用诸如这样的一些既有理论，而是要去专门设计和打造出一种新的方法。因此，关于这些方法的完整叙述要不得不等到另一个场合。可能还有许多价值有待说明。目前，从这些方法中获得的教益是，**发展假设**的一个好的方法应当是注重于潜在的证明假设不成立的信息、辅助假定，以及假设的解释性特征。

表 12.1　比较发展假设中的现有范式

	证伪主义 提出猜想并寻求反驳	贝叶斯主义 根据有效证据评估概率	解释主义 评估解释力
关于描述方法的总结	发展假设在评估理论时，根据的是其含义是否能**抵制弄虚作假**	发展假设在评估理论时，根据的是其**固有概率**	发展假设在评估理论时，根据的是其**解释性特质**
关于驱动方法的识别力	外部因素： 假设的含义	内部与外部因素： 假设的**定量**特征及其含义	内部与外部因素： 假设的**定性**特征及其含义
关于定义方法的主题	假设 H 是否已经抵制了所有对其**证伪**的企图	假设 H 是否是最具**可能**的假设	是否有更多的理由确信假设 H 要比其他任何替代性的假设 H* 为 X 提供更多理解
关于指导方法的标准	假设 H 的含义**并未被证伪**	假设 H 的**似然性**与/或**先验概率**要高于任何替代性假设 H* 的似然性与/或先验概率	假设 H 要比其他任何替代性的假设 H* 为 X 提供更多理解
关于从方法中衍生的重要观点	发展假设应当强调**潜在能够证明假设不成立的信息**	发展假设应当强调**辅助假定**	发展假设应当强调**理论的解释性特征**

第13章
发展假设的多维方法
关于观点、信息与含义维度的介绍

只有当分析人员能够向他们的用户展示出符合理想标准的推理时，情报分析才最具意义。**多维**方法认为这种理想标准包含三个同等重要的维度：个人（理想的推理展示正确的良好习惯）、程序（理想的推理遵循正确的规则），以及问题导向（理想的推理需要正确的问题）。所有这些领域都反映出了情报推理面临的特有挑战，但是问题导向是其中能够最直接从情报推理目标中获得启发的维度。这里的目标则是指用户的竞争者或对手，而它又引出了信息不充分、信息不相关、信息不确定性以及信息无意义等问题，并且每种问题都分别在如下对应的四种推理中得到了最好回应：**发展假设**、**因果分析**、**前景探索**与**战略评估**。这是推理在问题导向方面的第二个维度。本章解释了**发展假设**的**多维方法**——情报分析的推理所想解答的问题是"正在发生什么？"第一，它描述了情报中**发展假设**的目的；第二，它提出了一种（基于现有学术理论构建的）适用于分析人员的新的**发展假设多维化**理论；第三，它描述了情报中**发展假设**实践。

13.1 关于情报分析中发展假设目标的多维方法

发展假设是用于推理：对于正在发生什么而言，什么才是最合理的理论。它指向的是关于"信息不充分"问题的认知挑战，或是从有限的可靠数据中进行推理。为此，该方法要找到可靠的理论，定位这些理论假定之间的潜在联系，并评估什么信息能够决定什么是最可靠的理论。这种考量在情报分析人员的推理中发挥着三种重要作用：直接、间接与结构性作用。

首先是分析人员推理中**发展假设**的直接作用。情报用户有时提出的问题明

第四部分　情报分析人员的假设推导理论：关于"正在发生什么?"的推理范式

显属于**发展假设**的形式。一些知名的例子，包括："如果美国入侵朝鲜，中国在朝鲜冲突中的计划是什么？"（1950 年朝鲜战争），"埃及与叙利亚在以色列边境集结军队的意图是什么？"（1973 年赎罪日战争），以及"什么团体能够得到最强大的支持，进而成为后革命时代伊朗的领导人？"（1979 年伊朗革命）。所有这些都属于直接的**发展假设**形式的问题，因为它们直接询问的是一些事件的当前事态，而这些事件的不确定性就源自于有限的可靠数据（例如，关于中国的计划，埃及与叙利亚的意图，以及伊朗激进团体所受到的欢迎）。这些问题是"正在发生什么？"的直接版本。现在要注意的是，所有这些都关乎一些事情的现状（或过往）。尽管在人们在谈及什么是中国的计划、埃及与叙利亚的意图，或哪些团体可能成为伊朗领导人时都有着关于未来发展的参照，但是这些问题所问的并非它们各自实际在未来要做的事情，而是它们的现状。因此，在不考虑探索**发展假设**的其他原因的情况下，不可否认的是分析人员需要准备好去回答用户有时关于此类问题的直接提问。

发展假设还在分析人员的推理中发挥着间接作用。尽管情报用户有时提出的问题明显属于**发展假设**的形式，但是他们更愿意以含蓄的方式提问。当一些问题中不包含"正在发生什么？"这一结构，而是只能像是对具备此类形式的问题进行作答时，便属于间接的**发展假设**形式的问题。例如，"如果美国入侵朝鲜，中国会做什么？""假使埃及和叙利亚入侵以色列会怎么样？"以及"假使拥护神权的革命者取得伊朗政权会怎么样？"。这些问题的结构都不直接属于**发展假设**的形式（它们都属于前景探索的形式，即"何时何地可能发生变化？"）。然而，它们需要分析人员对此前提及的潜在**发展假设**问题准备好答案。这就是说，对于理解中国面对美国入侵朝鲜的可能举动，人们必须考虑中国当前为应对此类情况的所作所为。同样，为探索埃及或叙利亚对以色列的入侵问题，人们也必须首先考虑当前情形（人们应当考虑的是一场即将迫近的入侵，还是一场未来的进一步入侵活动？）同时，针对拥护神权的革命者取得伊朗政权的结果进行评估时，人们必须首先了解他们的受欢迎程度以及群众基础。因此，尽管情报用户可能会频繁提出**前景探索**（甚或是**战略评估**）形式的问题，但是其往往需要率先回答具有潜在的**发展假设**形式的问题。现在，显而易见的是，分析人员对于一些情势已经作出了充分的前期分析并且得到了这些问题的答案。其中的关键就是，要检查确定所有的案例以及这些更加基础性的问题都要经过考量。因此，分析人员在面对用户有时提出的间接问题时，需要准备好去评估其中的**发展假设**形式的问题。

发展假设在情报分析人员的推理工作中发挥着基础性、结构性作用。它所代表的是分析人员针对其所分析的目标进行思考的四种主要形式之一：这些目标就是用户的竞争者或对手以及由于"信息不充分"造成的问题。对于在情报推理工作中区别不同形式推理的而言，信息不充分是一项基本的认知挑战。从根本上讲，这种挑战包括用于支持分析人员开展推理的可靠数据受限，以及由此导致的巨大不确定性和分析人员得出不合理判断的巨大风险。因此，他们需要一种推理方法，能够专门在可靠数据受限的情况下开展工作，目的在于从认知上"以少做多"（do more with less）。这是**发展假设**的一种结构性作用。在上述关于朝鲜战争中的中国、赎罪日战争中的埃及与叙利亚，以及伊朗革命中拥护神权的革命者等事例中，所有的竞争者都一定会主动地试图阻绝其对手获取一切可能有关其意图、计划与能力的可靠数据（当然他们实际上也是这么做的）。分析人员是不可能得到全部可靠数据的，原因在于对手已主动将这些数据进行了隐匿。此类情形有助于去界定情报分析目标的所思所想，并确定**发展假设**中推理工作的结构性需求，但也会因此出现信息不充分带来的挑战。

　　发展假设在情报分析中处于中心地位，原因在于信息不充分带来的挑战对于情报分析而言是决定性的。然而，尽管这是分析人员推理工作的典型不同之处，但是它依旧属于一种关乎程度的问题。换言之，可靠信息受限虽然不完全是情报分析所独有的问题；但是它却具有决定性的意义。与此相同的问题还存在于一般的推理工作中，并在**信息化时代**愈发显著。由于并非所有信念都是正确的，因此一切推理工作都会遇到与可靠数据受限相关的困难。在信念与知识之间存在一种理论上的鸿沟：即人们所认为的案例的情况与案例本身的实际情况。（即使是）有效的证据也鲜有能保证评估为真且实际也为真。几乎总会有一些出错的可能。"不确定性"在最字面的意义上讲就是不确定（not being certain）（确定性=人们不可能根据他们所具备的证据相信它是错误的）。对于人类的所有推理而言，这一点可能在所有情境中可能都是正确的。对于情报分析中的推理工作而言，这一点也上升成为一种独特又具有决定性意义的挑战，因为它的威胁程度在极具增加。并且在**信息化时代**中，对于什么是真实情况而言，上述问题也变得更加严重。这个时代的特点是信息的创造与传递速度和数量正在呈指数级增长，这也使得出现不可靠数据的可能相应上升。这使得寻求可靠数据的概率实际上会成比例下降（正如较之可靠数据，会生成更多的不可靠数据）。因此，信息不充分的问题与**发展假设**的需求，对于情报分析具有格外重要的意义，但是它们也存在于一般推理之中并在**信息化时代**越益凸显。要令分析人员在思考中将注意力聚焦到这种挑战上，重视它在情报的**发展假设**中的结构性地位。

　　发展假设在分析人员的推理工作中还有最后一项作用。由于这项功用并不属于本书所强调的三种"正式的"作用，因此也没有在此前提及。根本上讲，这是一种运用**发展假设**的方法，但可能并未得到**多维化**方法的支持。因此，这里所提及的仅用于承认其具有可操作性，以及解释在一般意义上并不对其进行推荐的原因。在理论上，**发展假设**可作为情报中问题导向之类推理的一种"通用"方法。尽管大多数用户的问题可能并不直接属于发展假设的形式，但是任何问题都可以将其以**发展假设**的形式进行评估。尽管本书将"正在发生什么？"作为**发展假设**形式问题的范式，在回答其他三种问题范式时，即"为何正在发生？""何时何地可能发生变化？""用户能够怎样应对？"，在理论上至少也可以运用**发展假设**的方法。这就是说，人们可以将关于溯因的理论、关于未来的理论、关于策略的理论以及**发展假设**的方法运用于其中：确定合理的理论，定位隐藏于这些理论之间具有联系的假定，并且评估什么信息最能确定这些最合理的理论。同时，在本书推进的发展假设方法论中，没有任何阻止分析人员采纳这一方法的固有考量。因此，它一定能够实现。而问题更关乎是否应该这样去做。或者，强调本书关注点的目的在于，对分析人员而言，这样做是否是理想的选择？对于情报用户而言，采用发展假设的方法去回答**因果分析**、**前景探索**或**战略评估**问题，是一种好的推理范例吗？答案显然是"否定的"，原因在于其他种类问题除信息不充分之外还要面对更多的挑战（信息不相关、信息不确定与信息无意义）。发展假设并非是专门为这些类型的问题所设计的。因此，在这些问题中运用该方法也非最佳选择。分析人员可以运用该方法，但其结果或许只是比没有使用问题导向的方法要好一些。如果分析人员只能掌握**发展假设**、**因果分析**、**前景探索**与**战略评估**中的一种，那么在某种合理的情况下应当聚焦于**发展假设**，并一般将其用于应对所有的问题导向推理。但是，这当然也不是最理想的选择。因此，本书并不推荐这种方法。

13.2 多维方法：一种为情报分析人员适用发展假设的理论

本书最根本的观点是情报分析中的理想推理是多元化的。其中的主要维度就是个人、程序与问题导向。在第二层的维度中，（例如）问题导向方面就包括**发展假设**、**因果分析**、**前景探索**与**战略评估**。在第三层维度中，（例如）发展假设方面就包括观点、信息与含义。但是**发展假设**的这些不同方面接下来又是什么？当人们试图去回答"正在发生什么？"这一问题时又能够从哪三种不同的视角呢？

情报分析中发展假设的多个维度大致等同于同时强调以下三种现存的学术

方法，即**证伪主义**的方法、**贝叶斯式**的方法与**解释主义**的方法。潜在的证明假设不成立的信息、辅助假定，以及假设的解释性特征。该理论明确是为从这三类范式中找到"最佳的"一个（参照第 12 章）。在**多维**方法中，上述这些代表着用于处理发展假设的三种视角。它们所代表的是其不同的关键方面，而且其中的每一个方面都有理由优先回答"正在发生什么？"这一问题。这三种维度是平等的，并且聚焦于它们的处置办法也是如此。但是，在与这些维度相关领域的某些不同方向里，其中的方法也具有功能性差异。发展假设中的各维度具有对称相关性（symmetrically related）。其中的含义就是，它们之中的任意两项（大体上）均可导出（或至少可用于研究）第三项。尽管分析人员在起始阶段最常做的是生成假设，而后对其进行评估，最后必须在接下来的阶段去探讨这些假设，但是上述"阶段"都包括在了所有的三种维度之中。这其中的差异就在于推理目标是什么维度。当聚焦在观点维度时，与之对应的方法即为**辨证假设生成法**。但是当聚焦点替换为信息维度时，则相关方为**三元假设推导法**。同时，无论何时聚焦至含义维度，对应的方法即为**潜在三元假设剖析法**。

　　在**发展假设**的**多维化**方法中，首要方面是观点维度。对于发展假设而言，它所代表的视角是可能的解释性假设。它回应"正在发生什么？"这一问题的方法是通过解决次一级问题，即"**对于正在发生什么而言，什么是最合理的理论？**"它所做的就是建构一系列显著、合理并得到很好凝练的解释，用以帮助确定怎样以最合理的方式去说明正在发生什么。当前，尽管人们都意识到了生成假设的重要性，但是一个相当大胆的观点是建议将生成假设与评估假设置于同样重要的位置。而且不管怎样，之所以这样做的原因也是显而易见的。无论人们的评估过程有多么严谨，如果正在评估的假设并非是一组强有力的方案，那么最终的结论也将如此。无论分析人员的评估过程多么严谨，他们得出判断的质量永远不会高于那些他们所考虑到的方案选项。更加坦率地讲："进去的是垃圾，出来的肯定也是垃圾。"相比之下，如果分析人员能够想到一套独特、凝练又合理的方案选项，那么即使他们的评估并没有做到十分严谨，也依然会得到一个独特、合理且凝练的结论（即使它是错的）。对于这一点，另一个需要仔细考虑的问题：是为用户提供一个合理、凝练但却错误的判断更好，还是在技术上正确但并不凝练的判断更好？在前一种情况下，分析人员依旧能展示出理想推理工作的某一重要方面，但是在后一种情况下则难以实现。显然，这里恰当的方式是将生成假设与评估假设视作同等重要。但是至少在理论上，如果一定要在二者中选择其一，那么选择生成假设或许要比评估假设更能得到一个好的结果。① 但是，生成假设并不能像是评估假设一样在严谨性和复杂性上得到相同程度的关注。不过理应得到。这也就是在**发展假设**中，为何将可能的解释性假设作为其三个等同方面之一。

在**发展假设**的**多维**方法中的第二个方面是信息维度。**发展假设**正是要从可能信息的角度去评估假设。该方面在试图回答"正在发生什么？"这一问题时，通过的是如下子问题，即"对于正在发生什么而言，**确定最合理理论所需的最佳信息是什么**？"它所评估是信息对于支持或有损假设的程度，也就是它决定了怎样最合理地去说明正在发生什么。这应当是一种相对不会引起争议的方法，因为没有人会否定评估假设的意义。显然，在决定合理性时，即使是一套很好而合理的假设，也不如一套很好又得到严格评估的假设更加有用。假设评估显然十分重要。推进至这里稍显"纠结"的一点是，该维度强调的不仅仅是用于评估假设的信息，还聚焦于那些最能确定最合理理论所需的信息。这就是说，**证伪主义**对信息是否具有"诊断性"的重视为其带了启发——它帮助减少了仍旧看似合理的假设的数量。该维度为的并不是去一字一句指出值得确信的证据并不存在（正如，证伪主义意义上的"正式"观点），但取而代之，它所要做的是强调具有潜在可证伪性信息的特殊重要性。同时，谈及用于支持假设的优点，应当对发展假设给予关注，而后再去驳斥那些最可能的反对意见。这也就是在**发展假设**中，为何将用以评估假设的可能信息作为其三个等同方面之一。

在**发展假设**的**多维化**方法中的第三个方面是含义维度。这是**发展假设**体现在假设与信息之间可能联系的范畴。该维度在探讨"正在发生什么？"这一问题时，通过的次级问题是："对于正在发生什么而言，**最合理理论所需具备的假设条件是什么**？"它的策略是通过识别假设与可用信息之间可能的潜在联系，进而确定其中哪些最能说明正在发生什么。在所有的三个维度中，这显然至少是科学哲学之外最值得推荐的方法，因为它关乎的是**发展假设**中最易被忽视的一个方面：辅助假定。②"辅助假定"不仅仅是某假设中的一个"一般性"假定，它还使得这个假设具有了判断有关信息存在与否的含义，从而令存在的信息具备证实或证伪该假设的可能。换言之，可以简单认为如下：

1. 信息 I 存在。

---

① 当然要注意的是，我的观点是二者同等重要，也并非偏好生成假设。相反，我仅仅认为在它们当中进行选择时，应当是在等同的条件下。

② 对于该问题的象征性讨论，参见：W. V. O. 奎因（W. V. O. Quine），"经验主义的两个教条"（Two Dogmas of Empiricism），《心理学评论》（*The Philosophical Review*），60，1（1951）：20-43。

2. 因此，假设 H 是错误的。

或者，可以讲人们需要一种论断将假设 H 与信息 I "联系在一起"。

1.5. 如果假设 H 为真，则信息 I 不存在。

现在，可能用上述中的论断"1"与"1.5"推得"2"。这是推导中一种特别普遍的可用方法，在拉丁语中称为 modus tollens（否定后件推理）。如果分析人员准备试图通过使用信息对假设进行证伪，那么他们一定要依靠辅助假定来得以实现。考虑一个简单的例子：

1. 2001 年，再一次观察到某型卡车（以曾经运载 A 国化学武器而著称）与 A 国军队具有联系。
2. 因此，A 国并未重启其化学武器项目的论断是错误的。

在没有假定论断将该信息与关于没有大规模毁伤性武器项目重启的假设对应起来的情况下，作出这样的推论并不合理。这样的论断，例如：

1.5. 如果 A 国没有重启其化学武器项目，则不可能观察到某型卡车与该国军队在一起。

一旦该辅助假定得以明确，将会立即引出关于这些卡车是否具备其他用途等类型的其他问题。但是当其模棱两可时，实际上可能会"略过"这些信息。在缺乏类似能够强调论断重要性的方法时，对假设进行严谨推理显然是不可能的。这就是在**发展假设**中，为何将那些可能把假设与信息联系在一起的提议，作为它的三个等同方面之一。这即是含义维度。

可以讲，**发展假设**的多维化方法就是三种同等重要的方法用以回答"正在发生什么？"这一问题。分析人员回答这一问题可以通过以下三个问题，即"**对于正在发生什么而言，什么是最合理的理论？**""对于正在发生什么而言，**确定最合理理论所需的最佳信息是什么？**"，或"对于正在发生什么而言，**最合理理论所需具备的假设条件是什么？**"这三个次级问题并非是因为它们可以相互独立存在，而成为"**正在发生什么？**"这一问题的三个"部分"。相反，它们是该问题的三个维度：它们能够相互分辨，但它们不能脱离彼此而存在。正如理想推理总体上是由以下三部分同时组成的，即思考者的个人特质、思考过程的程序规则，以及有所针对的思考问题。因此，**发展假设**也是由如下三者所同时构成的，即可能的解释性假设、用于评估假设的可能信息，以及假设与信息之间的可能性联系。在没有同等强调上述三者的情况下，一般的推理不会达到全然理想的状态。并且，在没有同等强调上述三者的情况下，**发展假设**也不会达到全然理想的状态。同时，关于三者间的比较，可见图 13.1。

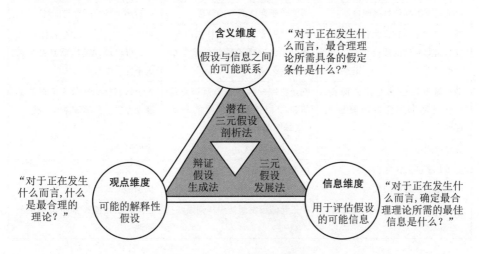

图 13.1　发展假设维度概览

在探讨分析人员如何将上述三个维度的方法落实于**发展假设**实践之前，值得注意的是为什么会把问题导向维度实际称为**发展假设**。在本书中，读者可能会疑惑，为何不将"**正在发生什么？**"这一问题称作"验证假设"（hypothesis testing）。尽管在讨论验证假设上已经有了完善的先例，但是这个词汇的选择在寓意上要比该方法所欲实现的要狭隘许多。"验证"是一个模糊的术语。它可能更多是与某种诊疗方法联系在一起，用以判断某事物的建立是对还是错（例如，某人已经或是还未具有某种病症，计算机已经或还未感染某种病毒，汽车电池已经或还未耗尽等）。基于对验证一词的上述阐释，验证假设这一术语便意指某事将会是一项"一步到位"（one and done）的活动。然而，这在根本上忽视了创造假设的过程，以及在存在辅助假定条件下潜在的可证伪性信息与假设之间的"相互交流"。进一步讲，它们之间难以彼此区分。生成假设的一种方式是通过开放另一种替代方式去解读相同的信息。验证假设的目标不应当简单是对假设给出一蹴而就的判断，以及找出最可能正确的一个，而是从所有可能性假设的演变中为用户的思考开发出最好的可能选项。人们可能会说这反映的是"验证"的不同一面，正如某些人会说一个发生在生活中的特殊挑战"检验"了他们，并使得他们得到成长并走向成熟。然而，对于讨论这一观点更加简洁与直率的方式是用**发展假设**对其进行替换，用以对"**正在发生什么？**"这一问题的推理工作。对以上内容的总结参见表 13.1。

表 13.1　比较发展假设中的维度

观点维度	信息维度	含义维度
可能用于解释信息的假设	可能用于评估假设的信息	可能用于联系假设与信息
提问"对于正在发生什么而言，什么是最合理的理论？"	提问"对于正在发生什么而言，确定最合理理论所需的最佳信息是什么？"	提问"对于正在发生什么而言，最合理理论所需具备的假设条件是什么？"
确定对于正在发生什么而言，什么是独特、合理而凝练的理论	确定将每一种理论与所有可用信息"相适配"所需的思维"成本"是什么	确定依据什么能够声明最好的理论得到了关键信息的支持
假设的生成	假设的评估	假设的分歧
至少具备的先决知识；认识论上的悲观主义	中度具备的先决知识；认识论上的中庸	最先决的知识；认识论上的乐观主义
在**辨证假设生成法**中得到强调	在**三元假设发展法**中得到强调	在**潜在三元假设剖析法**中得到强调

13.3　情报分析中发展假设实践的多维方法

本书旨在为情报分析人员的推理工作提供一种健全的理论，且该理论能够在更广阔的范围内与其他相关的学术理论相联系。但是本书也同样旨在为**信息化时代**的分析人员从事推理工作提供一种健全的理想描述，为分析人员自身建立一个可能的"榜样"，同时为其他人在进行同样方式的推理时提供灵感。基于上述愿景，就必须要从理论迈向实践。本书最终为**发展假设**开发出三种不同的方法，每一种都设有独立章节。撰写本部分的目的是去对它们进行介绍，并探索它们是怎样从那些已然详尽的理论中孕育而出的。需要注意的是，本部分的目并不是为了全面描述如何运用这些方法，或是为其提供应用范例。对此，读者可以查看相关的对应章节。本部分为的是对其进行从"理论"到"实践"的转化，并完成搭建。

辨证假设生成法针对的是观点维度，用于构建合理且凝练的可能解释性假设。该方法在阐释假设生成过程中，会减少自由形式创造中的那些"从无到有"的情况，并且会更加注重观点的构想、孵化、传递直至完全成熟，以使其能够独立存在。换言之，它试图产生假设的方法是，逐字逐句通过使用两个假设去重新产生并定义其他假设。在概念上，它从 19 世纪哲学家 G.W.F. 黑格尔的"辩证法"著作中汲取了"辩证"方法论，前者也是西方文明中重要

第四部分　情报分析人员的假设推导理论：关于"正在发生什么？"的推理范式

的历史观点。这种观点也被称作是从"抽象、否定、具体"这样的三重过程中发展而来的，该过程也经常用作以非哲学的方式简化阐释其著作（以及他形而上学的高级追随者，像是卡尔·马克思），如"正题、反题、合题"①（"thesis, antithesis, synthesis"）。在这种**发展假设**的方法中，"抽象/正题"就像是某个假设，"否定/反题"就像是辅助假定，它的加入能够使假设与信息适配在一起。更具体地讲，这里提出了一种解释性理论（"正题"）。之后，信息似乎与其在以下情况中并不一致，这一情况即：为解释该信息而将其用于开发某个具有对立解释性的理论（"反题"）。最后，**辨证假设生成法**依托信息与含义维度优先去探究观点维度。

　　三元假设推导法强调的是信息维度，用于评估什么信息才能够最好地确定最合理的理论。该方法使得假设评估过程所探索的不仅仅是假设中具有与其相悖的信息的程度，而更多的是为探索针对每一种假设应当作出怎样的假定，以令它们中的所有都能与全部信息相一致，并确定这些假设是否"值得"这些智力"成本"。该方法十分需要辅助假定在定位最具诊断效用的信息上发挥作用。这一类推理工作起自于确定相关的可能假设，并在这之后利用可用信息对这些假设进行比较，以找出那些可能被称作与其相悖的东西。更确切地讲，在假设为真的情况下，它所寻求的是那些"预期较少"的信息。（这就像是在类似的**证伪主义**范式情况下，使用**贝叶斯**范式中"似然"这个概念。）由此，该方法从诸如竞争性假设分析②的方法中得到了一些启示。然而，接下来便是分析人员要考虑为将所有似乎不一致的东西"剔除"，要做些什么。必须要对假设做哪些修正？而后要思考的是，作出这些假定所需的智力"成本"。如果使某假设"适配"信息的唯一潜在方式是运用一个独立已知为假的辅助假定，那么只有这样才能对假设进行驳斥。如果在此次推理完成后还留有超过一个的假设，那么分析人员就要考量那些必须要作出的假定，并评估在它们当中任何一个是否可以独立为真。某假设所须作出的每一种可能（但未经确认的）假

---

　　① 【正题、反题、合题】理论是黑格尔从康德的理论上进一步发展而来，它代表的是一种二元论，包含辩证法的三项基本规律（质量互变规律、对立统一规律、否定之否定规律）中的后两项。黑格尔认为，一切发展过程都可分为三个有机联系的阶段：一是发展的起点，原始的同一（潜藏着其对立面），即"正题"；二是对立面的显现或分化，即"反题"；三是"正反"二者的同一，即"合题"。正题为反题所否定，反题又为合题所否定，但后者并非简单否定，而是否定之否定或扬弃。换言之，合题将正反两个阶段的某些特点或积极因素在新的或更高的基础上统一起来。——译者注

　　② 参见：理查兹·J. 霍耶尔（Richards J. Heuer Jr），《情报分析心理学》(*The Psychology of Intelligence Analysis*)（美国中央情报局：情报研究中心，1999），以及理查兹·J. 霍耶尔（Richards J. Heuer Jr）与伦道夫·弗森（Randolph Pherson），《情报分析中的结构化分析技巧》(*Structured Analytic Techniques for Intelligence Analysis*)（Thousand Oaks, CA：CQ Press, 2010）。

定，都不能同其相悖（但并不需要完全将其剔除）。这就像是**解释主义**与**贝叶斯主义**一些版本中的"简洁"这一概念（也被称作"**奥卡姆剃刀原理**"）。注意，与**辨证假设生成法**相似的是，该方法达成某一维度（在该种情况下是信息维度）的方法是利用其他两种维度（观点与含义）。因此，**三元假设推导法**在运用观点与含义维度对"正在发生什么？"这一问题进行推理时，强调的是信息维度。

应当对**三元假设推导法**进行一个快捷的说明。它所呈现的是评估最"合理"的理论，而非最"可能"的理论。由于该方法同时在定量（**贝叶斯式**）与定性（**解释主义**）范式中汲取了灵感，因此关于该机制是否适合去进行全面定量评估是存在某些模糊性的（以及/或潜在的争议）。最终，该方法旨在具备某种结构，其中人们能够进行定量判断，但是并不一定要假定分析人员充分具备所用的信息。因此，这里使用的是合理这一相对较弱的信息（以显得更加"中性"）。不同的是，如果读者像是在完好的数据集中仅使用定量公式（如**贝叶斯**定理）一样，想要更加限制地去使用诸如可能这样的术语，那么该方法（尽管整体架构依然有效）就需要增加更多的内容。如果读者对术语的使用比较灵活，那么就能够以更多的"非技术性"理念对其进行使用。

潜在三元假设剖析法突出的是含义维度，确定的是最合理理论所需具备的假定条件。理性思考者表现出的是自我反思性，即除其他方面外，为获得真实结论还必须具备哪些真实情况。该方法从多个方面对假定的关注，是将期望寄托于情报分析人员（例如，要求他们注重其给出的假定要符合间谍情报技术标准）。然而，在假定方面的注意力主要体现在对其合理性的评估中（例如，体现在"**关键假定检查法**"这种流行的方法中）。尽管这一点很重要，但是这种方法所突出显示的是假定应更少去检查某个关键假定，取而代之的是要更多去确定首要的关键假定是什么。对于致力成为分析人员的人，一个普遍性问题就是他们无法确定作出最终判断所依据的假定。当被问到"你的假定是什么？"这一问题时，令人不感意外的是他们会通过参考他们曾使用的可靠信息或是其结论的重述版本进行回应。然而，假定与某些信息或某些结论是并不相同的。他们是某种第三要素：这种要素使信息与假设关联起来。更广泛地讲，这种强调是从**贝叶斯发展假设**（来自认识论与科学哲学）中获得了思维上的灵感，这也特别反映出辅助假定在评估关于否定可用信息的假设中的地位。该方法建议分析人员重视他们的结论，以及他们喜欢且可以想到的最具说服力的论点（通常涉及某条关键信息）。他们努力想出一种可能的方式，在结论错误的情况下，用以保证论点的正确性。分析人员接下来会确定（以前没有说明的）他们拒绝这一选项的原因。该项原因就是一个假定。他们会继续试图找出在结论错误的情况下，能够保证原始信息正确性的其他方式。他们拒绝这些选择的原因就构成了进一步的假定。因此，像**发展假设**的其他方法一样，该方法针对的是其中一个维度，而其他两个维度则为其发挥驱动作用。因此，**潜在三元假设剖析法**首要将含义维度作为其运用观点和信息维度思考"正在发生什么？"这一问题的策略。

为总结**发展假设**实践的相关讨论，重要的是要记住这些方法论不仅在其强调的问题上不尽相同，而且还可以根据他们优先考虑的个人维度中的良好习惯、程序维度中的规则进行区分（表3.2）。尽管所有的良好习惯与规则对于所有方法都很重要，但是其中一些对于特定方法尤为重要。即使分析人员在实践中的注意力更多会聚焦于某事物的问题方面，但他们依然也要在脑海中考虑其他因素。随着时间推移，或许重要的是要为所选的方法引入更丰富的多样性，用以转变他们（隐性）强调的良好习惯与规则（以避免出现个人或程序维度的失衡）。那些过于频繁或过少使用这些方法的分析人员，因此会去过度关注（或远离）其中的某些良好习惯或规则。有时运用某种**发展假设**的方法之所以具有意义，是因为它优先关注的是良好习惯或规则，但是在通常情况下，它所依据的还是**发展假设**中最值得注意的维度：观点、信息或含义。

表 13.2　发展假设的方法中强调的个人与程序维度

注意：每一种良好习惯、规则与问题对于每种背景都很重要；这些良好习惯对于对应方法的关注重点尤为重要。	辩证假设生成法	三元假设推导法	基本假设三角剖分法	注意：每一种良好习惯、规则与问题对于每种背景都很重要；这些规则对于对应方法的关注重点尤为重要。	辩证假设生成法	三元假设推导法	基本假设三角剖分法
1. 谦逊：自信 vs. 不确定性		√		1. 考虑问题的维度			√
2. 咨询的积极性：中立性 vs. 现实世界中的关切	√			2. 证实决策的意义	√		
3. 求知欲：广度 vs. 深度		√		3. 彻底研究分析对象		√	
4. 敏感性：看到相似性 vs. 差异性			√	4. 清晰地构建过程			√
5. 效率：周密 vs. 权衡	√			5. 将紧密相关的信息区分出来	√		
6. 描述性：运用定量 vs. 定性		√		6. 质疑每一个推断		√	
7. 反思性：关注自身 vs. 他者			√	7. 开发合理的替代方案			√
8. 多面性：既有范式 vs. 自发适应		√		8. 认真对待反对意见		√	
9. 融合性："自下而上" vs. "自上而下"	√			9. 不断启发判断			√
10. 务实：看到威胁 vs. 机遇		√		10. 推想新的问题		√	
11. 讲究：特殊性 vs. 一般性			√	11. 确定证明的局限性			√
12. 宽容：反对 vs. 改进		√		12. 找到更广泛的背景	√		

第五部分

情报分析人员的假设推导实践:关于"正在发生什么?"的推理

第 14 章
如何产生新的想法
"辩证假设生成"方法

高质量的情报分析往往需要多个有力的替代方案。当情报分析人员认为某种说法是对可用信息的最佳释义时,他们实际上已经开始进行比较了。因为所谓的最佳解释实际上是从已确定的选择中得出的最佳结论。替代方案的重要性现在已被大多数情报分析人员广泛认可,甚至已经被列入美国国家情报总监办公室的官方谍报工作标准。因此,即便最终的情报产品没有纳入这些方案,大多数情报分析也会涉及针对替代方案的评估,但对于完善的情报分析来说,仅仅有替代方案是不够的,正如有多个候选人也并不足以进行一次成功的选举一样。如果只有一个方案是完全可行的,或者分析人员只对一个方案进行过深思熟虑地研究,那么这个过程便已简化成为一次名义上的筛选。要对替代方案进行缜密分析,不仅需要对早期的方案进行评估,还需要审慎把握多个关键且合理的方案。现在我们将提供给分析人员一些关于如何生成有力替代方案的建议。

14.1 问题导向方面:建议分析人员提出哪些问题?

选择**辩证假设生成法**的分析人员一般会将一类特定问题贯穿其推理的整个过程。首先,他们会从全局角度发问"正在发生什么?",并将其应用于**发展假设**的过程中。例如,他们的客户可能会直接询问对手的隐藏意图,或者秘密叛乱组织的军事能力,或者独裁者在本国工人阶级中的实际支持情况。此外,客户可能会间接提出一个**发展假设**类型的问题,要求分析人员进行战略评估、前景探索或因果分析,而这些都是需要先进行**发展假设**的。分析人员不可能在没有研究入侵路径可能是什么样子的情况下（例如，询问**前景探索**问题"**何时何地可能发生变化？**"），研究如何阻止对手入侵其邻国（询问**战略评估**问题"**客户如何应对？**"），这就意味着研究了影响对手与邻国关系的最相关力量（提出**因果分析**问题"**为什么会发生这种情况？**"）。而这一切都是在分析人员审视客户对手的当前意图时开始的（询问**发展假设**问题）。

其次，当分析人员使用**辩证假设生成法**时，他们会通过自身提出的**发展假设**来回答子问题"**对于正在发生的事情，什么是可信的理论？**"，这强调了观点的维度，并决定了什么是合理、完善、可能的理论版本。它是一种**发展假设**，首先关注假设的生成。好的替代方案可能很难找到，因为任何人都可以随意地想出主意，关键问题在于它们的合理性如何。因为任何情报结论都将是一种判断，即某事物比它的替代品更可信，所以替代品越合理，结论也就越可信。但要想有合理的替代方案，它们必须不仅仅只是停留在想象中，还必须要经过磨炼，以便在评估时不会被轻易否决掉。这种方法的重点是分析人员的注意力要集中在开发完善的备选方案，从而进行评估。

由于该方法是产生想法的起点，因此它也是所有问题特定方法中最基本的方法。它没有先前工作中的相关前提背景。如果所考虑的选项看起来仍然很脆弱，那么在采用另一种**发展假设**方法之后，分析人员依然可以使用这种方法。当提炼假设时，即是使用该方法对选项做了某种评估。这种方法不仅仅能产生想法，它还是一个自然的（但不是排他的）推理起点。因此，在决定使用**辩证假设生成法**时，建议分析人员从可能假设的角度来询问正在发生的事情，这是他们迈向分析终点的第一步，同时方法本身也可以单纯作为一种推理目的。

14.2 程序方面：建议分析人员遵循哪些规则？

每当分析人员运用**辩证假设生成法**时，他们不仅仅是选择了用一个特定的问题来指导自己的思维，还决定了用一套特定的规则来对其实施建构。他们含蓄地选择了必须遵循的特定程序，并以此来评估他们的想法。这四条强调的规则对该方法具有重大意义，但它们并不是唯一的规则。第一，为了确定相关背景，该方法要求分析人员建立决策意义，而不仅仅是生成假设，要将其发展为完善的决策选择，并引起客户的思考。第二，为了推断合理的结论，该方法要求分析人员进行相关区分，采取一种可能性来找到与其相反的可能性，从而形成一种更有力、更清晰的替代方案。第三，为了想象可能的替代方案，该方法要求分析人员开发合理的备选方案，让他们不仅找到一种可能性，而且在保持其独特视角的同时，通过整合备选方案来获得其中的"最佳"选项去做进一步完善。第四，为了解释更广泛的意义，该方法规定分析人员通过采取特定的可能性来探索更广阔的背景，并试图将其与它的自然对手结合起来，形成一个新的可供选择的方案。因此，**辩证假设生成法**的产生促使分析过程建立决策意义，作出相关区分，发展合理的选择，并探索更广泛的背景。因此，每当分析人员使用这种方法时，他们都会选择在具体案例中努力遵循这些规则，也会选择在一般分析过程中更全面地努力强化这些规则。

14.3 个人方面：建议分析人员体现哪些特点？

如果分析人员采用**辩证假设生成法**，那么他们不仅选择了针对一种问题，而且还要遵循一组规则，同时还可以举例说明特定的认知优点。他们已经决定强调特定的特质，作为他们（理想情况下）想要定义"他们是谁"的思想。这些特质对于较好运用该方法有着特殊的重要性，而运用这种方法也应该使这四个优点更加突出，并使之成为分析人员对自己整体看法的一部分。第一，通过致力于开发既富有解释性又能回答客户问题的合理潜在理论，该方法优先考虑咨询动机的具体优势（平衡中立与现实世界的关注），作为其体现思维中的胆识这种一般意义上的良好习惯的方式。第二，在争取一份几乎详尽无遗的合理选择清单的过程中，该方法侧重于效率的具体优点（平衡彻底与权宜之计），是其通向思维中的自制这种一般意义上的良好习惯的途径。第三，通过使用与理论相悖的特定潜在信息，以及理论上的一般自然选择，该方法突出了整合的具体优势（平衡"自下而上"与"自上而下"的观点），以追求判断是非的能力这种一般意义上的良好习惯。第四，在构建一个包括"好"和"坏"可能性的全方位的变化时，该方法强调现实主义的具体优势（平衡威胁与机会），以支持思维中的公正这种一般意义上的良好习惯。因此，**辩证假设生成法**建议分析人员（在动机上）能够具有咨询性、高效性、综合性和现实性。因此，在选择使用该方法时，分析人员既要在他们的具体案例中做到这一点，也要在作为理想标准的"他们的样子"的推理者时，努力在总体上达到这样的要求。

14.4 方法呈现：一般情况下如何操作？

辩证假设生成法始于一种"辩证法"：先找到一个最初的想法，然后找到针对它的反对意见，制定出一个替代方案（反映出反对意见），然后形成一个组合，把最初的想法和另一个选择的"最佳方案"结合起来。然后，它采取这种组合，并重复这个过程，找到一个反对意见，（基于反对意见）制定另一个备选方案，然后创造另一个想法的组合，利用最后一次修改的"最佳方案"和替代方案。（有时这被简单地描述为"正题、反题、合题"。①）这一过程针对潜在的反对意见不断地改进想法，直到找到令人满意的独特选择。在理想情况下，这种方法要在一段较长的时间内应用，以便在每个阶段都能对思维进行反思。

在试图提出任何假设之前，分析人员必须彻底研究这个话题，思考需要解释的主要信息是什么，以及可能可以解释这些信息的现有观点。很明显，此时，分析人员还没有确定出一套支持或反对它们的假设或潜在信息。但是，在一些脱离主题去思考的情况下，则不能使用这种方法。

步骤1：确定一个可能的假设（"正题"）。确定一个最初的合理假设。（这完全可以接受，这是对这个问题的"传统"看法。可以采用你脑海中想到的第一个合理假设。）

步骤2：提出异议和"竞争"假设（"反题"）。描述对可能假设的潜在异议。有什么证据可能会反对它？（这不必是决定性的或有说服力的证据，但应具有显著的"力度"。）然后，以异议为出发点，确定一个明显不同于第一个假设，并且基本不存在异议的假设的可能替代方案。（替代方案不必是对异议的决定性回应，但也应具有强大的"力度"。）

步骤3：构建一个"组合"假设（"合题"/新"正题"）。开发一个新的假设，试图综合可能假设和替代假设的"最佳"假设。如何改变最初可能的假设（或其替代方案）以避免反对意见，并将两者的某些方面结合起来？

注： 在理想情况下，该过程在这一点之前或之后都会沉淀一定的时间，以便进行更有力、更精细的组合，或者有机会得到对它更有意义的反对意见。

---

① 如第13章所述，这一观点源于哲学家黑格尔对思想史的描述，并被过分简化为正题（一种思想）、反题（反对和替代）和合题（两者兼而有之）的思想。就目前的目的而言，简单化版本是可以使用的，因为它仍然有助于超出更简单的"想法生成"方法，转向像这样强调"创意开发"的方法。

步骤 4：重复这个过程，形成另一个（新的）"竞争"假设（新的"反题"）。将组合假设（从**步骤 3** 开始）视为第二个或者新的可能假设，并重复第二步的过程，以形成反对意见和替代组合假设。

注：确保从**步骤 4** 开始产生的假设与之前步骤中的假设是完全不同的。也就是说，其中一些重要的组成部分应该是不同的。这些假设须互相矛盾，才能够成为真正的"对手"。

步骤 5：重复构建另一个（新的）"组合"假设（新的"合题"/更新的"正题"）。开发一个新的假设，试图综合第二个/新的可能假设（来自**步骤 3**）和第二个/新的竞争假设（来自**步骤 4**）。

步骤 6：继续循环直到产生一个合理数量的假设。继续循环过程 1/3（或更多）时间，直到产生足够数量的不同的、合理的和完善的假设（至少 3~5 个）。

说明：这个过程不要少于三次。初学者应该经常这样做（尤其是如果他们不能在较长时间内完成）。

步骤 7：确定生成的假设。查看前面所有步骤的输出，并列出所有生成的、值得进一步评估考虑的假设。

注：在制定最终生成的假设列表时，请确保它们是互斥的。也就是说，最多有一个是真的。它们不一定都是详尽无遗的（因此其中一个必须是真的）。虽然后者肯定是受欢迎的，但在特定情报背景下期待它通常是不现实的。恰恰相反，它们应该涵盖了各种各样的可能性。以上过程参见图 14.1。

14.5 方法实践：在具体实例中如何操作？

1973 年秋，以色列在与埃及、叙利亚接壤的边界沿线进行了长时间的军事集结。分析人员面临的问题是：埃及和叙利亚的意图是什么？传统的看法是，两国都想夺回在 1967 年 "六日战争" 中失去的领土，并（从某种意义上来说）摧毁以色列。人们还认为，叙利亚只会在埃及入侵的情况下才会实施行动，而埃及只有在装备更好的轰炸机和导弹之后才会实施入侵，这样它才能获得空中优势所必需的空中支援，以控制其声称的领土。结果，以色列（以及美国）得出结论，埃及和叙利亚都不会在 1973 年秋实施行动。试想一下，分析人员如何从关于埃及和叙利亚意图的常规分析开始，然后使用**辩证假设生成法**最终产生了什么假设。

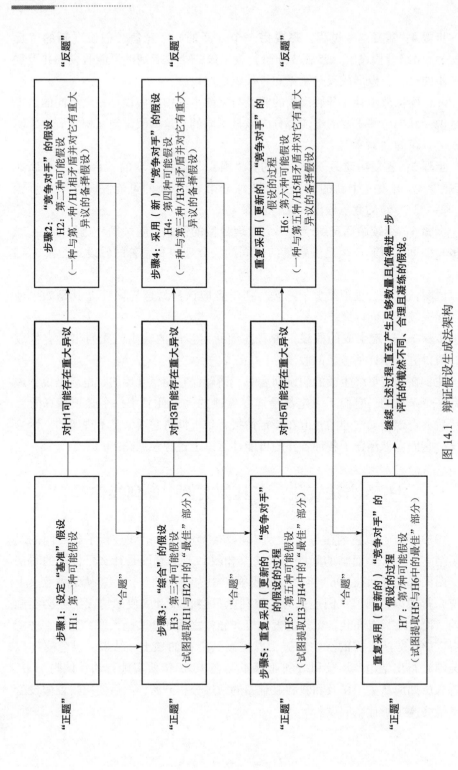

图 14.1 辩证假设生成法架构

第五部分　情报分析人员的假设推导实践：关于"正在发生什么？"的推理

分析人员从一个明显的可能性开始（**步骤1**），即（**H1**）埃及和叙利亚计划立即使用突袭手段实施进攻（利用它们过去没有造成进攻威胁性的模式），以夺回在"六日战争"中失去的领土。考虑到潜在的异议（**步骤2**），埃及和叙利亚缺乏必要的空中支援来控制从以色列手中夺回的任何领土，而后他们提出了替代方案，试图利用该异议并提出以下建议：（**H2**）埃及和叙利亚只是在威胁以色列发动成本高昂且具有消耗性的紧急行动，以应对目前状况，但其实它们的计划是在此后具备更好的空中支援能力时再发动进攻，并夺回在"六日战争"中失去的领土。为了取得"最佳假设"（**步骤3**），建议（**H3**）埃及与叙利亚计划立即使用隐蔽发展较好的空中力量实施进攻，它们认为这足以支持陆上的进攻行动，夺回在"六日战争"中输给以色列的领土。这也引出了反对意见（**步骤4**），即如果没有苏联的帮助，它们就不可能完成这一点（但它们极不可能获得苏联的帮助），进而又导致了另一种假设（**H4**），它们试图挑衅以色列对其实施攻击。以获得苏联的同情和关注，从而获得未来发动进攻行动所需的更多外交支持/或其他军事装备。然后，分析人员将此想法与实施入侵行动进行了综合（**步骤5**），提出（**H5**）埃及和叙利亚计划在没有更好的空中支援的情况下实施进攻行动（以抗议以色列的占领），从而引起苏联和（或）联合国中各国的注意，使其鼓励以色列通过谈判恢复两国在"六日战争"中失去的领土。然后，他们考虑了这样的反对意见：埃及和叙利亚成为这里的进攻者，有可能不会从苏联或美国（对以色列的占领）方面得到同情，这导致了另一种选择（**H6**），埃及和叙利亚正在试图制造一种不断出现的发动进攻行动的假象，以恐吓以色列民众，使他们（进而）向其领导人施加压力，要求其通过谈判恢复两国在"六日战争"中失去的领土。他们的最终结论（**H7**）是埃及和叙利亚计划立即实施进攻行动，制造尽可能多的破坏（即使不夺回领土），以满足其国内民众反击以色列占领，以维护其民族"尊严"的愿望。分析人员得出结论（**步骤6**），埃及和叙利亚的想法仅是以进攻相威胁的一种消极性反应（**H2**），通过发动进攻行动施加威胁来引起以色列的回应或获得其他国际关注（**H4**），并且纯粹出于政治原因的进攻行动（**H5**）也为具有明显可能性的**步骤1**提供了充分有趣的补充，也就是已经得到了充分假设去继续实施行动。过程参见图14.2。

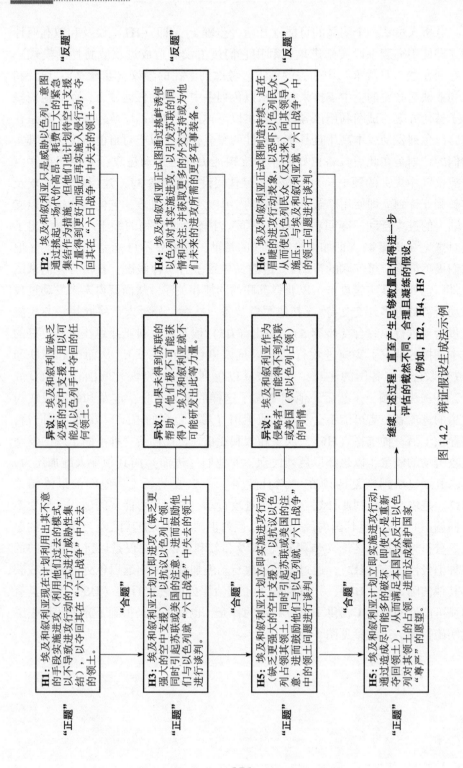

图 14.2 辩证假设生成法示例

第15章
如何发展最合理的假设
"三元假设发展"方法

高质量情报分析会提出具有高度不确定性的问题。分析人员的可用信息一般都很少,这会将选择范围缩小到一个解决方案,并且不可能出现保证不会出任何错误的情况。有用的信息经常会丢失,并且还通常会出现具有潜在的欺骗性或错误的信息。因此,大多数分析人员会根据可用信息权衡多个假设,并尽力开发出可能的"最佳"答案。但是,人类的自然倾向总是坚持第一个似乎合理的假设,而不是对所有假设进行全面评估。因此,许多人建议分析人员通过识别与假设不一致的信息来检验假设,从而通过消除替代方案而不是通过肯定答案来缩小范围。尽管对分析人员而言,考虑一系列严肃而合理的选择很重要,但如果分析人员没有对所有选择进行全面公正的考量,最终的答案将毫无意义。但是,分析人员如何才能避免更宽泛地评估他们所偏好的假设(太容易获取与他们相一致的信息)?他们如何才能避免更严格地评估更加苛求的假设(太容易获得与他们不一致的信息)?分析人员需要关于如何进行真正均衡评估假设的建议,以了解每种选择在多大范围内具有可辩护性。

15.1 问题导向方面:建议分析人员提出哪些问题?

当分析人员开展**三元假设发展法**时,他们决定用一个特定类型的问题来塑造自己的思维。首先,他们会从总体上提出"**正在发生什么?**"这样的问题,并选择去进行**发展假设**。他们的用户可能会直接问一个神秘而衰老的外国领导人的健康状况如何,或者询问对手在其所在地区发动军事行动时的应急计划是什么,或者询问毒贩最重要的走私路线是什么。或者是,他们的客户可能会通过依托**策略评估**、**前景探索**或**因果分析**间接地询问一个**发展假设**问题。这些都是需要首先进行**发展假设**的。例如，评估如何支持更友好的继任者担任外国领导人（回答**战略评估**问题**用户怎样能够作出响应?**），分析人员必须评估该领导人被撤职的可能方式（回答**前景探索**问题"**何时何地可能发生变化?**"），同时还必须评估塑造领导者权力的力量（回答**因果分析**问题，"**为什么会发生这种情况?**）"，并评估领导者拥有多大的权力，包括（也许在本例中）分析人员将评估他们的健康状况（回答**发展假设**问题）。使用**三元假设发展法**的分析人员将他们的发展假设解释为询问这样的子问题，即"**对于正在发生什么而言，确定最合理理论所需的最佳信息是什么?**"这将优先考虑信息维度，并评估使每个理论去"适合"所有可用信息的脑力"成本"。从假设评价的角度看，它属于**发展假设**。该方法不仅注重评估每个假设与证据之间的一致性；与此相反的是，它还探索为了使每个假设与所有证据相一致，必须提出什么假设。它把每一个假设发展到它的"最佳"状态，然后才作出最后的最有可能的"决定"。

要实现这一方法，分析人员必须具备一些**发展假设**的前提知识。在理想情况下，他们应该已经确定了一系列不同的、合理的，且经过完善的假设用以实施评估。虽然这种方法确实可以进一步开发出选项，但它的主要目的不是为了产生想法。因此，一套好的替代品是运用该方法的内在（但不是绝对的）要求。因此，当分析人员使用**三元假设发展法**时，他们得到的建议是基于可能的信息来询问正在发生什么，以使用这些信息，要么将其作为分析的最终目标，要么将其作为实现分析的中间点用以评估假设。

15.2 程序方面：建议分析人员遵循哪些规则?

如果分析人员采用**三元假设发展法**，那么他们不仅决定了围绕一个特定的问题来进行推理，而且还要遵循一组特定的规则。它采用了分析人员必须遵守的具体的程序，并使用这些程序来评估他们的推理。这四条规则对该方法特别重要，但也并不是唯一对方法有意义的规则。第一，为了确定相关背景，该方法要求分析人员彻底研究该主题，因为它要求他们搜索似乎并不"适合"每一个被评估的假设信息。第二，为了推断可能的结论，该方法坚持认为，分析人员应该质疑每一个推论，因为如果假设为真，那么与它相关的信息可能会出乎意料。第三，为了想象可能的替代方案，该方法敦促分析人员认真对待反对意见，因为它告诉他们，要设法找到一种方法通过找到一个假设而使所有信息趋于一致，即使所有信息"适合"每一个假设。第四，为了解释更广泛的含义，该方法告诉分析人员，在它确定的假设条件下预测新的问题，然后去评估其合理性。因此，**三元假设发展法**坚持分析过程要深入研究主题，挑战每一个推论，认真对待反对意见，并提出新的问题。因此，实现这种方法的分析人员一般是要在他们的具体案例中来尝试遵循这些规则，并且努力在他们的一般分析过程中更全面地强化这些规则。

15.3 个人方面：建议分析人员体现哪些特点？

使用**三元假设发展法**的分析人员不仅决定要以一种特定类型的问题和一系列规则为指导，而且要举例说明特定认知的良好习惯。他们作出了一个隐含的选择，优先考虑特定的特征，因为这将（在理想情况下）定义作为思想者的"该有样子"。这些特点对于运用好这一方法尤其重要，而且运用这种方法也使"四个良好习惯"成为分析人员对其"自我"认知整体视野中的主体部分。在搜索似乎与假设不符的信息时，也是在寻找能够确认或否定可能的假设以使信息能够"适配"，该方法突出了求知欲这一具体的良好习惯（平衡兴趣的广度和深度），用以为思维中的胆识这一基本的良好习惯提供支撑。第二，通过评估假设提供可用信息的可能性及其简明性，该方法优先考虑描述性这一具体的良好习惯（平衡事物的定量和定性特征），用以达到思维中的自制这一基本良好习惯的要求。第三，该方法的挑战在于发现假设和可用信息之间的不一致性，以及如何使每个假设"适合"所有可用信息，因此该方法强调了多面性这一具体的良好习惯（平衡运用既有范式与自发适应）是通往判断是非的能力这一基本良好习惯的途径。第四，分析人员必须确定一个假设，他们可以使用这个假设来尝试让每个假设"适合"于可用的信息，然后评估这些假设是否得到证实、证伪或两者都不是，该方法强调了宽容这一具体的良好习惯（平衡反对与改进替代方案）是通向思维中的自制这一基本良好习惯的途径。因此，**三元假设发展法**建议分析人员要有求知欲、描述性，要做到多面和宽容。因此，在使用这种方法时，分析人员既试图在他们的具体案例中做到如此，也试图在整体上达到这样的标准，这是他们努力作为思想者"该有样子"的一部分理想愿景。

15.4 方法呈现：一般情况下如何操作？

三元假设发展法的核心思想是，好的假设检验（根据可用信息进行权衡，以确定哪一个最可信）往往就是**发展假设**。它利用证据来细化选项，这样每个选项都可以在有证据的情况下成为"最佳"选项。在每一个选项都被尽可能地采纳和选择之后，也只有在这时，才能作出最后的判断。该方法首先识别似乎不符合特定假设的信息，然后探讨这些假设必须作出怎样的假定与信息"相符"，并评估这些假设是否能够得到确认（假设"适合"）、是否独立地得到证伪（假设不"适合"），或者既不独立得到确认也不能被证伪（在正确的合理假设下，假设"合适"）。最后，该方法评估了确认每个假设的累积情报信息"成本"，并据此对其进行排序。

重要的是要注意，在开始权衡假设与信息之前，首先必须确保要有一系列不同且合理的假设能够进行测试。尽管应该尝试"代表"了所有选项的各种各样的可能性，但是这些假设应该是互斥的（最多有一个可以是真的），但并不一定必须是详尽无遗的（一个必须是真的）。

步骤1：识别潜在的相关信息。查看假设，并尝试找到可能与各种假设是否正确有关的信息。似乎它并不符合所有的假设？试着挑选一系列（作为一个集合）对所有假设都有潜在影响的事物。

步骤2：评估信息的可预期性。对于每一条信息和每一个假设，考虑在假设为真的情况下，这条信息存在（为真）的概率。也就是说，假定我们提出的假设是真的，这个信息会在多大程度上（真实）存在？如果假设为真（如果假设为真，则人们会对该信息感到意外），则将该信息（以某种方式）标记为"意外的"（"surprising"）。如果该信息在给定的假设下并未获得期望，则将其标记为"并不意外"（如果假设是真的，那么人们就不会对这些信息感到意外；要么信息在预期之内，要么假设与之完全无关）。

注：如果事情还不清楚，或者这是一个非常接近的机会，那么就不要说这些信息是"令人意外"。

步骤3：克服任何可能出现的意外。对于每一条"令人意外"的信息，考虑是否有可能在假设中添加一个辅助假定，从而使该信息被认为是真实的呢？为了使该假设能让人们期望的信息存在（不再对此感到意外），我们必须假设什么？如果有必要的话，可以作一个假定。

注：请检查以确保（针对该假设）所有假定相互一致。还要选择一个可以提出的最"可行"的假设。

步骤4：评估所作的假设。对于（在**步骤3**中）每个假设和新的辅助假定，评估该辅助假定的合理性。首先，检查辅助假设是否可以独立地被证伪（有令人信服的理由认为它是错误的）。不必非要一定的理由认为它是假的，但如果有的话，它应该是一个强有力的理由。如果有，则将假设标记为"得到证伪"（disconfirmed），并将信息标记为"证伪假设"。其次，考虑是否有任何辅助假设得到独立确认：是否可以单独证实（可能）为真？如果可以，则将假设标记为"已证实"。如果辅助假定既没有独立得到确认，也没有独立地被证伪，则将其标记为"合理"（plausible）。

步骤5：评估每个假设的可能性。对于每个假设，有多少信息能够证伪该假设？也就是说，要么无法确定任何可信的假设（在**步骤3**中），要么可以认为最合理的假设最终还是被否定了（在**步骤4**中）。对于假设的可能性，每一项都算作"-1"。

步骤6：评估每个假设的简单性。评估假设的简洁性：它提出了多少不同的合理辅助假定？也就是说，有多少假定是"合理的"（在**步骤5**中既不可能也有可能）？这些东西越少，假设就越简单。为了简化假设，每一项都算作"-1"。

注：考虑假设本身和所做的假设，并将它们相互比较。从理论上讲，一个（扩充的）假设可能已经在其中包含了辅助假定。

步骤7：做最后的排名。根据有多少条信息（从最少到最多）能够对假设证伪，将这些假设排列出来。如果假设之间存在某种联系，那么就把联系更加简洁的假设排在前面。如果仍然存在联系，那么就打破同样简洁的假设之间的联系，即哪些辅助假定更合理（"更接近"的是可能的；"更远离"的是不可能的）。排名最高的假设是最合理的假设。

步骤8：考虑结论的强度。注意哪些信息对排名的影响最大（例如，那些被证伪的假设或是因简洁性不同而导致联系被打破的信息）。这个信息的可靠性如何？还要注重依据最可信的假设所作出的假定，以及"接近"最合理假设的程度。这三个因素是证明结论可信度的重要因素。

15.5 方法实践：在具体实例中如何操作？

1949年10月，中国共产党将残余的国民党势力击退至台湾地区，正式宣告中华人民共和国成立。不久之后，韩国发生了越来越多的共产主义游击队袭击事件。1950年6月，朝鲜军队进入韩国，很快占领了首尔。美国（在联合国的支持下，不包括苏联）进入韩国，夺回首尔，并助推韩国军队越过三八线。1950年10月，韩国军队越过边界入侵朝鲜。美国面临一个重大问题：如果美国也越境进入朝鲜，中国和苏联将如何应对？他们会介入该军事冲突吗？试想一下，一个分析人员采用了**三元假设发展法**来研究一些主要的假设和信息。

为了对案例进行简化，假设分析人员考虑了如下三个假设。

H1：中国和苏联都**不打算**干预；

H2：中国**计划**在没有苏联的情况下**进行干预**；

H3：中国和苏联都**计划进行干预**。

同样，为了做到简洁，分析人员确定出如下关键信息（**步骤1**）。

I1：中国在朝鲜边界附近集结了三十余万军队。

I2：中国需要外交帮助才能获得有争议的联合国席位。（中国在联合国的席位以前是由流亡台湾地区的中国国民党领导集团担任的。联合国是否会把席位交还给新的中国共产党领导人，并在实际意义上承认他们？）

I3：中国没有核武器，无法在缺乏苏联的情况下阻止美国使用核武器。（与苏联不同，美国使用核武器对中国是有威慑力的。例如，麦克阿瑟将军等一些美国的领导人就主张在冲突中使用核武器。此外，距离美国在第二次世界大战中对日本使用核武器也仅仅过去了五年时间而已。）

I4：苏联希望避免与美国开战。（双方既有核战争的相互威胁，也有美国与其他北约国家结成的共同防御联盟。苏联也仍处于从第二次世界大战的后遗症中进行恢复的过程，同时苏联也发表了或多或少不会干预的声明。）

I5：中国不希望其太平洋周围所有东部邻国（或地区）都与美国结盟。截至1950年，美国（或其盟国）分别占领了日本、中国台湾①、越南和菲律宾。朝鲜是中国唯一的地区盟友，否则中国在太平洋方向将被包围。

分析人员评估了如果在每一个假设都为真的条件下，上述每一条信息在其中存在的程度（**步骤2**）。分析人员致力于确定能够攻克具有潜在不一致性的假设（**步骤3**）。然后，他们评估这些假设是否能够被独立地得到证实、独立地得到证伪，或者两者都不是"合理"（**步骤4**）。通过这些结果，他们可以使用每个假设，仅使用独立的不确定假设所"拟合"的信息数量来确定其可能性（**步骤5**），以及用以确定简洁性而必须作出"合理"假设的数量（**步骤6**）。

分析人员现在根据可能性对假设进行排序，并通过简洁性打破了它们之间的联系（**步骤7**）。

排在第一位的假设＝H2：中国计划在没有苏联的情况下进行干预。

这个假设在可能性上没有做减法，在简洁性上为−1。

排在第二位的假设＝H3：中国和苏联都计划进行干预。

这个假设在可能性上没有做减法，但在简单性上为−2。

---

① 因涉及中国主权，这里对原著中的词汇进行了归正。——译者

排在第三位的假设 = H1：中国和苏联都不打算干预。
这个假设在可能性上为 -1（因为一条被证伪的信息）。

最后，分析人员指出了几个特别值得注意的事情（**步骤 8**）：第一，中国不必完全被美国及其在太平洋地区的盟友（I5）包围，这一点可以用作去打破其中一个假设。第二，苏联不想与美国开战的强烈愿望（I4）产生了一个辅助假定，这使其中一个假设变得不那么简单。此外，关于中国"非正式和非官方"参战的合理假设对于推动最合理的假设也至关重要。因此，这两条信息和假设对最终判断哪个假设最合理尤其重要，而且这两条信息和假设都可能是在解释这一判断时作为传达给用户信息中的一部分。对该案例的总结见表 15.1。

表 15.1　三元假设发展法案例

	H1：中国和苏联均未计划干预	H1 的辅助假定	H2：中国计划在没有苏联的情况下进行干预	H2 的辅助假定	H3：中国和苏联均计划干预	H3 的辅助假定
I1：三十余万人的中国军队在朝鲜边境附近集结	意外	他们对能源基础设施实施保护。已证实	不意外	不适用	不意外	不适用
I2：中国需要外交庇护才能获得联合国席位	不意外	不适用	意外	他们计划进行非正式和非官方的干预。合理	意外	他们计划进行非正式和非官方的干预。合理
I3：中国缺乏核威慑力量（缺少苏联的条件下）	不意外	不适用	意外	他们计划进行非正式和非官方的干预。合理	不意外	不适用
I4：苏联希望避免与美国开战	不意外	不适用	不意外	不适用	意外	他们计划宣称要抵御美国的侵略。合理
I5：中国不希望有更多与美国结盟的太平洋邻国	意外 证伪假设	中国认为为时已晚，暂时接受。已证伪	不意外	不适用	不意外	不适用
可能性和简洁性	可能性 -1	简洁性 -0	可能性 -0	简单性 -1	可能性 -0	简洁性 -2

第16章
如何认识何为理所当然
"基本假设三角剖分"方法

高质量的情报分析会去质疑所有未曾质疑过的东西。分析人员试图得出合理的结论,从而将人们的注意力吸引到在其背后的假设上。这一点在分析人员和他们的用户中都得到了比较好的认可,因此分析人员经常在他们的简报中列出"关键假定"(key assumptions),现在很多客户都会定期询问作出了哪些假定。然而,分析判断中所做的假定并不总是那么显而易见。有时,要求分析人员对假定进行确认时,他们只需重申另一个版本的结论或支持它的最重要信息就行。然而,假定既不是结论,也不是最相关的证据。恰恰相反,假定只是将信息与结论联系起来的一种主张。它们是如下问题的隐含答案,即为什么信息最支持这个结论而不是另一个结论?因此,在明确的判断之下,假定往往是隐含的结论。但是,当分析人员能够帮助用户识别某个以前没有得到认可的假定时,他们往往是在发挥他们最大的价值。因此,分析人员需要获取有关如何识别潜在假定的建议。

16.1 问题导向方面:建议分析人员提出哪些问题?

如果分析人员决定使用**基本假设三角剖分法**,他们会选择一个特定的问题用以指导他们的推理工作。首先,他们决定要提出这样的问题,"**正在发生什么?**"并参与到**发展假设**当中。用户可能直接要求他们确定一个敌对国家潜在的大规模杀伤性武器计划的范围,或是一个国家病重独裁者的继任计划,或是一个秘密恐怖分子领导人的位置。但是用户可能会通过运用**战略评估**、**前景探索**或**因果分析**等来间接提出某个**发展假设**的问题,而这些问题又首先需要进行**发展假设**。确定一个国家大规模杀伤性武器计划的最佳策略(回答**战略评估**

问题 "**客户能够怎样应对?**") 是指确定该国发展大规模杀伤性武器计划的合理后果 (回答**前景探索**问题 "**何时何地可能发生变化?**"),这意味着要确定影响该国发展大规模杀伤性武器计划的力量 (回答**因果分析**问题 "**为何正在发生?**"),这意味着要确定该国在多大程度上可能会发展大规模杀伤性武器计划 (回答**发展假设**问题)。

选择**基本假设三角剖分法**的分析人员由此将其发展假设构想作为回答以下子问题:"**对于正在发生什么而言,最合理理论所需具备的假设条件是什么?**" 它强调的是含义的维度,并评估所选择的理论得到其关键信息支持的基础。这是从假设分支的角度来审视**发展假设**。该方法会探索分析人员的假设,例如他们的一些隐含的预设,从而解释为什么不可能发生,他们的关键证据是真的而结论却是错误。发展假设揭示了分析人员认定某一种理论最为合理背后所未阐明的原因是什么?为什么该信息最能支持该理论?

当分析人员采用这种观点时,他们需要强有力的关于发展假设的预量性知识**发展假设**知识。他们应该已经有了一系列可行的替代方案,并且至少对每种方案最 "适合" 哪些信息进行了初步评估。虽然这种方法只适用于可能的结论及其最佳证据支持,但它可以自然而然地与分析人员提出的最终判断与关键支持信息一起使用。因此,建议使用**基本假设三角剖分法**的分析人员从假设和信息之间可能存在某种联系的角度入手,询问正在发生什么,并将其作为他们所得分析的最后一部分,或是作为支持某个更高层次结论的另一个步骤。

16.2　程序方面:建议分析人员遵循哪些规则?

运用**基本假设三角剖用分法**的分析人员不仅会选择使用某个具体问题用以指导思考,还会将其框架化以遵循一套特定的规则,选择必须遵循的特定程序,并以此来评估他们的推理工作。以下四条规则尽管并不是仅有的与方法相关的规则,但它们对该方法十分重要。第一,为了确定相关背景,该方法指导分析人员考虑问题的维度,因为它所寻求的是不同的方式,即分析人员的关键支持信息可能为真,但他们的结论仍然是错误的。第二,为了推断合理结论,该方法敦促分析人员通过突出其结论背后的潜在假定来构建透明的流程。第三,为了设想可能替代方案,该方法要求分析人员不断改进判断,找出可能但并不可信的假设。第四,为了解释更广泛的含义,该方法指导分析人员识别证据的局限性,其核心集中在提出一些为了使最终结论真实而必须提出的主要假设。因此，**基本假设三角剖分法**告诉分析人员的是，考虑问题的维度，构建透明的过程，不断地发展判断，以及确定证据的局限性。因此，如果分析人员选择了这种方法，那么他们既要在具体案例中努力遵循这些规则，也要在一般分析过程中努力全面强化这些规则。

16.3 个人方面：建议分析人员体现哪些特点？

每当分析人员运用**基本假设三角剖分法**时，他们不仅将注意力集中在特定类型的问题以及遵循一组规则上，而且还试图举例说明特定认知上的良好习惯。因此，他们决定强调特定的特征，作为他们（在理想情况下）想要定义的作为推理者的"样子"。这些特质与运用好这个方法息息相关，而该方法较好的执行力也使如下四种良好习惯更多地成为分析人员作为推理者愿景的一部分。第一，该方法通过寻找分析人员认为理所当然的未表述的东西（有些似乎合理但有些并不合理），强调谦逊这一特定良好习惯（平衡信心与不确定性），因为它努力寻求的是思维中的胆识这种一般意义上的良好习惯。第二，该方法在试图确定可能会破坏假设（并以此为依据）的可能事物中，提请注意敏感性这一特定良好习惯（在相似性与变化性之间取得平衡），用以支撑思维中的自制这种一般意义上的良好习惯。第三，随着对分析人员对自身思维和分析对象的日益关注，该方法强调了反思性这一特定良好习惯（平衡关注自我与关注他者），以追求判断是非的能力这种一般意义上的良好习惯。第四，该方法试图找出所有可能假设中最关键的假设，要求分析人员在努力实现思维中的公正这种一般意义上的良好习惯时，举例说明"讲究"这一具体的良好习惯（平衡特殊性与普遍性）。因此，**基本假设三角剖分法**建议分析人员要做到谦逊、敏感、反思和讲究。如果分析人员使用这种方法，那么他们会选择在他们的具体案例中达到上述要求，并且还要在总体上努力作为理想中推理者的部分"样子"去做到上述要求。

16.4 方法呈现：一般情况下如何操作？

在每一个分析过程中都会作出假定，因此在试图确定一个基本假定前，必须首先说明结论是什么以及支持它的关键证据。这可能只是重申了当前的分析路线和标准论证。或者，这可能是先前应用方法的结果，这些方法旨在突出最佳假设与相关信息，以证实或否定这些假设。不管怎样，要对假定进行梳理，人们必须从某种结论和理由开始给予其支持。从中，我们可以使用这种方法实施"三角剖分"（triangulate）已经作出的基本假设。

步骤1：确定结论与关键信息。从分析性的结论以及支持它的最关键信息开始。

步骤2：形成另一种解释。试着想象某种可能的（不一定是合理的）解释，来解释为什么这些信息是真的，而结论是假的。这些是"替代性解释"。

步骤3：找到可能的假设——否定替代方案的理由。对于每个替代性解释，请解释为什么该结论是可取的。为什么该信息（应该）支持结论而不是替代性解释？这些原因是"可能的假定"。

步骤4：进入更深层次的思考——其他替代方案。尝试设想该信息与可能的假设可能是正确的而该结论却是错误的方式。所有这些都是对该信息进一步的"替代性解释"。

步骤5：找到他们的假设——拒绝这些替代方案的原因。尝试解释为什么该结论仍然比那些解释更可取。这些是结论进一步的"可能的假定"。

注：继续此过程，直到可以确定足够多的假定或适当揭示性的"主题"为止（**步骤6**）。

步骤6：进行总体表征。在可能的假定中寻找共同的主题。这些主题可能是结论最终的基本假定。

注：这种方法不能确定这些假定是否合理，只是分析人员在推断其结论时所作的判断。这些假设是潜在的原因，分析人员会对其结论的替代方案（用其他方式来解释他们的关键信息是真的，但他们的结论是假的）进行否定。由于意识到这一点，分析人员（希望是）可以在接下来的评估中做到更加客观。上述过程可见图16.1。

16.5 方法实践：在具体实例中如何操作？

1978年，长期在位的伊朗领导人萨汗·巴列维（Shah Pahlavi）[①] 面临着

[①] 【默罕默德·礼萨·萨汗·巴列维】（Mohammad Reza Shah Pahlavi，1919.10.26—1980.7.27），伊朗末代国王，礼萨·汗国王长子。1941年登基为王，同年英苏军队进驻伊朗。次年美军进驻伊朗。第二次世界大战后，他在联合国的支持下将苏联军队赶出国界，并于1946年12月攻占由苏联控制的阿塞拜疆省，以美国为靠山，成为美国附庸，引发人民不满，进而引发了民主运动。他在美国支持下大肆实施镇压。1979年，其政权被伊斯兰革命推翻，本人逃亡美国，最终在开罗病逝。——译者

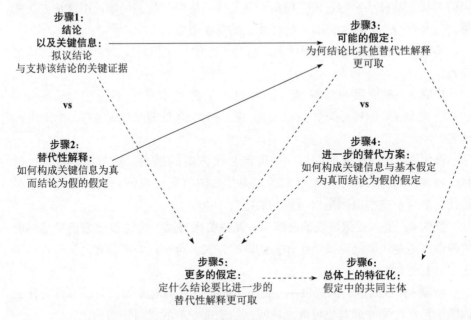

图 16.1　基本假设三角剖分法的架构

一系列敌对性日益增强的大规模抗议、暴力和罢工。1979 年初，巴列维出逃，流亡的神职人员阿亚图拉·霍梅尼（Ayatollah Khomeini）① 返回伊朗，许多革命者将其视作领袖。但是伊朗政府在国王倒台后会是什么样子呢？在评估国内民众对不同潜在结果的支持程度时，试想一下分析人员得出的结论（与他们所做的相似）是，霍梅尼在伊朗得到了足够的支持，可以充当一个有名无实的领袖或具有鼓动性的领袖，但并不是革命后伊朗的实际领导人。虽然该结论最终被证明是错误的，但如果分析人员试图对这个结论采用**基本假设三角剖分法**，会发生什么？他们是否能识别出一些最终被证明是错误的假定？

在本案例中，分析人员想要确定假定（**步骤1**）的结论如下。

结论（CON）：在伊朗，民众只是强烈地支持霍梅尼作为一个具有鼓动性的领袖或有名无实的领袖，而不是作为一个革命后伊朗的实际领导人。

支持该结论最有说服力的证据如下。

---

① 【鲁霍拉·穆萨维·霍梅尼】（Ruhollah Musavi Khomeini, 1902.5.17—1989.6.4，别名：Ayatollah Ruhollah Khomeini），伊朗什叶派宗教学者，1979 年伊朗革命的政治和精神领袖。在经过革命及全民公投后，霍梅尼成为了国家最高领袖，这是宪法创造的职位，也是国家在政治和宗教上的最高职位。——译者

信息（INF）：伊朗传统（共产主义）图德党（部分得到苏联的支持）、前总理穆罕默德·摩萨德的世俗化民族阵线（National Front）以及其他民族主义者、库尔德人与左翼组织，在伊朗也得到大量民众的支持。他们并不支持像霍梅尼这样的宗教领袖，后者充其量只不过是一个具有鼓动性的领袖或者说是革命后伊朗的名义领袖而已。

分析人员试图（**步骤2**）找出另一种解释（信息如何可能为真，但结论为假），并提出：

替代性解释1（ALT EX1）——**怎样使信息正确而结论错误**。阿亚图拉·霍梅尼（及其追随者）比伊朗任何其他革命团体都具有更广泛的民意支持，他们主张建立一个由神职人员领导的政府。

分析人员有何潜在理由必须拒绝该替代方案，并接受其得到的结论（**步骤3**）？这是他们的第一个基本假设。

基本假设1（UA1）——**拒绝替代性解释1的理由**。阿亚图拉·霍梅尼（及其追随者）仅有的是一些对其理想表示支持的民众，而这些民众并不支持他们处理实际的政府事务，他们在这方面几乎没有任何经验。

现在，分析人员正在寻找一种方式，即信息与该基本假定为真，但结论错误（**步骤4**）。

替代性解释2（ALT EX2）——**信息与基本假设1为真而结论错误**。相当一部分伊朗民众已经感到厌倦，以至于他们将支持一个完全基于自己理想的领导人，而不管他们是否拥有任何实际执政经验。

然后，分析人员会考虑为什么他们也拒绝该替代性解释（**步骤5**）。这是另一个基本假定。

基本假定2（UA2）——**拒绝替代性解释2的理由**。日常生活中的非宗教、非理想性，关注的是支持或不支持政治领导人的首要和最终依据。

在确定了这些假定之后，分析人员将探讨它们的共同主题（**步骤6**）。实际上，似乎两者都假设共产党（或其他非宗教的）革命者与生俱来就是最可信的。其前提就是他们的优先事项代表了民众可以接受的最强有力的替代性方案（右翼独裁者或民主政权除外）。这里隐含着关乎既缺乏宗教狂热支持革命者的"危险性"，又缺乏关于"全球性"共产主义威力的进一步潜在假设。重要的是要注意，该方法并非去确定这些假定合理与否，而是仅仅要确定它们是（在这段历史事件的想象示例中）分析人员已经作出的假定。相关总结可见图16.2。

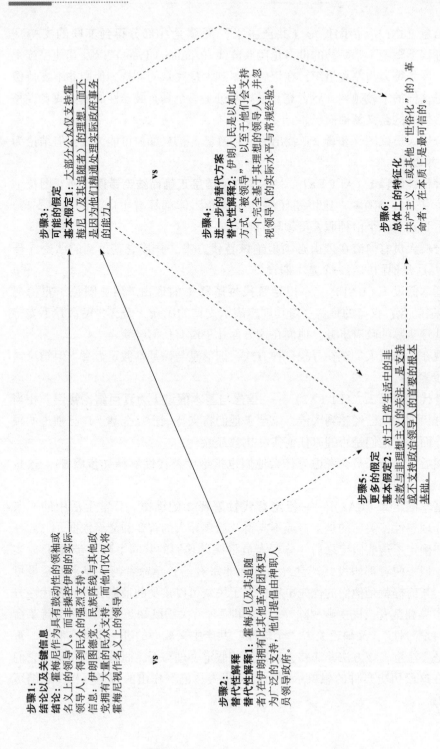

图 16.2 基本假设三角剖分法示例

第六部分

情报分析人员的因果分析理论:关于"为何正在发生?"的推理范式

第 17 章
因果分析的现行重要方法
关于概率论、干预论与系统动力学的范式

回答情报分析问题可以从四个方面出发：**发展假设**（正在发生什么）、**因果分析**（为何正在发生）、**前景探索**（这种变化何时何地可能发生）与**战略评估**（用户应该如何应对）。因此，情报分析推理的理想境界应该从上述四个方面给出某种具有启发性的解释。由于它们并不仅仅是分析人员感兴趣的领域，其实在其他情境下也有关于这些领域的详尽研究。然而，许多分析人员长期以来对这些领域的讨论极为有限。由于分析人员在推理工作中作出理想解释时会用到现有的外部"最佳"方法，本章便探讨（一些）当前最重要的**因果分析**方法，并着重突出它们所发挥的重要贡献，即对本书中的替代性方法具有潜在的启发意义。本章以因果关系学术理论为背景，探讨了**因果分析**的三个主要视角：**概率论范式**、**干预主义范式**与**系统动力学范式**。与本书的类似章节相似，以下讨论内容并不是对上述三种方法的总体描述，也不是对它们进行评价。恰恰相反，这些讨论应当帮助分析人员更全面地去熟悉以及更广泛地开展讨论，鼓励进一步的辩论和探索，并（最终）建立出本书的替代性方法。

17.1 因果分析的学术理论背景

因果关系的概念是大多数西方国家理解世界的核心方法。从广义上讲，某种原因决定了其存在并具有其特征。古代哲学家亚里士多德提出了知名的对原因的四种类型区分，包括：事物的种类（形式因，formal cause），由之构成的"质料"（质料因，material cause），所追求的目的（目的因，final cause），是

第六部分　情报分析人员的因果分析理论：关于"为何正在发生？"的推理范式

什么使它存在/使它得以存在（动力因，efficient cause）。① 尽管有些思想家最感兴趣的是"动力因"，他们将注意力集中在这一点，但是通过托马斯·阿奎那以及一些思想家，这种分类传统在中世纪得到突显。在现代哲学中，该传统在诸如勒内·笛卡儿（Rene Descartes），戈特弗里德·莱布尼兹（Gottfried Leibniz）以及约翰·洛克（John Locke）等人身上更加明显，而大多数人则放弃使用"原因"的其他可能含义，从而使"动力因"成为了当前最重要的"因果关系"。②（其余的内容现在仅代表更广泛/非技术性的"解释"。③）换言之，某事物的"原因"——为什么会发生——是那些使它进入当前存在状态的事物。

历史上对因果关系最普遍的理解是两类事物之间的"规律性"，即一类事物普遍发生（或"无例外地"），而后是另一类事物发生。这一思想是早期现代科学中大多数"自然规律"（laws of nature）概念的基础。简言之，这意味着将"Cs 导致 Es"理解为"所有 Cs 之后都是 Es"。这就演变成了早期当代哲学家（如约翰·斯图尔特·穆勒与卡尔·波普尔）关于因果关系的解释，即"充分条件"将"Cs 导致 Es"解释为某 C 发生之后，在同等条件下（所有其他条件相等），是 E 发生的充分条件（暗示或必然发生）。这就保持了"日常"因果主张的合理性。例如"独裁者因失去军事力量的效忠而导致政变"④，即使此类效忠的丧失并不总是会产生政变这种结果，在所有其他条件均等同的情况下，他们只是这样认为的。换言之，政变爆发真正的"必要性"只有在所有条件都具备的情况下才会发生（失去效忠仅是其中之一）。人们很少知道任何事情的全部原因，因为他们从不确定一整套真正暗示着其他事物存在的事物是什么。最接近这一观点的是早期现代物理学和牛顿运动定律。尽管经过了几

---

① 参见：《亚里士多德作品集》（*Works of Aristotle*）中的"形而上学"（*Metaphysics*）第 9 卷，W. D. 罗斯（W. D. Ross）编（London：Oxford University Press，1970）。

② 参见范例：约翰·洛克，《人类理解论》（*An Essay Concerning Human Understanding*），彼得·H. 奈德迪奇（Peter H. Nidditch）编（New York：Oxford University Press，1975）。

③ 有趣的是，现在有些哲学家甚至用这些狭义的术语来理解"解释"本身。换言之，他们认为所有关于"为什么"的问题的答案，最终都是关于在"动力因"意义上带来某种事物的因素。显然，这是具有争议的，但有些人坚持认为"所有的解释最终都是因果关系"。

④ 这导致了这个方法的倒数第二个版本，由哲学家 J. L. 麦吉（J. L. Mackie）根据"INUS"条件发展而来。在这种方法中，原因是"充分不必要"条件中的"必要不充分"的部分。换言之，失去军队效忠并非是独裁者不可能被推翻的条件之一，但有了这些条件，独裁者就一定会被推翻，但这些条件并不是唯一可能导致独裁者被推翻的条件。注：【INUS】是"Insufficient but Necessary part an Unnecessary but Sufficient condition"的缩写，意思是"某个充分不必要条件中的必要不充分部分"。该理论的主要思想是，当我们说"A 是 P 的原因"的时候，我们实际上表达的意思是，A 与其他一些条件（如 C）一起组成了 P 的一个充分原因。——译者

个世纪的尝试，思想家们还没有在其他领域很好地对此进行复制（即使在当代物理学中也无法达到如此水平）。更广泛地说，这些因果关系的解释是以决定论（determinism）①为前提的。决定论认为每件事（通常被理解为"每个事件"）都有其原因，每一个原因都使其结果不可避免。决定论的问题有两个方面：它不仅在经验上似乎是错误的，即使它是真的，由于因果关系本身的性质，它也不应该是真的。②因此，大多数当代思想家是通过一种不确定的方式来理解因果关系（原因并不会使其结果不可避免），从而摆脱了传统的正则性方法与充分条件方法。

当代因果关系范式将因果影响更适度地视作"制造差异"（difference making）而非"必要性"。也就是说，一个原因"影响"了结果是否发生，但却不能成为保证结果发生的一系列条件的一部分。关于因果关系的解释能够具有代表性地识别"多种"因果关系，并且通常会将其中之一作为发展因果关系的最基本点，然后根据基本因果关系对另一个（非基本）因果关系进行派生定义。例如，大多数人会说，既有一般的因果观点（哲学家称之为"类同"（type）），又有特定的或单一的因果观点（哲学家称之为"体同"（token））。此前关于"独裁者因失去军队效忠而导致政变"的例子是一般类同因果关系观点，而"伊朗革命导致萨汗失去（部分）军队的效忠"则是一种体同因果观点。一些因果关系方法首先定义的是体同因果关系，然后从中推导类同因果关系，而其他方法则首先定义类同因果关系，然后从中推导体同因果关系。

因果关系的描述也可以将因果关系放在"事件"（某一特定类型的一次性事件）或"因素"（事物/变量的持续特征）之间。这一点起初看起来似乎并不重要，但它却有着重要的意义。因为前者强调"线性"（linear）因果关系，而后者则是强调"周期性"（cyclical）因果关系。例如，如果事件 C 导致事件 E 的存在，这与描述事件 E 与事件 C 之间的关系是不一样的。因为显然事件 E 不能导致事件 C 的产生；否则，事件 C 会因此（通过事件 E）导致其自身的存在！恰恰相反，如果变量 C 在第 1 分钟导致变量 E 产生一个值，然后变量 E 导致变量 C 在第 2 分钟产生一个值。因此，变量 C 在第 1 分钟的值是导致变量 C 在第 2 分钟产生的数值背后的因果关系的一部分。换言之，（进行中的）变

---

① 【决定论】，又称拉普拉斯信条，是一种认为自然界和人类社会普遍存在客观规律和因果联系的理论和学说，其与非决定论相对。——译者

② 换言之，决定论的真理（如果它是真的）应该是一个经验主义的主张。也就是说，通过对这个世界的考察，我们发现这是真实的。它不是我们通过关于因果关系的概念性的主张来进行假设或推断的。

量 C 可以以（一次性）事件 C 不能的方式影响自身。就像类同与体同因果关系之间的区别一样，如果有必要的话，大多数关于因果关系的解释都允许我们同时使用这两个术语，但是大多数人会优先考虑这样一个观点，即认为它是更基础的观点，而后一个观点则是派生的。

以下几节将讨论因果关系的三种方法以及关于因果关系的说明（发现**因果关系**的推理过程）。首先探讨的是两种"一次性"事件驱动理论。第一种是**概率论**范式，它使用**因果分析**来定位影响序列中后续事件发生概率的早期事件。第二种是**干预主义**范式，将**因果分析**用于识别影响结果的先前路径。第三种方法是一种"持续的"因素驱动的方法。这种**系统动力学**范式采用**因果分析**来模拟系统中持续的、相互关联的因素，随时间的推移相互影响对方行为的方式。

17.2 概率论范式：关于定位影响序列中后期事件概率的早期事件的因果分析

因果关系的**概率论**方法提供了一种由事件驱动的分析，它（通常）优先考虑类同（一般）因果观点。其中，一个原因"改变"效果的方式是通过增加它的可能性。具体来说，在给定原因 C 发生的情况下，某种类型的影响发生的概率 E 大于在 C 不发生的情况下发生的概率（$\text{Prob}[E|C] > \text{Prob}[E|\sim C]$）。这个范式可以说是起源于早期的分析哲学家汉斯·赖欣巴哈（Hans Reichenbach），并随着时间的推移得到了更多其他思想家的支持与发展，并在埃勒里·艾利斯（Ellery Eells）的著作中得到了更加充分的阐释。① 它优先考虑的是将发现原因的过程作为其解释的动机，并将概率相关性视作这样处置的中心手段。因此，借助于**概率论**方法中的相关性（事件类型/变量之间的统计学/概率论依赖关系）用以推断因果变量之间的关系。

运用概率相关性推断因果关系似乎违背了人们经常引用的格言"相关性并不是因果关系"。这条格言虽然是正确的，但它常常（含蓄地）被误解为如下说法找到某种相关性是容易的或无关紧要的。不幸的是，许多人误解了要使

---

① 参见：汉斯·赖欣巴哈，《时间的方向》（*The Direction of Time*）（Berkeley, CA: University of California Press, 1956），以及埃勒里·艾尔斯，《概率因果关系》（*Probabilistic Causality*）（New York: Cambridge University Press, 1991）。关于这一观点的一些一般性讨论，参见韦斯利·C. 萨尔蒙（Wesley C. Salmon），"概率因果关系"（*Probabilistic Causality*），载于厄内斯特·索萨（Ernest Sosa）与迈克尔·图利（Michael Tooley）编，《因果关系》（*Causation*）（New York: Oxford University Press, 1993），第137-153页。

两件事之间具有真正的相关性到底需要多少条件。例如，假设某一特定恐怖组织的所有成员几乎都属于某个宗教派别。有些人可能认为这意味着该教派的成员资格与该恐怖组织的成员资格有关。然而，（至少在这一点上）这并无相关性，原因在于也许这个恐怖组织所在地区每个人也都是这个宗教派别的成员。在这种情况下，该宗教团体的成员资格与一个人是否是恐怖组织的一部分没有多大关联，而是与其他一系列的因素有关。换言之，一个相关性总是大于单个概率或值。它始终是两个值之间的比较。更准确地说，我们必须考虑 Cs 的总体数量（C 存在/发生的情况）与 $\sim Cs$ 的总体数量（C 不存在/不发生的情况）。然后我们必须寻找这两个群体中 Es 的百分比（E 也存在/也发生的情况）。如果 E 在 C 存在的情况下要比在没有 C 的情况下更常见（或更少），那么 C 与 E 相关。事实上，发现这种相关性并不像人们想象的那么容易：我们必须比较两个完全不同的事物群体（一个有 C，一个没有 C）。一个单一的值无论多高或低都不足以证明一个相关性。

发现一种事件的类型与另一种事件在概率上的相关性，这一点很重要，并且这有助于确定因果关系。然而，概率上的相关性并不足以推断因果关系，但是除了相关性之外，直至目前尚未广泛认识到其他的必要因素。换言之，如果 C 在概率上与 E 有关，那么除了 C 导致 E 之外，还有其他可能性吗？因果关系中概率方法认为，某人可以阐明一组特定的替代可能性，这样，如果可以将这些可能性排除在外，则这个人就可以从相关性中推断出因果关系。例如，21世纪中叶的杰出科学哲学家汉斯·赖欣巴赫提出，如果 C 与 E 相关，则存在三种可能性：C 导致 E，E 导致 C，或者第三者同时导致 C 和 E（它们出于"共同因果的影响"）。[①] 因此，如果某人假设一个原因必须在时间上先于其结果（如果因果是一次性事件，那么我们可以推断出他提出的"共因因果原理"（common cause principle）的一个版本：如果 C 先于 E，并且 C 与 E 相关，那么 C 导致 E，或者 C 与 E 存在共同因果。因此，如果我们能够排除 C 与 E 的共同因果的可能性，我们可以运用两个事件之间的概率相关性（以及时间优先级）来推断因果关系。因此，正确的相关性确实意味着因果关系。

但是，如何排除 C 与 E 存在共同因果的可能性呢？一种观点是这样的：如果 C 与 E 都有一个共同的原因，那么这意味着 C 与 E 的相关性完全是从 C，CoC 的原因派生出来的。因此，如果我们假设 CoC 发生，在那些 C 不引起 E 发生的情况下，那么当 C 存在时，E 不会比 C 不存在时更容易发生。C 与 E 的相关性就只是 C 的原因的派生（$\text{Prob}[E \mid C \& CoC] = \text{Prob}[E \mid \sim C \& CoC]$）。相

---

① 参见：汉斯·赖欣巴哈，《时间的方向》（*The Direction of Time*）。

比之下，如果我们假设 CoC 发生了，但是当 C 也发生时 E 更可能发生，那么这意味着 C 与 E 的相关性不是由 C 的原因派生出来的（即 $\text{Prob}[E\mid C\&CoC] > \text{Prob}[E\mid \sim C\&CoC]$）。这称为保持共同因果的"固定性"或"将其筛选出来"。这一观点被称为**因果马尔可夫条件**（Causal Markov Condition），它指出，即使 C 的原因存在（包括 C 和不存在 C），如果 C 与 E 之间存在概率相关，那么 C 也会导致 E。① 因此，为了推断 C 与 E 之间的因果关系，必须先假设 C 的原因发生，然后再看 E 是否更有可能发生。

虽然建立时间优先级并排除可能的常见原因对于**概率**方法而言非常重要，但它们并不是唯一能使相关性成为暗示因果关系正确关联的事情。通常来讲，这种观点可以表述为：

给定背景条件 B，事件（类型）C 导致事件（类型）E =

1. 在背景条件 B 中，C 先于 E 出现；
2. $\text{Prob}(E\mid C\&B) > \text{Prob}(E\mid \sim C\&B)$。

注意：公式现在指定了相对于特定背景条件集的关系。与这些背景条件相关的因素之一，即是 C 的原因，但它不是唯一的原因。例如，如果要确定 C 是 E 的直接原因，那么还必须在背景中假设（也保持"固定"）所有与 C 一起或之后但在 E 之前的临时性中间事件。

概率论方法的倡导者通常最终会提出非常复杂、微妙的方法版本，以便精确排除所有潜在可能出现的虚假关联，而这一讨论自然对上述所有进行了简化。接下来，也许是最重要的一点，是关于一种核心思想，即：当某人可以排除一个有限列表中的每一个具体可能的替代性解释的概率相关性（如某种共同因果的可能性等）时，也许可以从概率关联推断出因果关系。这有助于强调概率相关性对于**因果分析**的重要性。这是一种非常有吸引力的想法，尤其是为了发现因果关系。

17.3 干预主义范式：因果分析作为确定影响结果的前路

因果关系的**干预主义**范式还提供了一种由事件驱动的解释，集中于类同

---

① 当一个关系的未来状态只取决于它的当前状态时，它被称为具有"马尔可夫"特性（以研究这种现象的俄罗斯数学家的名字命名）。换言之，过去的状态（C 的原因）并不决定它的未来（仅有 C）。

【安德烈·马尔可夫】（1865.6.14—1922.7.20），俄罗斯学者，圣彼得堡科学院院士，彼得堡数学学派的代表人物，以数论和概率论方面的工作著称。他的研究开创了随机过程这个新的领域，以他的名字命名的马尔可夫链在现代工程、自然科学和社会科学各个领域都有很广泛的应用。——译者

（一般）因果的观点之中。然而，这种方法并没有提出该原因是通过增加其概率来"改变"结果的，而是强调原因是影响效果的手段。其中，因果关系支持（原则上）两类事件之间的"可操纵性"（manipulability）关系，其中第一类是实现第二类的合理手段。这种方法源于哲学传统中的一个潜在的（少数派）分支，它认为因果关系与能动性（故意行动）密切相关，例如，该观点曾出现在近代哲学家托马斯·里德（Thomas Reid）[①]与早期分析哲学家G. H. 冯·赖特（G. H. von Wright）[②]的著作中。但在詹姆斯·伍德沃德（James Woodward）近期的著作中[③]，它得到了迄今为止最充分的阐释，这一观点并不认为所有因果关系在实际上都是故意人为的行为，甚至不认为它们是人类为达到这些目的而必然能够利用的关系（例如，引起潮汐的月球轨道）。更确切地说，如果一个人能够影响原因，那么这样做将是影响结果的合理方式。

干预主义范式还与本书没有提到的另一种因果关系方法有关：**反事实**范式认为因果关系是由各种可能的替代情况下会（或者不会）发生的事实组成，这是由著名的分析哲学家大卫·刘易斯（David Lewis）[④]提出的。[⑤]标准的反事实方法通常被理解为一种由事件驱动的因果关系方法，着重于体同（特定的）因果观点，通常被表述为（以最简单的形式）使 C 导致 E，意味着如果 C 没有发生，那么 E 就不会发生。对于这种方法，通常有各种重要的限制条件，但这些条件对目前的目的并不重要。现在，本书暂不探讨这种方法，因为它使**因果分析**（证明因果关系的过程）依赖于反事实推理（证明在不同可能的替代情况下会发生或可能发生情况的过程）。这是有问题的，因为反事实推理的

[①] 【托马斯·里德】（Thomas Reid, 1710.4—1796.10），18 世纪苏格兰启蒙运动时期的哲学家，苏格兰常识学派的创始人。——译者

[②] 【G. H. 冯·赖特】（G. H. von Wright, 1916—2003），当代著名的芬兰哲学家，其研究领域涉及归纳逻辑、哲学逻辑、伦理学和一般价值和规范理论、行动理论、人文科学方法论、文化哲学、心智哲学、维特根斯坦研究等，是道义逻辑之父。——译者

[③] 参见：G. H. 冯·赖特，《解释与理解》（Explanation and Understanding）（Ithaca, NY: Cornell University Press, 1971），以及詹姆斯·伍德沃德的《使事情发生：因果解释的理论》（Making Things Happen: A Theory of Causal Explanation）（New York: Oxford University Press, 2003）。当然，在本次讨论中，这些已大大简化。

[④] 【大卫·刘易斯】（David Lewis, 1941—2001），美国著名的逻辑学家和分析哲学家，被誉为20世纪后半叶最为重要的分析哲学家之一。他论域极广，在逻辑性、形而上学、认识论、语言哲学、逻辑哲学、心灵哲学、数学哲学等诸多领域都作出了重要贡献。——译者

[⑤] 参见：大卫·刘易斯，"因果关系"（Causation），载厄内斯特·索萨（Ernest Sosa）与迈克尔·图利（Michael Tooley）主编，《因果关系》（Causation）（New York: Oxford University Press, 1993）第193—207页。关于与这一观点相关问题的一般性的讨论，见：约翰·柯林斯（John Collins），内德·霍尔（Ned Hall）与 L. A. 保罗（L. A. Paul）主编，《因果关系与反事实》（Causation and Counterfactuals）（Cambridge, MA: MIT Press, 2004）。

最合理的解释（在作者看来）依赖于已经知道的一系列因果观点。① 换言之，人们必须确定（一般性）因果观点需要优先得到评估，还是反事实观点需要首先得到评估。如果某人接受了后者，那么这个观点可能会有用。但是，如果一个人更偏好前者（就像这本书所选择的那样），那么这个观点就不是一个真正的选项。

尽管**干预主义**范式可以从反事实角度进行思考（尽管其与**反事实**范式不同），但它并不一定能够使**因果分析**依赖于反事实推理。在这个观点的官方表述中，因果关系通常根据特定变量来描述。这并不意味着该观点不是由事件驱动的，因为关于事件的一种主要观点是它们包含在特定的事物中，在特定的时间与特定的级别中具有特定的特征（属性）。

> C 导致 E（干涉主义方法）：有一种（逻辑上）可能的干预，如果某人通过干预影响 C（而且只有 C）（涉及的变量的值），那么涉及的变量的值 E（或其概率）也会受到影响。

有一点值得注意，这与**概率论**方法的不同之处在于，它具有自成一体的一套方法用以排除单纯的相关性。例如，设想某人提议将婴儿死亡率作为中东国家不稳定的一个原因，因为该地区婴儿死亡率较低和不稳定程度较低之间似乎存在关联。**干预主义者**可能会立即表明，这种因果关系的说法存在问题。因为如果某人设想一种能降低婴儿死亡率并且只降低婴儿死亡率的干预措施，就不会看到更低的不稳定性。在这种情况下，这种相关关系就被"打破"，因为（据推测在这种情况下）不稳定性与较高的婴儿死亡率受到的是一系列共同因果的影响，例如，缺乏保健、基础设施、安全、对妇女及儿童的法律保护等。因此，我们可以把这个观点视作一种暗示。为了得到因果关系，需要加上一个不变的"相关性"——即在其他条件下，相关性是不会发生变化的，例如在这种情况下，某人的行为是为了产生关联中的第一个条件（而不是其他任何条件）。

在**干预主义**范式最吸引人的特征之中，其一是有助于理解**概率论**与早期方法中并未强调的因果关系的重要性。尤其是，为什么分析人员想要的不仅仅是相关性？例如，如果所有分析人员都对前景分析感兴趣，那么相关性就足够了。如果 A 的出现与 B 的发生高度相关（在概率上与之相关），那么当分析人

---

① 参见：诺埃尔·亨德里克森，《反事实推理：分析人员、战略家与决策者的基本指南》(*Counterfactual Reasoning: A Basic Guide for Analysts Strategists and Decision Makers*)(Carlisle, PA: Army War College, 2008)。

员看到 A 时，他们就处在一个合理位置来预测 B 的发生。为什么分析人员感觉需要更强有力的条件？原因在于，分析人员希望因果关系不仅仅支持**前景探索**，还能够支持**战略评估的开展**。分析人员想知道，对于客户而言，影响 A 是否是影响 B 的合理手段。他们想要的不仅仅是相关性，因为仅仅 A 与 B 之间的关联并不一定意味着 A 是产生 B 的合理方式（如前面的婴儿死亡率与不稳定性的示例）。分析人员想要的是一种不变的关联，并且用于支持其干预行动——他们想要的是"因果关系"。**干预主义**范式将注意力集中在分析因果关系（特别是在情报分析这样的背景下）中真正关心的东西：到底什么才是影响现实事件的可能方式。虽然该方法的优点远不止于此，但这一点对于情报分析而言最为重要：在任何**因果分析**方法中，都应该对可能干预措施的支持进行相应地强调。

17.4 系统动力学范式：因果关系作为相关因素会持续影响彼此行为的建模方式

系统动力学范式提供了一种"持续的"由因素驱动的方法。它优先考虑的是系统中持续的、相互关联的因素，随时间推移影响彼此行为的方式。这里的原因"改变"了它们的效果，主要是因为它们属于因果循环的一部分，显示出了"反馈"影响整个系统的整体行为。这些关系既可以鼓励因果过程朝特定方向移动（"强化"反馈），也可以朝相反方向移动（"平衡"反馈）。强化因果循环，在没有其他人检查的情况下可能会出现失控。可能朝负方向发展的反馈回路被称作"恶性循环"，而朝积极方向发展的反馈回路则被称作"良性循环"。这只是将因果关系视为变量而产生的一些驱动力，它的值随时间推移而演变，并成为更大的相互关联因果过程中的一部分。据说这种方法最早出现在计算机工程师杰伊·福雷斯特（Jay Forrester）[①] 的著作中，他的继任者约翰·D. 斯特曼（John D. Sterman）[②]（以及随后的许多"系统科学思想家"）

---

① 【杰伊·福雷斯特】（Jay Forrester，1908—2016），美国计算机学者，是计算机发展史上的主要人物，领导研制了世界上第一台交互式计算机，也被誉为磁芯存储器的发明人与系统动力学之父。——译者

② 【约翰·D. 斯特曼】（John D. Sterman），美国麻省理工学院教授，现任麻省理工学院系统动力学学会主任，主要研究系统思考和动态建模的实用方法，应用领域包括组织学习和变革、运营管理、公司战略，以及从供应链到科学革命的一系列非线性动态系统。此外，他还率先进行了管理飞行模拟器的开放工作，曾被授予"杰伊·福雷斯特奖"，即国际系统动力学领域的最高奖项。——译者

第六部分 情报分析人员的因果分析理论：关于"为何正在发生？"的推理范式

对此进行了更充分的阐释。①

举个简单的例子（图17.1），试想一下 X 国的安全战略是在感受到威胁时提升军备能力。这意味着，随着"X 国威胁感"的提升，"X 国的武器供应量"也随之增加，但随着"X 国武器供应量"的增加，"X 国的威胁感"也随之减少。由于因果影响的结束方向与它的起始方向相反，因此这个循环是处在"平衡"之中的。现在，当某人考虑到另一个代理人的战略以及他们如何与 X 国进行互动时，事情就开始变得有趣了。假设 Y 国也有同样的安全策略，在感到威胁时增加武器供应，这也创造了一个平衡的反馈循环。这两个反馈周期相互交叉，形成第三个反馈周期，"X 国武器供应"的增加导致"Y 国威胁感"的增加，而"Y 国武器供应"的增加导致"X 国威胁感"的增加。现在，

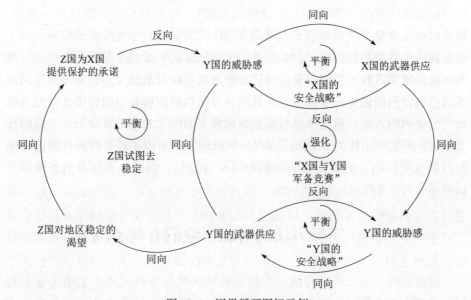

图 17.1 因果循环图解示例

---

① 参见：约翰·斯特曼，《商务动态分析方法：复杂世界的系统思考与建模》(*Business Dynamics: Systems Thinking and Modeling for a Complex World*)(New York: Mc-Graw-Hill, 2000)。对此更简单的介绍，请考虑：彼得·圣吉（Peter Senge），《第五修炼：学习型组织的艺术与实践》(*The Fifth Discipline: The Art and Practice of the Learning Organization*)，修订版（New York: Doubleday, 2006）。我的同事迈克尔·迪顿（Michael Deaton）为情报分析人员设计的系统动力学课程工作对我影响重大。本节摘自迈克尔·迪顿的作品"使用具有情报分析功能的系统思维的入门"（"A Primer for Using Systems Thinking with Intelligence Analysis"），载于詹姆斯麦迪逊大学的《国家安全分析研究所的技术报告》(*Technical Report for Institute for National Security Analysis*)(2011年)，以及迈克尔·迪顿与诺埃尔·亨德里克森，"打万能牌：情报分析人员识别和利用可能的意外事件的结构化方法"（"Playing the Wild Cards: A Structured Method for Intelligence Analysts to Identify and Exploit Possible Surprises"），载于 DAGGRE 预测团队支持的研究技术报告《IARPA ACE 项目》(2012年)。特别感谢迪顿教授对该部分给出的建议。

这四个变量所形成的一个更大反馈形成了"正在强化"的循环，因为因果关系影响力以这样的方式在其内部移动，从而其结束的方向与开始时是相同的。

在这样的简单模式下，除非有外部力量采取行动对军备竞赛进行平衡，否则两国有可能陷入不断升级的军备竞赛循环中。也许 Z 国对地区稳定的渴望导致了其承诺对 X 国提供保护，从而使事态趋于平衡。当然，这并不是 Z 国行动引入体系的唯一动力。但在这一点上，该方法背后的理念应该足够清晰。通过把因果力视为更大整体中一部分的更大反馈结构的一部分，一个新的焦点就会出现在因果力之间的相互作用上。

更广泛地讲，**系统动力学**范式提出了因果关系的观点，其中的因果关系很难看到，是间接的，并且需要很长时间才能产生效果。该方法还将所需分析的用户视作系统中的一部分（正在评估的问题），而不是与之不同的另一部分。该方法试图避免关注短期，而是着眼长期（以及可能出现的意外后果，如上述提及的军备竞赛），并认为因果结构中的行动是对其中的关系采取行动，而不仅仅是增加或减少个别因素。虽然这种方法可以定量开展，且支持计算机建模与仿真，但它也可以定性用于尝试识别与反思反馈动态，进而增进分析人员对更大范围的关注。这些都是与情报推理相关的因果关系的重要特征。原因在于分析人员推理工作的目标并不总是一次性的，也可以是随时间而发展的持续性因素（特别是当有兴趣对**前景探索**提供支持时）。因此，本部分更多强调了反馈动态的重要性。

17.5 三种方法的对比：它们有何不同？

因果分析的这三个现有范式在其动机敏感性与总体观点的主题上各不相同。**概率论**范式是一种简化的"自下而上"的方法，其重点关注的是发生或不发生的单一事件及其概率。**干预主义**范式是一种实验性的"基于主体"的方法，其重点是可能的干预措施及其结果。**系统动力学**范式是一种整体性的"自上而下"的方法，其重点关注的是不断变化的因素，且这些因素的层次与关系都有所不同。它们也适用一些不同的标准。**概率论**范式试图寻找线性事件之间的概率相关性（影响不会回归自身）。**干预主义**范式试图在可操作的可能干预措施中寻找不变的相关性（某种影响结果的合理方式）。**系统动力学**范式试图在一个周期性的整体中寻找持续相互关联的因素之间的反馈（影响确实会回归自身）。

概率论、**干预主义**与**系统动力学**的因果关系方法所提供的因果分析思想，远比本部分提及的要多很多。本部分旨在强调它们三者（可以说）的最大潜在贡献，用以帮助为解释**多维**方法提供灵感。后者将建立在这三种范式的核心思想基础之上，同时尝试优先考虑概率相关性、支持可能的干预措施以及反馈动态。关于三种范式的比较可见表 17.1。

表 17.1 比较因果分析的现有范式

	概率论 在序列和上下文中定位影响后期事件发生概率的早期事件	干涉主义 确定影响结果的先前途径	系统动力学 对持续存在且相互关联的因素随时间推移影响彼此行为的方式进行建模
描述方法的概述	因果分析是发现事件之间的**概率相关性**	因果分析是在各种可能的干预措施中寻找**不变的相关性**	因果分析是在持续存在、相互关联的整体因素中发现反馈
推动方法的敏感性	还原性与"细粒度"：一种"**自下而上**"的方法	实验性："**基于行为主体**"的方法	整体性与"粗粒度"：一种"**自上而下**"的方法
定义方法的主题	发生或未发生的**独立事件**及其概率和背景	对事件及其结果的**可能干预**	其水平与关系各不相同的持续存在因素
指导方法的标准	线性度： 无"循环"影响不会回归自身	可操作性： 无"循环"，而是一种影响结果的合理方法	循环性： "循环"的影响会回归自身
源自方法的重要思想	因果分析应强调**概率相关性**	因果分析应强调对**可能干预措施的支持**	因果分析应强调**反馈动态**

第18章
因果分析的多维方法
介绍顺序、系统与意外维度

在情报分析中，推理工作的**多维化**视角包含以下三个等同维度：个人（分析人员体现正确的思维上的良好习惯）、程序（分析人员遵循正确的思维规则）以及问题导向（分析人员提出正确的问题）。分析人员在为用户提供良好的推理实例时，这种理想标准是情报分析想要把握的最重要意义。所在本部分的方法面向的是情报推理工作中的核心挑战，而问题导向维度对应的就是分析人员的目标，即用户的竞争对手。由于这是分析人员所思考的对象，因此在推理中面临的是信息不充分、信息不相关、信息不确定以及信息无意义等这些紧要的问题。理想情况是这些困难与以下四种相对应的推理类型相结合，而且这些困难代表的是问题推理工作中问题导向方面的次级维度：**发展假设**、**因果分析**、**前景探索**与**战略评估**。本部分探讨的是因果分析的**多维化**方法，这是一种针对分析人员回答"为何正在发生？"这一问题的推理。首先，它详细说明了情报中**因果分析**的目的；其次，它阐述新提出的情报中**因果分析**的**多维化**理论；最后，开发出一种对**因果分析**实践的说明。

18.1 针对情报分析中因果分析目的的多维方法

因果分析是一种推理，用于辨别过去与当下事件、因素与力量之间的联系。它的重点是应对"信息不相关"所带来的认知上的条件，或是从具有误导性的信息中进行推理工作。事实上，它在实施过程中，首先是定位个体与组成部分之间的联系，然后是集体与整体之间的联系，最后是意外与变化之间的联系。这种思维在情报分析工作的推理中，发挥着三种重要作用：直接的、间接的以及结构性的。

第六部分　情报分析人员的因果分析理论：关于"为何正在发生？"的推理范式

从**因果分析**在情报推理中的直接作用开始，用户可以提出明确的**因果分析**问题。例如，他们有可能会问以下问题："在20世纪80年代和90年代，对穆巴拉克的支持会为北非与中东地区的安全形势带来怎样的影响？""2000年之后，美国与俄罗斯之间关系日益紧张的背后原因是什么？""是什么导致了2011年"阿拉伯之春"浪潮？"每一个问题都是直接的**因果分析**问题，当出现的不确定性是源于具有误导性的信息时，相关人员会立即询问与之最为相关的事件、因素或力量（例如，不清楚穆巴拉克，不了解美国与俄罗斯之间的紧张关系，以及"阿拉伯之春"浪潮）。尽管用户可能更倾向于提出的是直接属于**前景探索**或**战略评估**类的问题（下文有更多介绍），但明确提出因果类的问题也是绝对可能的。正是由于这个原因，分析人员需要思考什么才是与利益最相关的结果。

尽管分析人员经常没有意识到，但**因果分析**在他们的推理工作中仍然发挥着重要的间接作用。"间接"的因果分析问题，本身在结构上就不像是"**为何正在发生？**"这样的问题形式，而是需要在解决某个问题的过程中回答此类问题。例如，"美国与埃及的关系在穆巴拉克时代之后将会如何？""美国与俄罗斯关系的未来走向是什么？"，以及"从长远来看，'阿拉伯之春'国家的稳定程度如何？"这些不具备**因果分析**问题的结构（它们属于**前景探索**类问题，其形式是"**何时何地可能发生这种变化？**"）。所有这些问题都要求分析人员在解决问题之前首先提出**因果分析**问题。换言之，要了解穆巴拉克之后的美国与埃及关系（至少从历史的早期出发），就必须意识到美国支持穆巴拉克的目的。同时，要思考美国与俄罗斯关系的未来，首先需要了解近期关系紧张的原因。探索"阿拉伯之春"国家的未来及其稳定程度，首先要了解这些起义之类的近期重大历史事件的起因是什么。不过，尽管用户所提问题的最直接指向是**前景探索**类问题（甚或是**战略评估**问题），但通常也需要首先去解答基本的**因果分析**问题。换言之，这是**因果分析**问题在情报工作中最常见的形式：这是针对以前景评估或战略评估为目标导向的前提工作。显而易见的是，一个分析团队可能已经对这些问题的答案胸有成竹，但是对于这一点依旧不能打包票。并且十分重要的是，分析人员不能简单地去假想这些因果关系问题的答案。相反，分析人员需要认识到在继续探讨**前景探索**或**战略评估**类问题之前，通常必须要解决重要的**因果分析**问题。分析人员还必须做好准备，以应对用户间接提出的**因果分析**问题。

因果分析在情报分析推理中还发挥着根本的结构性作用。对于分析人员在分析过程中所思考聚焦的目标而言，因果分析对应的是四种主要方式之一。同时，上述提及的目标就包括用户的竞争者或对手，以及"信息不相关"的问题。不相关性是情报推理中的关键挑战之一。分析人员必须使用具有潜在误导性的信息去推导结论，所以他们面临着作出不合理判断的重大风险。因此，他们在实施推理中必须采用能够应对信息冗余问题的方法。事实上，这其中的大多数信息不仅与他们感兴趣的结果无关，而且在实际上也分散了他们对相关性信息的注意力。实际上，影响结果的因素似乎没有，但这些看起来似乎没有影响的因素却可能起到实际的作用。在一定程度上，这是由用户竞争对手的行为造成的，后者可能会努力掩盖最具相关性的因素（甚至可能他们自己也不知道这些因素是什么）。埃及、俄罗斯与"阿拉伯之春"国家都有着不同的潜在动机去避免让分析人员轻易得到与之最具相关性的信息（或者，至少分析人员必须在操作中假使对方已经这样做了）。这种"隐藏的"或"错误的"相关性，也是情报推理目标特别具有挑战性的原因之一，同时也形成了信息不相关这一挑战，以及分析人员思考**因果分析**时的结构性需求。

因果分析的重要性与信息不相关的问题将情报推理区别于程度性问题。它并非情报分析工作所独有，不过对于情报分析工作非常重要。同样的问题也存在于一般的推理之中，并且在**信息化时代**已经得到了升级。在某种程度上，人类的所有推理都有可能在与不相关这一问题进行博弈，这是因为现有的证据并不总能清晰表明它就是证据。换句话说，这是信念、知识与实践之间存在的"鸿沟"。在**信息化时代**，由于信息创造和传输数量的增多以及速率的提升，这种主要困难的难度也在大大增加。当人们更容易获得更多信息时，识别出那些实际具有相关性的信息就变得更加麻烦（考虑到只有少部分因素对任何特定环境都具有重要性）。因此，信息不相关的问题以及对**因果分析**的需求对于情报分析尤其重要（并且具有决定性意义），而且这类问题还植根于一般性的推理之中，并且在**信息化时代**被进一步放大。使分析人员的推理"对标"这一挑战，就是**因果分析**在情报分析中的结构性作用。

到目前为止，对于情报分析而言，在推理的四个特定问题维度（**发展假设**、**因果分析**、**前景探索**和与**策略评估**）中，**因果分析**可以说是最容易被忽视的。例如，即使是不经意地看一眼有关推理方法的初级读物，也会发现几乎完全没有专门针对这种类型问题的思维方法。尽管有一些作者谈到了这一点，但人们对**因果分析**的关注程度远不及**发展假设**或**前景探索**类问题。其中可能的原因是，用户主要是在间接询问**因果分析**问题，因此他们的作用很容易留在幕后。不过尽管是这种间接性的意义，但是当它与直接性和结构性作用相结合时，**因果分析**对情报分析也具有至关重要的意义。不应放弃**因果分析**，而使之沦为情报工作中的**临时性分析**。由此，**多维化**方法将其视作情报分析人员推理问题特定方面中四个等同重要的子维度之一。

18.2 多维提议：一种情报分析人员的因果分析理论

理想的推理是**多维化**的，并且具有针对个人、程序与问题导向等方面。这些主要维度会生成次要维度，例如，在推理的问题导向方面包括**发展假设**、**因果分析**、**前景探索**与**战略评估**。此外，上述中的每一个都可以细分为更进一步的第三层维度。例如，在**因果分析**方面包括序列（sequence）、系统（system）与意外（surprise）。但是**因果分析**的这些不同维度是什么？应该从什么角度去回答"**为何正在发生？**"这一问题呢？

关于**多维化**方法方面，涉及的三个维度同时近似并且等同使用了三种不同的观点，即概率相关（probabilistic relevance）、反馈动力学（feedback dynamics）与支持干预措施（support for interventions），并且这些都源自现有的三种主要因果关系学术理论。该理论尝试从上述三种方法中择取出"最好的"部分，并将其整合为一种实用的情报分析方法（参见第 17 章）。这三个维度（及其对应方法）是进行**因果分析**过程中三个不同但又同样具有价值的角度。因果分析的这些维度在构成上是具有相关性的。也就是说，它们是相互联系的，就像部分与整体的关系一样，反之也是这样。"系统"维度将**因果分析**视作整体，并且从"大局"的视角探讨世界中的因果结构。它所对应的方法是**因果循环图示法**（causal loop diagramming）。"序列"维度将**因果分析**视作独立的片段，并且从"细节"的视角探讨世界中的因果结构。它所对应的方法是**比较影响分类法**（comparative influence classification）。"意外"维度代表的是一种过渡性或介于中间性的观点，它是从某事物的角度探索世界中的因果结构，而这些事物起初是独立的片段，但之后又逐渐演变成为一个更大整体中的一部分。在这种从"前景"到"背景"的转变中，这种维度会带来出乎预料的效果。它所对应的方法是**背景转换分析法**（background shift analysis）。现在从技术上讲，这三种方法（和维度）都可以用于探讨独立事件、具有更大背景的关联与力量，以及事物从前者转移至后者所形成的意料之外的结果。这些方法的目标与侧重点各不相同，因为它们都会提出一个在版本上存在略微不同的问题，即"**为何正在发生？**"对上述讨论的简要总结可见图 18.1。

序列维度是**多维化**的**因果分析**方法中首要强调的重点。它是从事物之间的个体或组成联系的角度进行的**因果分析**。该方法在回答"**为何正在发生？**"这一总体问题时，是通过其子问题"**为何会发生这一系列事件？**"。这样做的

情报分析中的推理方法

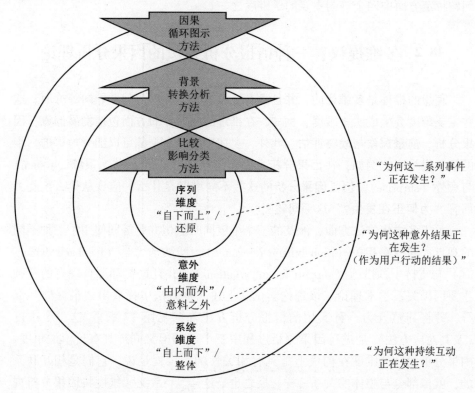

图 18.1　因果分析维度概览

目的是为确定具体事件及其背景条件的关联程度与类型。例如，在讨论"阿拉伯之春"浪潮的原因时，该维度可能会与完全缺乏民主体制的独立因素相关。这就是说，该方法提出的问题是上述因素是否会增加上述结果（出现起义）的概率。该维度涉及的因素是否真与之相关，此外这种相关性是由因果关系得出还是其他的替代性解释。尽管大多数人都听过"相关性不是因果关系"这一老生常谈的问题，但很少有人知道：某事件 C 与 E 之间在具体的形式下具有关联性，但是事实上 C 不能导致 E。对原因进行依此考量，会凸显出 E 是否会导致 C 的问题，这被称作"反向关联"（reversed relevance），并且还会凸显出导致 C 的原因是否也会导致 E，这被称作"共同因果效应"（effects of a common cause）。当人们能够合理排除某个关联是受到某种共同因果的反向关联影响时，就有理由推断因果关系。

序列维度还包含影响的类型：邻近事件、前景事件或是较远的背景因素。前者是一种"触发原因"（triggering cause），而后者是一种"结构原因"

（structuring cause）。① 相关比较见表 18.1。触发关系开启的是一个已经存在但此前正处于空闲状态（或至少不活跃的）的过程。这种范式的示例就是在开枪时拉动扳机。为做好射击准备而完成对枪支的装配工作（打开保险，装填弹药，或是自行制造枪支），但是射击这一过程尚未发起。在有关触发关系的其他示例中，或许包括政府的镇压使得一个组织为实现至自身目标而诉诸暴力，或是伊拉克战争与 2009 年的阿富汗战争导致也门在 2010 年沦为恐怖分子的安全港。结构关系作用的是此前存在（或至少有助于使其发挥作用）但未经激活的某个过程。在这种范式的示例中，可能是正在对枪支装弹，或是正在组装枪支，甚或是正在设计枪支的射击机制。这些之中的每一个过程都有助于做到，一旦扣动枪支扳机便能进行射击（它们使射击过程成为可能），但并不去击发。在有关结构关系的其他例子中，或许包括某团体对周围社会的彻底诽谤，致使其诉诸暴力；或者也门衰弱的中央政府使其在 2010 年成为恐怖分子的安全港。

表 18.1　触发因果 vs 结果因果

	触发原因	结构原因
形态	倾向于塑造事物的**外部特征**	倾向于塑造事物的**内部特征**
数量	比重越来越**小**	比重越来越**大**
时机	倾向于**更加接近**效应	倾向于**更加远离**效应
现象论 (如何出现)	倾向于在**前景**之中	倾向于在**背景**之中
影响程度	倾向于**更加戏剧化**	倾向于**更加精确化**
影响类型	倾向于**激活某个过程**	倾向于**构建某个过程**
实例	扣动枪支扳机 对伊拉克与阿富汗的基地组织采取对抗行动	为枪支装填弹药 也门衰弱的中央政府

从整体上看，序列维度将因果关系视作是"线性"的，也就是说，产生的影响并不会"返回至自身"，而是随时间向前移动（这与系统维度中的"反

---

① 这种重要而实用的区分，是从分析哲学家弗雷德·德雷特斯科（Fred Dretske）的著作中引入的。参见：弗雷德·德雷特斯科，《解释行为：起因世界中的原因》(*Explaining Behavior: Reasons in a World of Causes*)（Cambridge, MA: MIT Press, 1991），以及"触发与结构原因"（Triggering and Structuring Causes），载于蒂莫西·奥康纳（Timothy O'Connor）与康斯坦丁·桑迪斯（Constantine Sandis）主编，《行动哲学伴侣》(*A Companion to the Philosophy of Action*)（Malden, MA: Wiley-Blackwell, 2013）第139—144页。

馈"不同)。它的灵感来自**因果分析**的**概率论**范式。最后,这一维度还具有"还原性",并且从"自下而上"的视角通过识别与评估潜在的独立片段(运用**概率相关性**的概念)来构建因果故事,并以此为指导进行**因果分析**。从这个意义上讲,个人/构成的联系是进行**因果分析**的三种角度之一。这就是序列维度。

系统维度是**多维化**的**因果分析**方法强调的第二个重点。它自然地"衬托"了序列维度,是从事物之间共性或整体联系的变换视角进行**因果分析**,在回答"**为何正在发生?**这一总体问题时,是通过替代性的子问题,即"**为何发生这种持续性互动?**"。该方法没有确定特定事件及其背景条件的相关程度和类型(如序列维度),而是着重于确定整体上相互作用因素的持续行为。如果要探究"阿拉伯之春"浪潮的原因,该方法会去评估多种因素在结合中是如何如何形成一种强大的力量,在面对其他国家拥有足够的替代因素来平衡这些因素的情况下,致使运动在某些国家升级并进一步导致革命。换言之,该方法关心的是持续因素随时间的相互作用。因果关系在这一方面体现出的是持续的"周期性",而且有可能随着时间推移对自身产生影响。当然,它的灵感源自于因果分析中**系统动力学**范式。**多维化**的**因果分析**方法的独特之处,不在于它认识到这种因果关系思维方式的重要性,而是它既认识到这种因果关系的思维方式,也认识到以**概率论**范式为例的因果关系思维方式。典型的因果理论不是把因果关系作为单个事物之间的概率关联,就是把因果关系作为持续因素之间具有共性的相互作用。不过鲜有理论试图将这两种方法结合起来。在根本上,二者都有优点。因此,要做的就是试图去认可这两者。这种因果关系是"整体的",它通过识别与评估因素之间的持续交互作用(运用反馈动力学的概念),在以"自上而下"视角构建因果故事的过程中进行**因果分析**。从这个意义上,共性/整体联系是进行**因果分析**的三种角度之一。这是系统维度。

意外维度是**多维化**的**因果分析**方法强调的第三个重点。它是从因果现实与因果期望之间的差异角度进行**因果分析**。该方法在回答"**为何正在发生?**"这一总体问题时,是通过替代性的子问题,即"**为何发生这种意外的结果(由于用户此前行动导致的结果)?**"。可以回想,**因果分析**对情报工作至关重要的原因在于,分析人员面临的是信息不相关带来的挑战,这其中就包括某些事物即使确实存在,但它似乎与某个结果也并不相关。此外,一旦记住**因果分析**最终是**战略评估**的基础,该方法对于情报客户而言便具有巨大的潜在意义。因此,用户对其决策选项的理念,可能无法完全反映出这些选项将会产生的全部后果。当这种情况发生时,用户最终可能会作出一些与其意图完全相反的事情。意外后果是情报工作中的巨大风险。尽管概率相关性与反馈动力学都是探索计划之外结果的可能性的合理视角,但这种意外结果的可能性是富有戏剧性的,这也使得本书坚信,对该问题的关注理应成为衡量**因果分析**成熟与否的维度。

计划之外的结果不仅仅是指代理人没有预见和期望实现的行动的结果。从更深层次地理解来讲,某个计划之外的结果是当原始因果力成为一个比其最初预期的因果力更加广泛的背景中的一部分时,该因果力与另一种"新的"因果力相互作用的后果。计划之外的结果是某种关于"背景转换"(background shift)的结果,在这一转换过程中,"新的"因果力与"前景"中的部分因果力(例如,经常以"触发原因"的形式出现)演变为"常态"与"背景"中的一部分(例如,经常以"结构原因"的形式出现),如图18.2所示。此外,由于因果力在背景中耗费的时间要多于前景之中,而且多数因果都属于背景原因或结构原因,因此某因果力的结果在很大程度上会超出计划之外。某分析人员对于因果的预期是有局限性的:(1)在时间上:不考虑事件/因素的长期后果;(2)在关系上:不考虑事件/因素与其他事件/因素相互作用的方式;(3)在环境上:不考虑其发生时对背景情形的影响以及背景情形对其带来的影响。

对因果关系的期望(关于行为的后果)在时间上是受限的(不考虑它们产生效应的全部时段),在关系上是受限的(不考虑它们产生效应的其他力量),并且在环境上也是受限的(不考虑它们产生效应所对应的背景)。

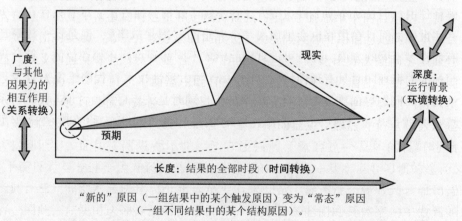

图18.2 因果分析的意外维度概览

因果分析的意外维度代表的是假定某事物的大部分结果都在意料之外(超出用户的预期)情况下的一种路径,同时该维度的目标是确定出其中一些可能的结果。实现它的一种方法是去追溯(在计划之外的结果发生之后),这事实上也是**因果分析**中序列维度的重点。实现它的另一种方式是采取前摄行动(在计划之外的结果发生之前,甚至在其原因尚未查明之前),这是**前景探索**

的扩展维度的重点（参见第 23 章）。这两个维度一个是"向后"观察，另一个是"向前"观察。

意外维度间接受到关于**干预主义**范式对**因果分析**重要性进行强调的启发，原因在于它支持代理人实施的干预。该方法进行因果分析的视角，是假定（出于调查目的）大多数因果关系（以及因此而产生的后果）都会出乎相关行为体的意料。正是由于这个原因，在任何特定的情况下，聪慧的分析人员不仅会去考虑是否会出现意料之外的结果，而且会假定出现许多意外的结果，并试图找出最合理的意外原因。这种因果关系是"由内而外"的，因为所建构的故事讲述的是某个因果因素是如何从几个独立的关联中开始出现的，然后又随时间推移转进至一组更加十分广泛的联系之中，从而引发出迥异的结果。在这个意义上，意料之外的联系也是进行因果分析的三种角度之一。这就是意外维度。

因果分析的多维化，意味着可以通过三种等同的方式去尝试回答"**为何正在发生？**"这个问题。分析人员可以借助"**为何会发生这一系列事件？**"这一问题，或是"**为何发生这种持续性互动？**"这一问题，或是"**为何发生这种意外的结果（由于用户此前行动导致的结果）？**"对上述的总问题给出答复。尽管针对为何在特定情况下某种方法显得更为合理这样的情况存在多种可能的解释理由，但是从本质上讲这些方法并不优于任何其他方法。尽管只存在一个真实世界，而且在最终也会呈现出一个完整的"因果故事"，但是这个故事却有着许多不同的方面，并且可尝试以此形成不同的观点。正如在总体上符合理想标准的推理同时具有理性特质（个人维度）、理性技术（程序维度）以及理性目标（问题导向维度）一样，因果分析也同时是关于序列（个体联系）、系统（共性联系）与意外（意料之外的联系）的。对于三种维度的比较见表 18.2。

表 18.2　比较因果分析的维度

序列维度	系统维度	意外维度
个体联系或**组成要素**联系的相关性	**共性**联系或**整体**联系的相关性	**计划之外**联系或**意料之外**联系的相关性
提问的是"为何会发生这一系列事件？"	提问的是"为何发生这种持续性互动？"	提问的是"为何发生这种意外的结果（由于用户此前行动导致的结果）？"
辨别**具体事件**与其**背景条件**之间相关性的**类型**及其**程度**	辨别在**整体**之中交互因素持续的"**反馈**"行为之间的相关性	辨别**当前背景**与**先前背景**（和期望之间）有何不同的相关性

续表

序列维度	系统维度	意外维度
"自下而上"与还原	"自上而下"与整体	"由内而外"与"介于中间"
最少的先决知识；认识论上的悲观主义	适中的先决知识；认识论上的适度	最多的先决知识；认识论上的乐观主义
通过比较影响分类法进行强调	通过因果循环图示法进行强调	通过背景转换分析法进行强调

18.3 情报分析中因果分析实践的多维方法

我们致力于将理想的**多维化**推理方法发展成为一种强有力的情报推理理论，该理论同时还涉及其他相关的学术理论。这项工作同样希望能为分析人员提供一种理想且具有说服力的解释，以辅助他们成为优秀推理的"榜样"。然而，要做到这一点，从理论转化为实践是必不可少的。本部分探讨了**因果分析**的三个维度是如何与本书（稍后）开发出的三种相应的**因果分析**方法相联系的。本部分的写作目的并不是给出每种方法的具体步骤（请参阅以下章节）。恰恰相反，本部分展现的是理论与实践之间的过渡。

比较影响分类法优先考虑的是序列维度，并且用于发现指向某种特定结果的具体事件与背景条件之间相关性的类型及其程度。在哲学上看，该方法起始于19世纪的相关思想以及约翰·斯图尔特·穆勒知名的因果影响方法，这当中就包括"求同法"（method of agreement）以及"求异法"（method of difference）。[1]

在前者的方法中，分析人员检查的是展现出影响的案例，并确定这些案例之间的共同点。在后者的方法中，分析人员会对没有影响的情况与出现影响的情况进行比较，并确定它们之间的区别。基于此，分析人员就可以确定潜在的原因。然后，该方法从因果关系的**概率论**范式（以及穆勒将其称作"共变法"（method concomitant variation））中寻找真正的相关性，通过获取潜在原因，并将潜在原因存在的情况与潜在原因不存在的情况进行对比。而后，检查与更高

---

[1] 相关原始来源，参见：约翰·斯图尔特·穆勒，《逻辑体系》(*A System of Logic*)，载《约翰·斯图尔特·穆勒作品选集》(*The Collected Works of John Stuart Mill*) 第7卷（Indianapolis：The Liberty Fund, 2006）相关的简要讨论，参见：有关它们的简要讨论，参见：诺埃尔·亨德里克森（Noel Hendrickson）、柯克·圣·阿芒（Kirk St. Amant）、威廉·霍克（William Hawk）、威廉·奥米拉（William O'Meara）与丹尼尔·弗拉奇（Daniel Flage）合著的《罗曼和利特菲尔德批判性思维手册》(*Rowman & Littlefield Handbook for Critical Thinking*)（Lanham, MD：Rowman & Littlefield，2008）。

频率影响效应相关的因素，观察它们是否真的是虚假关联，例如"反向关联"或"共同因果的影响"。这一点受到了"**赖欣巴哈原理**"（Reichenbach Principle）的启发，（大致上）依据的是该原理中如果 A 与 B 相关，并且 A 在时间上优先于 B，那么 A 与 B 就具有共同的原因，或是 A 导致 B。[①] 按照科学哲学家弗雷德·德雷特斯科（Fred Dretske）[②] 的观点，在这一过程中幸存下来的关系被分类为"触发"（更接近的前景事件或"激活"现有因果潜力的因素）或"结构"（较近的背景事件或产生因果潜力而不对其激活的因素）以及"主要原因"或"促因"。[③] 尽管这代表了对**因果关系**中**概率论**范式的实质性简化，但这是一种有效的方法，可以将其中最重要的概念付诸实施，供情报分析人员在对个别因果关系的探索以及因果分析的次序维度进行强调时使用。

因果循环图示法强调的系统维度，并且是从整体上识别交互因素的持续性行为（尤其是反馈）。从概念上讲，该方法建立在传统意义上对因果力进行建模的"系统思维"与"系统动力学"之中，这二者使用的就是一种因果循环图示。[④] 这种方法表示的是主要代理人在某种情形中（以及他们各自独立的策略中涉及的因果因素）的每一个"内心模型"（mental models），同时探究这些不同的持续动态彼此之间是如何进行相互作用的。每个内心模型都可以描述成一个关于因果力的循环，在这个循环中（大致上）代理人通过影响因素 A 去影响因素 B，进而影响因素 C，进而再返回继续在一定程度上影响 A。当鼓

[①] 参见：汉斯·赖欣巴哈，《时间的方向》(*The Direction of Time*)（Berkeley, CA：University of California Press, 1956），以及在第 17 章中对于该问题从概率论因果关系方法视角进行的前期探讨。

[②] 【弗雷德·德雷特斯科】（Fred Dretske, 1932—2013），美国知名的认知学家，从美国斯坦福大学退休后，曾任美国杜克大学哲学系资深研究员。——译者

[③] 参见：德雷特斯科，《解释行为》(*Explaining Behavior*) 以及"**触发与建构原因**"（Triggering and Structuring Causes）。

[④] 参见：约翰·斯特曼，《商务动态分析方法：复杂世界的系统思考与建模》(*Business Dynamics: Systems Thinking and Modeling for a Complex World*)（New York：Mc-Graw-Hill, 2000）。对此更简单的介绍，请考虑：彼得·圣吉（Peter Senge），《第五修炼：学习型组织的艺术与实践》(*The Fifth Discipline: The Art and Practice of the Learning Organization*)，修订版（New York：Doubleday, 2006）。我的同事迈克尔·迪顿（Michael Deaton）为情报分析人员设计的系统动力学课程工作对我影响重大。本节摘自迈克尔·迪顿的作品"使用具有情报分析功能的系统思维的入门"（A Primer for Using Systems Thinking with Intelligence Analysis），载于詹姆斯麦迪逊大学的《国家安全分析研究所的技术报告》(*Technical Report for Institute for National Security Analysis*)（2011 年），以及迈克尔·迪顿与诺埃尔·亨德里克森，"打万能牌：情报分析人员识别和利用可能的意外事件的结构化方法"（Playing the Wild Cards：A Structured Method for Intelligence Analysts to Identify and Exploit Possible Surprises），载于 DAGGRE 预测团队支持的研究技术报告《IARPA ACE 项目》（2012 年）。也许还需要参考（没有太多的理论背景的）摩根·琼斯，《思想者工具包》(*The Thinker's Toolkit*)（New York：Three Rivers Press, 1998）中关于"因果循环图示"（"Causal Loop Diagramming"）的部分。

励他们继续朝同一方向发展时，这就是一种"强化性"的反馈，而何时去鼓励其朝相反的方向发展，则是一种"平衡性"的反馈。有趣的是，每个循环之间的反馈又怎样影响其他循环呢？例如，有没有其他的循环能够防止在强化该循环过程中出现失控？这些问题以及其他问题，有助于指导分析人员在考虑个体用户的具体策略之外，更要去研究情报工作中因果力的更大作用。尽管这种方法是对**系统动力学**范式的一个重要简化，但它也是分析人员探究共性因果关系以及**因果分析**中系统维度的现实途径。

背景转换分析法优先考虑的是意外维度，同时调查因果现实与相关参与者的因果期望之间具有怎样的可能性差异。尽管在所有因果关系方法中都可以找到似乎无关的因果关系（计划之外的后果），但战略决策最终是以潜在的因果联系作为前提。实际上这一事实对于情报分析而言是极其重要的。该方法接近于现实世界中因果结构，其前提条件是相关人士对于任何预期行动的大部分效果都是难以预料的。这是由于因果预期通常与显著原因相联系，为的是激活现有的因果潜力。但是这些显著原因在其最初影响出现之后又长期存在，并且可以转化成为背景原因，具有继续创造新事物的潜力。换言之，"新的"情况最终会变成"常态"。并且，当这种情况发生时，同样的事件会产生完全不同的效果。该方法通过尝试梳理出哪些可能成为意料之外的结果，来探究某种特定效果。该方法探寻了效果出现时所处的背景环境与效果出现之前所处背景环境之间的差异，试图去凸显出促成意外情况发生的可能因素。同样的，该方法的策略是假定每种情况，在某种程度上，都是某个意想不到的结果，所以该方法的目标就是试图弄清楚这些结果会是什么。尽管这并不是试图识别出计划之外结果的唯一方法，但这是一种鼓励分析人员探究意料之外联系以及**因果分析**中意外维度的务实方式。

这些方法优先考量的问题有所不同，同时它们在最重要的认知上的良好习惯与规则方面也具有差异。**多维化**方法中的所有良好习惯与规则，都同所有的方法相关，但是在它们当中有一些特别重要，也还代表了它们的要点，这对于分析人员而言十分重要，毕竟过度使用其中一种方法（排除其他方法）会造成个人与程序上的失衡。如此，还往往存在过多（或过少）关注某些良好习惯与规则的问题。在某些情况下，选择一种**因果分析**方法的合理性在于它所强调的良好习惯与规则（用以确保方法的多样性），它通常又基于哪一个是最好要关注的**因果分析**中的子维度：是序列、系统，还是意外？相关简要总结见表 18.3。

表 18.3　因果分析的方法中强调的个人与程序维度

注意：每一种良好习惯、规则与问题对于每种背景都很重要；这些良好习惯对于对应方法的关注重点尤为重要。	比较影响分类法	因果循环图示法	背景转换分析法	注意：每一种良好习惯、规则与问题对于每种背景都很重要；这些规则对于对应方法的关注重点尤为重要。	比较影响分类法	因果循环图示法	背景转换分析法
1. 谦逊：自信 vs 不确定性			√	1. 考虑问题的维度			√
2. 咨询的积极性：中立性 vs 现实世界中的关切	√			2. 证实决策的意义	√		
3. 求知欲：广度 vs 深度		√		3. 彻底研究分析对象	√		
4. 敏感性：看到相似性 vs 差异性			√	4. 清晰地构建过程	√		
5. 效率：周密 vs 权衡		√		5. 将紧密相关的信息区分出来	√		
6. 描述性：运用定量 vs 定性	√			6. 质疑每一个推断		√	
7. 反思性：关注自身 vs 他者		√		7. 开发合理的替代方案		√	
8. 多面性：既有范式 vs 自发适应	√			8. 认真对待反对意见	√		
9. 融合性："自下而上" vs "自上而下"		√		9. 不断启发判断	√		
10. 务实：看到威胁 vs 机遇			√	10. 推想新的问题			√
11. 讲究：特殊性 vs 一般性		√		11. 确定证明的局限性	√		
12. 宽容：反对 vs 改进	√			12. 找到更广泛的背景	√		

第七部分

情报分析人员的因果分析实践：关于"为何正在发生？"的推理方法

第19章
如何识别个体联系
"比较影响分类"方法

高质量的情报分析可以建立起事件之间存在的联系。但是，当分析人员试图将先验事件与其感兴趣的结果联系起来时，他们很容易感到不知所措，原因就在于受到了全部潜在联系的影响，毕竟之前发生的每件事之间都有可能存在关联。但是一个结果的完整历史背景有时却毫无用处，原因在于情报用户在作出决策时仅仅关注在所选的少数几个因素之间。然而，由于许多看似相关的事件其实并不相关，所以将决策所需因素的范围缩小至上述清单之中是具有思维风险的。同时，还有许多其他看似无关的事件却存在着相关性。因此，分析人员需要一种合理的方法，用以辅助其用户专注于选择出一组与其感兴趣的结果最具相关性的因素。

19.1 问题导向方面：建议分析人员提出哪些问题？

当分析人员使用**比较影响分类法**时，他们会通过某个特定类型的问题来塑造其推理工作。首先，他们会选择通过以"**为何正在发生？**"这一通用形式，提出一个**因果分析**问题。或许用户会直接提出为何某个国家要继续研发核武器，为何反对派组织会在独裁者的统治下得到更为广泛的接受，或者为何某种新型麻醉剂正在占领某地区的毒品市场。又或许，用户可能会通过摆出一个**战略评估**或**前景探索**的疑问进而间接提出一个**因果分析**问题，对此分析人员在理想情况下至少要先去做一些潜在的**因果分析**才能回答该问题。例如，如果分析人员不去事先评估某国家发展核武器可能导致的后果（一个**前景探索**形式的问题"何时何地可能发生变化？"），那么就无法合理地调查如何阻止该国发展核武器（一个**战略评估**形式的问题"用户该如何应对？"），而上述两种情况都意味着分析人员首先要分析该国到底为什么要研发核武器（一个**因果分析**问题）。

其次，在使用**比较影响分类法**时，分析人员是通过回答"**为何会发生这一系列事件?**"这样通用形式的某个具有特定类型的子问题，来进行因果推理。当选择该方法时，分析人员会决定专注在序列维度，并强调特定事件及其背景条件之间的关联程度和类型。这是从"自下而上"或是"还原"的角度进行的**因果分析**，它优先探索的是最具相关性的个体或组成部分之间的联系。分析人员在运用该方法时，无需掌握此前本要学习的因果知识，因为这属于他们可以提出的最基本的一类因果问题。然而，他们可能还需要事先回答一些必需的**发展假设**问题。例如，如果分析人员此前未能确定某国的确是在研发核武器，就不能合理地调查该国为何要研发核武器（一个**发展假设**形式的问题"**正在发生什么?**"）。因此，在选择**比较影响分类法**时，分析人员会从个体或本构关系（constitutive connections）的角度提出为何正在发生这一问题，这既是他们分析的直接目标，也是其实现目标的中间步骤。

19.2 程序方面：建议分析人员遵循哪些规则?

如果分析人员运用**比较影响分类法**，那么他们不仅会选择具体的问题用以指导思考，还会将其框架化以遵循一套具体的规则。言下之意是他们确定了当下务必遵循的特定程序。**比较影响分类法**特别强调四种规则。当然，这些规则对于该方法而言并非是仅有的重要准则，而是单纯在其中发挥着关键意义。第一，在构建识别相关背景的分析过程中，该方法要求分析人员辨别一系列具有影响效应的案例与不具有影响案例的因素，而后对这两类案例进行比较，通过找出其中可能存在差异的原因，从而对目标对象进行深入研究。第二，为推断合理结论，该方法指导分析人员对潜在原因进行一系列的因果分类，并对其进行相关性区分，这些原因就包括"触发原因"与"结构原因"、"主要原因"与"促成原因"。第三，为设想可能替代方案，该方法指导分析人员要认真对待反对意见，要始终去明确考虑某个潜在因果关系是否真正具有相关性，始终去明确考虑该相关性是否仅是一种微弱的关联以及此类因素之间又是否彼此关联，或者该相关性的形式是否会表现为第一个因素导致第二个因素（例如，或许是第二个因素引发了第一个因素，或是第三个因素导致了前两者）。第四，为总结分析过程并解释更广泛的含义，该方法呼吁分析人员确定证明的局限性，专门研究他们关于因果关系的观点在多大程度上能够避免因失误或相关性微弱而遭到驳斥，同时还要专门注意作出这个判断的过程是"轻易"还是"困难"。因此，**比较影响分类法**要求在分析过程中，要对目标对象进行深入研究，进行相关性区分，认真对待反对意见，并明确证据的局限性。所以当决定选择使用该方法时，分析人员不仅要努力在具体情况下遵守这些规则，还要努力在总体分析过程中全面强化这些规则。

19.3 个人方面：建议分析人员体现哪些特点？

每当分析人员使用**比较影响分类法**时，不仅要将注意力集中在特定类型的问题上以及遵循某一组规则，而且还要试图去例证特定的认知上的良好习惯。言下之意是他们选择优先考虑特定的特点，用以（在理想标准上）定义他们作为推理者的"样子"。这些特质对于这种方法而言尤为重要，而且在使用该方法时应当将下述的四种良好习惯更多地作为分析人员对"自我"思考中总体构想的一部分。第一，要努力缩小对用户影响最大的潜在关联因素的范围，该方法强调通过咨询的积极性（平衡中立性与现实世界中的问题）这一具体的良好习惯，用以追求思维中的胆识这一总体上的良好习惯。第二，通过比较案例去确定潜在的相关关系，并将其合理性定性为原因。该方法在上述过程中，侧重于描述性（在事物特征的定量与定性之间保持平衡）这一具体的良好习惯，用以追求思维中的自制这一总体上的良好习惯。第三，当分析人员在给定的有限数据范围内评估各因素之间是否彼此关联时，该方法会向他们提出质疑，从而体现出多样性（平衡既有步骤与自发适应）这一具体的良好习惯，用以追求判断是非的能力这一总体上的良好习惯。第四，该方法要求始终考虑到可能存在的虚假与微弱相关性，以及每个已得到证实的原因都有可能是触发或结构、主要或促成原因，以此鼓励其展示出宽容（平衡反对意见 vs 改进替代方案）这一具体的良好习惯，用以追求思维中的公正这一总体上的良好习惯。因此，**比较影响分类法**建议分析人员要具备咨询的积极性、描述性、多样性与宽容。由此，如果分析人员使用这种方法，那么他们会选择在他们的具体案例中达到上述要求，并且还要在总体上努力作为理想中推理者的部分"样子"去做到上述要求。

19.4 方法呈现：一般情况下如何操作？

比较影响分类法在开始阶段是去调查一系列已经产生影响效应的类似案

例，并将其与未产生影响效应的案例进行比较。这个过程会生成潜在的因果关系，而后当这些潜在因果出现时（与当它们没有出现时的情况进行比较），对影响效应发生的频率进行评估。一旦发现上述之间存在关联，该方法就会检验它们之间是否只是具有微弱相关性，还是具有因果关系（通过考虑是否可以排除相关性的其他原因，诸如"反向相关性"和"共同因果效应"）。一旦发现其中存在合理的原因，该方法将根据影响效应的类型（触发原因还是结构原因）以及影响效应的程度（主要原因还是促发原因）对其进行分类。

步骤1：从出现该影响效应的案例中寻找共同点。明确具有影响效应的多个相似案例，然后思考此类案例，并尝试找出它们的共同之处。

注：如果分析人员发现仅有一个案例出现影响效应，则有两种选择：一是，他们可以通过归纳概括并考虑一系列与其感兴趣的相似案例来拓宽这个问题；二是，他们只能使用一种案例，并且非常"轻率地"处理**步骤3**中得到的值，原因在于该案例的自身权重相对较小。然后通过**步骤1**考量该案例具有的主要特点。

步骤2：从没有出现该影响效应的案例中寻找差异。考虑没有出现影响效应的可用类似案例，然后确定出现影响效应的案例与没有出现影响效应的案例之间的差异。这些差异也是潜在的因果关系。（如果没有相应未曾出现影响效应的案例，则通常不能使用该方法。）

步骤3：明确潜在因果与影响效应之间的联系。比较存在潜在因果的案例与不存在潜在因果的案例。如果存在潜在因果的案例要比不存在潜在因果的案例的影响效应的出现可能性要大（或多或少更加频繁），则它们之间就存在着潜在的相关性。然而，如果该类影响效应发生的频率相同，或者频率更高/更低（但不显著），则应当考虑这种相关性尚未得到证实。为统一起见，当原因存在时，如果发生该影响效应的可能性极小（发生不那么频繁），那么就将潜在的因果以对立的方式"重新命名"（也就是当对立的情况出现时，发生该影响效应的可能性极大）。

注1：为确认某因素与该影响效应有关（**步骤3**），分析人员必须对以下两种案例进行适当的比较，即出现潜在因果的案例与没有出现潜在因果的案例。这一点与出现影响效应的案例（**步骤1**）或是没有出现影响效应的案例（**步骤2**）是不同的。同时，也没有一组单独的案例能足以证明可能具有的相关性。因此，分析人员必须将存在潜在因果的案例与不存在潜在因果的案例进行比较，否则便无法证明可能具有的相关性。

注2：对于**步骤3**中存在的合理数量的样本/实例案例（鉴于存在的案例总数），以及**步骤3**中能够代表案例总数的样本/实例案例（"正常"案例），

它们中的相关性（以及得出的因果观点）具有更高的可信度。在某类"科学"的情境下，此类案例（在理想情况下）的数量较多，并且是随机挑选的。鉴于情报分析人员几乎通常没有可用的案例进行研究，因此这里得到的确切频率通常应"草率"对待。此时，它们只是需要考量的一个因素。

步骤4：检查相关性是否可能是因"反向相关性"所致。如果C导致E，则C和E存在相关性，但如果是E导致C，它们也存在相关性。可以在多大程度上去合理地排除E导致C的这种可能？（反向相关性＝潜在的原因实际上是效应，潜在的效应实际上是原因）。在多大程度上能够排除这一点，就有多大程度可以继续探索其中的因果相关性。

"时间优先"（Temporal Priority）策略：尝试构建并精确定义C与E的时间范围。例如，使C在时间上优先于E。由于在时间上较晚的事物不能对时间上较早的事物产生因果影响，因此E不会导致C（这并不属于"反向相关性"的案例）。

步骤5：检查相关性是否可能是由"共同因果影响"所致。如果C导致E，则C与E存在相关性，但是如果某事件CoC同时导致C与E，则后两者互为相关性。可以在多大程度上合理地排除上述最后的那种可能？（共同因果影响＝潜在原因与潜在影响效应均为第三个事件/因素的效应——导致C的原因也会导致E。）在多大程度上能够排除这一点，就有多大程度可以继续探索其中的因果相关性。

"保持固定共同因果"（Holding Fixed Causes）策略：尝试找出导致C发生的原因，并假定导致C的该类原因已经发生，而C却未产生影响效应（与事实相反）。那么E还会出现吗？如果E仍然出现具有合理性，那么就表明E的出现更多是由C之成因所致，而非C本身。相比之下，如果E不出现（或不太可能出现）看起来更加合理，那么这表明E的出现更是由C本身所致，而不是仅仅受到C之成因的影响（这并不属于"共同因果影响"的案例）。

步骤6：按因果相关性的类型进行分类。将因果相关性的类型分为触发因果或结构因果。"触发因果"是指那些最接近影响效应并且可以被理解为"激活"某个已有过程的显著原因。"结构因果"是指那些不那么接近影响效应并且可以被视作"创造"某个过程但不对其进行激活的背景原因。

步骤7：按因果相关性的程度进行分类。将因果相关性的程度分为主要因果或促发因果。因果相关性分析不仅需要考虑潜在因果表面上的"强度"，或是其潜在影响效应所具有的统计学意义，还需要考虑因果问题的本质、因果的类型（触发因果还是结构因果），以及反向相关性的程度与可合理排除共同因果的程度。

总体注意：这是一种"保守"的方法论，它更倾向于面对以过度的要求去排除潜在错误或是微弱关联性所带来的风险，而不是去面对因排除标准过低而带来的风险。

19.5 方法实践：在具体实例中如何操作?

2011年春，中东与北非的许多阿拉伯国家爆发了大规模的抗议活动。最后，其中一些抗议活动加速演变成为反对政府的大规模骚乱。在爆发此类骚乱的国家中，其中四个国家（埃及、利比亚、突尼斯和也门）以"政权更迭"告终；而另一个国家（叙利亚）则陷入了一场旷日持久的内战（截止到本书撰写期间，这场内战仍在继续）。许多人认为此类骚乱出人意料，并且想知道是什么原因导致了这些骚乱。实际上，在没有发生"政权更迭"的国家中，导致此类骚乱的因素可能也是存在的。因此，这些国家将来也可能面临严重不稳定的风险。为了举例说明，本书认定阿尔及利亚、巴林、埃及、利比亚、叙利亚、突尼斯与也门曾发生重大抗议活动。（显然，大型骚乱与小型抗议之间的区别处在某种灰色地带，对于上述国家的假定只是为了举例说明）试想一下，分析人员在2011年末运用**比较影响分类法**去探究大规模抗议与骚乱活动的原因。[①]

分析人员对七个发生大规模骚乱的国家进行了比较，并从中确定了大多数国家发生骚乱的九个共性因素（**步骤1**）。然后，分析人员将发生骚乱与未发生骚乱的其他七个国家进行比较（**步骤2**）。他们选择考虑的是约旦、科威特、摩洛哥、阿曼、卡塔尔、沙特阿拉伯以及阿拉伯联合酋长国。可见表19.1。

---

① 与该主题相关的学术研讨对于该实例具有部分启发作用（因为许多人采用类似于**步骤1~2**的推理工作，并将关于因果推理的"**穆勒方法**"（Mill's Methods）作为基础。特别是对于，诸如非君主政体以及非石油经济体等这样因素之间的潜在关联，在很大程度上受启发于詹森·布朗利（Jason Brownlee）、塔里克·马苏德（Tarek Masoud）以及安德鲁·雷诺兹（Andrew Reynolds）等人的讨论，参见："为何收获不大？"（Why the Modest Harvest?），载于《民主期刊》（Journal of Democracy），2013，24(4)：29-44。该实例的目的并不是为了用以支持上述学者的结论或是类似观点，而是单纯在部分程度上（**步骤1~2**中的某些推理）受到了他们的启发。

表 19.1　比较影响分类法实例步骤 1~2

		已出现影响效应的案例							无影响效应的案例						
		阿尔及利亚	巴林	埃及	利比亚	叙利亚	突尼斯	也门	约旦	科威特	摩洛哥	阿曼	卡塔尔	沙特阿拉伯	阿拉伯联合酋长国
步骤1	大量青年人口	√		√	√	√		√	√		√			√	
	高青年失业率	√						√						√	
	低水平人均收入	√		√		√		√	√		√				
	完全缺乏民主	√	√	√	√	√	√	√		√		√	√	√	√
	领导人长期任职（15年+）			√	√	√	√	√				√			
	政府腐败严重	√		√	√	√	√	√							
	小型抗议活动	√	√	√	√	√	√	√	√	√	√	√		√	
	拥有特许权		√		√					√		√	√	√	√
	大规模军事镇压		√		√	√		√							
步骤2	非石油经济体			√		√	√		√		√				
	政府非君主政体		√			√	√	√		√				√	√
	先前/最近的骚乱	√					√								
	独立的军队	√		√			√								

针对每个潜在因果，分析人员均会考虑其存在的所有情况。接下来，他们将观察出现影响效应/规模骚乱活动的频率（**步骤3**）。需要注意的是，鉴于**完全缺乏民主**以及**领导人的长期任职**，出现影响效应/大规模骚乱活动的频率仅仅略微提升或降低，因此不认为上述二者属于相关性因素。此外，如果**君主政体政府**出现骚乱活动的频率更低，表明该因素属于相关因素，因此会将该因素"翻转"至它的反面，即**政府不是君主政体**。现在，当这一因素存在时，出现骚乱活动的频率会更高。可见表19.2。

此外，分析人员会考虑每一项剩余的潜在原因，并尝试排除可能性，即相关性是由反向相关性造成的（**步骤4**）。例如，他们在总结中认为无法明确表述**军事镇压**在暴动演变成为大规模骚乱之前只是暂时的，因此也就不能排除其反向相关性。接下来，分析人员试图排除同时导致潜在因果与骚乱可能性的第三个因素（**步骤5**）。换言之，他们会问：如果出现了潜在因果的原因，但是不存在潜在因果本身，骚乱还会发生吗？例如，他们认识到**低水平人均收入**似乎是**非因石油经济体**所致，但是**非石油经济体**似乎依旧可以是引发骚乱的原因。因此，**低水平人均收入**就会被排除在考虑范围之外。下一步，分析人员将评估剩余原因之间的相关性类型（**步骤6**）。例如，**小型抗议活动**似乎是最贴近的事件（触发因果），而其他所有因素似乎属于背景事件（结构因果）。最后，分析人员将评估相关性的强度（**步骤7**）。例如，**政府腐败严重**、**政府非君主政体**、**先前/最近的骚乱**之间似乎存在最紧密的联系，因此它们也被贴上了"主要因果"的标签。这就意味着**大量青年人口**、**小型抗议活动**，以及**非石油经济体**就属于"促发因果"。

表 19.2 比较影响分类法实例步骤 3

分子相加＝已发生影响效应的案例总数 分母相加＝案例总数		存在潜在因果的案例数	在存在潜在因果的案例中出现影响效应的频率	不存在潜在因果的案例数	在不存在潜在原因的案例中出现影响效应频率	相关吗？（第一类频率显著高于或低于第二类频率）
潜在因果	青年人口众多	8	5/8＝0.625	6	2/6＝0.33	是：高于
	青年人口失业率高	8	6/8＝0.75	6	1/6＝0.16	是：高于
	低水平人均收入	8	6/8＝0.75	6	1/6＝0.16	是：高于
	完全缺乏民主	11	5/11＝0.45	3	2/3＝0.66	否
	长期领导人（15+）	7	4/7＝0.57	7	3/7＝0.43	否
	政府腐败严重	6	6/6＝1.00	8	1/8＝0.125	是：高于
	小型抗议活动	12	7/12＝0.58	2	0/2＝0.00	是：高于
	特许权	10	6/10＝0.60	4	1/4＝0.25	是：高于
	大规模的军事镇压	4	4/4＝1.00	10	3/10＝0.30	是：高于
	非石油经济	6	4/6＝0.66	8	3/8＝0.375	是：高于
	政府是君主政体	8	1/8＝0.125	6	6/6＝1.00	是：低于
	先前/最近的骚乱	3	3/3＝1.00	11	4/11＝0.36	是：高于
	独立军事	3	3/3＝1.00	11	4/11＝0.36	是：高于

第20章
如何识别共性联系
"因果循环图示"方法

高质量的情报分析工作需要在更大的范围内加以把握。尽管分析人员往往能够不辱使命,将事物分解为针对个体问题的严密而细腻的评估,但是他们也应当能够从整体性出发,作出全面化且颗粒度较大的评估,用以从整体维度掌握所有事物之间相互作用的机理。这不禁让人认为整个因果故事只是起始时段的原因,而后才是最后的影响效应。但是这仅仅考虑的是原因及影响效应的"存在性",而不是它们伴随时间的演变以及相互之间的互动与影响。此外,在一个更大的框架内,影响效应可以持续助力更多具有相似起因的事件继续发生,进而使其自身得到"强化"。或者,影响效应可以避免具有类似其起因的事件继续发生,从而使其自身得到"平衡"。然而,这两种类型的"反馈"仅在更广泛的视角下才会显现出来。因此,针对此类更加全面化且具有总体性的因果关系,分析人员需要就如何构建能够实现对其把握的解释提出建议。

20.1 问题导向方面:建议分析人员提出哪些问题?

当分析人员使用**因果循环图示法**时,他们会采用某种具体类型的问题去指引其推理工作。首先,他们决定在总体上提出**"为何正在发生?"**这样的问题,进而开展因果分析。例如,假使用户直接提出这样的问题,即为什么一个独裁者突然会对国际社会表现得更加独断,或者为什么一个恐怖组织突然有了新类型的目标,或者为什么两个国家在不断加码它们彼此之间的敌对性言语。另外,用户可能通过摆出一个**战略评估**或**前景探索**类问题,去间接提出**因果分析**问题。为评估如何才能抑制某独裁者的独断性(回答**"用户应如何应对?"**

这一**战略评估**问题），分析人员肯定已经评估了该独裁者在未来可能改变其路线的方式（回答"**何时何地可能发生变化？**"这一**前景探索**问题），这就要求分析人员首先要去评估为何独裁者会变得更加独断（回答这一**因果分析**问题）。

其次，当分析人员选择**因果循环图示法**时，他们就决定了要将其因果分析构建为回答"**为何发生这种持续性互动？**"这一子问题的框架。该方法强调的是系统维度，以及互动因素在整体上持续进行的"反馈"行为的作用。这是从"自上而下"或"使成一体"的角度进行**因果分析**，它优先考虑的是共性或整体联系。该方法采纳了个体因果关系，用以探索更大的结构，并确定能够涌现出更大范围中部分内容的动力机制。该方法不是直接去评估某些个体因素是否具有相关性，而是研究在各因素之间随时间发展而涌现出的更广阔的互动情况。

当分析人员运用该方法去构建这种具有更大共性的因果故事时，他们往往需要一些与个体因果关系最具相关性的基本因果知识。此外，他们还必须已经对一些前提性的**发展假设**问题作出回答，原因在于一名分析人员在首先未能确定独裁者为何变得更加独断之前，就试图去研究其在国际上变得更加独断的原因，这是毫无意义的（已经回答了"**正在发生什么？**"这一发展假设问题）。因此，如果分析人员使用**因果循环图示法**，那么会建议他们从共性或整体联系的角度提出问题——"**为何正在发生？**"这既是最终目标，也是实现该目标的重要一步。

20.2 程序方面：建议分析人员遵循哪些规则？

如果分析人员运用**因果循环图示法**，那么他们不仅会选择某个特定的问题用以指导思考，他们还会通过一套具体的规则对其推理工作进行结构化处理。他们选择了务必要去遵循的特定程序，并且该程序可用于对其推理进行评估。以下四条首要规则并不是与本方法唯一相关的规则，只是对其而言具有重要作用。第一，为识别相关背景，该方法指导分析人员建立起决策的意义，将其作为识别相关动态机制的一种手段，使相关主体（包括用户）在制订战略过程中更加明确。第二，为推断出合理的结论，该方法敦促分析人员通过对相互作用的建模使构建过程透明化，否则上述相互作用将会被完全忽略或被视作理所当然。第三，为设想可能的替代方案，该方法通过着眼系统行为（可能会发生变化）随时间的演变，呼吁分析人员不断发展他们作出的判断。第四，为解释更广泛的意义,该方法通过强调不同力量之间的相互作用去指导分析人员探索更广阔的情境,而不是仅仅去强调其中个体产生的影响。因此,**因果循环图示法**强调的是分析过程要建立起决策的意义、透明化构建的过程、不断发展作出的判断,并探索更广阔的情境。所以当决定选择使用该方法时,分析人员不仅要努力在具体情况下遵守这些规则,还要努力在总体分析过程中全面强化这些规则。

20.3 个人方面:建议分析人员体现哪些特点?

每当分析人员使用**因果循环图示法**时,不仅选择的是将注意力集中在特定类型的问题上以及遵循一组规则,而且还试图举例说明特定的认知上的良好习惯。言下之意是他们选择优先考虑特定的特点,用以(在理想标准上)定义他们作为推理者的"样子"。这些特质对于妥善运用该方法而言尤为重要,而且在使用该方法时应当将下述的四种良好习惯更多地作为分析人员对"自我"思考中总体构想的一部分。第一,当对那些涉及特定主体与其他主体的战略以及它们之间的互动作用的因素进行规划时,该方法优先考虑的是求知欲(平衡兴趣点的广度与兴趣点的深度)这一具体的良好习惯,用以支持思维中的胆识这一总体上的良好习惯。第二,通过合理且快速的方式对正在发挥作用的整个动态机制进行建模,该方法将鼓励效率(平衡周密与权衡)这一具体的良好习惯,作为通向思维中的自制这一总体良好习惯的路径。第三,该方法注重利用各因素之间的具体联系去形成一个有关整体相互作用力的总论,它所强调的是以融合性(平衡"自下而上"与"自上而下"两种视角)这一具体的良好习惯,作为通向判断是非的能力这一总体良好习惯的方式。第四,该方法对分析人员的挑战是要求其试图在某个简洁框架内把握如此多的不同交互作用,并在该过程中要求通过讲究(平衡特殊性与一般性)这一具体的良好习惯,去追求思维中的公正这一总体上的良好习惯。因此,因果循环图示法建议分析人员应具备求知欲、效率、融合性与讲究这些良好习惯。由此,如果分析人员使用这种方法,那么他们会选择在他们的具体案例中达到上述要求,并且还要在总体上努力作为理想中推理者的部分"样子"去做到上述要求。

20.4 方法呈现:一般情况下如何操作?

因果循环图示法首先通过定位行为主体的目标和战略,并将其转化为一系列表示为"反馈循环"（feedback loops）的变量，从而确定行为主体各自的"内心模型"。一旦所有行为主体的战略均得到表征，则该方法就会对反馈进行分类，构建所有相互作用的集合模型，而后提出关于这些动态机制在整体上如何进行演变的问题。

步骤1：**表征主要行为主体如何试图影响该领域**。确定（a）是谁对局势怀有浓厚兴趣，（b）他们的目标是什么，（c）某个变量，用以追踪他们的进展是朝向还是偏离他们目标在发展（此处是"指标变量"），（d）他们的主要战略对该变量的影响（如果某个特别的行为主体看起来没有一个独特的可识别的战略，那么或许就可以考虑将该主题与其他行为主体进行合并），以及（e）该战略涉及变量的序列（例如，X 到 Y 再到**指标变量**）。

注意：此处所指的"变量"或适当的因果"因素"是真正的变量：一种可以随时间增加或减少的可确定的特征。

步骤2：**将每个行为主体的战略描述成一段随时间变化的循环模式**（一个反馈循环）。针对每项战略，将其中涉及的因素以循环形式列出（使用箭头将每个因素连接到下一个，最后一个箭头连接到第一个）。针对每个因素，确定它与之后因素之间关系的本质（如两个因素同时上升或下降，则用 S 标记箭头；如其中一个上升导致另一个下降，或是一个下降导致另一个上升，则用 O 标记箭头）。针对每个循环，确定它是"强化型"（其影响在循环过程中以相同的方式结束）还是"平衡型"（其影响在循环过程中以相反的方式结束）。

步骤3：**将所有行为主体的战略作为某个融合演变的整体**（例如，一个系统）**进行探索**。如果尚未整合完毕，则合并此类循环，形成一个完整的图示。对该图示进行检查，观察在既有循环中是否出现了新的关系（或许存在于一个循环中的变量与其他循环中的变量之间）。这一点非常重要，而且这常常是出意料之外的关系得以显现之处。使用名称对所有循环进行标记，以表明该循环的核心效果（例如行为主体及其目的，或是某种意料之外的关系）。

注意：变量之间的某些联系要比其他联系运转地更为缓慢。一段迟缓不进的联系应当用"延迟"进行标记，用以说明其结果可能在很长一段时间内不会发生。

步骤4：**评估强化型循环是怎样影响总体动态机制的**。确定每一个正在强化的反馈循环，并评估（根据变量的当前状态）它在多大程度上可能会转向失控，以及它运行的方向（"良性"或"恶性"）。当然，还要识别与该循环直接进行相互作用的其他循环（或其他类型的循环）。评估（根据给定变量的当前状态）这些循环在多大程度上具备防止强化型循环转向失控（通过对其减速）的力度。如果分析人员照此进行，则要思考这是一种短期的影响效应还是长期可持续的影响效应。

步骤5：评估平衡型循环是怎样影响总体动态机制的。确定直接进行（特别是强有力的）相互作用的平衡型循环集（并且，根据变量的当前状态，它们似乎是朝着相反的方向发展）。评估每个循环（相对）的力度，以及每个循环生效所需的时间。然后考虑其对共同变量的实际总体影响是否：（a）**平衡**（balance）：保持对其实施严密的约束（相互抵消彼此的影响），或（b）**摇摆**（pendulum）：产生较大的往复摆动（通常是在每个循环需要一定的时间才能产生影响效应的情况下），或（c）**升级**（escalation）：要使一个共同变量的提升/降低小于另一个变量，就要提升/降低该变量（正因如此，随着时间的推移，循环整体会使其越来越高或越来越低）。

步骤6：检查模型的有效性。通过提出以下问题，对这一"粗糙的因果模型"进行检查：（a）该模型是否具备恰当的内部结构（例如，标记正确的箭头、循环等）？（b）根据"自然规律"，该模式是否具有普遍的合理性？（c）该模型对观察到的现象具有多大程度的解释力，以及未来可能发生什么情况？（d）该模型在简明性与特殊性之间达到了怎样程度的均衡？

本方法总体需要注意之处：最重要的是要记住，当运用**因果循环图示法**时，图示本身并不是结论。图示只是一种提出问题以供分析人员进行解答的方法。它是一种将注意力集中在更宏观因果思维上的策略。

20.5　方法实践：在具体实例中如何操作？

1979年，埃及同以色列通过谈判达成和平协议。此后，美国开始长期支持埃及领导人。1981年，安瓦尔·萨达特（Anwar Sadat）[①] 遇刺之后，胡斯尼·穆巴拉克（Hosni Mubarak）[②] 上台执政，这一情况得以延续。在其支持下，美国在该地区获得了一个新的盟友（埃及以前是苏联名义上的盟友）。因此，这既促进了阿拉伯-以色列之间的和平，同时也增加了美国在阿拉伯国家的盟友数量。美国自20世纪80年代和90年代起，一直大力支持穆巴拉克，

---

① 【安瓦尔·萨达特】（Anwar el-Sadat，1918—1981），埃及前总统（1970—1981），政治家，曾领导埃及人民进行了第四次中东战争，并在外交上推行"积极中立""不结盟政策"，与以色列积极谈判，通过和平手段收复失地。1978年获得诺贝尔和平奖。1981年10月6日在阅兵式上遇刺身亡。——译者

② 【胡斯尼·穆巴拉克】（Hosni Mubarak，1928—2020），埃及前总统、民族民主党主席。——译者

并一直延续至 2011 年穆巴拉克政权的最后一刻。设想一下，分析人员正在探究 20 世纪 80 年代和 90 年代埃及与阿拉伯世界之间的动态机制，以及美国支持穆巴拉克对该机制的影响。我们假使他们运用**因果循环图示法**来发展这个愿景。①

分析人员应当确定以下行为主体、目标与战略（**步骤1**），见表 20.1。

表 20.1　因果循环图示法步骤 1 示例

a. 行为主体	美国政府	穆巴拉克	埃及公民	激进分子
b. 主要目标	阿拉伯-以色列之间的和平；维护美国同阿拉伯国家的联盟联系	巩固政权，确保埃及国力强大（且不受激进分子控制）	生活在相对和平与安全的环境中并享有其珍视的权利	推翻穆巴拉克；对抗美国的影响；削弱以色列
c. 需要观察的指标变量/主要变量	阿拉伯-以色列之间冲突；埃及对美国倡议的支持次数	政权的权势	公共服务质量	政权的权势
d. 影响关键变量的战略	向穆巴拉克提供援助，以确保他支持：a) 美国的倡议；以及 b) 阿拉伯与以色列和平相处	利用美国的援助以确保权力可：1) 提供公共服务；2) 压制分歧	为获得充分的公共服务而向政权施压	报复穆巴拉克，实现：a) 将公众舆论转向他的对立面；以及 b) 增加他在该地区的影响力
e. 战略中所涉变量的序列	1) 美国援助；2) 政权的力量；3a) 埃及对美国倡议的支持；3b) 阿拉伯国家—以色列之间的冲突	1a) 公共服务质量；1b) 镇压反对派；2) 公众的反对；3) 政权的权势	1) 公众反对；2) 公共服务质量	1) 镇压反对派；2) 攻击与宣传；3a) 公众反对；3b) 激进分子的影响；4) 政权的权势

---

① 本实例是由迈克尔·迪顿（Michael Deaton）与诺埃尔·亨德里克森（Noel Hendrickson）在"打万能牌：情报分析人员识别和利用可能的意外事件的结构化方法"（Playing the Wild Cards: A Structured Method for Intelligence Analysts to Identify and Exploit Possible Surprises）中提出的关于通用示例的特定国家版本。文章载于 DAGGRE 预测团队支持的研究技术报告《IARPA ACE 项目》（2012 年）。我特别要感谢我的同事在开展此次讨论时提供的建议和支持。

分析人员会考虑每个变量序列并将其转化为一个反馈循环，同时开始绘制因果循环图（**步骤2**），见图20.1。每个变量均与下一个变量相连，最后一个变量与第一个变量相连。此外，分析人员还表征出每个变量与下一个变量之间的关系，以及每个循环产生的总体行为。例如，第一个循环代表美国战略的首个部分。为确定该循环是平衡型循环（B）还是强化型循环（R），他们设想其中一个变量得到提升，然后观察循环继续进行时该变量会产生什么影响效应，而后他们又返回研究该变量。因此，如美国对穆巴拉克政权的援助继续增加，则该政权的权势就会得到提升。如果埃及政权的权势得到提升，则埃及对美国倡议的支持就会增加。与此同时，如果埃及对美国倡议的支持增加，则美国对穆巴拉克政权的援助就会减少（或者至少对它的需求会减少）。因此，当循环开始时变量在增加，但在循环结束时其影响效应会下降。正是由于这种变化，使该过程成为了一个平衡型反馈循环。相比之下，请思考穆巴拉克战略的首个部分。如果其政权的权势得到提升，则公共服务的质量就会提升。如果公共服务的质量得到提升，则公众对政权的反对就会降低。与此同时，如果公众对政府服务的反对有所降低，那么政权的权势就会得到提升。因此，当循环开始时变量在增加，当循环结束时其影响效应也会提升。由于该循环是沿同一个方向继续发展，因此使其形成了一个强化型反馈循环。

分析人员进一步对他们的模型进行探究，并从中寻找尚未捕捉到的其他联系（**步骤3**），见图20.2。他们首先认识到，尽管加强对反对派的镇压可抑制公众对政权的反对（至少在短期内），但是在民众积怨的中间作用下，公众对政权的反对也会在更长的时段内进一步加剧。分析人员还认识到，激进分子对地区的影响与阿拉伯国家-以色列之间的冲突这两者间存在着更为直接的联系。此外，美国对穆巴拉克政权的援助似乎导致了（新变量）美国对人权侵犯的容忍，这一点不仅与（当前变量）镇压反对派和（新变量）地区性反美情绪有关，而且接下来还会与（当前变量）激进分子的地区性影响具有联系。

目前，分析人员要探寻不断强化的反馈循环如何影响总体的动态机制（**步骤4**）。他们最终把视线专注在失去地区信誉与集会暴动上。特别是这两种情况似乎均有转向失控的可能。他们估计，这两种循环的影响效应涉及某种延迟（引向地区反美情绪与民众积怨的方向）：通过此类途径，影响的传播速度也在放缓，并随时间的推移再逐渐增加起来。因此，它们有可能对整体的其余部分迅速释放并制造出重要影响，而这种影响又是其他部分难以抗衡的。

分析人员现在聚焦的是图示中的平衡型循环（**步骤5**）。他们会观察是否会有任何平衡型循环之间存在潜在"冲突"，并将最后的注意力落在公众信任与维护安全。随后，他们会进行评估，是倾向于不会导致公众对政权的反对以

第七部分 情报分析人员的因果分析实践：关于"为何正在发生？"的推理方法

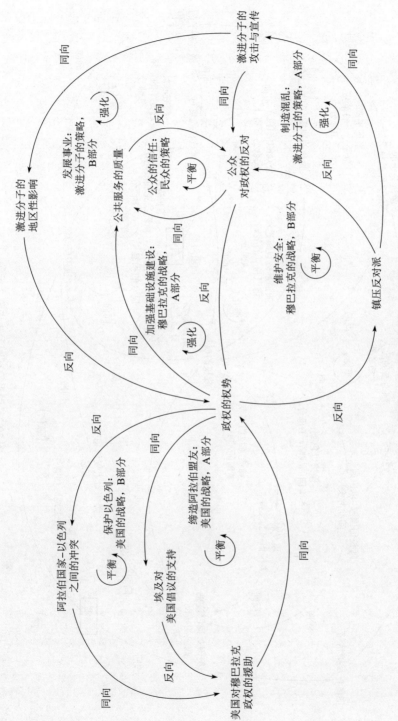

图 20.1 因果循环图示法步骤 2 示例

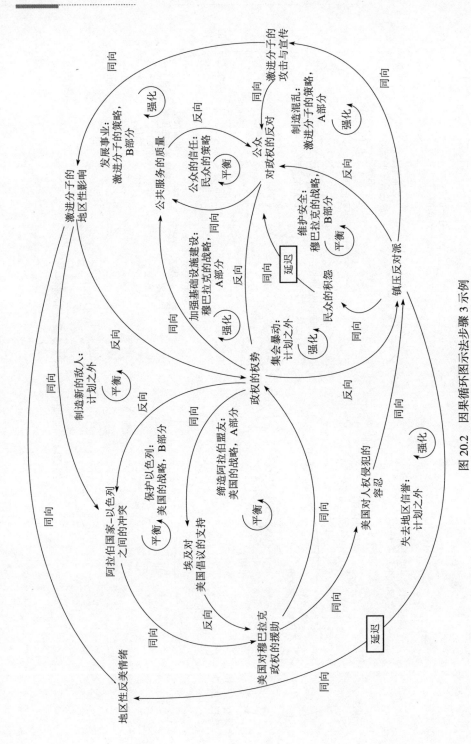

图 20.2 因果循环图示法步骤 3 示例

及出现任何大范围的"摇摆"冲击,或是不会导致局势出现缓慢升级(或下降)的态势。更确切地讲,分析人员认为它们会将其大致维持在相同的位置。

总之,分析人员评估认为美国的"指标变量"正朝着预期方向发展。阿拉伯国家-以色列之间的冲突正呈下降趋势(与20世纪60年代至70年代相比肯定有所下降),而埃及对美国倡议的支持正呈上升趋势。因此,就目前而言,对于美国分析人员的不利力量似乎已被平衡掉了。然而,他们也发出了警告:(对穆巴拉克的)民众积怨以及地区反美情绪正在缓慢上升。由此,他们评估认为尽管上述两个变量正在表象之下稳步攀升,但是当其开始对整体造成冲击时,能够抵抗其影响的力量就相对较少了。

第 21 章
如何识别意外联系
（以及某事件怎样成为计划外结果的一部分）
"背景转换分析"方法

高质量的情报分析能够阐明为何意料之外的事情不令人惊讶。每一项结果都有着数无数种的原因。大多数的因果关系既不代表相关主体的意图，也不是他们预期的样子。同样的行为最初可能会产生一种类型的结果，但随后会产生完全相反的结果。由此可知，"因果现实世界"（world of causal reality）与此前的"因果期望世界"（world of causal expectation）之间存在着一定差距。"期望"建立在行为发生之前的世界；而"现实"建立在多次行为完成之后的世界，后者定义的是"新常态"。同时，在这样的新环境中，如果持续出现新的行为互动，相同的事情可能会有全然不同的结果。因此，用户关注的持续存在的问题，在实际中会有很大概率（至少在部分上）成为其某一项行动之中的计划外结果。分析人员如何识别这些关系？他们需要一些建议方法，用以解决如何使原本意料之外的情况变得不再意外。

21.1 问题导向方面：建议分析人员提出哪些问题？

分析人员使用**背景转换分析法**时，会使用某种具体类型的问题去指引其推理工作。首先，他们会在总体上聚焦**"为何正在发生？"**这样的问题，进而开展因果分析。分析人员的用户可能会直接提问：为何叛乱的规模不断扩大，或者为何独裁者会失去其国内军事精英的支持，或者为何石油价格如此不稳定。另外，用户也可能通过提出**战略评估**或**前景探索**的要求，进而间接提出某个因果分析问题，而分析人员在理想情况下至少要先做一些潜在的**因果分析**才能回答这些问题。例如，要去评估如何遏制叛乱的增加（回答**"用户应如何应对？"**这一**战略**

第七部分 情报分析人员的因果分析实践：关于"为何正在发生？"的推理方法

评估问题），分析人员必须评估叛乱活动在未来可能会如何扩张（回答**"何时何地可能发生变化？"**这一**前景探索**问题），而这两种情况均要求分析人员首先去评估为何目前叛乱的规模在不断扩大（回答这一**因果分析**问题）。

其次，当分析人员使用**背景转换分析法**时，他们将其**因果分析**阐释为回答下述子问题**"为何发生这种意外的结果？"** 他们通过这样的选择，强调了**因果分析**的意外维度，并专注于研究当前背景环境与先前背景环境（以及相关预期）有何不同。本部分从"由内而外"的角度对因果关系进行分析，并尝试确定计划之外或意料之外的联系关系之间相关性。该方法进行**因果分析**的路径是，假设大多数已发生事情（影响效应）均在意料之外，由此通过提问什么可能是意料之外的结果对其感兴趣的结论进行探究。该方法聚焦于研究背景发生了怎样的改变，使得目前的同一种行为出现了不同的（计划之外的）影响效应。换言之，分析人员为完善他们的**因果分析**，探究的是客户的行为是怎样（无意地）促成这一结果的。

在理想情况下，应用该方法的分析人员均具备有关该主题相当完备的先验因果关系知识（也许通过应用其他**因果分析**方法）。这是一类更高级的因果分析问题。此外，分析人员还可能需要必备的**发展假设**知识。例如，分析人员如果没有事先评估到叛乱规模在不断扩大，就无法评估出为何叛乱规模在不断扩大（回答**"正在发生什么？"** 这一**发展假设**问题）。因此，如果分析人员运用**背景转换分析法**，他们得到的建议会是从计划之外或意料之外的联系的视角出发，提出为何正在发生这样的问题。这既是他们从事分析工作的主要目的，也是追求这一最终结果的手段。

21.2 程序方面：建议分析人员遵循哪些规则？

如果分析人员运用**因果循环图示法**，那么他们不仅会选择某个特定的问题用以指导思考，还会通过一套具体的规则对其推理工作进行结构化处理。他们选择了务必要去遵循的特定程序，并且该程序可用于对其推理进行评估。以下四条首要规则并不是与本方法唯一相关的规则，只是对其而言具有重要作用。第一，为识别相关背景，该方法指导分析人员明确建立起决策的意义，将其作为识别相关动态机制的一种手段，使相关主体（包括用户）在制定战略过程中更加明确。第二，为推断出合理的结论，该方法敦促分析人员通过对相互作用的建模使构建过程透明化，否则上述相互作用将会被完全忽略或被视作理所当然。第三，为设想可能的替代方案，该方法通过着眼系统行为（可能会发生变化）跟随时间的演变，呼吁分析人员不断迭代发展他们作出的判断。第四，为解释更广泛的意义，该方法通过强调不同力量之间的相互作用去指导分析人员探索更广阔的情境，而不是仅仅去强调其中个体产生的影响。因此，**因果循环图示法**强调的是分析过程要建立起决策的意义、透明化构建的过程、不断发展作出的判断，并探索更广阔的情境。所以当决定选择使用该方法时，分析人员不仅要努力在具体情况下遵守这些规则，还要努力在总体分析过程中全面强化这些规则。

当分析人员运用**背景转换分析法**时，他们不仅会选择一类问题用以引导思考，还会通过一套特定的规则对其进行指导。他们选择了其必须遵循的特定程序，并以此对其思考进行评估。强调以下四条规则不是因为它们是唯一重要的，只是对于分析人员正在使用的规则而言具有特殊的相关性。第一，为识别相关背景，该方法要求分析人员通过识别未发生影响效应的先前背景，去思考问题的维度。第二，为推断出合理的结论，该方法指导分析人员在寻求未发生预期结果的方法时去挑战每一个推论。第三，为设想可能的替代方案，该方法引导分析人员研发合理的替代方案，并着重去发现最初并未计划或预想到的因果关系。第四，为解释更广泛的意义，该方法要求分析人员通过优先考虑意料之外以及未曾认真思考过的关系，投射出新的问题。为此，**背景转换分析法**鼓励分析过程思考问题的维度、挑战每一个推论、研发合理的替代方案，并投射出新问题。因此，如分析人员决定选择这种方法，那么他们不仅要努力在具体情况下遵守这些规则，还要努力在总体分析过程中全面强化这些规则。

21.3 个人方面：建议分析人员体现哪些特点？

如果分析人员使用**背景转换分析法**，那么他们不仅要通过某类问题以及某套规则对其推理工作积极进行指导，还要例证具体的认知上的良好习惯，通过对特定的特征进行强调，用以（在理想标准上）定义他们作为推理者的"样子"。这些特质对于妥善运用该方法而言尤为重要，而且在使用该方法时应当将下述的四种良好习惯更多地作为分析人员对"自我"思考中总体构想的一部分。第一，该方法探究因果预期的潜在局限性，同时寻求可能识别出的意料之外结论，侧重的是谦逊（平衡信心与不确定性）这一具体的良好习惯，用以作为达到思维中的胆识这一总体上良好习惯的方式。第二，该方法探究背景环境已经（或尚未）发生改变的方式，凸显的是敏感性（平衡认识的相似性与认识之间的变化）这一具体的良好习惯，用以追求思维中的自制这一总体上的良好习惯。第三，该方法专注于客户可能（无意识）促成结果的方式，反思性（平衡聚焦在自身与聚焦在他者）这一具体的良好习惯，用以支持判断是非的能力这一总体上的良好习惯。第四，该方法通过考量潜在计划之外关系的"好"与"坏"，强调务实（平衡威胁与机遇）这一具体的良好习惯，用以达到思维中的公正这一总体上的良好习惯。为此，**背景转换分析法**建议分析人员应具备谦逊、敏感性、反思性与务实等良好习惯。因此，选择使用该方法的分析人员要在他们的具体案例中达到上述要求，并且还要在总体上努力作为理想中推理者的部分"样子"去做到上述要求。

21.4 方法呈现：一般情况下如何操作？

背景转换分析法在根本上是一种非常简单的方法。在某种程度上，它只是这样一种简单的问题：把**因果分析**拟定为寻求计划之外的结论——询问这样一个有关的结果："客户先前的哪些行为可能会在意料之外促成这样的结果？"该方法首先要确定当前环境正在出现的某种影响效应，而后研究发现之前未曾出现此类影响效应的环境。接下来，对上述两种环境之间的差异进行探讨，找到那些帮助将此前环境转换为当下环境的可能已经采取的行动。这些行动就是导致这种影响效应的潜在无意识原因（该影响效应是这些行动潜在的计划外结果）。

步骤1：确定"当前"背景环境（产生影响效应的"世界"）的时间范围。确定感兴趣的影响效应以"完全有效"的方式发生/正在发生的时间（而不仅仅是影响效应开始发生的时间）。这个时间将作为"当前"背景环境的时间。

步骤2：确定"先前"背景环境（未产生影响效应的"世界"）的时间范围。确定感兴趣的影响效应尚未发生/根本未发生的最新、已延长的时间。这个时间将作为"先前"背景环境的时间。

步骤3：探究"当时"与"现在"之间的区别。找出"当前"背景环境（"因果现实"）与"先前"背景环境（"因果预期"）之间的潜在差异。

步骤4：发现对先前背景而言属于"新的"行为，但对当前背景而言属于"正常"行为（并与差异相关）的那些行动。哪些行为在"先前"背景中属于"新的"行为，而在"当前"背景中属于"正常"行为，且还能够合理促发感兴趣的影响效应？这些行为可能在"先前"背景中是作为期望/预期结果的"触发原因"，但现在已成为定义"当前"背景中影响感兴趣效应发生的"构建原因"。

步骤 5：对其产生意料之外结果的潜力进行评估。评估以下一项或多项行为的程度：(a) 由先前背景环境（因果预期）转向当前背景环境（因果现实）的合理原因，以及 (b) 在先前背景环境（因果预期）中产生的最初影响效应与当前背景环境（因果现实）中产生的影响效应之间可能存在的差异。因此，只要一个行为符合上述标准，并且行为主体没有预期到该影响效应，那么该影响效应就可能是这一行为的意外结果。

本方法总体需要注意之处：该方法并非旨在提供影响效应背后完整的因果故事，为的是探究某个特定行为主体在其中（计划之外）的作用。然而，这并不意味着行为主体不应该如此行事，只是说明他们应当成为认识到的故事中的一部分。对于分析人员，避免让人们认为他们在推卸责任（尤其是在事实发生之后）尤为重要。他们会继续为客户解释行为的全部后果，以便用户做决策时能将其考虑在内。此外，同样重要的一点是，不要给人留下替代行为不会产生意外结果的印象（尽管是不同的结果）。因此，分析人员的工作是指出可能的后果；而用户的工作是决定如何进行应对。

21.5 方法实践：在具体实例中如何操作？

由于**背景转换分析法**是一种相当简单的（且经过巧妙的设计）方法，因此本部分包含两个（简短的）应用实例。第一个是通用的（但适用于现实世界）实例，而第二个更加直接地源于现实生活。

许多政府发现其公共形象与宗旨受到了宗教或其他意识形态的团体合围，并且认为这些是与其理想背道而驰的。这些政府有时不得不去"迫害"这些团体，来达成阻碍其发展壮大的目的。（将上述涉及的定义留到其他场合再详谈。本例适用于任何合理的解释。）最初，政府的行为通常会造成这些团体的成员减少，但是从长期来看，此举往往不但会带来组织成员的增长，而且还会其具备极强的复原能力以及相应增加的抵制力。设想一下在这种情境下使用**背景转换分析法**，分析人员提出的问题会是：为何一个意识形态团体会在政府过去十年的镇压下仍然走向复兴。

分析人员将影响效应显著的时间（**步骤1**）与之前未发生影响效应的时间（比如十年之前）进行对比（**步骤2**）。他们探究了后期背景与之前存在的差异（**步骤3**），并寻求与该差异有关的行为（**步骤4**）。分析人员指出，以前加入该宗教/意识形态团体的成员不需要付出明确的"代价"，但现在却有了，成为政府镇压的目标。这种压力对与该团体而言，是其审视自身身份进行的一部分，政府的持续行动又确认了他们的团体身份。因此，现在加入的任何成员均在政府的施压下得到身份"确认"（生效），成为了"真正的"成员。如果政府没有展开行动，则上述情况就似乎不大可能发生（**步骤 5**）。这并不一定意味着政府不应当（在策略上）采取这种方法，也不意味着他们针对这种团体是完全错误的（或许这些团体确实很邪恶）。但是政府应当充分考虑其行为的全部后果，并且认识到他们是怎样促成这种不良后果的，见表 21.1。

表 21.1 背景转换分析法的通用示例

行为主体： 用户或某个竞争者/敌对者	政府
问题： 可能的意外结果	某针对宗教或其他意识形态团体的复兴（抵抗性与恢复力增长）
步骤 1： 问题的当前/之后时间 在有结果的情况下	现今
步骤 2： 问题之前的早期时间 在无结果的情况下	10 年之前
步骤 3： 转换：后期背景（具有影响效应的案例）与早期背景（没有影响效应的案例）有何不同	*团体的意识形态包括其被锁定为"目标"的状态 *团体新成员了解加入该团体的"代价" *政府施压"证实"了该团体对现实世界的预计 *受政府施压锁定的成员要去"证明"其对该团体的忠诚
步骤 4： 促成对后期背景转换的行为主体的行动	政府对该团体的施压改变了作为其中一员的（现实）意义
步骤 5： 合理的原因？（如未采取行动，则影响效应似乎不太可能发生）	是

1991 年冷战结束后，世界迎来了一个崭新的时代，在美国与（现在的）俄联邦这两个曾经相互竞争的超级大国彼此友好也相互合作。20 世纪 90 年代，两国在国际上展开了一系列具有近似目标的合作项目（包括保护苏联核武器等事件）。然而到 2009 年，人们可以强烈感觉到两国双边关系已经显著恶化。美俄关系不仅比 20 世纪 90 年代更加紧张，俄罗斯也已开始对其邻国格鲁吉亚发动（在美国看来）攻击性的军事行动，并且更加普遍地开始到用其自然资源市场向东欧国家施压，使其与俄罗斯保持一致的目标。然而，是什么原因造成了这些关系的恶化，以及是什么原因造就了这个更具军事性和抱负性的俄罗斯？设想一下，

情报分析人员在 2009 年运用**背景转换分析法**对此类问题进行探究。分析人员使用该方法,并非是去试图确定俄罗斯与西方国家关系恶化及其"复活"背后的完整因果故事。相反,他们努力通过试图甄别西方国家哪些可能采取的行为导致了该结果,并以此完善其分析工作进行完善。

　　分析人员将发生影响效应的时间(**步骤 1**)与未发生影响效应的先前时间进行对比(**步骤 2**)。他们探究了后期背景与之前存在的差异(**步骤 3**),并最终找出与该差异相关的行动(**步骤 4**)。他们立足于许多后苏联国家与西方国家之间已经建立起的牢固联系,提出西方国家推行民主制度、自由市场的行动以及这些国家同西方国家的军事联系,可能是导致俄罗斯"复活"的计划外原因。如果西方国家没有这样做,那么似乎不太可能会出现此类结果(**步骤 5**)。然而,这并不是分析人员完整的因果故事,但其用户在出现该结果所起到的潜在作用时,他们可以借此进行补充说明。因此,这并不意味着用户应当去采取不同的行动,而是应当使用户认识到这可能也是促发这一不良结果的潜在方式,见表 21.2。

表 21.2　背景转换分析法的具体示例

行为主体: 用户或某个竞争者/敌对者	美国及其盟国
问题: 可能的意外结果	"复活的"俄罗斯:与美国/西方国家关系恶化
步骤 1: 问题的当前/之后时间 在有结果的情况下	2000 年之后
步骤 2: 问题之前的早期时间 在无结果的情况下	20 世纪 90 年代以前
步骤 3: 转换:后期背景(具有影响效应的案例)与早期背景(没有影响效应的案例)有何不同	∗ 提振俄罗斯的经济(从能源市场等) ∗ 俄罗斯的反恐行动 ∗ 美国/西方国家在中东地区的行动 ∗ 美国/北约/欧盟与苏联国家之间的联系
步骤 4: 促成对后期背景转换的行为主体的行动	美国/北约/欧盟大力鼓励原苏联国家建立民主制度、自由市场,并与西方国家(其中甚至包括北约成员国)建立牢固的军事联系
步骤 5: 合理的原因?(如未采取行动,则影响效应似乎不太可能发生)	是

第八部分

情报分析人员的前景探索理论：
关于"何时何地可能发生变化？"
的推理范式

第 22 章
前景探索的现行重要方法
关于预报、大趋势与情境的范式

情报分析问题可以理解为具有四种相互关联的推理要素：**发展假设**（正在发生什么）、**因果分析**（为何正在发生）、**前景探索**（何时何地可能发生变化），以及**战略评估**（用户能够怎样应对）。因此，对情报推理进行理想化的说明可以为上述四个方面分别提供有效的方法。但是这些并不仅仅是情报分析人员感兴趣的主题，他们还需要对其他情境进行大量的细致探索。许多分析人员并不熟悉该领域其他可用的诠释方法及其背后的假定。因此，本部分将研究如下三种主要的**前景探索**方法：**预报**范式、**大趋势**范式与**情境**范式。现在，与本书的类似章节相似，以下讨论并不是对上述三种方法进行完整且细致的论述。恰恰相反，这些讨论旨在帮助分析人员更全面地去熟悉上述三种方法以及更广泛地开展相关讨论，鼓励他们进一步辩论和探索，并（最终）建立起本书的替代性方法，为应对情报分析中具体聚焦的挑战作出贡献。

22.1 前景探索的学术理论背景

人类早已认识到一切事物都具有不确定性。然而，有两种方式可以减弱这种"不确定性"的程度。第一，未来的结果可能是形而上学意义上的不确定：鉴于先前的全部因果力，所发生的事情并非不可避免——它们也有可能不会发生。这就是说，塑造未来的各种力量本身（个体间或集体间）有着产生不止一种可能结果的潜力。第二，未来的结果可能是认识论意义上的不确定性：现有信息与推理方法为分析人员在研判未来结果发生的概率时所留下的失误风险——他们对其可能性概率的判断可能是错误的。需要注意的是，这两种不确定性是彼此独立的。

第八部分 情报分析人员的前景探索理论：关于"何时何地可能发生变化？"的推理范式

未来可能在形而上学意义上（几乎）是确定的，但是分析人员因缺乏必要的知识以至于不能确认它的（几乎100%）确定性（例如，实际概率是0.90，但分析人员对概率判断正确的概率又小于0.90）。当然，未来也有可能在形而上学意义上是不确定的，但是分析人员具备必要的知识用以确定所有可能结果的概率，并且没有任何出错的风险（发生的概率小于1.00，但分析人员几乎可以确定其概率的大小。例如，一枚均匀硬币抛落到"正面"的概率是0.50）。此外，这两种不确定性均需要去衡量它们的程度。未来结果可能更多具有是在形而上学意义上的不确定性（当最可能结果的概率根本不可能是1.00时），或者更少具有在形而上学意义上的不确定性（当最可能结果的概率更接近于1.00时）。同样，未来结果可能更多具有在认识论意义上的不确定性（当分析人员甚至无法对最大可能发生的事情作出合理估计时），或更少具有在认识论意义上的不确定性（尽管分析人员仍有可能出错，但依旧能够作出合理估计）。

从历史维度来看，尽管人们对程度方面存在观点上的分歧（部分人相信人类可以大大降低其中的不确定性），但是所有人都接受存在认识论意义上的不确定性。然而，关于是否存在形而上学意义上的不确定性（及其存在的程度）一直颇有争议。在古代，一些人理所当然地认为存在最终决定未来"命运"的力量，而真正的不确定性仅仅是在认识论的层面上。换言之，先前因果决定每个事件都具有不可避免性（该事件发生的实际概率是1.00）。然而，由于人类又缺乏对这些先前因果的完整认识，因此又认为它们似乎并非不可避免。这种观点被称作决定论。无论是古代为尝试阐释物理世界而发展出的"原子论"（atomistic）①，还是现代牛顿的"机械"（mechanical）宇宙②，通常都认为这种决定性力量的根本依据是"自然规律"。偶尔也会有其他观点将其归因于"上帝的意志"。③ 现在有趣的是，尽管决定论的倡导者一直存在，但它最流行的时期（如果不是占主导地位的话）只是贯穿了18世纪早期到20世

---

① 【原子论】是在一些古代传统中发展出的一种自然哲学。原子论者将自然世界理论化为两个基本部分：不可分割的原子核空无的虚空。——译者

② 【机械宇宙】是用于探讨自然界的机械论，它是一种对于自然界的信念，认为自然界整体就是一个复杂的机器或工艺品，其不同组成部分间并没有内在联系。——译者

③ 值得注意的是，中世纪（以及此后的）的大多数（犹太教、基督教、伊斯兰教）神学家并不认为上帝（预先）决定了每个事件的发生。人们相信，上帝早就知道每个事件都会发生，但他有时宁愿它们不发生（比如人类的邪恶行为）。换言之，有些事情的发生并非上帝本意为之（也不是上帝带来的），而仅仅是得到上帝的允许（为保护人类自由意志的存在——关于这一点，稍后会有更多的讨论）。换言之，决定论的主要提倡者通常是科学的而非神学的。事实上，神学观点通常是决定论最有力提倡者的经典陪衬——自由意志。

纪中期，不过依旧塑造着一些人对未来的认识。

在传统意义上对决定论的否定（以及对形而上学意义上不确定性的有力肯定），是对人类自由意志（human free will）的肯定。传统的自由意志观认为，行为主体只有在最终"由他们自己决定"以及他们"本可以不这么做"的情况下，才可以按照自己的自由意志行事，这似乎暗示着其所作出的决定并不是由此前因果因素导致的必然结果（它们在形而上学意义上是不确定的）。然而，决定论认为是**现代**自然科学使得自由意志成为了一种极具争议的观点。后者经常遭受这样的指责，即自由意志使得人类所作出的决策成为了一种具有"偶然性"的事情。这就引发了"自由意志与决定论"之间的经典哲学辩论。另外，在一定历史时期，人的自由意志是对形而上学意义上的不确定性进行肯定的主要动因。然而，随着近期对概率论更强有力的解释的兴起，以及当前关于应用概率论似乎最能描述自然现象（比如量子力学）的理解，大多数科学哲学家现在会去拒绝决定论，承认我们的世界在认识论和形而上学意义上都是不确定的，并且接受因果性解释本身是"概率性的"的这种观点。① 最终，传统的自由意志与决定论之间的冲突就此瓦解。每个人或多或少都会接受存在形而上学意义上的不确定性这个现实。

尽管人们就两种不确定性形式的存在性几乎达成共识，但对于在多大程度上存在形而上学以及认识论意义上的不确定性仍然存在分歧。这便是**前景探索**现行主要方法具有不同之处的部分内容，并且具有讽刺意味的是，个人决策的形态依旧是决定不确定性程度的一个重要因素。一些人认为形而上学与认识论意义上的不确定性是相对较低的，并且认为未来的许多结果既具有高可能性也有着合理又周知的概率；而那些并不依赖人类个体决策的人恰恰又倾向于关注未来结果，并且偏好**预报**范式。还有其他一些人认为，形而上学与认识论意义上的不确定性是相对较高的，并且认为大多数的未来结果并不具有高可能性/或具有（合理）已知的概率。这类思想家通常专注于依赖人类个人的决策，并采用**情境范式**探索未来结果。当然，也存在介于两者之间的其他观点，这些人认为大多数未来结果均有可能至少在一定程度上有着已知且合理的概率。这类理论家专注于在一定程度上取决于个人决策的未来结果，且往往更倾向于使

---

① 请注意，这并不意味着每一种自然的因果力都是不确定的，或是受到高度不确定性的约束。相反，这里是两种观点。第一种，在总体上，整个世界（作为一个系统）是不确定的（至少部分是不确定的，这使得整个世界也是不确定的）。第二种，因果关系的解释不必是确定性的；它们可以仅存在于"一个原因增加了其产生影响效应的概率"这一事实中（关于这一点的更多信息，请参阅第 17 章 17.1 节"**因果分析的学术理论背景**"）。换言之，科学家不再假定"自然规律"必会使其影响不可避免，而只是假定它们对其出现的概率具有一定影响。

用**大趋势**范式进行探索。

22.2 预报范式：根据稳定且依规受控的模式对最大可能结果进行预测的前景探索

尽管现实中存在着不确定性与潜在的意外性，但有些时候未来也并不意外，并且或多或少与往常相一致。物理科学已经发现了许多长期存在并很有可能一直持续至未来的自然规律。例如，太空中的天体运动、化学与生物学中的过程，以及天气的变化模式，似乎都受到规律支配，而此类规律随着时间推移并不会表现出（太多）变化。因此，只要对过往历史具有足够详细的了解，人们就可以对其整体行为作出概括，并证明其在未来可能会如何表现。这就是**预报**范式的方法，它将**前景探索**解释为根据稳定且依规受控的模式，去预测具有最大可能性的具体结果。[1]

预报范式是唯一对未来可能发生的事情作出具体判断的范式。就其本身而言，这是唯一使用诸如预测（prediction）、估计（estimate）或预报（forecast）等术语的方法，其字面含义是评估某一具体事件将会/将不会发生。然而，要做到这一点，在运用**预报**范式时也需要特殊的先决条件，原因在于预报的过程涉及通过某行为的先前历史识别其行为模式，对该模式通过某种形式化的方式进行表达，分析该模式的当前状态，以及运用这种表达形式推断其得以延续至未来后（可能）发生的情况。因此，对某个特定目标进行合适的预报，必须作出如下四个假定。[2]

历史的可描述性（historical describability）：具有关于先前历史可辨别模式的足量可用数据，用以证明目标行为的一般性形态，总体表现为：（1）仅具有统计值的模式（"低端"）；（2）对目标及其总体环境进行正式描述的模型，或者（3）一系列针对其行为的科学化"规律"（"高端"）。

当前的透明性（present transparency）：拥有足量的可用数据以供确定目标的当前状态属于哪类具体情形的一般性形态。

---

[1] 关于预测问题的一些讨论，请参阅：爱德华·科尼什（Edward Cornish），《未来进行时：前景探索》（*Futuring: The Exploration of the Future*）（Bethesda, MD: World Futures Society, 2004）。

[2] 在一般意义上探究关于**预报**范式的认识论问题时，包括这其中的一些先决条件，参见：尼古拉斯·雷舍尔（Nicholas Rescher），《预测未来：预测理论导论》（*Predicting the Future: An Introduction to the Theory of Forecasting*）（Albany, NY: State University of New York Press, 1998）。

内部连续性（internal continuity）：具有充分的内部稳定性（目标内部的因素以及对其具有影响的直接环境），以使未来行为将（可能）遵循既往行为模式的一般性形态发展。①

外部孤立性（external isolation）：具有充分的外部稳定性，以使其他新因素（目标及其周围环境之外的其他因素）不会去改变其对目标行为（增加或减少）的影响（程度）。

预报范式的有效性与可信性取决于上述四种假定的合理范围。② 例如，对于宇宙中天体的前期运动而言，不仅有大量演示模式数据（历史的可描述性），能够确定其当前状态的优秀观测工具（当前的透明性），认为天体能够稳定运行的完备理由（内部连续性），而且也不存在可能突然会对其产生影响的外部力量（外部孤立性）。因此，在物理学与天文学中，预报工作显得非常合理。同样，在许多化学与生物学的过程中，我们也具有大量与其先前行为有关的演示模式数据（历史的可描述性），能够衡量其当前状态的可靠方法（当前的透明性），认为这些过程在本质上具有稳定性的完备理由（内部连续性），并且也不存在可能对其造成影响的外部力量（外部孤立性）。因此，在化学与生物学的过程中，预报工作也具有合理性。更加笼统地讲，自然科学是典型具有这四种假定最常见的地方。

然而在许多情况下，即使是在自然科学中，这四种假设也会出现一个或多个不成立的情况。有时，科学家仍处于搜集充分数据的过程之中，以期为其研究工作建立起可靠模型（不具备历史的可描述性）。此外，还存在一些其他情况，科学家可能知道某一特定类型事物在总体上具有正确性（历史的可描述性），并且有可能继续保持下去，但是他们可能不知道某个特定实例的确切状

---

① 某一事物不具有内部连续性的一个重要原因在于，它是否包含了一系列持续相互作用以产生最终结果的较小力量。即使是各自相当稳定的数量适中的力量，当集中在一起时仍然会有相当大的概率产生偏差。例如，如果有 7 种力量，其中每种力量均具有 0.90 的概率保持现有状态，则它们全部继续保持现有状态（并共同产生相同结果）的总体概率仅为 0.48。根据合取概率定律，这是 7 种力量均相同的所有概率的乘积：$0.90 \times 0.90 \times 0.90 \times 0.90 \times 0.90 \times 0.90 \times 0.90$，即 0.4782969。

② 还有另一种试图支持**预报**范式的方式，这种方式会假定不可避免地进行预言，围绕展开的问题是这些预言是否（在实际中）合理。有人可能会提出一种"贝叶斯心理学"，该学说认为人类的信念与期望存在于概率判断之中，或认为情报用户只是（在原则上）坚持进行预测。无论是哪一种看法，问题都是从作出这些预测（或概率评估）是否合理，转移至如何使其尽可能做到合理（鉴于它们在心理上或实践中都是不可避免的）。尽管该方法在学术上具有一定的吸引力和雅致感（因为它避免了**情境范式**留给我们的"困扰"），但我最终还是拒绝使用（因为它太过简单）。但是，如果需要以一种令人信服的方式对该点进行展示，那么将会使事情变得远离主题，因此我将对该问题的讨论推延至另一个场合。

态（不具备当前的透明性）。例如，人们可能不知道飞机坠毁前的确切状态，但可以从不同的先前状态中了解导致坠机的原因类别。此外，还存在一些会随着时间推移快速演变的事物，并且它们可能并不符合此前形成的规律（例如，病毒变异），因此人们也不能假定其会继续遵循此前的模式（不具备内部连续性）。此外，也存在一些新的力量能够对此前无外部影响的事物产生作用的案例（不具备外部孤立性）。例如，气候变化就在一定程度上是由人类行为导致的，而针对远期的天气预报也不再能展现出独立性（一股新的力量已经开始对其产生影响）。因此，更加远期的天气模式可能也无法一如既往具有可预报性。由此，综合上述案例，人类可合理预报结果的程度显得更加有限。

有时，预测的局限性也是暂时的。或许人类最终将获得充分的信息来实现对历史的描述，并使所有事物都能透明地呈现出当前的状态。这是众多自然科学中的共同主题：无法（完全）预测的事物只是暂时的。但是一些人也指出，人类社会（以及社会科学在某种程度上也是）对预报工作提出了更根深蒂固的潜在挑战：这些假定中的一个或多个（从实际上讲）从来都是或者说有极少可能是合理的。因此，（完全依靠）预报工作并非评估未来结果的有效方法，原因在于未来结果取决于个人的决定。有多种方法可以证明这一点。大多数人承认，或多数情况下，或是在诸多案例中，存在一些有趣的统计数据可以为归纳出一般性形态以及/或人类决策的模型（历史的描述性）提供支持。然而，有些人却认为人类社会并不一定具有内部连续性（或许是因为决策过程涉及诸多不同力量：智力上的、情感上的、意志上的、环境上的等）。或者，或许人类社会中也不具备外部的孤立性（他们可能会因相互影响而发生改变或进行适应）。现在，怀疑论者并未声称人类的行为总是不连续的，只是简单认为，他们经常受到此类情况的影响，以至于人们不可能总是合理地将该类模型应用于人类决策。由此可知，分析人员可能作出的任何预测，都会为掩盖上述这种潜在变化，而去采取模糊或缓和的表述，这也使得它们不再让用户感兴趣或对用户无益。

尽管存在潜在局限性，但此处仍需注意一些尤为重要的事情：无论未来的事件有多么的不确定或是令人感到惊讶，无论会发生什么，都有其背后的原因。而且这些原因或者是现在就已经出现了，又或者是造成这些原因的（根本）根源现在就出现了。换言之，未来的背后将会有一个可以追溯至当下的因果故事。这便是使**前景探索**成为可能的首要原因：未来，在某种形式或趋势上，将会是由已然活跃的因果力发挥出的作用。**预报**范式充分利用了该观点，仅仅根据起自当下持续存在的因果力，发展出对未来的解释。这一范式假定这些力量具备历史的可描述性、当前的透明性、内部的连续性以及外部的孤立性。然而，即使未来可能会展现出更大的不稳定性，加之其中一些假定并不具备，依旧存在这样一个重要的真理：未来将是一系列原因的延续，而这些原因既可以归至当下，也可以远溯至过去。该方法有效地专注于作为**因果分析**延伸的**前景探索**，这种洞察对于分析人员而言可以在他们使用的任何方法中发挥效用。

22.3 大趋势范式：根据发展的潜力与状态通过投射出最可能的一般模式进行前景探索

预报范式在审视未来时，采用的视角是从相对较低层面的认识论与形而上学意义上研究不确定性。该范式认为，根据稳定且依规受控的模式，将某事物投射至最为可能的具体结果在通常意义上是合理的。相比之下，**大趋势**范式认为预测任何具体的结果都没有任何意义，因为这些结果的前提并不是存在于过去、当下与未来之间的某种稳定且依规受控的模式。取而代之，它在投射出最可能一般模式时，根据的是其发展的潜力与状态。该方法的基础建立在阿尔文·托勒夫（Alvin Toffler）[1]的研究工作上，但是关于它的全面阐释是由约翰·内兹巴特（John Naisbatt）给出的（以及此后一大批专注未来趋势的分析人员）。[2]

当不确定性的存量还不够低，以至于不能去对某具体结果的最大可能性进行评估时，仍然有可能对某个一般性模式的最大可能性给出合理的估计。出现这种可能时，分析人员会较少去关注人们认为可能发生的特定事件，而是更多去关注该类事件发生的频率。"趋势"是指某特定类型事件在一段时间内发生的频率变化（发生率的升高或降低）。这就是说，人们能够考量变化正在发生期间的总体朝向，并且能够考虑还留有多大潜力，进而得出这一变化可能结束的位置（假设该变化持续存在且其潜力得到激活）。例如，如果出现一项新的技术，能够改善人们完成某项特定功能的速度，尽管它的应用范围相对有限但人们可能也能够感到随着该技术的不断应用，它将会继续以更快的速度得到发展。

---

① 【阿尔文·托勒夫】（Alvin Toffler, 1928—2016），美国未来学家，当今最具影响力的社会思想家之一，对当今社会思潮具有广泛而深远的影响。——译者

② 参阅阿尔文·托勒夫（Alvin Toffler），《未来冲击》（*Future Shock*）（New York：Random House, 1970），以及《第三次浪潮》（*The Third Wave*）（New York：William Morrow and Company, 1980）；约翰·内兹巴特（John Naisbatt），《大趋势：改变我们生活的十个新方向》（*Megatrends：Ten New Directions Transforming Our Lives*）（New York：Warner Books, 1982）；以及，例如，詹姆斯·坎顿（James Canton），《极端未来》（*The Extreme Future*）（New York：Dutton & Co, 2006）。

大趋势范式强调的是某个一般性模式或方向,而不是任何具体的事件或时间,这要比**预报**范式具有更高的不确定性。但是,该方法关注的不仅是趋势,还会优先考虑一种特定类型的趋势——大趋势。这里的"大趋势"可从两种方式上去理解。第一种方式,是将它解释为一种十分具有影响力的趋势,这是一种具有高度因果影响的趋势。这就是说,其中正在变化的变量是整个因果顺序的中心。这些变量支撑着许多其他(在根本上)可能追随趋势发生变化的因果力,并且也受到这些因果力所提供的支持。由于此类趋势在其现有发展方向上得到了更多支持,因此可以认为它们具有较少的不确定性。第二种方式,是将"大趋势"解释为由一系列其他相关的较小趋势所组成的趋势,即"趋势中的趋势"。这就是说,它所假设的变化模式是在一个更大框架下具有相互关联性的其他一些较小的变化模式。例如,可以认为可用自然资源减少的大趋势(在部分上)包括:石油供应数量减少、饮用水数量减少、可耕地数量减少、淡水鱼数量减少。① 可以认为,这种趋势的不确定性更小,原因在于即使构成它的其中某个基本趋势有所放缓、停止或逆转,其他趋势也可能会继续发展。如今,众多**大趋势**范式的倡导者显然都希望它能够同时涵盖上述两个方面,但是将它们分开也是有可能的。例如,人们可能具备一些相关的"微趋势"(microtrends)(较小的变化,或许目前更显得相互独立,又或是因果顺序中的小群体或一部分),同时它们又从而成为了"趋势中的趋势",但是它们对于因果顺序的总体或核心而言,(目前)却并不是特别具有影响力的事物。在某种意义上,上述情况将成为一种"大趋势",但是在另一种意义上则不然。因此,尽管该方法的大多数倡导者都在使用这两种意义,但第二种方式对于该方法而言是唯一具有绝对重要性的。

应用**大趋势**范式的分析人员,可能会发现诸如西方人口老龄化之类的变化模式。也就是说,传统的人口年龄类别中的人口比例正在发生变化,它们正在向属于较高年龄(65岁以上)的类别变化,而人口也正在按照这一比例增加。人们估计到这一趋势最终还将包括几个潜在趋势,如出生率的下降以及寿命的延长。此外,人们可能还会从下述几个方面进一步理解出生率的下降:拥有大家庭的渴望减少、避孕技术越来越普及,以及自然生育的成功率降低(生育能力降低)。

分析人员认为,所有这些趋势均已持续一段时间,但每个趋势都有很大潜力会在(当前活跃的)阻力相对较少的情况下进一步发展。因此,分析人员可能会得出这样的结论:每个趋势都有可能在未来继续发展,从而产生比现在

---

① 该例取自科尼什(Cornish)的《未来进行时》(*Futuring*)。

更大的影响。然后，他们便可以运用上述估计去思考可能产生的结果（例如，1/3 的西方人年龄都超过 65 岁）。显然，这将对人们关于职业生涯的长度与性质、退休制度、潜在军事规模等方面的预期产生重大影响。然而，这一思想的核心驱动力在于一种持续进行中的变化模式。该模式具备显著的增长潜力，而且还可以进一步想象它在未来将如何发展这种潜力。

大趋势范式的一个重要变体可以称为**"技术趋势"**（technical trend）方法，原因在于其主要专注于技术的发展。在某项技术的概念及其产物之间，在其产物与投入小规模应用之间，以及在投入小规模应用与广泛应用之间，通常存在典型差距。这些差距中的每一项都会为一个分析人员提供机会去预想某个尚未出现的未来中的变化：（1）如果可以设想到的技术都可以创造出来，那么会发生什么？（2）如果创造出的技术投入到小规模的应用中，那么会发生什么？同时（3）如果投入小规模应用的技术扩大至更大规模，那么会发生什么？因此，在这个意义上，技术有时要比其他事物在其内部具有更多的可预测性。技术对未来而言，无疑是一种极其强大的驱动力。技术即使不是人类决定去做某事的主要动机，但它确实可以有力地塑造人类的能力。此外，尤其值得关注的是那些所谓的颠覆性技术（disruptive technologies）。一些技术变革只是逐渐拓展了人类的能力，而另有一些技术——"颠覆性"技术——则是通过增加类别与程度显著拓展人类的能力。这种对于人类如何去做以及能做什么的根本性变革，将会对未来产生强有力的影响。因此，不足为奇的是一些**大趋势**方法优先会去考虑技术趋势。

大趋势范式通常指向的目标，要比**预报**范式中的目标表现出更大的不确定性。因此，人们可以将**预报**范式与**大趋势**范式视为针对相同类型事物进行**前景探索**的竞争性方法，或者视作针对不同类型问题（或多或少具有不确定性）的不同方法。真正的"竞争性"可能更多并不在于哪一个在评估某特定问题时表现的"更好"，而是在于该问题受到认识论与形而上学意义上的不确定性影响的程度。不确定性越高（以其中一种方式），就越不可能在**预报**范式中得到合理运用，进而越要采用类似于**大趋势**范式的替代方法。

大趋势范式对于理解**前景探索**贡献重大。该范式考虑了一系列相关变化（趋势），并且探究了在这些变化与其他活跃的因果力发生相互作用时，前者会产生怎样的更广泛影响。如此一来，分析人员所做的不再是具体的估计（"预测"）。而是当变化从一个影响领域扩散至另一个领域时，试图通过对这种变革的持久度进行考量，试图去凸显当下在这一变化过程中将会有怎样的潜在发展。这一点既优先考虑了未来的交互本质，还考虑到一类因素中的某个变化可以并且（不可避免地）将会与其他变化产生"交叉"，同时对其他类因素产生影响，反之亦然。换言之，为真正理解未来，我们必须思考某种因果力会怎样融入更为广泛图景之中的因果力，以及这种现象会怎样对事物进行塑造。该方法有效聚焦了关于将**前景探索**作为一般模式的更广泛含义。怀有洞见的分析人员对此应当认真对待。

22.4 情境范式：通过发展对结果进行合理化完全替代的愿景进行前景探索

预报范式的提倡者通常认为其**前景探索**的目标（相对而言）具有最小的不确定性。相比之下，**情境**范式的提倡者在对其**前景探索**的目标进行解释时，认为它们（相对而言）具有最大的不确定性。然而，**大趋势**范式的倡导者则将其目标定位在上述两者之间。有时，这些差异源于确实不同的目标类型（例如，短期与长期、较低层次水平与较高层次水平，以及更少与更多依赖个人决策）。但在其他情况下，这些差异还源于各范式对于某一特定目标中存在不确定性的程度具有不同评估认识。那些对**情境**范式产生共鸣的人士通常最不相信人类对前景的估计能力，或者最不相信这种估计会对用户有用。① 因此，他们不仅避免去对最可能的具体结果进行预测（不同于**预报**范式），而且还避免去强调具有最大可能的一般性模式（不同于**大趋势**范式）。无论是具体的还是一般性的，该范式根本不会去预测某种单一性的结果。相反，他们认为**前景探索**是对结果形成多种合理的、完全不同的愿景。本方法的一些基础论点也可以在阿尔文·托勒夫（Alvin Toffler）的著作中找到，但是在观点层面则要归功于彼得·施瓦兹（Peter Schwartz）以及基斯·范德·海登（Kees van der Heijden）等思想家（以及众多追随他们专注于设想的规划师）。②

在**情境**范式中，人们仍然可以对不确定性较小的事物进行估计，但对于分析中的关键问题，不会试图去针对某个具体事件或某类一般性模式的发生与否

---

① 后一点非常重要，但也很容易被忽略。尽管预测在理性上是合理的，但是**情境**范式的提倡者认为，（本部分稍后会讨论的这个原因）它们通常不是对用户最有用的（用户可能想拥有的）东西。

② 请参阅阿尔文·托勒夫的《未来冲击》(Future Shock) 与《第三次浪潮》(The Third Wave)；彼得·施瓦兹（Peter Schwartz）的《远谋的艺术：在不确定的世界中规划未来》(The Art of the Long View: Planning for the Future in an Uncertain World)(New York: Doubleday, 1991)；基斯·范德·海登（Kees van der Heijden），《设想：战略对话的艺术》(New York: Wiley & Sons, 2005)；以及，例如，尼古拉斯·C.乔甘特萨兹（Nicholas C. Georgantzas）与威廉·阿卡尔（William Acar）的《设想驱动计划》(Scenario-Driven Planning)(Westport, CT: Quorum Books, 1995)；吉尔·林兰（Gill Ringland）的《设想规划》(Scenario Planning)(New York: Wiley & Sons, 1998)。

进行预测（也不会提出哪个最具可能或是哪个不可能）。当然，本方法还会去探究关于（被锁定的目标）事物可能会如何的那些具有相互竞争性的解释，并且每种解释经过评估都表现出了合理性。对于某结果具有"合理性"的认同，意味着在人们的理解中，该结果要比其他可行性微弱的事情要有更高的发生概率，但是这种理解并不是指它就是最有可能的结果。有一些事情的结果与理论中的那种无限可能性并不相同，但是它们实际没有可能（所以说这是不可能的）。该方法既不会否认存在一种最终最有可能的结果，也不会建立这样的必然前提，即人类（在原则上）无法为可识别的结果去分配概率。当然，这种方法还认为，分析人员应该表现出好像他们无法对未来结果的可能性作出合理估计（或排名）。因此，他们会将这些结果简单视为合理或是不合理。换言之，**情境**范式可以敦促分析人员考虑未来的多种愿景，并将其作为"可行的"选择，而不是去强调某一单个事物（事件或模式）最具有可能性。

情境范式通过专注于合理事件，避免了由高度不确定性造成的困扰。这种困扰就是：如果分析人员仅仅是对最有可能发生的事情提出建议，那么他们所能陈述的东西将会极大受限（即使具有任何合理的理由）。相比之下，如果分析人员要对可能发生的事情都提出建议，那么他们所要做的陈述将数不胜数。实际上，分析人员已经得出一个并不那么重要的结论："没有什么是确定的，几乎一切都有可能。"相比之下，如果分析人员专注于合理性，那么他们可以从所有可能的事物中极大缩小选择范围，而不必仅局限于最有可能的选择（在高度不确定的情况下，这类选择是不可用的，或是明显毫无价值）。因此，**前景探索**正在试图：（1）将用户从令人困扰的无限可能中，转移至更加有限、更能掌控的合理范围之内；或者（2）将用户从那些极有可能但却并不重要的未来预测，或是具有高度不确定性（且具有风险）有趣预测中，转移至更广泛的合理范围内，从而（在一定程度上）减少出现意外结果的可能性。因此，**情境**范式的一个特征是它会凸显出多种具有竞争性的结果供用户考量，而不是仅仅提供一个（**预报**范式与**大趋势**范式即是如此）。①

除了发展多种结果之外，**情境**范式还鼓励分析人员构建与未来完全不同的愿景：设想。设想一词从字面上看，据说来源拉丁文"scaenarium"，是一个构筑舞台的地方，后来用于指代中世纪意大利即兴喜剧中某个情节的总体轮廓

---

① 从技术角度看，运用**预报**或**大趋势**范式的分析人员可以强调多种可能的结果。但是，为此，他们也将选择一个最有可能和一个最不可能的结果。**情境**范式的支持者认为，对于一个实际问题，一旦有人得出相关排名，那么多样性就会在用户的脑海中消失。如果一个结果的概率被认为是排名第一，那么忽略其他结果的风险就会非常之高。因此，至少在正式情况下，**情境**范式不会去试图判断哪一种结果最有可能（或是最不可能）。

第八部分　情报分析人员的前景探索理论：关于"何时何地可能发生变化？"的推理范式

或概要。① 事实上，它是在没有预先设定的剧本时用于对演员进行引导的方式。因此，以此类推，这是探索未来的人在面对缺乏任何预测的某个关键问题时，用以自我指引的方式。它并不是针对某个具体事件或一般性模式，而是关乎事情可能会如何发展的多个情节线索。

在理论上，人们可以提供一些设想，用以作为对那些进行预报或是给出大趋势分析的预测的补充。倘若在这种的情况下，既会有对于最可能发生事情（针对预报出的某一具体事件或是一般性模式/趋势）的判断，也会有对合理性（设想）（其他）事件的多种不同解释。然而，大多数**情境**范式的倡导者更偏向于提供不含任何预测的设想。他们鼓励分析人员表现出好像他们无法对此类事情（至少是可能成为前景分析目标的事情）的可能性作出合理估计。这是出于以下三种潜在原因、哲学上的原因、实践上的原因以及心理上的原因。同时，所有这些原因都聚焦于那些长期的（由一系列不确定事件决定）、更高层面上的（由多个潜在的不确定力量决定）和/或依赖个人决策的结果上。

第一，从哲学角度看，他们提出分析人员根本没有充足的证据用以证明有关预测：由于缺乏内部稳定性或外部孤立性，没有充足理由可以相信未来将符合那些关于过去的一般性归纳。如果影响结果的许多因素都具有不确定性，那么这些因素构成的集体影响效应就会让人们产生如下怀疑，即对于过去正确事情作出的判断，是否也适用于未来。由于事物本身的不稳定性（并且倾向于朝着不同方向运动），或是可能已经受到此前效应还未显现的新事物影响，其内部不具备连续性的可能非常之大。不管怎样，分析人员缺乏足够的理由来证明先前归纳可以适用于未来，以至于他们无法对未来作出合理预测。

第二，从实践角度看，他们提出只要分析人员能够对结果的概率给出合理估计，并且如果这些结果中有一种以上的概率足够高、影响也足够显著，那么用户就仍然需要认真对待多种结果。例如，假设只有三个变量会决定结果。进一步假设每个变量均有高达 0.70 的增长概率。那么就会出现这样一个最可能的结果，即所有变量都在增长。但是该情况发生的概率只有 0.343（0.70×0.70×0.70）。因此，有将近 2/3 的可能会出现其他七种可能性中的任何一种。任何合理的规划方法都无法避免要去认真考虑其他可能性。而且，似乎并非只一种其他的可能性值得考虑。其他选择范围包括：三种概率为 0.147（0.70×0.70×0.30）的情况、三种概率为 0.063（0.70×0.30×0.30）的情况，以及一种概率为 0.027（0.30×0.30×0.30）的情况。即使人们假设只有概率为 0.147 的情况也值得去考虑（这通常是危险的），总体上看依旧有四种可能性。从理

---

① 参见：彼得·施瓦兹，《远谋的艺术》(The Art of the Long View)。

论上讲，人们在考虑到这些概率差异的基础上，可能有能力在一系列的结果中"为避免损失而去多面下注"，但是在大多数现实环境之中，做到这一点要比人们想象的要困难得多。[①] 因此，尽管分析人员可以作出合理的概率估计，但他们仍需表现出好像他们无法对结果的可能性作出合理估计（并且只去确认结果的合理性）。

第三，从心理学角度看，他们提出只要分析人员能够对结果的概率给出合理估计，那么人们会倾向于假定这些结果都是不能避免的。然而这样泛泛的假定会令用户在面对多种结果可能时，不再去研究哪一种最可能会发生。例如在上面提及的简单事例中，它的结果取决于三个变量，每个变量均有 0.70 增长概率。如果一个人把概率为 0.343 的结果标记为"最有可能"，那么就会有很大的诱惑力会使人们感到该结果发生的可能性要高于其实际可能性。人们可能会把这种现象称为"预见偏见"（foresight bias），类似于"事后偏见"（hindsight bias）。事后偏见认为先前的结果更加不可避免（著名的"打马后炮的人"（Monday morning quarterback），这类人认为他们本可以避免不想要的结果，原因在于他们"曾今预见到了它的到来"）。人们在很大程度上倾向于去相信，大多数的次优结果都是由于此前某些事物造成的必然结果，因此相对容易进行规避。相同的看法也可以转化为对未来的思考。如果过去的结果鉴于其因果前兆是不可避免的，那么将未来的结果视为不可避免的也很自然。**情境**范式的倡导者认为，避免用户陷入该倾向的一种方法就是为他们展示多个设想，证明出每种场景都具有合理性，但却没有哪一种是"最可能"出现的（甚至是"最合理的"）。

正如**预报**范式与**大趋势**范式，人们可以把**情境**范式视为与其他方法的具有竞争性的真正对手，或者将其视作对某种不同类型问题的聚焦（具有高度不确定性的问题）。最终，这些方法在应用过程中都不会否认，有些结果可以给出合理预测，而有些则不能。因此，真正的问题在于在世界中那些形而上学与认识论意义上的不确定性会占据多大比例。或许更重要的是，应当关注世界的哪个方面？**情境**范式的倡导者倾向于集中关注未来会出现的结果，而这些结果又受到大量潜在力量的影响，并且对于人类个体的选择更加依赖。此外，他们认为这些结果中的每一个都会提升不确定性的程度，以至于对多种结果进行解释要比对单一结果进行预测显得更为合理。该方法作为完备的替代方案有效聚焦至前景探索中，这也是分析人员应当给予重视的地方。

---

① 当某人的应对办法与可量化资源的分配相关时，那么就有可能将此时的情形转化成一种"风险决策"，也就是在此期间，当决策者作出特定选择时，为每相结果进行赋值，再利用这些值与相关概率开展计算。（本方法将在第 27 章中讨论。）

22.5 三种方法的对比：它们有何不同？

上述三种的现行的**前景探索**范式均具有不同的推动敏感性与总体展望的对象。**预报**范式确信目标具有最小的（对人类决策的依赖性最小）不确定性，同时这些目标受制于不同类型事件之间的规则。**大趋势**范式会适度地认为目标在某种程度上（介于总体数量之间）是不确定的（并且在一定程度上依赖人类决策）。同时，这些目标受制于由一系列相似趋势或关系组成的大趋势。**情境**范式会怀疑地认为目标具有最大的不确定性（并且受人类决策的依赖最大），同时这些目标受制于替代性的情境，或是受制于未来一种或多种力量演进的可能方式。此外，它们还遵循不同的标准。**预报**范式试图通过发现可识别的、在形式上可表征的且稳定的模式，来确定具体结果的概率。**大趋势**范式试图发现具有类似趋势的群体，来确定一般性模式的概率。同时，**情境**范式试图去发现最关键的力量以及能够确定具体结果合理性的方式。

对于前景探索，除**预报**、**大趋势**以及**情境**方法之外，还有远比这里更多的方法。本部分的目的是强调上述方法为启发**多维**方法所作出的三项特别重要的潜在贡献。在这个角度上，它们体现出了这些核心思想，并且试图将**前景探索**视作同时集以下三种含义为一体，即**因果分析**的延伸、一般性模式的更广泛含义，以及完备的替代方法。对上述内容的总结见表 22.1。

表 22.1 比较前景探索的现行范式

	预报 根据稳定且依规受控的模式，投射出最有可能的具体结果	大趋势 根据发展的潜力与状态，投射出最有可能的模式	情境 发展合理的替代性结果愿景
描述方法的总结	前景探索 是发现**可识别的**、**形式上可表征的稳定模式**，从事物的历史行为中推断其可能的未来	前景探索 是发现**具有类似趋势的群体**，其影响的力度和范围具有足够的潜力去显著影响未来	前景探索 是发现影响某结果的**最关键力量/趋势**，并考虑它们**可能发展的方式**以及可能出现的概率
推动方法的敏感性	确信： 认为**前景探索**的目标具有最小的不确定性（并且通常对人类决策的依赖性最小）	适度： 认为**前景探索**的目标在某种程度上是不确定的（并且通常受在一定程度上依赖人类决策）	心存怀疑： 认为**前景探索**的目标是最不确定的（并且通常受人类决策的依赖最大）

续表

	预报 根据稳定且依规受控的模式，投射出最有可能的具体结果	大趋势 根据发展的潜力与状态，投射出最有可能的模式	情境 发展合理的替代性结果愿景
定义方法的主题	规律： 某类事件的既定频率	大趋势： 并非孤立的单一趋势，而是类似趋势与关系的一般集合	情境： 一种或多种因果力（或趋势）在特定情况下可能演变一种可能方式
指导方法的标准	具体结果的概率	一般性模式的概率	具体结果的合理性
源自方法的重要思想	前景探索应当强调的是因果分析的延伸	前景探索应当强调的是一般性模式的更广泛含义	前景探索应当强调的是完备的替代方法

第 23 章
前景探索的多维方法
关于缘起、延伸与结果维度的介绍

在情报分析中，推理工作的**多维化**视角包含以下三个等同维度：个人（分析人员体现正确的思维上的良好习惯）、程序（分析人员遵循正确的思维规则）以及问题导向（分析人员提出正确的问题）。情报用户面临着来自目标竞争者或敌对者的一系列特定问题的挑战，其中包括信息不充分、信息不相关、信息不确定以及信息无价值等问题。这些问题分别对应四种同级的推理类型，而它们代表的是推理工作中问题导向方面的次级维度：**发展假设**、**因果分析**、**前景探索**与**战略评估**。本章探求的是分析人员如何回答"何时何地可能发生变化？"这一问题以及针对**前景探索**的**多维**方法。首先，这里描述了情报工作中**前景探索**的目的；其次，这里描绘了新的**多维**方法；最后，这里定义了如何阐释情报工作中的**前景探索**实践。

23.1 针对情报分析中前景探索目的的多维方法

前景探索是一种推理，目的在于发现具有未来可能性的合理愿景。它解决的是"不确定性"带来的认知挑战，或者必须要对许多可能的未来路径进行推理。为此，**前景探索**通过发现关于未来可能性如何"成为现实"的最合理解释，去预测未来可能性可能导致的更广泛的不确定性，并构想出它们的合理结果。这种思维方式在情报分析工作的推理中，发挥着三种重要作用：直接的、间接的以及结构性的。

前景探索在分析推理中的直接作用，是为情报用户提出了明确指向未来的问题。例如，他们可能会对如下问题感兴趣："拉丁美洲有多大可能会出现更多的毒品国家？""入侵伊拉克可能会造成哪些更广泛的区域影响？"或者"联军撤离阿富汗后将会发生什么？"这些问题属于直接的**前景探索**问题，因为它们的直接焦点是未来的可能性以及导致或源于这些可能性的众多可能途径。人们可以将此类问题解释为去观察一种当前的特定情况，并通过提问一般性问题"**何时何地可能发生变化？**"以了解它们在未来会有什么不同。未来是不确定性的一个重要来源，而这些不确定性又是用户要努力去理解的，因此许多情报问题的确会以**前景探索**问题的形式出现。

尽管**前景探索**时常在分析人员的推理工作中发挥直接作用，但它也经常起到间接作用。间接的**前景探索**问题本身并不是前景问题，而是为这些问题去预想答案。例如，"如何削弱贩毒集团在拉丁美洲的政治影响力？""入侵伊拉克之后，该如何维持地区稳定？"以及"阿富汗政府如何才能为联军撤离作出最好准备？"等问题。尽管它们本身并不具备"**何时何地可能发生变化？**"这样的问题形式，但是在回答之前仍然需要考虑其他的前景选择。这就是说，为了解不去打击拉丁美洲贩毒集团的政治影响所具有的潜在风险，人们可能会考虑这些集团是否能够迫使其他各国成为现实中的毒品国家。美军入侵伊拉克之后，为促进地区稳定，必须去评估入侵行为带来的更广泛区域性影响。同时，为准备从阿富汗撤军，就必须考虑其可能产生的后果。从更加广义的范围看，以**"客户该如何应对？"**为形式的任何战略评估问题，都是基于对其可能要去应对的问题的未来进行评估。可能存在已经完成分析工作的情况，但是如果尚未完成，那么**前景探索**就会在分析人员的推理工作中发挥出重要的间接性作用：建立**战略评估**。

分析人员的思维针对的是其用户的竞争对手或敌对者，并且这一点会致使"信息不确定"的问题出现，进而生成了前景探索具有的一种基本的结构性作用。对于情报工作的一类决定性的挑战，就是去评估那些结果不完全由先前因果所决定的目标。也就是说，即使在完全相同的背景条件下，得出结果也可能会经常相互背离。未来不一定要和过去一样，并且总会有很多可能的未来路径值得考虑。这其中的部分原因就在于，锁定的竞争者或敌对者会作出很多可能的决策，而且这些决策对于他们而言又是真正可行的。最终，这些决策在根本上都将"由他们自己决定"（此类源于他们的"自由意志"）。除此之外，他们与用户存在根本竞争或冲突的事实表明，他们甚至可能故意采取行动，以便更好地利用行动方针所具有的可替代性；他们可能会采取"难以预测"的战略。运用这种"出其不意"的战略是冲突中的经典方法，这也决定着分析人员在应对过程中要怎样去推理。这种情况使得情报分析的目标尤其具有挑战性，并且在分析人员的思维当中提出了信息不确定的问题以及对**前景探索**的结构性需求。

第八部分　情报分析人员的前景探索理论：关于"何时何地可能发生变化？"的推理范式

信息不确定的问题也属于长期以来公认的通用推理难点，并且这种难点在**信息化时代**得到了进一步加剧。世界万物在内在意义上具有无限变化的潜力，现在（与过去）已知正确的事情，在将来并不一定要是正确的。"过去"与"未来"知识之间存在某种差距。这两者可能是相同的，也可能是不同的。因此，人们必须要考虑不止一种可能的发展方式。这种可能性在**信息化时代**正在急剧增加。信息创建数量与传输速度的增加，极大程度地放大了人与人之间互动。同时，不可预测的个体之间互动越多，不可预测性整体体量就会越大。因此，信息不确定的问题在人类的推理中具有相当广阔的根基，同时也受到了**信息化时代**的进一步催化。由此，通过**前景探索**予以应对就显得特别重要。

从更广义上讲，前景探索在应对信息不确定的挑战时，鼓励思维上的"开放性"。这就是说，它反对许多这样的趋势，即以远超事物本身可能性的确定性态度去看待它。对于未来而言，人们可能会把这种现象称作"预见偏见"，或是一种这样的行为倾向，即认为很可能能够对某个特定的前景结果进行预测，并因此无需认真考虑其他问题。认识到信息不确定性，不仅仅是认为预测的结果可能不会发生。更确切地说，这通常是为了避免在进行任何预测过程中，不会把未来视作比实际情况更加确定。由此可知，**前景探索**的重要贡献之一，就是促进了这种在面对多种可能时的思维上的"开放性"。

在情报分析人员使用的所有推理方法论中，前景探索涉及的是其中最苛刻也最困难的方法。由此，有时会存在这样一种基本的假定，即前景探索仅用于"高级"分析之中，或是应用于一些只有在特殊情境中才会出现的专门工作中。毫无疑问，尽管对未来进行分析可能会特别复杂，但是这并不意味前景探索在某种意义上只适用于分析人员中的精英群体。除非是某位分析人员不会去强调任何潜在威胁，不会去注意任何潜在的机遇，也不会去为决策提出任何建议，要么就不会有任何机会能够避免（至少是间接地）去做聚焦未来的工作。威胁、机遇以及结果，都存在于未来。与其相关的任何事，无论是多么微不足道，都至少在一定程度上属于聚焦未来的工作。虽然分析人员（为了节约时间）在从事相关工作时，可能会不得不去避开使用那些具备全部特征的方法论，但是他们无法避免将**前景探索**作为一种推理方式。因此，**多维**方法将其视作分析人员推理工作在问题导向方面的四个同等重要的子维度之一。

23.2 多维提议：一种情报分析人员的前景探索理论

大体上正如理想推理一样，理想的**前景探索**也是**多维化**的。前景探索涵盖缘起（origin）、延伸（outreach）与结果（outcome）维度。但是，**前景探索**的这些不同维度又是什么呢？存在哪些不同的"角度"可用于回答"**何时何地可能发生变化？**"这一问题？

在**多维**方法中，这些维度代表的是这样一种尝试，即同时发挥出**前景探索**现行理论给出的有益强调：作为**因果分析**的延伸，作为一般性模式的更广泛含义，以及作为完备的替代方法（参见第 22 章）。这种认识试图从这些当前的学术方法中把握出"最好的部分"，并提出对于情报分析人员最优化的全面解答。该方法从三个同等重要的"角度"对**前景探索**进行阐释。这种对**前景探索**的阐释可能是通过某种叙事的方法实现。这就是，分析未来是指：

> 关于事物可能如何发展的（如果它们是以一种特殊的方式）一个具体而合理的故事，它植根于对当前活跃的因果力的严格评估。

前景探索充分考虑了当前的因果力，设想了它们可能进行演变的最合理方式，从而得出一个具体的潜在前景，而这对其他因果力具有更为广泛的影响，引发出一系列潜在结果。换言之，它讲述了一个具体的关于未来变化的故事，其背景（基本因果力）就涵盖了开头（因果力带来具体变化的合理方式）、中间（具体变化如何与更广泛的因果力进行相互作用）与结尾（具体变化与相互作用如何导致潜在的结果）。缘起维度是从"开头"视角讲述故事，延伸维度是从"中间"视角讲述故事，而结果维度是从"结尾"视角讲述故事，它们都根植于基础因果分析。或者，更具体地讲，人们可以按照下述经典的叙事脉络来考察事物：①**阐述**（exposition）；②**冲突**（conflict）；③**上升情节**（rising Action）；④**高潮**（climax）；⑤**下降情节**（falling Action）；⑥**解决**（resolution）。参见图 23.1。

虽然可以认为对未来的任何表述都具有上述全部三种维度，但是在某些特定情况下，其中的每一个维度都十分重要。例如，为表明某特定可能具有值得考量的合理性，人们可能会优先考虑缘起维度，即它是如何"产生的"。或者，为了对某特定前景置于某个更广阔的视野中开展具体评估（以及生成计划之外的结果），人们可能会优先考虑延伸维度，即它将如何与其他因素互动产生更进一步的不确定性。或者，为去发现值得进行更具体研究的前景，人们

第八部分 情报分析人员的前景探索理论：关于"何时何地可能发生变化？"的推理范式

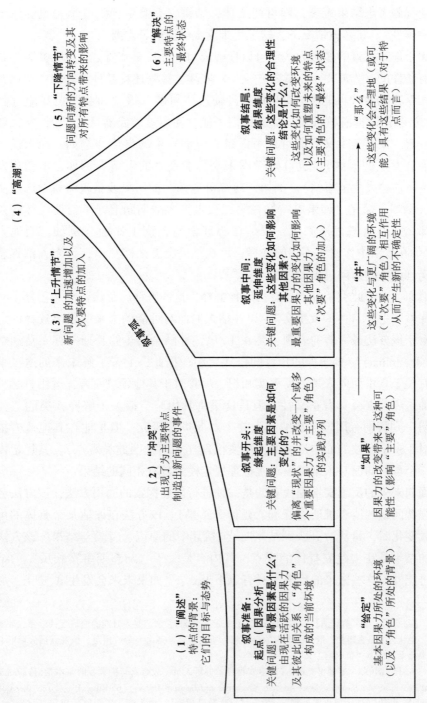

图 23.1 作为叙事发展的前景探索

可能会优先考虑结果维度，即可能是什么结果（并且从而发现值得更加深入分析的事件）。在其他情况下，这三个维度也可能同等重要。

关于**前景探索**的**多维**方法还可以理解成为一种反事实描述。"反事实"是一种有条件的（"如果……那么……"）陈述，该陈述将某种特定的"与已知事实相反"的替代可能性与提出的某种使用"可能"或"将会"的结论（例如，"如果 X 国拥有核武器，那么他们可能会使用该类武器对抗 Y 国。"）联系在一起。反事实主义者既可以考虑过去可能发生的事情（例如，尚未发生但可能会发生的事情），也可以考虑未来可能发生的事情（例如，不期望发生，但可能会发生的事情）。例如，在"可选择"的历史或是政治科学思想实验中（例如，探究"如果希特勒在第二次世界大战期间遵守了与斯大林的条约，那么结果会怎么样？"），或是在心理学与咨询工作中（例如，问他人"如果你在生活中作出了不同的选择，那么结果会怎么样？"），许多人都熟悉反事实理论中的面向过去的理念。

然而，对于此类条件句还有另一种解释，这种解释广泛流行于文艺复兴时期，探索的是"自由的反事实"，以评估人们面对可能的未来所作出选择的影响。对于该方法最显著的表现，是在 16 世纪耶稣会会士路易斯·德·莫利纳（Luis de Molina）[①]关于神的预言的描述之中。据此，上帝了解未来的途径就是所有关于真正面向未来的反事实知识。尽管对于其他领域而言，运用哲学神学中的这一观点会具有正义性，但是这里将其用于支持关于解释人类的"先见之明"则特别有用。莫利纳本人并未对此进行研究，但是他在其他地方提出：对于一个有效的面向过去的反事实推理（如何证明此类观点），其规定模式与一个可行的面对未来的反事实推理规定模式具有相同的结果。[②]

面向未来的反事实推理代表的是一种进行**前景探索**的通用方法，该方法会等同强调问题的所有维度（缘起、延伸和结果）。该方法在评估某个具体的可能前景变化时，是从"开头到结尾"，包括其中的原因、背景与结果。该方法得出的结果是在去建立具体的观点，其内容是关于"与预期事实相反"的结果的可能性。这些未来的反事实具有以下形式："如果未来会发生 X 变化，那

[①]【路易斯·德·莫利纳】(Luis de Molina, 1535—1600)，文艺复兴时期的西班牙神学家，耶稣会会士。他认为人是否得救，既是由个人的自由意志所决定，又是由上帝所预定。该观点后为耶稣会会士普遍接受，称为"莫利纳主义"。——译者

[②]参阅：诺埃尔·亨德里克森，《反事实推理：分析人员、战略家与决策者的基本指南》(Counterfactual Reasoning: A Basic Guide for Analysts Strategists and Decision Makers)(Carlisle, PA: Army War College, 2008)，以及"应用反事实推理"，载于《反恐数学模型》，由牛顿·霍华德·史密斯（Newton Howard Smith）与 Ammar Quasatiby 主编（New York: Springer, 2009），第 249-262 页。

么 Y 很可能会随之发生"或者"如果未来会发生 X 变化，那么 Y 将会随之发生"。该方法不仅探究未来变化可能会如何发生，而且还探究未来变化将会如何引发更广泛的不确定性（以及计划外的结果），以及未来变化可能会带来什么结果。从当前相关力量的**因果分析**所构成的背景出发（"**给定**"：相关因果因素），人们首先会去评估可能性发生的最可能方式（"**如果**"：缘起维度）。例如，人们不能简单地假定自己知道，举例来讲，某个盟国可能会怎样遭遇不确定性。因此，人们必须评估这种情况可能发生的最合理方式。其次，人们不能简单地把对未来可能性的估计与其他保持不变的评估结合起来。更确切地讲，分析人员必须评估；当未来的可能性在更广泛的背景下与其他因果力相结合时，它会以怎样的方式产生更广泛的影响（"**并**"：延伸维度）。不稳定性可能会如何影响更广泛的世界，而不仅仅是盟国？最后，人们不能仅仅去甄别一两件在未来可能发生的事情。更确切地讲，随后还必须去评估哪些事情可能将会发生，又有哪些事情具有发生的合理性（"**那么**"：结果维度）不稳定性可能带来的全部的相关结果有哪些？

前景探索的维度具有时间上的相关性。这些维度彼此关联，如同叙述过程中的早期、中期与后期。可以通过面向未来的反事实推理按照某种整合顺序对它们进行整体性探究，或者单独对每个部分进行探究。每一种维度的出发点都面向某种特定的可能性。缘起维度聚焦于这种可能性如何"产生"，它所对应的方法是**收敛设想开发**（因为该方法所产生并评估的众多设想，每一个都会"收敛"至特定的感兴趣的可能性上）。延伸维度专注于在更广泛的背景下该可能性如何与其他因果力交互作用，从而产生新的不确定性（以及计划外的结果），它所对应的方法是**连锁反应分析**。结果维度集中于该可能性在未来最终将会如何得到自行解决，它所对应的方法是**发散设想开发**（因为该方法所产生并评估的众多设想，每一个都"发散"自特定的感兴趣的可能性上）。参见图 23.2。

多维方法用于**前景探索**的首个关注点是起源维度。该方法是通过子问题："这种变化可能在何时何地会合理地出现？"，去回答"何时何地可能发生变化？"这一总体问题，并且强调了从当下到某个具体的可能未来的特定因果路径。这就构成了叙事的"开头"部分，建立起了当前对影响该领域的基本活跃因果力的最佳评估（经典叙事中的"**阐述**"部分），而后围绕事物会怎样偏离因果力的预想演进开发出一种合理的解释。这种偏离代表的是从"现状"未来出现的变化（事情大致保持着现在的样子，其发展演进也在意料之中），以及朝向某个具体可能未来变化的运用（经典叙事中的"**冲突**"部分）。这就构建了对**预报**方法的有用强调，而这种方法是建立在将前景探索作为某因果分

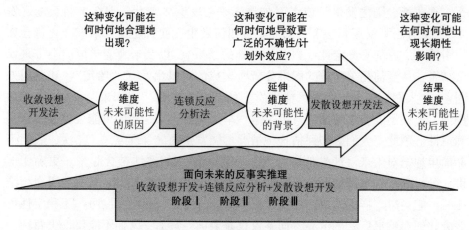

图 23.2 前景探索的维度概览

析的某种延伸,其中的原因就在于多维方法将关于对未来的解释与关于当前主要因果力的最佳可用解释结合在了一起。然而,该维度又不像是**预报**方法,它探究的是它们如何会朝向某个特定的感兴趣的可能未来,发生意料之外的演变。这就是缘起维度(以及**面向未来的反事实推理**的第一阶段)。

多维方法用于**前景探索**的第二个关注点是延伸维度。该方法是通过子问题"这种变化可能在何时何地导致更广泛的不确定性(以及计划外的结果)?",去回答"何时何地可能发生变化?"这一总体问题,并且强调了具体的未来可能与其他某个更大图景下的部分因果力之间相互作用的方式。这就代表了叙事的"中间"部分,探究了具体的未来可能会以怎样的方式拥有怎样的变化潜力,而不仅仅是去探究发生变化需要的是什么。换言之,事物发生变化需要一整套因素发生改变,但是随之也会导致更多因素可能发生改变。一旦可能的事件"出现",随着其他因素的介入,事情会变得"更加复杂"(经典叙事中的**"上升情节"**部分)。对于众多叙事而言,问题通常会在此刻"变得更糟"的重要原因在于,其他次要角色的介入往往会加速这种恶化,这往往被视作主角行动的某种计划之外的结果。该维度与**因果分析**的意外维度相关,后者关注的是因果力确实会导致计划之外结果的方式,而**前景探索**的延伸维度则着眼于某个特定未来可能或许会导致计划之外结果的方式。它的焦点在于试图去识别那些意外结果可能会是什么。**大趋势**范式强调的理念,是作为一般性模式的更广泛含义**前景探索**,并且在考量正在变化的更广泛结果时,通过构思对未来的推理,将上述思想纳入其中。多维方法将环境构想为正在以某种方式不断变化,期间可能会出现"新的"或"意料之外的"结果,而因果力之间的互动方式也不同于此前。然而,该维度又不像是**大趋势**方法,它为对理解未来注入

第八部分　情报分析人员的前景探索理论：关于"何时何地可能发生变化?"的推理范式

了某种更大的叙事方法。这就是**延伸维度**（以及**面向未来的反事实推理**的第二阶段）。

多维方法用于**前景探索**的第三个关注点是延伸维度。该方法是通过子问题"**这种变化可能在何时何地产生长期性影响?**"，去回答"**何时何地可能发生变化?**"这一总体问题，并且将注意力引向未来变化的长期意义。这就构成了叙事的"结尾"部分，解释了故事中所描述的变化到目前为止最终得到自行解决的潜在方式（经典叙事中的"**高潮**"与"**下降情节**"部分）。这可以是对事物将会（可能）怎样的一种单一性描述，但更有可能的是，这是在所有那些备选方案中，事物可能（合理地）与其所在的某个较小子集保持不变的一系列不同方式（经典叙事中的"**解决**"部分）。**设想范式**优先考虑的是完备的替代方案，并且在该维度通常会提出这些替代方案。这就是结果维度（以及**面向未来的反事实推理**的第三阶段）。

与此同时，还存在在四种同样合理的视角去试图回答"**何时何地可能发生变化?**"这一问题。对此，分析人员在探究过程中可通过如下问题去实现："**这种变化可能在何时何地会合理地出现?**"（未来故事的"开头"部分），"**这种变化可能在何时何地导致更广泛的不确定性（以及计划外的结果）?**"（未来故事的"中间"部分，其中情况会变得更加复杂），或是"**这种变化可能在何时何地产生长期性影响?**"（未来故事的"结尾"部分）。另外，人们还可以用一种更宽泛方式的**第一阶段**、**第二阶段**和**第三阶段**去覆盖上述全部三个问题，这种方式就是通过运用"**面向未来的反事实推理**"去思考某种从"开头到结尾"的可能的未来变化。因此，**多维**方法构思的设想，不只是简单的设想，而是"复杂的设想"。这就是说，它要开发出广阔的设想，而此类设想实际上是由其他较微观的设想组成的。未来可能性（在缘起维度中）是以某种设想（最终称为一种"收敛的"设想）的方式"出现"，同时这种未来可能性（在结果维度）又是以另一类设想的方式"作结"（最终称为一种"发散的"设想），并且这两类设想之间也存在着联系（部分是通过延伸维度中的其他因素所促成）。因此，**多维**方法所呈现的不仅是一个"故事"（如同**设想范式**所做的事情），而且还是一个"故事中的故事"，在其中一个设想（开头/缘起维度）会去引发（中间/延伸维度）另一个设想（结尾/结果维度）。综上所述，正如理想的推理一般会同时具有清醒的特质、合理的技术与理性的目标，**前景探索**也同时包括未来可能性的缘起（如何"产生"）、延伸（如何与其他因果力相互作用）与结果（如何自行解决）。相关比较见表23.1。

表 23.1　比较前景探索的诸维度

起源维度	延伸维度	结果维度
未来可能发生变化的原因	未来可能发生变化的背景	未来可能发生变化的结果
提问"这种变化可能在何时何地会合理地出现?"	提问"这种变化可能在何时何地导致更广泛的不确定（以及计划外的结果）?"	提问"这种变化可能在何时何地产生长期性影响?"
从未来可能性中发现**可能会发生**的**最合理**方式	**在更大的背景中**发现未来可能性的更广泛的（计划之外的）结果	从未来可能性中发现**接下来可能会**（以及将可能）**发生**的事情
叙事的**开头**	叙事的**中间**	叙事的**结尾**
前提条件知识**最少**；认识论意义上的悲观	前提条件知识**适中**；认识论意义上的温和	前提条件知识**最多**；认识论意义上的乐观
得到**收敛设想开发法**的强调	得到**连锁反应分析法**的强调	得到**发散设想开发法**的强调
在面向未来的反事实推理中实现统一（如第一阶段、第二阶段与第三阶段）		

23.3　情报分析中前景探索实践的多维方法

多维推理方法力求成为一种能够与其他相关方法相结合的完备理论。在本章中，**前景探索**的方法，都设定在针对未来问题的现行方法背景之中。但是，多维方法也渴望勾勒出一种愿景，就是帮助分析人员成为开展优秀推理工作的有力典范，这就需要把理论转化为实践。本部分解释的是未来探索的三个维度如何在工作中（以后）开发生成对应的三种方法。此外，本部分不打算去探究这些方法的具体步骤（请参阅后续章节），而是在本章的理论与后面介绍的实践内容之间架设起一座桥梁。

收敛设想开发法强调的是**前景探索**的缘起维度，并且致力于确立出能够"发生"未来可能性的最合理方式。该方法将一种用户感兴趣的未来可能性作为开场，从当前的因果力出发，检验为什么这些因果力会使我们预想到上述的未来可能性不会发生。通常情况下，这是因为人们认为可能存在不同的未来，或是认为会出现某种不同的未来，又或是人们根本没有去预期什么特定的未来。该方法探究的是事物怎样才会偏离当下进程而出现人们感兴趣的那种可能。如此一来，该方法的目的就类似于"如果……会怎样？给出分析"或是

第八部分　情报分析人员的前景探索理论：关于"何时何地可能发生变化？"的推理范式

"进行回推"。① 然而，该方法的知识灵感更多来自反事实的逻辑、哲学思想与社会科学，特别是对于它运用"前情"的方式（反事实的如果部分，例如："如果印度与巴基斯坦之间爆发战争，那么核升级的风险就很高"）。当我们审视面向过去的反事实时，连接过往最合理的方式据说可由对过往历史的"最小限度的重写"作为代表——与实际发生的事情"最相近"的过去。因此，对于面向未来的反事实而言，该方法引导分析人员试图以最简单、最自然的方式去发现（在其他方面的）某个不大可能事件的发生。该方法既可以简单地应用于寻找上述方式，也可以作为面向未来的反事实推理的三个阶段中的第一步，从"开头到结尾"对某种未来可能性进行评估。② 最后，运用该方法的分析人员将因此专注于前景探索的缘起维度。

连锁反应分析法强调的是**前景探索**的延伸维度，试图检测的是未来可能性或可引发的更广泛不确定性。该方法的知识灵感源于反事实的逻辑。当人们考察面向过去的反事实时，必须要考虑的兴趣点出现的可能性，以及它们会去如何影响原本被视作独立给定的事物。即使是最温和的变化也可能产生戏剧性的后果，尤其是对于从变化中进一步"脱离而出"的情况而言，往往不仅仅是在时间上进行衡量，还要考虑到更宽泛因果力的相互作用与介入。一些类型的计划之外的结论是不可避免的。该方法从针对未来的某种特定愿景出发（通常它来自于**收敛设想开发法**，但也并不尽然），并且针对并非初始评估主题的其他问题，去考量其可能具有的结果。换言之，大多数前景评估是相互独立的，但真实的未来却是一个整体——它是一个完整的故事。本方法的主要思想是考虑前景评估中假设的变化，考虑"其他的问题"，以及考虑对这些变化在当前作出的假定（或评估）是否属于目前仍有存疑的评估。例如，如果分析人员针对印度与巴基斯坦之间可能爆发的战争开发出了一种描述，那么他们接下来就会去考虑这种描述是否会干扰诸如涉及阿富汗或俄罗斯等其他问题的前景评估。后以一种考虑可能会得到某些回应，因此当前所进行的预测，应当考虑的是其是否仍然合理。在某种程度上，这是**因果分析**中**背景转换分析法**的一

---

① 参见：美国中央情报局分析指挥部编写的《间谍技术入门：用于提升情报分析水平的结构化分析技术》（*A Tradecraft Primer: Techniques for Improving Intelligence Analysis*）（CIA：Sherman Kent School, 2005）；伦道夫·H. 弗森（Randolph H. Pherson），《分析工具与技术手册》（*Handbook of Analytic Tools and Techniques*）（Pherson Associates, 2008）；霍耶尔（Richards J. Heuer Jr.）与弗森，《情报分析的结构化分析技术》（*Structured Analytic Techniques for Intelligence Analysis*）（Thousand Oaks, CA：CQ Press, 2010）。值得注意的是，虽然目的相似，但是它为**收敛设想开发法**所提供的最终步骤与这些方法大相径庭（详情请参阅第24章相关讨论部分）。

② 请参阅：亨德里克森（Hendrickson）的《反事实推理》（*Counterfactual Reasoning*）与"应用反事实推理"（Applied Counterfactual Reasoning）。

种向前分析的版本。该方法还聚焦于计划之外结果最有可能发生的地方：也就是当某事物开始与其他力量在更广泛的背景下进行相互作用的场景。该方法始终是在其他前景评估基础上进行的，后者至少是在关于未来的某个具体假设基础上进行的（或许单纯是用户可能要采取的行动）。因此，本方法既可以是简单地尝试将评估整合到更广阔的图景，以及/或尝试对某个未来可能的潜在计划外结果进行预测，又或是作为**面向未来反事实推理**的第二阶段。① 最后，运用该方法的分析人员将因此专注于前景探索的延伸维度。

发散设想开发法强调的是**前景探索**的结果维度，同时评估的是未来可能性的合理结果。该方法的知识灵感源于基于设想规划的设想生成战略（scenario-generation strategies）（以及"**多解前景分析**"（Alternative Futures Analysis）等衍生方法）② 以及反事实的逻辑。该方法考虑到了重大的不确定性，并且探讨其演变生成一系列可能结果的方式。"官方"做法往往是向用户提供一系列合理结果，通常还包括一些指标，用以说明什么会使得某个结果不再可信（以及另一种结果如何成为可能）。然而，人们有时可以发现多个设想的共同结果，并有足够证据准确地证明其可能性。这里将介绍两种可运用本方法的情形。第一，人们可以应用该方法发现具体的未来可能性的结果（类似于人们在"高影响/低概率"分析中可能采取的措施）③ 这里，本方法作为的是**面向未来的反事实推理**的三个阶段中的第二个。④ 第二，人们首先可以应用该方法确定哪些未来可能性是值得探究的。在这种情况下，该方法分析的起点仅仅是当前的因果力。不论上述哪种情形，运用该方法的分析人员将因此专注于前景探索的结果维度。

前景探究方法可以采用多种不同的形式，这很容易会令初学者对每种方法所要达成的目的感到困惑。因此，为再次作出澄清，我们从以下一组简单的选择开始：如果分析人员想知道哪些未来可能性值得考虑，请使用**发散设想开发**

---

① 请参阅：亨德里克森，《反事实推理》与"应用反事实推理"。在理论上，**连锁反应分析法**与此类研究中所谓的"选择中间状态"是相同的，但在实践中，情况却截然不同。

② 参阅美国中央情报局，《间谍技术入门》（*A Tradecraft Primer*）；弗森（Pherson），《分析工具与技术手册》（*Handbook of Analytic Tools and Techniques*）（Pherson Associates, 2008）；霍耶尔（Heuer）与弗森，《结构化分析技术》（*Structured Analytic Techniques*）。以及这些著作带来的灵感，可参阅诸如：彼得·施瓦兹（Peter Schwartz），《远谋的艺术：在不确定的世界中规划未来》（*The Art of the Long View: Planning for the Future in an Uncertain World*）（New York: Doubleday, 1991）。**发散设想开发法**倾向于遵循后者，而非前者。

③ 参阅美国中央情报局，《间谍技术入门》；弗森，《分析工具与技术手册》；霍耶尔与弗森，《结构化分析技术》。

④ 请参阅：亨德里克森，《反事实推理》与"应用反事实推理"。

法。如果分析人员已有具体选择去进行更详细的评估，那么就要使用**面向未来的反事实推理法**（等同于**收敛设想开发法+连锁反应分析法+发散设想开发法**）。以下还有更加复杂的一组选择：如果分析人员对于他们早已感兴趣的问题，尚未形成任何特定的未来可能性判断，那么他们将会使用**发散设想开发法**，并且将当前活跃的因果力作为**因果分析**的出发点。上述过程得出的结果将是一系列的未来可能性，其中一些可能值得去进行深入的探究。但是，如果分析人员对于他们早已感兴趣的问题形成了特定的未来可能性判断，那么他们可以有几种选择。如果他们只是想探究某种可能性是如何发生的，则他们就要使用**收敛设想开发法**（其出发点依旧是对当前影响因素的**因果分析**）。但是，如果分析人员想要从头到结尾对某种可能性进行完整分析，则他们就要使用**面向未来的反事实推理法**（等同于**收敛设想开发法+连锁反应分析法+发散设想开发法**）。现在，如果分析人员对某具体的可能性感兴趣并且已知其形成方式，同时如果他们仅对将该可能性融入更广阔的背景之中（或是探索可能的计划外结果）感兴趣，那么就要运用**连锁反应分析法**，同时其出发点将是此前的**前景探索**成果。上述过程可见图23.3。

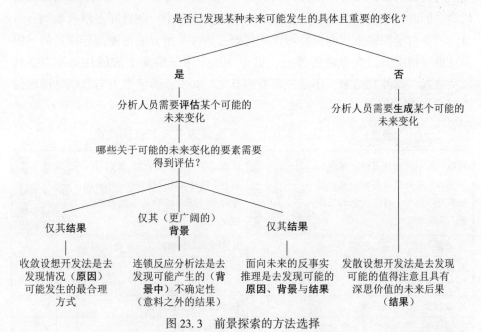

图23.3 前景探索的方法选择

还有一种看似独特的可能情况就是通过完全不同的方式去使用**发散设想开发法**。该方法可用于提出具体的未来可能性（一个出发点），也可以作为对具体的未来可能性进行更详细评估的最后阶段（一种终点）。那么，以下这便是使该方法的叙事本质变得更加清晰的地方：任何一个故事的结尾都将是更多故事的开头。由此可知，任何叙事的"出发点"实际上始终是此前（或许没有说明）叙事的"终点"；而任何叙事的"终点"实际上始终是另一个（尚未声明的）叙事的"出发点"。当然，该方法也存在"故事中的故事"，其中包括事情是如何发生的（**收敛设想开发法**），或者事情是如何影响"其他"角色（**连锁反应分析法**）。这些不仅与更大背景故事有关，而且偶尔也可以从其本身进行探究（某个"前篇"或是某个"派生作品"）。从根本上看，未来就是一种叙事，而对其合理的分析可以反映出，要讲出一个可信的故事最后还是要基于当前的因果力。

综上所述，值得指出的是，上述所有方法均专注于推理工作的问题导向维度，并且它们的注意力都聚焦于**前景探索**。但是这些方法在推理工作的个人与程序维度上也是有所不同的。就上述每种方法而言，它们的最大不同之处在于认知上的良好习惯与规则。尽管**多维**方法的所有良好习惯与规则均与这些方法存在相关性，但是其中有一些尤为重要，体现出了各种方法的重点所在。经常或很少使用其中某种方法的分析人员也会因此面临着在个体与程序方面失衡的风险。因此，他们有可能会过多或过少地去关注其中一些良好习惯或规则。有时，根据前景探索强调的良好习惯或规则去选择某种方法可能是行得通的，但是在更多情况下，在方法选择上，更多要依未来子维度中的最佳关注点是什么：缘起、延伸、结果，还是三者兼而有之？其中，关于个人与程序维度的讨论可见表 23.2。

表 23.2 前景探索的方法中强调的个人与程序维度

注意：每一种良好习惯、规则与问题对于每种背景都很重要；这些良好习惯对于对应方法的关注重点尤为重要	收敛设想开发法	连锁反应分析法	发散设想开发法	注意：每一种良好习惯、规则与问题对于每种背景都很重要；这些规则对于对应方法的关注重点尤为重要	收敛设想开发法	连锁反应分析法	发散设想开发法
1. 谦逊：自信 vs 不确定性		√		1. 考虑问题的维度			√
2. 咨询的积极性：中立性 vs 现实世界中的关切	√			2. 证实决策的意义	√		
3. 求知欲：广度 vs 深度			√	3. 彻底研究分析对象		√	
4. 敏感性：看到相似性 vs 差异性			√	4. 清晰地构建过程		√	
5. 效率：周密 vs 权衡	√			5. 将紧密相关的信息区分出来			√
6. 描述性：运用定量 vs 定性	√			6. 质疑每一个推断		√	
7. 反思性：关注自身 vs 他者		√		7. 开发合理的替代方案			√

第八部分 情报分析人员的前景探索理论：关于"何时何地可能发生变化？"的推理范式

续表

注意：每一种良好习惯、规则与问题对于每种背景都很重要；这些良好习惯对于对应方法的关注重点尤为重要	收敛设想开发法	连锁反应分析法	发散设想开发法	注意：每一种良好习惯、规则与问题对于每种背景都很重要；这些规则对于对应方法的关注重点尤为重要	收敛设想开发法	连锁反应分析法	发散设想开发法
8. 多面性：既有范式 vs 自发适应			√	8. 认真对待反对意见	√		
9. 融合性：自下而上 vs 自上而下		√		9. 不断启发判断		√	
10. 务实：看到威胁 vs 机遇	√			10. 推想新的问题		√	
11. 讲究：特殊性 vs 一般性			√	11. 确定证明的局限性	√		
12. 宽容：反对 vs 改进		√		12. 找到更广泛的背景			√

273

第九部分

情报分析人员的前景探索实践：关于"何时何地可能发生变化？"的推理方法

第24章
如何发现某种未来可能性的最合理缘起
"收敛设想开发"方法
面向未来的反事实推理，第Ⅰ阶段

高质量的情报分析能够展示出似乎不具合理性事件的合理性所在。情报用户不喜欢"意外"的结果。因此，分析人员必须考虑那些不太可能发生以及一旦发生就会带来具有影响性后果的事件。为此，他们需要探索那些不可能发生的事情是如何"成为现实"的。如果分析人员能够将看似"永不可能发生"的事情，以某种明确（尽管不太可能）的方式证实其可能发生，那么他们往往就发挥出了最大价值。在理论上，这些不可能事件通常有多条可行的发展路径。分析人员如何为用户将可能的范围缩小至最重要且最合理的路径？鉴于这些事件在本质上不太可能发生，因此这也是一件特别具有挑战性的工作。所以分析人员需要得到关于如何找到针对不合理结果的最合理路径的建议……提出最有可能出现不太可能发生情况的方式。

24.1 问题导向方面：建议分析人员提出哪些问题？

当分析人员运用**收敛想定推导法**时，会通过某个特定类型的问题去引导其思考。首先，他们提出**"何时何地可能发生变化"**这一问题进行**前景探索**。他们的用户可能直接提出这样的问题，即一个不稳定的外国政权的未来是怎样的，或是一项新技术对战争的影响，或是两国发生公开冲突时它们的长期关系状态会变得如何，等等。然而，用户可能会通过提出一个无法给出答案的**战略评估**问题，而间接提出**前景探索**的问题。至少在理想情况下，分析人员应当先回答**前景探索**问题。例如，分析人员在没有率先评估不稳定外国政权未来发展的合理路径是什么（回答**前景探索**问题）之前，是不能去合理评估用户所作出的那些为促进外国政权实现更稳定变化的选择（回答"**用户如何应对**"的**战略评估**问题）。

分析人员在运用**收敛想定推导法**时，一般选择通过回答"**何时何地可能发生变化?**"这一子问题，去完善对**前景探索**的构建。这种方法强调的是缘起维度，并且专注于发现未来某种结果可能"发生"的最合理方式，也就是其成因。这是从某段叙事的"开头"视角进行**前景探索**，即叙述未来的故事如何开始。这种方法从回答"为什么这些不可能事件实际上是合理的"这一角度，对可能出现变化并带来重大影响的意外事件进行考察。如果没有（说明如何真实发生的）背景故事，那么设想的未来场景对用户来说仅仅属于是推测性质的，并且不具有什么价值。某个"收敛"设想的意义在于，如何把当前多个合理的路径汇聚成一个意外且令用户感兴趣的潜在事件。该方法并不会创造出这些可能的事件，而是要探索它们在现实中可能会以怎样的形式出现。分析人员可以选择这种方法去探索怎样出现设想的变化，或者是通过**面向未来的反事实推理**对事件进行"从头到尾"（原因、背景、结果）的评估。这种推理的第一阶段就是**收敛设想开发法**。

分析人员如果采用该方法，那么他们不需要先行完成任何特殊的**前景探索**工作。但是，他们确需考虑某种具体的未来可能性。他们需要寻求一个合理的缘起，以确定其可能的未来变化。这种缘起可以直接来自用户，也可以作为未来回答用户某一问题答案的一部分。然而，分析人员需要具备关于**因果分析**和**发展假设**的理论知识。例如，如果首先并不知道为什么政权会出现不稳定（回答**因果分析**问题"为何正在发生?"），或者不预先设定政权不稳定的情况（回答**发展假设**问题"正在发生什么?"），那么就无法探究这一不稳定政权在未来的可能发展情况。有时，分析人员已经知道了发展假设理论，但他们要知道的是如果不去花时间研究就不能去假设自己已经具备了充分的**因果分析**知识。因此，在采用**收敛想定推导法**时，建议分析人员无论是以将其作为分析目标形式，还是作为达成目标的重要步骤的形式，从发现未来变化可能的成因角度，多去思考何时何地将发生变化。

24.2 程序方面：建议分析人员遵循哪些规则?

如果分析人员采用**收敛想定推导法**，那么他们不仅要通过某种类型的问题引导思考，还要一套特定的规则。言下之意，他们采用的是务必要遵循的特定程序，对其推断进行评估。本部分突出强调以下四种规则，虽然相关规则并不限于它们，但这四种规则尤为重要。第一，为识别相关背景，本方法指导分析人员通过展示未来可能情况的合理性，证明可能与不可能之间的相关性，从而证实决策的意义。第二，为推断出可能的结论，本方法要求分析人员质疑每个推断，探究如何推翻关于未来可能的情况不可能发生的推断。第三，为开发合理的替代方案，本方法要求分析人员认真对待反对意见，探讨不可能事件在未来可能出现的原因，以及如何去放大这样的可能。第四，为了解释更广阔的意义，本方法认为分析人员应该确定证明的局限性，通过对不合理但有影响的替代方案进行合理性分析，以"检查"预期的未来是否会"出现"。综上，**收敛想定推导法**认为分析过程要去证实决策的意义、质疑每个推断、认真对待反对意见、确定证明的局限性。选择这种方法的分析人员既要在具体案例中遵循这些规则，又要努力在整个分析过程中强化这些规则。

24.3 个人方面：建议分析人员体现哪些特点？

分析人员在选择使用**收敛想定推导法**时，不仅要通过特定类型的问题去引导思考，并遵循相应的规则，而且还要体现出认知上的良好习惯。言下之意，他们要选择优先考虑某些特点，用以（在理想标准上）定义他们作为推理者的"样子"。这些特点对于运用本方法非常重要，而且在使用本方法时，应当将下述四种良好习惯更多地作为分析人员对"自我"思考中总体构想的一部分。第一，确定未来变化的路径对于用户来说是最合理且最重要的，本方法强调的是通过咨询的积极性（在中立性与现实世界中的问题之间保持平衡）这一具体的良好习惯，用以追求思维中的胆识这一总体上的良好习惯。第二，利用触发事件的概率、数量和迫切性来评估未来变化路径的合理性，本方法强调的是通过描述性（在事物的定量与定性之间保持平衡）这一具体的良好习惯，从而具备思维中的自制这一总体上的良好习惯。第三，通过展示合理性提出对某事件将"不会发生"的质疑，本方法强调的是通过反思性（在关注自我与关注他人之间做好平衡）这一具体的良好习惯，以追求判断是非的能力这一总体上的良好习惯。第四，在探索"发生"可能事件的"好"和"坏"方式时，本方法强调的是通过务实性（在识别威胁与机遇之间做好平衡）这一具体的良好习惯，从而具备思维中的公正这一总体上的良好习惯。综上，**收敛想定推导法**建议分析人员具备咨询的积极性、描述性、反思性和务实性。因此，分析人员在选择运用本方法时，意味着他们要在具体案例中既要做到如此，又要在总体上努力作为理想中推理者的部分"样子"达到上述要求。

24.4 方法呈现：一般情况下如何操作？

收敛设想开发法要求分析人员去探索他们感兴趣的某具体事件的未来可能性。尤其是他们要去尝试找到那个能使这种可能性"成为现实"的方式。在通常情况下，这种可能性可能是"意料之外的"（目前预测不会发生——或有证据不认为会发生，或没有证据证明将要发生——但一旦发生可能会产生重大影响）。本方法要求首先确定那些可能性不大的事件但却仍有可能发生的原因。然后设想如何通过削弱前一种因素或加强后一种因素，从而形成通往未来可能性的不同可能途径。这些设想的实现，基于的是分析人员对其初始概率、可能触发事件的数量以及紧迫性进行的评估。

步骤1：确定阻却可能性的情况。评估出现意外/不可能情况的原因。找到阻却可能性的不同因果力，还要确定目前正在形成可能发生这种情况的背景之中的更广泛的活跃因果力样态（如果这种情况发生的话）。

步骤2：确定促进可能性的情况。评估即使出现意外/不可能情况，可能性仍然存在的原因。（从**步骤1**中）找到从不同方向达成可能性的不同因果力，还要确定目前正在形成可能发生这种情况的背景之中的更广泛的活跃因果力样态（如果这种情况发生的话）。

步骤3：探究其如何变化。设想可能破坏或逆转**步骤1**确定的因果力的可能事件，并将其作为可能出现意外/不可能情况的原因。什么可以使这些力量弱化？从一个（朝向该可能性）不同的方向，设想可以放大**步骤2**确定的因果力的可能事件。什么可以使这些因果力得到加强？要让每一个可能发生的潜在触发事件，能够帮助实现该可能性。

步骤4：获得可能情况的潜在背景故事。开发几个收敛设想，假设发生（在**步骤3**中）触发事件的不同可能组合，最终都会导致相同的可能情况（尽管是以不同的方式）。换言之，为未来的可能情况开发出不同的背景故事。这种意外/不可能情况为何依然发生？

注1：应构建出每一种设想，从而设想中的每一个事件或趋势都会合理地（并且可预测地）追随此前的情形，但是这其中不包括触发事件。也就是说，任何不可能或意外事件都算作（或源自）触发事件。

注2：在某一设想中的触发事件，可能会出现在另一个设想之中，但如果在该设想中可能发生，那么该事件在此设想中就不必作为触发事件。

步骤5：确定最合理的背景故事。根据初始概率、统一性以及紧迫性，对收敛设想进行排序,确定其"合理性"①,并选择出最佳设想。

　　a. **初始概率**(越高越好):(基于当前事件及趋势)触发事件单独发生的可能性如何?所有的触发事件至少在某种程度上是不可能发生的,不应该认为它们的发生是让人难以置信的,或是(几乎)不可能的。

　　b. **统一性**(越统一越好):这里有多少触发事件?这也和在可能事件中收敛的事件序列数量相同。

　　c. **紧迫性**(越紧迫/时间跨度越短越好):从现在到可能事件发生之间要经过多长时间?

　　注:这不是简单地对每个类别中的设想进行计算和进行排序的问题。每个设想的优劣程度也很重要。这些是分析人员对其合理性进行整体判断时应该考虑的三个因素。上述过程见图24.1。

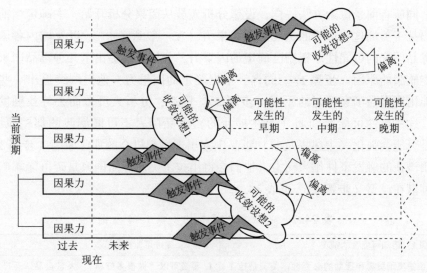

图 24.1　收敛设想开发法的架构

24.5　方法实践:在具体实例中如何操作?

　　在20世纪80年代末和90年代初期,毒品贩运成为西半球最主要的安全问题。毒品本身、暴力贩运以及其他相关非法活动都有可能破坏社会稳定。哥

---

　　① 由于这属于与目前预测相悖的情况,其总体概率不会超过0.5。尽管如此,总体设想的可能性将会更高(接近0.5),原因在于具有概率更高的触发事件(a),具有刚强的统一性/更少的触发事件(b),并且更加紧迫/时间跨度更短——在触发事件与最终结果之间发生的事件将会更少(c)。

伦比亚的一次毒品交易，因其贩运者在该国具有重要权势和影响力而备受关注。事实上，暴力的规模以及与之相关的腐败现象，使得一些人质疑哥伦比亚这个国家还是否能够长期存在并继续运行。此外，还有一些人想知道拉丁美洲（如哥伦比亚、秘鲁、玻利维亚、危地马拉等）国家成为"毒品国家"的可能性是否会上升。就本例而言，一个"毒品国家"不一定是一个"失败国家"，后者是指该国无法维持其边界的完整性，或是无法提供适当水平的公共服务。更确切地说，毒品国家的主要官员和机构还发挥着双面作用，一方面他们也在支持（最起码是保护）毒品交易。这种情况（从20世纪80年代到90年代）在多大程度上成为了拉丁美洲国家未来合理发展的趋势？（在20世纪90年代初）拉丁美洲毒品国家崛起最有可能采取的路径是什么？对此，假设分析人员采用的是**收敛设想开发法**。

同所有前景探索方法一样，设想分析人员从**因果分析**开始，去确定当前塑造出拉丁美洲这一形势的主要活跃因果力（在一般意义上），以及域内各国成为毒品国家的可能性。根据已确定的因果力，分析人员提出了几种毒品国家不可能崛起的原因（**步骤1**）。同样，根据确定的因果力，他们继续提出一些有可能出现毒品国家崛起的原因（**步骤2**）。随后，分析人员转而去寻找触发事件，这些事件可能会削弱（上述提及的）毒品国家不可能崛起的那些原因，或是可能会强化（上述提及的）毒品国家出现崛起机会的那些原因（**步骤3**）。利用潜在的触发事件作为动力，他们会得出拉丁美洲毒品国家是否可能崛起的三种潜在设想（**步骤4**），见表24.1。

表24.1 收敛想定推导法步骤1~4示例

步骤1：阻却可能性的情况	步骤2：促进可能性的情况
1. 维护美国贸易和援助的必要性：美国是拉丁美洲主要的贸易伙伴与外国援助来源国，为各国打击毒品贸易提供了强大的外部激励。	**1. 毒资可以"做很多好事"**：大量毒品贩运产生的资金流入合法经济之后，可以（被认为是）帮助改善社会。
2. 公众对卡特尔①的不满：公共暴力造成对卡特尔的恐惧，并且通常会引起公众的强烈不满。	**2. 缺乏可行的替代方案**：多年来，拉丁美洲的农业产业持续下降，财富分配不平等。
3. 罗马天主教会的反对：拉丁美洲主要是天主教徒，这是对毒品贸易的另一个重要的外部阻力。	**3. 毒品贩运无需"伤害"公众**：从理论上讲，政府与卡特尔，以及卡特尔之间的暴力，是有区别的，而暴力直接阻碍的是民众与商业。

---

① 【卡特尔】（Cartel），系经济学术语，是指生产或销售某一同类商品的企业，为垄断市场，获取高额利润，通过在商品价格、产量和销售等方面订立协定而形成的同盟。其中，垄断利益集团、垄断联盟、企业联合、同业联盟也称为卡特尔，属于垄断组织形式之一。——译者

续表

步骤3：会如何变化：可能的触发事件
1. 欧盟和"金砖四国"的崛起：相对于欧盟、巴西、俄罗斯、印度和中国而言，美国作为贸易和援助来源国的重要性有所降低（削弱了对维持来自美国贸易和援助的需求）。
2. 反美主义崛起：公众将暴力演绎为美国对拉丁美洲政府施加的"反毒战争"；卡特尔几乎成为"反抗英雄"（削弱了公众对卡特尔的不满）。
3. 天主教的衰落：罗马天主教的缓慢衰落，加速了其追随者快速走向分裂，但它还没有被国际化的统一且强大的任何其他事物所取代（削弱了罗马天主教会对毒品的反对力量）。
4. 经济繁荣：贩毒资金更多地进入拉丁美洲的总体经济，并成为其经济繁荣的一部分（强化了毒品资金可以"做很多好事"的认识；缺乏可行的替代品）。
5. 因暴力而不堪重负：暴力可能失控（强化了毒品贩运无需"伤害"公众的认识）。

步骤4：获得潜在的背景故事		
第一种收敛设想 反美主义崛起以及被暴力压制	第二种收敛设想 经济繁荣	第三种收敛设想 欧盟与"金砖四国"崛起，以及天主教衰落

表24.2提供了一些例子，用以说明对于这些设想进行了怎样的相应描述。

表24.2 收敛设想开发法示例

	第一种收敛设想："投降" 在反美主义以及因暴力而不堪重负中崛起	第二种收敛设想："腐败" 经济繁荣	第三种收敛场景："妥协" 欧盟和"金砖四国"的崛起，以及天主教的衰落
"开头"：主要因素如何（开始）变化	美国继续作为拉美地区的首要贸易伙伴，在面对市场对尼古丁的大量需求情况下，向拉美政府施压打击毒品贩运。拉美政府财政部门改善环境，使之成为美国公司理想的业务所在地，也增加了毒品贩运承受的压力。然而，这样不断增长的压力导致的是（触发事件）更大规模的暴力，强大的卡特尔与其他卡特尔发生冲突，进而被政府挫败，随后政府专注于基础设施建设，在应对暴力时变得更强大和大胆。	许多拉美政府继续开展"反毒品战争"，但是卡特尔会继续将利润关联到拉丁美洲经济，国家财政持续增长。因为缺少替代品，政治家为鼓励"亮点"经济，减少了法规要求和相关干扰，这也使得使更多的毒品收入流入市场。政府为消除美国的担忧，会有选择的去反对一些领导人贩毒。这将导致（触发事件）财政市场的全面繁荣，范围扩大到整个地区。	拉美国家财务部门和地区经济持续改善。尽管尝试反腐败，但毒品收入会持续进入合法经济。主流文化的敏感性下降以及人口统计学的改变，使得（触发事件）罗马天主教徒教会失利，致使其希望形成像过去一样统一发声的想法破灭了。

续表

	第一种收敛设想："投降" 在反美主义以及因暴力而不堪重负中崛起	第二种收敛设想："腐败" 经济繁荣	第三种收敛场景："妥协" 欧盟和"金砖四国"的崛起，以及天主教的衰落
"中间"：这些变化如何影响其他因素	对美好未来的希望被大规模增加的暴力所粉碎，而美国的援助只会加速这一过程到来。经济情况改善将振兴拉丁美洲的民族自豪感。美国越来越多地被看作是问题的根源，反美主义高涨。导致公众（对触发事件）的怨恨从卡特尔转到美国，认为美国是问题真正的根源，而官员们（出于对自我的保护）则从"反毒品战争"中退出。卡特尔与当地官员合作以防止其他类型的犯罪，各国与他们建立更多联系把更多资源投入经济。	拉丁美洲公众被带入至前所未有的繁荣经济，他们会选择不去在意与毒贩日益增加的联系。随着"反毒品战争"的焦点转移到针对特定领导人，毒品暴力减少。拉丁美洲长期以来对政治腐败保持适度容忍，越来越多的政客受到贩毒资金的间接支持，一些州越来越接近成为事实上的毒品贸易保护者。	中国、巴西、欧盟认为，拉丁美洲经济的生存意味的是不允许出现美国主导的"垄断"（触发事件），它们会大幅增加投资，降低美国的（相对）重要性。拉丁美洲国家对缉毒工作日益重视，且强调国际商业安全的重要性，鼓励拉美政府通过打击贩毒集团卡特尔，来减少未来更多的暴力。
"结尾"：变化出现的合理结果	随着缉毒行动的减少和暴力事件的消退，公众和政治家们不再在意卡特尔，而卡特尔却通过公开暴力试图避免产生负面的公众意见。	最终，由于未完全将毒品交易正式合法化，合法与非法经济相互交织，以至于无法将其完全分开。一些人将毒品贩运认为是积极力量，但大多数人不这么认为。这种有意的无知成为"新常态"。	随着时间推移，拉美国家在毒品交易方面变得更加中立。公众接收了贩运者"留下不走"以及贩运者会缓缓发展的观念。各方只有在对方超越其当前的状态时，才会公开地对抗对方。从官方角度看，他们仍然会反对毒品贩运并在其"走得太远"时采取行动，但实际上，毒品贩运受到了保护，免受国际干预（至少在拉丁美洲）并且其运营得到了默许。

在构造出的所有设想中，除被标记为触发事件的事件之外，其余所有设想都合理遵循前述事件的情况。**表 24.3** 根据其他三个合理因素（**步骤 5**）对这些设想进行了评估。

第九部分　情报分析人员的前景探索实践：关于"何时何地可能发生变化？"的推理方法

表 24.3　收敛设想开发法步骤 5 示例

	第一个收敛设想："投降" 在反美主义以及因暴力而不堪重负中崛起	第二个收敛设想："腐败" 经济繁荣	第三个收敛设想："妥协" 欧盟和"金砖四国"的崛起以及天主教的衰落
初始概率：触发事件发生的可能性有多大？	第二名	第三名	第一名
统一性：各设想中有多少触发事件？	第二名（平局）	第一名	第二名（平局）
紧迫性：各设想中的可能情况会以多快的速度发生？	第一名	第二名	第三名
最终排名：总体看起来的合理程度如何（考虑所有事情）？	第二名	第三名	第一名

在某些情况下，每种类别中的某个设想将明显胜出，或是会在给定的标准之下在某方面显现出明显优势。正如大部分情况一样，局面会显得更加含糊不清。为了在该示例中达到目的，分析人员选择了**设想 3**（"妥协"）。相比**设想 2**（"腐败"）或**设想 1**（"投降"）所具有的较短时间跨度或较强统一性，出现触发事件的较大概率似乎更是一种引人注目的显著因素。没有设想可以在短期内能够成为可能，并且（**设想 2**）只有一个触发事件的设想就更不可能实现。因此，就当前所要达成的目的而言，分析人员通过评估得出**设想 3** 是最佳选择。这也是分析人员所得出的认识，即拉丁美洲的毒品国家可能会进一步增多。

第25章
如何把对未来的估计纳入到全局考虑之中（并且预见到计划外结果）
"连锁反应分析"方法
面向未来的反事实推理，第Ⅱ阶段

高质量的情报分析应当去讲述一个具有完整性的故事。分析人员切不可仅从一个只是自我满足的视角，将某问题与其他事物割裂开来。特别是在将视线投向未来时，那些看似互不关联的力量之间存在着巨大的互动潜力，情报产品不应该忽视大局，那就是如何让每一个特定事物能够与更大的框架进行适配。经常会有人说，情报用户并不会去区分"经济问题"、"军事问题"、"外交问题"，他们提出的只有"问题"。因此，分析人员不得不要去努力将"碎片拼凑起来"，并且不能简单地只去进行一次评估，而是要通过合并或是至少从多个（最初独立的）评估中得到综合评估，从而形成一个更宏观的故事。但是，要完成这样的任务往往任重道远。做到这一点最自然的方式，同样也可能是永远也做不成的方式是：简单地将一个前景评估的结论与另一个结论进行综合。**前景探索**永远都与假定相关。由于存在太多的不确定性，人们总会不可避免要去使用"假定"，必须通过去假定有些情况具有更低的不确定性，才能专注于其他具有更高不确定性的情况。因此，如果简单地对起初彼此独立的前景评估进行综合，那么就有可能将实际上并不彼此相关的假定结合在一起。需要注意的是，这里的问题并不是评估中具有不合理的假定。这些假定也可能完美适配于这项工作。真正的问题在于，某一前景评估中的合理假定可能会与另一个前景评估中的假定相互矛盾。因此，分析人员需要的建议是，如何在更宽阔的故事线中去探索出与其所作评估之间的"连锁反应"。

对此，这里有一项与此相关的重要挑战：计划外结果（unintended consequences）。每当用户作出行动时，他们都会去解决某一环境中的一系列特定问

第九部分　情报分析人员的前景探索实践：关于"何时何地可能发生变化？"的推理方法

题。然而，这些行动的结果可能与更大环境中的其他问题产生相互作用，可能会为用户带来计划之外的结果。这是**因果分析**相关问题的另一个侧面，即对某些可能出现计划外结果（**意外维度**和**背景转换分析法**）的情况进行追溯探究。分析人员要在计划外结果出现之前，找出可能诱发该结果的情形。因而，分析人员还需要找到一种方法，能够在更大的故事线中，探究用户行动可能会引发的那些潜在意料之外的结果。

25.1　问题导向方面：建议分析人员提出哪些问题？

分析人员在运用**连锁反应分析法**时，他们会通过某个特定类型的问题去带动思考。首先，他们会提出"**何时何地可能发生变化？**"这一问题进行**前景探索**。他们的用户可能直接想知道某国的经济繁荣在多大程度上是可持续的，或者如果某国当前的贩毒路径受阻那么毒贩线路可能会发生什么变化，或者针对外国独裁者的叛乱不断增多可能会产生什么后果。其次，用户可能通过**战略评估**问题间接提出某个**前景探索**问题，而回答该问题需要首先（至少在理想情况下），得出**前景探索**问题的答案。如果分析人员已经评估的是未来经济繁荣的可持续（回答**前景探索**问题），那么他们只能为用户针对"帮助维持另一个国家的经济繁荣"的相关选项进行评估（回答"**用户该如何应对？**"的**战略评估**问题）。

分析人员在运用**连锁反应分析法**时，要将前景探索问题分解为"**何时何地此变化将产生更大的不确定性（以及计划外结果）？**"的子问题。本方法强调的是延伸维度，把在更大范围内发现未来可能性的更广泛（意料之外的）结果作为其背景。本方法是从叙事的"中间"视角审视**前景探索**方法——关于未来的故事将如何继续并且变得愈加复杂。分析人员会利用某种（至少部分）未来愿景，探讨如何将其融入到更加具有综合性的故事当中，并且这些故事会超出最初的叙事焦点。愿景可能会是一个成熟的设想（可能来自**收敛设想开发法**），也可能是针对某个特定趋势的未来可能性所给出的估计，甚至是用户正在考虑的某个可能的未来决策。就所有情况而论，本方法考察的是更大范围内的因素与因果力的未来变化所带来的可能影响（从而主动识别可能发生的计划外结果）。这种方法能够简单用于定位可能的意料之外的结果，或是去为未来构建出一个更具整体性的愿景，再或者是通过**面向未来的反事实推理**（将使用**连锁反应分析法**作为其第二阶段）对某种未来可能性进行"从头至尾"（原因、背景和后果）的评估。

在进行一项**连锁反应分析**时，分析人员必须要将某个针对具体前景的估计纳入整合到范围更大的描述之中（并且发现计划外的结果）。这种估计通常来自前述的**前景探索**（通常是关于未来变化缘起的描述），但是也可能只是分析人员想要去考量的某种具体的前景（可能是某项用户决策）。此外，本方法需要关于**因果分析**和**发展假设**的预先知识。除非分析人员已经知晓某国经济形势缘何上升（回答**因果分析**问题"为何正在发生？"），并且知晓该国正在经历经济繁荣（回答**发展假设**问题"正在发生什么？"），否则无法分析该国在经济繁荣中的未来可能情况。分析人员可能已知上述两个问题，但是他们不能假设自己已经知道。建议分析人员在运用**连锁反应分析法**时，从发现未来可能变化的背景角度，去回答何时何地可能发生变化，并将其作为分析工作的最终目标或是实现该目标的中间过程。

25.2 程序方面：建议分析人员遵循哪些规则？

在运用**连锁反应分析法**时，情报分析人员不仅要通过某类特定的问题引导其思考，还需要一套特定的规则。他们选择遵循特定的程序，用以对其推理工作进行评估。以下强调的四种规则并非是唯一需要分析人员遵循的，而是它们对于该方法较为重要：第一，为识别相关背景，本方法指导分析人员深入研究分析对象，使之思考在更大的背景下（超出最初评估范围），哪些机构可能会受到其评估带来的影响。第二，为了推断合理结论，本方法要求分析人员通过明确探究因果力在更大环境范围中未来的变化会带来怎样的（以不同方式的）意外影响，去清晰地构建过程。第三，为了设想可能的替代方案，本方法要求分析人员不断启发判断，根据未来可能发生的变化，找出其他关于未来的评估与假定中那些不确定的地方。第四，为了解释更广阔的意义，本方法坚持认为，分析人员在给定的设想中的未来变化情况下，在投射出新问题时要强调如下方面，即那些针对于目前具有争议性的主题所作出的估计。因此，**连锁反应分析法**敦促分析人员要去深入研究分析对象、清晰地构建过程、不断启发判断、投射出新的问题。选择这种方法的分析人员既要在具体案例中遵循这些规则，又要努力在整个分析过程中强化这些规则。

25.3 个人方面：建议分析人员体现哪些特点？

分析人员选择使用**连锁反应分析法**，意味着他们要通过特定类型的问题引导思考，并遵循相应的规则，而且还要体现出在认知上的良好习惯。他们选择优先考虑某些特点，用以（在理想标准上）定义他们作为推理者的"样子"。这些特质对于运用本方法非常重要，而使用本方法也可以反向提升分析人员的相应特质，使其成为分析人员自身在部分上成为其愿景中的思想者。第一，本方法会考虑意料之外与计划之外但仍具有识别可能的潜在结果，通过将寻求谦逊（在信心与不确定性之间的平衡）这一具体的良好习惯作为一种方法，用以追求思维中的胆识这一总体上的良好习惯。第二，本方法通过将前景评估纳入更大但可掌控的未来图景中，要求分析人员将注意力集中在效率（周密与权衡之间的平衡）这一具体的良好习惯之上，从而追求具备思维中的自制这一总体上的良好习惯。第三，本方法通过利用对未来特定变化的评估去形成更大范围的未来故事，这就要求将融合（"自下而上"与"自上而下"思考之间的平衡）这一具体的良好习惯，作为通向判断是非的能力这一总体上的良好习惯的途径。第四，本方法通过从其他评估中进行预测，进而分析根据给定的设想中的变化目前会变得不确定还是仍然具有合理性，这就会强调要将宽容（反对替代方案与改进替代方案之间的平衡）这一具体的良好习惯作为通向思维中的公正这一总体上的良好习惯的方式。因此，**连锁反应分析法**建议分析人员具备谦逊、高效、融合和宽容的品质。分析人员选择运用本方法，就意味着他们既要在具体案例中依照上述标准要求自己，又要在总体上努力作为理想中推理者的部分"样子"达到上述要求。

25.4 方法呈现：一般情况下如何操作？

连锁反应分析法的起点是分析人员希望将某个对未来的评估纳入更广阔的背景之中，用以在更大范围内探索、创建针对未来情况更具综合性的描述，以及/或是去主动识别出潜在的计划外结果。这种"估计"可能是（1）某种具体设想中的未来行动，（2）一种或多种趋势（可能继续的持续性变化），或（3）（如利用**收敛设想开发法**生成的）某个设想。该方法要去确定估计中所假设的关键变化，并且寻找能够对更大背景进行定义的相关行为体。该方法考虑的是这些会对那些行为体所处的背景环境带来怎样程度的改变，以及这些行为体可能在多大程度上作出不同的反应。这些不同反应就是新的不确定性（以及潜在的计划外结果）。

步骤1：确定前景估计中的基本驱动性变化。在评估中定位假定的基本驱动性变化。这些并不是评估的结果，但却能够将评估中的因果力推向那些结果。

步骤2：定位可定义更广泛背景的主要参与方。确定在更大图景中与主题相关的参与方，而不是评估所聚焦的参与方。这些参与方可能已经处于分析的次要部分，或是还没有纳入到分析中。在评估的核心之外，有哪些人或事将会成为该主题更大的最后故事中的一部分？

步骤3：在更大背景下为主要参与方勾勒出一个新的环境。设想（**步骤1**）基本的驱动性变化成为这些参与方行动所在的背景环境中的一个基础部分。如果这些变化成为"新常态"，那么他们的"世界"将会有什么不同：什么是他们"新"感知到的威胁和机遇？

步骤4：探索参与方可能以怎样的方式在新的环境中采取不同行动。当前对这些参与方行动的期望是基于这样的一种评估，即评估当中不必然包含这些基本的驱动性变化。要探索新设想的环境（**步骤3**）会以怎样的方式驱动其在变化中能与分析人员的当前预期有所不同。鉴于这些感知到的新威胁与机遇，他们将作出怎样的不同反应？

步骤5：确定新的不确定性。运用这些参与方的多样潜在行为（**步骤4**）去描绘新的不确定性。分析人员应当会对这些参与方未来行为（根据步骤3中的可能新环境）的不确信之处有什么？这些不确定的新方向代表了行动之后的潜在计划外结果，后者属于初始未来估计中的一部分。上述过程见图25.1。

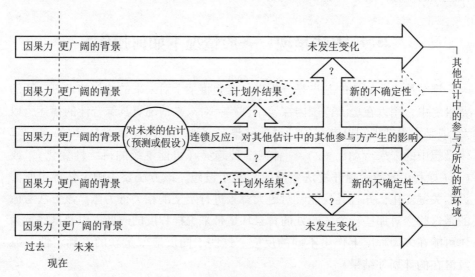

图25.1　连锁反应分析法的架构

注1：如果步骤5产生的不确定性因素并不十分令人感到意外（或有兴趣），那么采取步骤4进行替代，并重复步骤3~5，查找所设想的参与方可能在应对这些不确定性时会采取怎样的下步措施。持续对潜在性发展进行跟踪，知道产生一些有趣的潜在不确定性。

注2：与**背景转换分析法**（追溯可能的计划外结果）相似，该方法的目的不在于告知用户他们应该做些什么。任何事情都有计划外的结果。这种方法的目的是帮助用户更清楚可能的结果是什么，从而在了解更多情况之后再去作出一个决定。

25.5 方法实践：在具体实例中如何操作？

在1990年伊拉克入侵科威特后，美国及其盟国伙伴对伊拉克领导人萨达姆·侯赛因产生怀疑，认为其在实施大规模杀伤性武器计划（20世纪90年代初）。联合国在伊拉克声称已经关闭相关设施后，又重启了断断续续的核查工作。2001年后，美国对伊拉克是否重启大规模杀伤性武器计划的担忧与日俱增，同时又担心萨达姆本人会对该地区的安全稳定构成威胁。随着美国及其盟国伙伴对进入伊拉克推翻萨达姆政权的潜在结果进行过评估之后，设想分析人员运用**连锁反应分析法**来探究，在美国去除萨达姆领导之后的伊拉克（2003年）可能会对未来的国际安全产生怎样的影响，又会为分析人员带来怎样更广泛的理解。该情况下的可能计划外结果又是什么？需要注意的是，该方法的目的不在于必然要去探究由伊拉克带来的不确定性或计划外结果，而是那些在更大范围背景下出现的不确定性或计划外结果。

分析人员希望在更大范围背景下探讨后萨达姆时代的伊拉克，并确定未来愿景之中的如下主要基本变化：（1）推翻萨达姆及其同盟的政权；（2）美国/联军在伊拉克长期驻扎（**步骤1**）。他们认为在更大范围的背景下，还可能有三个相关参与方，包括伊朗、俄罗斯与基地组织（**步骤2**）。随后他们要研究如果"发生"这些潜在变化，那么三个参与方会进入怎样的"新常态"：这些参与方会有哪些新觉察的威胁与机遇（**步骤3**）？针对这些新的威胁与机遇，分析人员要考虑的是这些参与方可能会开始采用怎样不同的行动（**步骤4**），进而会引发哪些新的不确定性（以及很有可能出现的计划外结果）（**步骤5**）。本方法将会持续进行下去，直到产生一系列让分析人员感兴趣的不确定性。参见表25.1。

表 25.1　连锁反应分析法示例

步骤 1： 基本驱动性变化	萨达姆及其盟友丧失了在伊拉克的政权，美国/联军将长期（以某种形式）驻扎伊拉克。		
步骤 2： 能够定义更大范围背景的参与方	伊朗	俄罗斯	基地组织
步骤 3： 参与方所处的新环境	**新的"威胁"**：推翻了过去的对手；出现其他（更强大）的对手；涉嫌追求大规模杀伤性武器计划的领导人被剥夺权力。 **新的"机遇"**：影响大量什叶派人；对邻国具有"发言权"。	**新的"威胁"**：失去战略合作伙伴；美军抵近；其他伙伴国（叙利亚）面临更大不稳定风险。 **新的"机遇"**：创造新的伙伴；在适当情况下，确定了（美国）索赔先例，可以为自己进行先发制人行动进行辩护。	**新的"威胁"**：更多的美国/联军会在该地区驻扎（更易于对付基地组织）。 **新的"机遇"**：更多的美国/联军可以作为目标；大量逊尼派人（也可能是新兵）被剥夺权利；"伊斯兰国"家对美国/联盟的入侵行动/军事存在进行宣传。
步骤 4： 参与方可能会采取何种不同行动	*伊朗可能会更加努力向伊拉克施加影响。 *伊朗可能会对美国/联盟更加怀疑。 *伊朗可能会增大对大规模杀伤性武器的需求（以防止入侵）。	*俄罗斯可能担心其影响范围缩小。 *俄罗斯可能认为没有必要为自己的军事行动去寻求国际支持。	*基地组织可能认为有必要寻求新的基地。 *基地组织可能会以伊拉克为目标。
步骤 5： 产生新的不确定性 （可能的计划外结果）	*伊朗是继续还是改变 20 世纪 90 年代后期对美国/联盟国家的开放态度？ *伊朗是限制还是加速核计划？ *伊朗是维持还是扩大其对邻国的干预措施？	*俄罗斯的国际企图会变得谨慎还是更加独断？ *俄罗斯对国际共识的需求会保持不变还是减少？ *俄罗斯对保护该地区伙伴的态度会保持不变还是更加积极？	*基地组织会留在原地还是寻找新的基地？ *基地组织是维持现状，还是将重点转向攻击伊拉克的西方势力？ *基地组织的新人招募会一如往常还是更具吸引力？

第26章
如何确定最可能的未来结果
"发散设想开发"方法
面向未来的反事实推理，第Ⅲ阶段

高质量的情报分析往往聚焦的是一个时间跨度较长的阶段，应当具有前瞻性，加之时间会带来影响，所以好的情报分析又并非仅仅是去记录当前的问题和分析未来的挑战。分析发现的结果可能令人感到意外，并且会将其纳入到用户目前的愿景之中。这是一项重大挑战，原因在于未来是不确定的，而这种不确定性不单单是因为分析人员缺乏完整而可靠的信息，还在于各种会对未来产生影响的因果力本身也是不确定的。然而，解决的路径不止一条，不过这些路径之间的区别却并不那么显而易见。在事情实际发生之前，用户往往难以想象到未来的变化。但这恰恰是显示分析人员具有最高潜在价值的地方：他们所能带给用户的不仅仅是去开发某一个关于未来的愿景，而是要为许多的未来可能做好准备。因此，分析人员需要的建议是能够帮助拓宽用户的视野，使其看到更多可能发生的事情，以避免真正发生情况时措手不及。

26.1 问题导向方面：建议分析人员提出哪些问题？

分析人员选择**发散设想开发法**，他们会使用某个特定类型的问题去指引思考。首先，他们提出**"何时何地可能发生变化？"** 这一问题，进行**前景探索**。或许，用户可能会直接提出如下问题：在尚未进行军事部署的地区会涌现出哪些新的威胁，或者如果美国从某地撤军会对该地区稳定带来怎样的影响，他们的武装力量应当准备去应对怎样类型的长期挑战。从另一方面看，用户也可以在**战略评估**任务中间接提出**前景探索**类的问题，不过如果没有做到后者则不可能达成任务，（至少在理想情况下）要首先进行**前景探索**。除非分析人员已经对该地区可能出现的威胁进行了评估（回答**前景探索**问题），否则他们无法去评估用户应对该地区新兴威胁的政策选择（回答"**用户该如何应对？**"的**战略评估**问题）。

分析人员在运用**发散设想开发法**时，一般通过回答"**这种变化可能在何时何地出现长期性影响？**"的子问题，去完善对**前景探索**的构建。这种方法强调的是结果维度，需要留心发现未来较为合理（而且可能）的结果。这是从叙事"结尾"的角度进行**前景探索**——关于前景的故事如何自行结束（至少这是故事自身的归宿）。这就代表所设想的某种变化最终的影响效应。"发散"设想为的是找到某个可能事件在未来发展中的不同路径。这个可能事件可通过**面向未来的反事实推理**去进行"从头到尾"（包括原因、背景、结果）的探索，而**发散设想开发法**就是其中的第三个步骤。或者，这种可能事件会比较常见，它只是简单反映事情当前的状态，但是通过本方法可以发现值得深入探究的未来可能情况。

本方法有两种可能的起始点，需要用到不同的**前景探索**知识。如果这个起始点是某个具体的未来可能性（需要探究更多细节），那么分析人员必须对其原因和经过（通过其他探究方法）进行有效说明。如果这个起始点是现在（没有具体的未来可能性），为了确定需要探究细节的未来可能的范围，就不需要其他**前景探索**的知识。然而，无论哪种方式，分析人员都需要关于**因果分析**与**发展假设分析**的知识。如果不首先确定某地区面临这些问题的原因（回答**因果分析**问题"**为何正在发生？**"）及其面临的是何种问题（回答**发展假设**问题"**正在发生什么？**"），那么分析人员就无法探究该地区未来可能面临的威胁（或该地区某具体的大规模杀伤性武器威胁的未来可能情况）。如果只是假定出答案，则非常简单，但是睿智的分析人员会质疑其是否真的了解这些问题的答案。因此，在利用发散设想开发法时，建议分析人员从发掘可能的未来变化结果的视角，分析何时何地可能发生变化，并将其作为其分析的目标或是实现目标的关键步骤。

26.2 程序方面：建议分析人员遵循哪些规则？

如果分析人员采用**发散设想开发法**，那么他们不仅要通过某种类型的问题去引导思考，还要确认出一套特定的规则。分析人员需要遵循具体的程序，对作出的推断进行评估。以下四个突出规则不仅与该方法相关，而且尤为重要。第一，为识别相关背景，本方法要求分析人员通过思考问题的维度，找出最重要的因素,并将其作为驱动因素构建出有关设想。第二,为推断出可能的结论,本方法要求分析人员对受影响领域的不确定性和重要性进行层次划分,以作出相应的区分。第三,为开发合理的替代方案,本方法指导分析人员提出合理的替代方案,明确方法的核心问题不仅仅是去构建出两个或四个未来设想,而是要有八个不同设想。第四,为了解释更广阔的意义,本方法要求分析人员在设计未来设想时,直接且更大的环境中整合出综合因素,用以探究更广阔的背景。因此,**发散设想开发法**要求分析人员在分析过程中要考虑问题的维度,作出相应的区分,提出合理的替代方案,并探究更广阔的背景。选择这种方法的分析人员既要在具体案例中遵循这些规则,又要努力在整个分析过程中强化这些规则。

26.3 个人方面:建议分析人员体现哪些特点?

分析人员在实践**发散设想开发法**时,不仅要通过特定类型的问题引导思考,并遵循相应的规则,而且还要体现出认知上的良好习惯。他们会在内心里选择优先考虑某些特点,用以(在理想标准上)定义他们作为推理者的"样子"。这些特点对于运用本方法非常重要,而且在使用本方法时,应当将下述四种良好习惯更多地作为分析人员对"自我"思考的总体构想的一部分。第一,要从分析对象的所有潜在相关因素和更广泛的背景中,找出构建设想最不确定和最重要的部分,本方法优先强调求知欲(兴趣的广度与深度之间的平衡)这一具体的良好习惯,用以臻至思维中的胆识这一总体上的良好习惯。第二,本方法会突出那些能够预示设想会"即将出现"的(稳定或不断变化的)指标,注重聚焦于敏感性(认识的相似性及其变化性之间的平衡)这一具体的良好习惯,并将其作为通往思维中的自制这一总体上的良好习惯的路径。第三,本方法会通过向分析人员制造挑战,找出其他更多选项中最不确定但重要的因素。当然,这些因素可能都只是涉及"程度"上的问题。为此,本方法应当激发分析人员尝试做到多面性(运用既有范式与自发适应之间的均衡)这一具体的良好习惯,用以具备判断是非的能力这一总体上的良好习惯。第四,本方法强调在开发设想时,要做到内容翔实、具有吸引力,能够令用户留下深刻印象,因此强调要有所讲究(在局势的特殊性与一般性之间的平衡),通过这一具体的良好习惯达到具备思维中的公正这一总体上的良好习惯。因此,**发散设想开发法**建议分析人员具备求知欲、敏感性、多面性和严谨的品质。分析人员选择运用本方法,就意味着他们既要在具体案例中依照上述标准要求自己，又要在总体上努力作为理想中推理者的部分"样子"达到上述要求。

26.4 方法呈现：一般情况下如何操作？

步骤1：确定设想的起始点及其因果背景。根据用户急需，决定是否需要探究在没有任何限制情况下的未来发展的一般情况（例如，主题 X 的未来情况是什么？），或者是否需要探究假定在某种特定变化出现时未来的具体情况**是什么（例如，假定出现 Y，主题 X 的未来情况是什么？）**根据上述决定，确定出在评估中所使用因果变量的适当来源。

a. 没有任何限制的大体前景（独立使用**发散设想开发法**时）：因果背景是当前影响主题的因素。他们属于因果变量。

b. 假定具体前景出现了某种特定变化（在将使用**发散设想开发法**作为**面向未来的反事实推理**的**步骤3**时）：因果背景将会发挥更大作用，这些背景包括：（1）目前影响该主题的因果力；（2）关于对未来"将会出现"的前景变化的某种具体解释，且上述变化始于某些当前因果力的改变；（3）在更广泛的背景下，关于对该变化如何与其他因果力相互作用的解释（运用**连锁反应分析法**的结果）。所有这些都是因果变量。

步骤2：哪些因素具有相关性。探索用户的兴趣：哪些因素具有相关性？特别是，寻找可用于评估其"成功"或"失败"的变量（事物的特征可随时间增减发生变化）。这些变量最终是影响主题的因果因素。从**步骤1**确定的信源中确定出具有相关性的因果变量。

注：通常需要进行**独立因果分析**才能完成此步骤。

步骤3：描述不确定性、重要性和独立性的程度。确定出（并且从现在起不再对其作进一步的考量）那些具有（相对）"较少确定性"的因果变量。具有较少不确定的变量具有更合理、可预测的未来走向。现在对那些（相对）"不太重要"的剩余变量进行相同操作。不太重要的变量对整体局势具有较小的影响作用。最后，对于具有（相对）"较少独立性"的剩余变量进行相同操作，这里的"较少独立性"意指它们在走向上会更加依赖于其他变量，并且会遵循这些变量的走向而发生改变。从剩余的变量中，分别确定出三项"最具不确定性的"变量（最难以去合理预测其走向）、"最具重要性的"变量（对局势具有最强的因果影响力），以及"最具独立性的"变量（最不依赖其他变量）。这些就是驱动设想的因素。

*注：虽然这种方法通常仅需两个变量即可完成，但这里的三项变量代表是一种具有更强效力的方法，特别是对于初学者而言，它更有可能生成一系列有用且独特的设想。

步骤4：构建可能性。为每项驱动设想的因素确定出两种可能又截然不同的对立终结点。针对它们的不确定性能够作出哪些可能的限制？它们在每一种发展方向上可能会走出多远？避免使用是/否或高/低作为驱动设想的因素的终结点。选择出更具（量化）描述性的内容。将其置于两个2×2的矩阵中（第三个驱动设想的因素在其终结点处与矩阵相连接），为每一种设想因素的终结点生成出八种不同的组合可能。

步骤5：确定起始位置。从此前确定的所有其他因果变量中（参见**步骤2**）确定出所要假定的内容（作为缺省状态），但其中不包括已经选择出的那些驱动设想的因素（参见**步骤3**）：它们或是保持当前预测的状态，或遵循一种（或多种）驱动设想的因素的走向。无论采用哪种方式，在所有设想中都要一致。

注：这只是作为一种默认值。对于某个特定设想的叙述自然会引发这种缺省状态的改变。

步骤6：提出一种初始"情节"的想法。现在，使用关于该主题的知识，查看（这些终结点的）相关组合，并去试想每种组合的可能意义，以及它们具有哪些在总体上、更高层次上的特征：在这样的组合中这些变量最终会是怎样？

步骤7：起草出一种叙事。现在，为每种设想中所要发生的情况撰写出一种叙事性的说明。首当其冲的是面向终结点（与"情节"）的那些驱动因素的演变过程，以及这些驱动因素与其他因果变量之间假定的相互作用。现在从某个正在发生作用的因果力开始，然后引入一种"变化"，这种变化起始于一个（或更多）驱动因素朝向其终结点发展的过程当中。探索当中的含义，并将其引入至其他设想中的驱动因素当中，开发出完整的故事线。

注：在叙事中，一个设想必须要有开头、经过与结尾。如果所要做的都是为了重述终结点，也就是在一个简短的描述中去构建可能性，那么这就不是一个设想。①

步骤8：制定迹象指标/警告标志（并最终确定叙述故事）。针对每种设

---

① 对于可识别情节最重要的是，该类方法一个经常被忽视但又具有关键性意义的特征。参见彼得·施瓦兹（Peter Schwartz），《远谋的艺术：在不确定的世界中规划未来》（*The Art of the Long View: Planning for the Future in an Uncertain World*）（New York：Doubleday，1991）。

想，考虑它随时间推移如何发展，并思考哪些发展情况表明这种设想正在从"似是而非"变为"可能"。确定出能够"排除掉"替代性设想的事件或趋势。要制定充足的迹象指标，以使每种设想都具有关于这些指标的独特组合，而这些指标又可以使其成为最具可能性的设想（它会令所有其他替代方案不再显得合理）。如果无法做到这一点，那么需要进一步区分，以便做到可行。

迹象指标应当是未来的事件或趋势，它们是（1）中间体（intermediate）：暂时处于当下与设想"设定"之间（它们在设想"不可阻挡"之前便会发生）；（2）具有辨识性的（discriminatory）：会对其他设想的发生概率产生影响；① 以及（3）具有可查性（ascertainable）：用户能够随时间的推进对其进行识别。

步骤9：找到共同主题和意义。环顾这一系列的设想，确定出那些在大多数设想中发生的事件以及/或趋势（但并不是简单地在一开始就作出假定）。如果用户坚持认为某项判断具有可能性，那么上述事件或趋势就会成为评估未来最"有可能"发生情况的最佳候选（在理想情况下，这一步尚未去做）。② 其他所有就是"可能"要发生的情况。对于每一种设想，它对用户及其潜在决策和兴趣点意味着什么？他们在多大程度上达成了其设想中的目标？那些决策可以帮助达成更多（或更少）设想中的目标？同时，什么决策可能使设想本身更容易（更不容易）实现？

注：切勿在没有任何限定符的情况下使用"将""或将"或"可能"这些词汇。"将"和"或将"所传达的都是确定性，"可能"传达的只是可能性。有用与可靠的**前景探究**始终介于上述二者之间：看似合理的（偶尔也是可能的）领域。相反，可以使用"将合理地""将可能地"或"可能合理"以及"或将可能"。前者适用于假定未发生特定未来可能性的设想；后者则适用于已经假定了某种具体的未来可能性（在**面向未来的反事实推理**中）。此外，在这种情况下，结论应该是条件句，即"如果……发生，那么……可能会发生"。

---

① 在思考迹象指标的如下方面，即有什么可以帮助移除替代方案，得益于弗森（Pherson）、霍耶尔（Heuer）与对于该方法所作出的重要贡献。参见：理查兹·J. 霍耶尔与伦道夫·弗森，《情报分析中的结构化分析技巧》(*Structured Analytic Techniques for Intelligence Analysis*)（Thousand Oaks, CA: CQ Press, 2010)。

② 从某种方法论视角看，该方法十分强烈地避免去作出如此判断。我将其放置于该步骤，是把它作为一种对用户需求的妥协，而非对该方法的理想表述。

第九部分　情报分析人员的前景探索实践：关于"何时何地可能发生变化?"的推理方法

26.5　方法实践：在具体实例中如何操作?

2001年，美国、北约及其盟军武装入侵阿富汗，推翻了塔利班政权并铲除了该地区基地组织成员。此次行动的目标不仅是铲除基地组织，而且还要帮助阿富汗建成繁荣且功能健全的国家。随着阿富汗国情改善，美国正式决定在2014年底将安全事务移交阿富汗，美国、北约及其盟军计划从该国撤军，结束战争状态。伴随权力移交时间临近，许多人想知道阿富汗未来将如何发展。试想分析人员会如何运用**发散设想开发法**来构建2015年及以后的一系列阿富汗可能发展场景（图26.1）。①

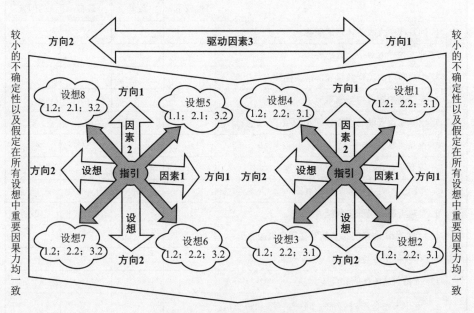

图26.1　发散设想开发法架构

分析人员关注的是2015年以后阿富汗的发展问题，并没有对其发展形式

---

①　此例旨在从最基本的方式说明有关场景的开发应用问题；但是，通过这种方式去认识该特别案例也能够为在其他情形中使用该方式提供启发。特别是，最终选择将巴基斯坦作为其中一项情景驱动因素的部分动机，是基于迈克尔·森普尔（Michael Semple）的"阿富汗：未来情景"（Afghanistan：Future Scenarios），cidob.org；http：//www.cidob.org/end/content/download/37182/591731/file/NOVEM-BER_ 2013_ MICHAEL+SEMPLE.pdf. 当然，这个例子并不是为了支持所有的结论，而只是为了从一些推理中获得部分灵感。

作出特别假定（**步骤1**）。（也就是说，他们并未在脑海中预设具体的可能性。例如，没有作出类似于"如果阿富汗陷入另一场内战怎么办？"这样的预测）阿富汗的未来走向完全是"开放的"。根据 2014 年出现的情况，分析人员要去寻找的是最合理的走向。根据前述**因果分析法**，对于影响阿富汗当前发展的因素，他们会去确定其中的相关因素（**步骤2**），并通过总结不确定的程度、重要性以及独立性，用以确定出三类驱动场景的因素（**步骤3**）。上述过程见表 26.1。

表 26.1　发散设想开发法步骤 2~3 示例

步骤2：确定起点、因果背景因素以及与用户利益相关的因素		步骤3：不确定性、重要性、独立性			
		不确定性较低	重要性较低	独立性较低	驱动设想的因素
政治	1. 阿富汗中央政治体系的职能			✓	
	2. 地方领导人对中央政府的回应	✓			
	3. 中央政府的民族数量和部落多样性	✓			
	4. 受资助的政府行动数量	✓			
	5. 巴基斯坦资助的塔利班（和同盟国）的数量				✓
经济	6. 毒品交易规模			✓	
	7. 俄罗斯参与打击毒品交易的数额		✓		
	8. 伊朗参与打击毒品交易的数额		✓		
	9. 自然资源市场的盈利能力				✓
	10. 来自中国的经济参与数额（国家资源）		✓		
	11. 印度经济参与的数额（国家资源）		✓		
社会	12. 支持自己的民族和部落数量	✓			
	13. 意识形态色彩较轻的/"务实"塔利班对塔利班组织的忠诚度		✓		
军事	14. 阿富汗国家安全部队的效能				✓
	15. 北约支持阿富汗国家安全部队的数量	✓			

分析人员选择三项驱动设想的因素，并试图确定其最终目标（**步骤4**），如图 26.2 所示。他们对其不确定的程度进行了评估。对于**自然资源市场的盈利能力**，他们评估的是在可能的极端情况下，它在多大程度上能够促进更广泛的经济增长，并且选择将"支持大力发展"与"支持有限发展"作为最终目标。

第九部分 情报分析人员的前景探索实践：关于"何时何地可能发生变化？"的推理方法

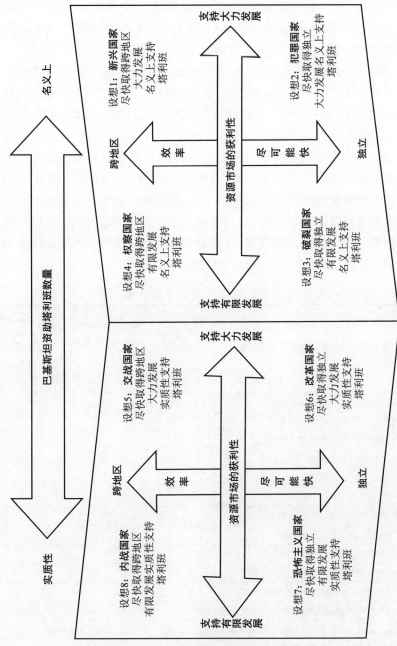

图 26.2 发散设想开发法步骤 4 示例

对于**阿富汗国家安全部队的效能**，他们研判的是在合理的极端情况下阿富汗国家安全部队的效能范围（假定它至少在某些地区有效），并选择将"跨区域效能"和"孤立条件下的效能"作为最终目标。对于**巴基斯坦支持塔利班（及其盟国）的数量**，他们确定的是在合理的极端情况下，是"名义上的"还是"实质上的"。请注意，分析人员在最终结果中没有使用"高"与"低"或"是"与"否"，以及该类词语的变体，同时也避免使用纯粹的否定。试想分析人员随之会确定出八种组合，这些组合会对可能的样子进行非常粗略的整体表征。

分析人员在为这些场景创设叙事前，他们会对所作出的所有假设进行评估。特别是，他们注意到那些没有被选作场景驱动因素的其他所有变量的状态。这些其他变量可以：（a）按照现有情况继续，（b）遵循第一个驱动因素的路径，即**自然资源市场的盈利能力**，（c）遵循第二个驱动因素的路径，即**阿富汗国家安全部队的效能**，或（d）遵循第三个驱动因素的路径，即**巴基斯坦支持塔利班（及其盟国）的数量**。（在某种程度上）遵循这些驱动因素的还有一些变量。这里划分出15个变量，参见表26.2。

表26.2　发散设想开发法步骤5示例

	注：场景仅用于演示学术方法，不做他用①	默认=继续按照当前预测进行	默认=按照驱动因素进行1:资源市场	默认=按照驱动因素进行2:阿富汗国家安全部队的效能	默认=按照驱动因素进行3:巴基斯坦的支持
政治	1. 阿富汗中央政治体系的职能		√	√	
	2. 地方领导人对中央政府的回应	√			
	3. 中央政府的民族数量和部落多样性		√		
	4. 受资助的政府行动数量		√		
	5. 巴基斯坦资助的塔利班（和同盟国）的数量				√
经济	6. 毒品交易规模		√	√	
	7. 俄罗斯参与打击毒品交易的数额		√	√	
	8. 伊朗参与打击毒品交易的数额		√	√	
	9. 自然资源市场的盈利能力		√		
	10. 来自中国的经济参与数额（国家资源）		√		
	11. 印度经济参与的数额（国家资源）		√		
社会	12. 支持自己的民族和部落数量	√			
	13. 意识形态色彩较轻的/"务实"塔利班对塔利班组织的忠诚度		√	√	√

---

① 译者注。

续表

		默认=继续按照当前预测进行	默认=按照驱动因素进行1:资源市场	默认=按照驱动因素进行2:阿富汗国家安全部队的效能	默认=按照驱动因素进行3:巴基斯坦的支持
注：场景仅用于演示学术方法，不做他用①					
军事	14. 阿富汗国家安全部队的效能			√	
	15. 北约支持阿富汗国家安全部队的数量	√			

分析人员不能用简单机械的方法叙述这些场景（**步骤7**）。有关叙事应当从当下发生的事情开始（同时，变量可能按照当前情况继续发展），探讨这三个驱动因素在面对这些变量集时可能会发生怎样的演变，同时还要描绘驱动因素之间会产生怎样的相互作用，以及这些变量集会对它们带来怎样的影响效应。表26.3从构想出的八种叙事中择取了三个例子。（注意：因为没有给出排序，所以这些例子并不一定是最合理的。这些例子只是为了举例说明在设想情况下分析人员可能开发出的选项的多样性。）为强调其中的叙事性，将其分为"开头""中间"和"结尾"。

表26.3　发散设想开发法示例

		场景3	场景4	场景6
注：场景仅用于演示学术方法，不做他用②		四分五裂的国家"碎片化" 狭窄的经济发展面； 阿富汗国家安全部队孤木难支的效能； 巴基斯坦对塔利班在名义上的支持	警察国家"喀布尔要塞" 狭窄的经济发展面； 阿富汗国家安全部队的跨区域效能； 巴基斯坦对塔利班在名义上的支持	改革后的国家"塔利班2.0" 更广阔的经济发展面； 阿富汗国家安全部队孤木难支的效能； 巴基斯坦对塔利班在实质上的支持
"开始"：主要因素（开始）如何变化		忠于民族和部族仍然是优先项，并且当地领导人在继续从事有助于其附近区域的事情。该情况对阿富汗国家安全部队带来了挑战，原因在于其成员需要在忠于部落和忠于部队之间进行挣扎。这种分化进一步限制了政府职能的发挥，而且政府也没有形成对自然资源市场的领导力	丰富的自然资源为阿富汗的发展留存了大量机遇，中国与印度参与其中帮助开发。然而，对民族与部落的忠实，阻碍其与这些国家达成总体共识。中央政府仅维持了极少量有助于产生利润的关系，但缺少阿富汗人民的广泛支持	由于地区领导人持续对人民忠实喀布尔产生对冲，使得这种忠实的影响大幅降低。自然资源市场以及一些市场分支都涌现出机会，但并未形成统一路径化的相关成果。与此同时，巴基斯坦增加了对塔利班的支持，并由此带来了更强大叛乱

---

①② 译者注。

续表

注：场景仅用于演示学术方法，不做他用①	场景 3 四分五裂的国家"碎片化" 狭窄的经济发展面；阿富汗国家安全部队孤木难支的效能；巴基斯坦对塔利班在名义上的支持	场景 4 警察国家"喀布尔要塞" 狭窄的经济发展面；阿富汗国家安全部队的跨区域效能；巴基斯坦对塔利班在名义上的支持	场景 6 改革后的国家"塔利班 2.0" 更广阔的经济发展面；阿富汗国家安全部队孤木难支的效能；巴基斯坦对塔利班在实质上的支持
"经过"：这些变化如何影响其他因素	由于塔利班在一些地区取得了长足发展，巴基斯坦认为没有必要对其给予进一步支持。伴随毒品贸易不断扩大，俄罗斯和伊朗对其打击并未停歇，但在提升整体经济和安全状况上乏善可陈。区域性领导者逐步强化自治，其结果只是导致民族、部族和区域在决策中享有更多的话语权，这进一步削弱了阿富汗国家安全部队的地位。由此，这些区域性领导者正在替代国家武装力量，演变成为喀布尔中央政府的主要保护者	分裂导致阿富汗国家安全部队出现了更多哗变，并且部队在喀布尔之外的地方不具备作战能力。经济联系带来了新的资源，但其成为了维持阿富汗国家安全部队护卫国家资本与经济的来源。在缺少巴基斯坦支持的情况下，塔利班成功控制了更多地区，中央政府利用其新资源加强了对相关资本及其小型经济源头的控制	由于对中央政府缺乏信心，以及民族和地区差异的激化，阿富汗国家安全部队经历了大规模叛逃和失败。随着塔利班的武装力量朝向首都进发，阿富汗所剩的唯一渺茫希望即是自然资源市场。考虑到塔利班权势正在扩大，并且尚未形成与其抗衡的统一力量，因此中央政府正试图将塔利班势力纳入到国家体系之中
"结束"：这些变化的合理后果	各具竞争力的区域参与者变得彼此更加敌视，其中一些选择与塔利班结盟，一些参与毒品贸易，还有一些人各自为政，或与中央政府共事。阿富汗陷入破裂状态。一部分人为了控制整体而与其他组织进行斗争，而其他组织试图避免发生冲突，或是"任其发展"	该国发展成为一个权力集中、拥有强大安全机构的地区，由其自然资源市场提供能源（并寻求保护）。此后，新的阿富汗国家安全部队开始在国内加速扩大在情报搜集和反叛乱领域的掌控力，主要目的是为对中央政府和基础设施实施保护。虽然这些聚焦点还相对狭窄，但是阿富汗国家安全部队在整体上，正慢慢演变成一种更具效力的武装力量	塔利班迅速采取行动，控制并开发自然资源市场，并以此作为一种展示其潜力的方式，表现其比此前的当权者更具效力。同时，印度等国也在其中寻求机会。塔利班通过恐吓方式，强制其内部达成相关协议，推动上述进程，同时致力开发新的"经济引擎"。塔利班通过着力推动经济发展，维持其长期安全。因此，它对恐怖主义的支持远逊于此前的当权者

① 译者注。

分析人员现在要去确定这些表征指标，如果它们出现了，则意味着将有一个或多个场景从"合理"变为"不可能"（**步骤8**）。分析人员的目标是构建出一个（整体性）列表，使得分析人员能够明确某一场景从"似是而非"转换为"可能"的具体条件（前提条件是所有替代方案都已降至"不可能"）。分析人员还探索了大多数场景中的潜在共性问题（**步骤9**）。参见表26.4。这些都有机会成为"可能"发生的情况（如果他们一定要去作出相关的判断）。

表26.4 发散设想开发法步骤9示例

注：场景仅用于演示学术方法，不做他用①	1.崛起的国家	2.毒品国家	3.分裂的国家	4.警察国家	5.战争国	6.改革的国家	7.恐怖主义国家	8.内战国家
i. 塔利班仍然是对阿富汗中央政府的威胁			是	是	是	是	是	是
ii. 中央政府缺乏广泛公信力			是	是		是	是	是
iii. 阿富汗并非国际恐怖主义的赞助者	是	是	是	是		是		是
a. 政府与塔利班就加入问题进行会谈			否	否	否		否	否
b. 政府对毒品实施严厉打击		否		否		否		
c. 阿富汗国家安全部队在喀布尔附近遭遇失败	否	否		否				
d. 巴基斯坦的不满情绪全面增加				否		否	否	
e. 更多毒品资金进入更加广阔的经济环境	否			否			否	
f. 阿富汗国家安全部队与塔利班持续取得军事胜利	否	否			否	否		
g. 政府形成强大的经济伙伴关系			否			否	否	
使场景成为最合理可能的组合	ab	ade	ef	fg	bde	cg	bce	bcf

---

① 译者注。

第十部分

情报分析中的战略评估理论:
关于"用户能够怎样应对?"
的推理范式

第27章
战略评估的现行重要方法
关于风险、无知与博弈论的范式

情报分析人员面临的问题涉及四种不同类型的推理：**发展假设**（正在发生什么）、**因果分析**（为何正在发生）、**前景探索**（何时何地可能发生变化）与**战略评估**（用户能够怎样应对）。因此，为理想描述分析人员的推理工作，在上述每个领域都需要某种可信的方法。这些领域不仅是情报分析人员关注的对象，也是人们在其他情境下实施广泛调查的目标。为此，分析人员也应熟悉本领域外的一些方法，原因在于其他方法在某些方面上能够适用于分析人员正在从事的工作。本章描述了**战略评估**（以及理性决策）的三种传统方法：**风险范式**、**无知**或"**单方面不确定性**"（unilateral uncertainty）范式，以及**博弈论**或"**多方面不确定性**"（multilateral uncertainty）范式。与本书其他类似部分相同的是，这里的探讨并非旨在全面介绍这三种方法，而是为了向分析人员提供一个梗概，用以增进他们对这些方法的了解，从而激发更为广泛的辩论与探讨，（最终）凸显出具有相关性的潜在见解，专门为情报分析人员提供阐释说明。

27.1 战略评估的学术理论背景

在讨论这三种方法之前，首先要了解战略一词的学术含义。有些人将决策划分为如下四个领域：①道义上的（ethical）。基本价值观，最终目标和/或它们所代表的根本最终状态。②战略上的（strategic）。在履行基本价值观基础上，通过总体的一般行动方式，试图实现最终目标和/或最终状态。③战役上的（operational）。用以在特定情况下采取一般行动方式所需的各种中间步骤。④战术上的（tactical）。用以在特定情况下采取一般行动方式的具体行动。在本书中，战略这一术语并非是上述②中所指的狭义理解，而是涉及"战略性""战役性"与"战术性"的更为广义的理解。换言之，**"战略评估"**可以确定为"达成目的之手段"式的决策评估——确定达到既定目标所需的重要方式。

战略评估有三种主要范式，情报分析人员应该熟识"理性决策理论"领域，该理论与哲学、经济学、数学和社会科学均有交叉：**风险**范式、**无知**或**"单方面不确定性"**范式，以及**博弈论**或**"多方面不确定性"**范式。这些方法都起源于约翰·冯·诺伊曼（John von Neumann）和奥斯卡·摩根斯坦（Oskar Morgenstern）及其之后的许多决策理论家的工作。① 这些方法中的有很多在20世纪五六十年代的情报界以及冷战的高潮时期即已广为人知，但此后便持续降低至较低水平。

人们摒弃这些方法的大部分原因在于，运用这些方法必须假定人类行为符合"理性行为模型"（rational actor moder）。随着"启发式偏差模型"（heuristics and biases model）② 兴起，尤其是该模型在心理学与心理学方法等社会科学中日益活跃，"理性行为模型"对人的行为的理解在过去几十年中遭到了越来越多的反对。③ 此外，近年来关于谁是情报界的主要竞争者/对手的观点，也促成了这种转变——许多人提出这些竞争者/对手属于"非理性行为体"。令人遗憾的是，对后者的声讨通常会隐含某种种族歧视，就是在推理过程中，其他文化背景会导致人们对于社会、文化以及宗教观点在战略思想中产生的影响作用形成深度误解。持这种观点的人，可以直言不讳地说，不仅不懂"理性行为模型"的含义，也不知道它与理性决策理论之间的关系。

理性与人类决策之间的联系早于"理性行为模型"的提出。像柏拉图这样的古代哲学家认为，人类通常达不到真、善、正义和美的理想高度，因为身体欲望的干扰往往会导致无知。为排除这种干扰，人类需要将注意力转向理性

---

① 关于这一非常复杂领域的总体性介绍（遗憾的是这种复杂性是出于人们的误解），请参阅：理查德·杰弗里（Richard Jeffrey），《决策的逻辑》（Chicago：University of Chicago Press，1983）；迈克尔·D. 雷斯尼克（Michael D. Resnik），《决策理论导论》（*An Introduction to Decision Theory*）（Minneapolis：University of Minnesota Press，1987）；彼得·伽登佛斯（Peter Gärdenfors）与尼尔斯-埃里克·沙林（Nils-Eric Shalin）《决策，概率和效用：选读》（New York：Cambridge University Press，1988）。

② 例如，依赖过去经验，通过对过去经验进行分析处理，得到启示，然后利用得到的启示作出判断。此类思维捷径，有时可以帮助人们快速作出准确判断，但有时也会导致判断偏差。这些因寻求捷径而导致的判断偏差，就称为"启发式偏差"，主要包含代表性偏差、可得性偏差与锚定效应三类。——译者

③ 例如，参见：丹尼尔·卡内曼（Daniel Kahneman），保罗·斯洛维克（Paul Slovic）与阿摩司·特韦尔斯基（Amos Tversky）编：《不确定性下的判断》（*Judgement under Uncertainty*）（New York：Cambridge University Press，2008）。

和反思，以帮助其灵魂（思想）从这些干扰中解放出来，并真正做到自我实现。① 亚里士多德认为，人类与其他生物的不同之处在于，人是"理性动物"。② 他提出，所有生命都拥有组成其生长的"生魂"（vegetative soul），所有动物都拥有"觉魂"（sensitive soul），使其能够感知周围世界，而人类拥有"理性灵魂"（reflective soul），使人类能够意识到自己（以及他们的意识）。人类因其自我意识而不同（作为类别的不同），人类具有"自我意识"，因此可以作出理性决策。关于人类决策如何与理性联系起来的有关承袭性的习惯概念，依旧在西方传统中占据突出地位，其时代跨越了中世纪、宗教改革、文艺复兴和启蒙运动。在启蒙运动后期，出现了一个新的转折点。在推理中，开始运用"科学方法"理解世界，并且通过它去更加系统地人类行为（最终它成为了社会科学）。目标即是尝试找到类似于牛顿"运动定律"的东西：一个简单的核心概念和一些可以解释各种现象的准则。亚当·斯密（Adam Smith，1723—1790）等思想家提出了"利己主义"：个人和组织的行为为的是率先实现自己追求的目标。③ 对此，又出现了一个关于人类的更健全的描述性观点。这种观点并不认为人们在决策过程中始终是理性的，而是认为人类决策是可以解释的（能够理解的），其逻辑就是人类具备的似乎是"通过手段达成目的"的理性。这就意味着，人们可以通过探索来理解许多人类活动，相关人员似乎是在用策略上的理性方式去追求目标。这并不意味其目标就是理性的，而是指他们追求这些目标的方式似乎可以被认为在策略上具有理性。④ 这是"理性行为模型"的开端。⑤ 在 20 世纪，随着数学与正规概率论发展，其中一些思想为构建"理性决策理论"这一领域带来裨益。该理论探讨的是具备在逻辑上"策略上的理性"与数学上精确的方法的有关事物，意味的到底是什么。严格来讲，在这种尝试中，没有任何成果必然预示这是理解人类决策的唯一方法。诚然，虽然"理性行为模型"增加了人们对解释人类行为的兴趣，但定义理

---

① 参见：《柏拉图作品集》中的《理想国》，由欧文·埃德曼（Irwin Edman）编（New York：The Modern Library，1956）。

② 参见：《亚里士多德作品集》（第三卷）中的《灵魂论》，由 W. D. 罗斯（W. D. Ross）编（London：Oxford University Press，1961）。

③ 相关基础知识，参见：亚当·斯密（Adam Smith），《道德情操论》(The Theory of Moral Sentiments)，由克努兹·哈孔森（Knud Haakonssen）编（New York：Cambridge University Press，2008）。

④ 这里出现的"似乎"一词很重要：人们可能会按照下意识的（或"看不见的手"）在策略上的理性指示去行事。

⑤ 显然，有些人将这种方法进行了更为深远的推进，例如，认为可以将国家视作以理性方式行事的单一行为体。该观点需要的不仅仅是在此处讨论"理性行为模型"，因为它意味的是国家行动的统一性，以及国家对个体行为者采取类似行动的主张。尽管这里所述都为真，但最终可能被证明是谬误。

性决策的原则是独立的。该领域希望对人类应该如何作出决定提出具有规范性的观点，而不是对人类如何作出决定给出描述性观点。"理性决策理论"提出的方法，其主要价值在于它能帮助人们去作出更好的决策，而不是它对人类行为的描述做到有多么的好。其重要性在于其具有规范性：可以帮助分析人员理解什么是/不是好的决策。

27.2 风险范式：战略评估使用结果的可能概率评估最佳决策

当一个行为体去做决定时，他的反应过程结果是，希望在追求某种明确结果中去执行特定的行动。该意图经过概念化处理，可以认为是实施行动 A 的心理暗示，因为相信去做 A 有助于产生结果 O，同时还有对实现结果 O 的期待。行为体认为行动 A 有助于产生结果 O，经过概念化可以理解为，对 A 可能带来 O 的概率进行评估。同时，行为体对实现结果 O 的期望，经过概念化可以理解为，行为体对于 O 对其总价值（其"效用"）的评估。理性决策理论认为，只要参与方是理性的，他们实施 A 意图的强度，就等同于 A 的"预期效用"：A 的结果效用乘以 A 产生结果的概率。换言之，理性决策者是决定追求最大化预期效用的人。①

战略评估的**风险**范式代表的是理性决策理论中最纯粹、最稳健的形式。

风险条件下的决策：行为体可合理地（1）确定其决策的可能结果，（2）评估这些结果对他们的价值（进行结果优先级排序，以及衡量结果排序的方法，通常在 0~100 之间进行定量评估），（3）估测根据决定得到结果的概率。

根据正式说法，**风险**范式仅适用于"风险"条件下的决策，这样上述所有假定都是成立的。相较而言，**无知**或"单方面不确定性"范式，适用的是"无知"条件下的决策，在这种情况下只有第一项假定成立。

---

① 有关此方法更深入的探讨，请参阅：杰弗里（Jeffrey）的《决策的逻辑》(*The Logic of Decision*)，或雷斯尼克（Resnik）的《选择》(*Choices*)。此外，简化后的探讨，参见：诺埃尔·亨德里克森（Noel Hendrickson）、柯克·圣·阿芒（Kirk St. Amant）、威廉·霍克（William Hawk）、威廉·奥米拉（William O'Meara）与丹尼尔·弗拉奇（Daniel Flage）合著的《罗曼和利特菲尔德批判性思维手册》(*Rowman & Littlefield Handbook for Critical Thinking*)（Lanham，MD：Rowman & Littlefield, 2008）。人们还可以考虑有关摩根·琼斯（Morgan Jones）《思想者的工具箱》(*The Thinker's Toolkit*) 中关于"**效用分析**"的部分（New York：Three River Press, 1998）。

无知/不确定性条件下的**决策**:行为体可合理地(1)确定其决策的可能结果,但是(2)不一定能给出结果的定量价值(有时他们只能给出一个一般性排序:第一、第二、第三等),(3)不一定能合理估计出结果的概率。

博弈论范式运用于无知/不确定性条件下决策的某种特别子类:

多方面不确定性条件下的**决策**:对于无知条件下的决策,其结果取决于另一个行为体的合理可识别决策(他们也知道其决策结果取决于另一个行为体,并且两者都可以合理确定其所依据的决策)。

这种双向认识创造了一种潜在的替代方法,用以获知结果的可能性:相互之间的期望与可预测性。因此,在无知/不确定性条件下的决策,有时又被称为"单方面不确定性"或"多方面不确定性"。因此,**风险**范式具有最为丰富的假定集合,**博弈论**次之,而**无知**范式最少。

假设某用户正试图为抵抗某一位置将要面临的风险去确定相应部队的最佳规模。假设他们不完全确定抵抗难度大小。他们认为理想情况是希望部署部队的规模能够与所受抵抗大小相匹配,他们既不想被对手击败,也不希望部署过多不必要的军事力量。假设他们对概率和效用的评估如表27.1所列。

表27.1 风险情况下决策示例

抵抗还击	抵抗还击难度大	抵抗还击难度中等	抵抗还击难度小
部署大规模部队	概率=0.10 效用=90	概率=0.60 效用=70	概率=0.30 效用=50
部署中等规模部队	概率=0.10 效用=5	概率=0.60 效用=95	概率=0.30 效用=75
部署小规模部队	概率=0.10 效用=0	概率=0.60 效用=10	概率=0.30 效用=100

部署大规模部队的预期效用=0.10×90+0.60×70+0.30×50=66。部署中等规模部队的预期效用=0.10×5+0.60×95+0.30×75=80。部署小规模部队的预期效用=0.10×0+0.60×10+0.30×100=36。因此,预期效用最大化的决策方案是部署中等规模部队。

注意,在本示例中无论作出何种决策,得到结果的概率都是相同的,但这一点并不适用于所有案例。本示例假设对手的数量已由敌对部队在某地"设定",这与用于应对其部队大小无关。然而,在另一个例子中,"抵抗"的目标可能并不是所预设的敌方部队，而是具有更大规模人员数量的一部分，且这一规模会随参与战斗意愿而变化。在这种情况下，必须考虑出现更大规模部队是否会引起更大反应，或者是否会起到威慑作用。无论哪种方法，对于结果概率取决于作出哪种决定（因决策而不同）与否，或是独立于决策（所有决策都相同）而言，都要根据具体情况才能确定。同样，每项决定的结果效用是否相同，也取决于具体情况。原则上，根据结果和已作决定构成的组合的不同，效用也不尽相同。有时，其价值完全取决于结果，而其他时候则依据的是决策与结果之间"匹配"的程度（如上述情况）。上述例子也为每种可能性赋予了不同的效用值，但是（在原则上）可以有"相同值"。同样也没有要求其必须覆盖 0~100 的全部范围。通常做法是，对最优结果给出 100 分，其余所有得分都取决于其与最优结果之间的差距。

通过区分影响效用赋值的不同要素，可以对决策评估的基本方法进行逐步细化。例如，如果存在多个不同值，那么就可以采用相同的决策和结果。可以根据相关的特定因素，通过不同方式为其赋予效用值。如果不同潜在结果与该因素具有相关性，只要决策一致，自然可以利用不同的结果。换言之，分析人员会多次重复上述过程（对每个因素进行一次）。经过上述过程，每个因素都将得到（百分比）"权重"（或相对重要性），将其与每项决策的所有预期效用相乘，可确定（在考虑所有因素条件下）行为体最大化预期所对应的效用。因此，这种方法并非一定要令分析人员总是去"在考虑所有因素条件下"赋予效用值。他们可以对潜在因素进行细致或粗略分解，并且这种分解只要看起来合理即可。这种方式有望消除使用该方法常会出现的混淆，即仅仅从经济（货币）价值对某一效用作出假定。尽管这种情况可能存在于经济决策中，但这并非是该方法的必有属性。对行为体具有价值的任何东西，都可以用于为效用赋值。

即便**风险**范式能够通过充分细化，去应对分析人员对于各种类型价值所存有的担忧，但是仍然要面对的担忧是关于能否对结果实现完全量化并得出其概率。这是一项更为严峻的潜在挑战。注意，问题不在于分析人员是否能够提出某种潜在价值或概率，原因在于他们要想提出一个经过推理的数字并非难事。其中的问题在于，分析人员是否可以根据某一项决策，对结果的潜在价值及其概率进行合理估计。换言之，这些数字是否具备明显的具有合理性的证据基础，用以充分证明其结论？分析人员会在多大程度上采用该方法，取决于该方法的得当程度。然而，他们采用这种方法的可能性，要根据他们会在多大程度上选择采用**无知**范式或**博弈论**范式等替代方法。

但是在转向使用**无知**范式之前，需要对一些关于**风险**范式而言最重要的内

第十部分 情报分析中的战略评估理论：关于"用户能够怎样应对？"的推理范式

容进行强调。风险范式适用范围广，通常在原则上可以应用于任何类型的决策之中；它具有强大的功能，能够给出明确结果，可以找到最为合理的决策；它可以轻松应对无法进行肯定性预测的结果，并以此为基础，给出考虑多种可能性决策的建议。目前，利用这个公式需要预先假定行为体所做的决定是可信的、结果是可识别的，并且（根据决策）可以合理地对其概率进行估计。这二者都需要相对稳定的背景环境，并据此作出决策，得出相应结果。如果环境发生了很大变化，那么就有可能出现新的挑战，进而引发根本性变化，因此新功能就显得十分重要。那么，这将不是一种可用的适当推理形式。因此，在**战略评估**中，考虑环境的稳定程度尤为重要。如果环境足够稳定，那么**风险**范式方法就是有价值的；但是如果不稳定，则需要使用不同的方法。环境的"可知性"非常重要。因此，鉴于方法的适用范围、效力、应对不确定性的能力及其鼓励人们去考虑多种可能性，该方法的可用性是很大的。然而，人们只能通过相当可靠的假定去获取对决策结果的了解。因此，**风险**范式有力地证明了环境稳定的重要性以及可能后果的可预测性。这对分析人员在战略评估中考量采用任何方法都十分重要。

27.3 无知/单方面不确定性范式：战略评估将可能结果的可取性用以突出可能决策的潜在意义

风险范式使得决策理论成为最有力的前提假定，该假定关乎的是分析人员所具备的关于用户决策结果的知识水平。分析人员不仅需要针对给定决策去确定结果的可能样态，还需要他们能够（在数字上）合理估计该结果出现的概率及其效用（对用户的总体价值）。然而，如果分析人员没有足够证据对上述问题进行合理评估，又会发生什么？这种情况被称为"无知"条件下作出的决定，它们也是决策理论替代方法的关注点：**无知**（或"单方面不确定性"）范式。[①]

当行为体在无知条件下作出决定时，他们虽然可以确定出决策的可能后果，但却无法合理估计其概率。对结果的评估，只能依据结果对于行为体的价值作出衡量。不过这也存在局限性。各种结果本身被排列成一种顺序（第一、

---

① 有关此方法的更完整版本，请参阅：杰弗里（Jeffrey）的《决策的逻辑》(*The Logic of Decision*)，或雷斯尼克（Resnik）的《选择》(*Choices*)；此外，简化后的探讨，参见：诺埃尔·亨德里克森（Noel Hendrickson）等人合著的《罗曼和利特菲尔德批判性思维手册》(*Rowman & Littlefield Handbook for Critical Thinking*)(Lanham, MD: Rowman & Littlefield, 2008)。

第二、第三等），而非数值（100、90、80等），原因在于后者假定分析人员能够准确理解结果的潜在影响。因此，无法将决策过程转化为公式，即无法根据各种结果发生的概率去计算决策的价值。然而，每项决策的潜在价值完全是可比较的：决策的潜在结果与替代方案的结果相比，哪个更具效用。例如，如果一项决策的结果对用户而言，分别排序为第一位和第三位，另一项决策的结果对用户而言，分别排序为第二位和第四位，那么显然作出前项决策更好。这个决策"无论如何都更好"，并且可以称为主导策略。

  主导策略：无论决策的结果如何，对于用户来说都是更优选择（例如，用户会因此获得第一最好而非第二好的结果，或者他们会获得第三好而非第四好的结果）。

  人们还可以考虑弱主导策略，例如，对于用户而言，如果一个决策产生的结果是第一好和第三好，而替代决策的结果是第二好和（并列）第三好。那么用户作出这个决策便"没有什么可失去的"。

  弱主导策略：对于用户而言，决策结果至少在一种情况下是更优的选择（例如，带来第一好而非第二好的结果），并且在其他所有情况下不会更糟（例如，两种情况都是第三好的结果）。

  由于主导策略优势十分明显，因此它在现实世界的决策评估中出现概率相对较少。可以说，正因为缺少主导战略，所以首先需要进行更深层次的战略评估。① 也就是说，人们对于自己的选择需要作出更广泛的评估，原因在于各类可能出现的结果对于他们而言，并能所有决策都能够保证"无论如何都是最优"或是结果本身属于"没有什么可失去的"。所有案例都需要某种权衡，而且这种权衡需要通过其他方式才能实现。

  抛开主导策略，试想一位有抱负的民主政党正在进行首轮正式的"自由"选举，而用户希望两位候选人中的一位候选人获胜。假设选举已经到了最后阶段，而预期候选人在投票中开始落后，并且正在寻求国际"合作伙伴"帮助给予进一步支持，而用户也更希望预期候选人能够获得这些支持（并胜出）。目前，结果还并不明显，但其中清晰的是，两位候选人对用户的回应部分取决

---

① 在我们的日常工作中，大多数实用的"达成目的的手段"活动，实际上可以描述为执行主导策略（例如，使用我的计算机输入这些单词，当我想键入单词"pressing"时首先按下"p"键，等等）。但就目前而言，我们可能会看到这些活动往往占据了主导地位，因此我们甚至不会去认为这属于一种需要进行战略评估的情况。

于用户为其提供了哪些类型的支持或是没有提供哪些类型的支持。显然，无论如何，用户都希望获得理想的候选人。对该假设情况的评估见表 27.2。

表 27.2 无知条件下的决策示例

影响选举（总体情况）	理想候选人赢得选举	不受欢迎候选人赢得选举
支持理想候选人	第一位	第七位
反对不受欢迎候选人	第二位	第八位
保持中立	第四位	第五位
保持中立，但支持（理想候选人）的价值观	第三位	第六位

在该分析示例中，任何决策在整体上都不能算作主导决策，其中没有"无论如何都是最优"的决策，也没有出现所谓"没什么可失去的"结果。然而，对于任何两项策略，总有一个要比另一个更具主导性。在上述四种情况中，"**支持理想候选人**"比"**反对不受欢迎候选人**"的策略更优。当一项决策在策略上是由另一项决策主导时（无论一个人是否占优势），前者即可去除。

策略主导消除：在同至少一种替代方案进行比较之后，任何决策结果经过深入考量后都可进行移除，其前提即是它无论在何种情况下都是最差，或是至少比某种情况更差，或是其他情况都要优于它时。示例参见表 27.3。

表 27.3 策略主导消除示例

影响选举（总体情况）	理想候选人赢得选举	不受欢迎候选人赢得选举
支持理想候选人	第一位	第七位
反对不受欢迎候选人策略主导性决策	第二位	第八位
保持中立	第四位	第五位
保持中立，但支持（理想候选人）的价值观	第三位	第六位

由于缺乏总体意义上的主导策略，加之所有主导性策略都已移除，我们将会从两个主要方面对现有决策进行评估："风险厌恶"（risk aversion）和"风险弹性"（risk resilience）。当用户最主要的利益存在于"将要出现"的最坏结果中，尽可能要得到最好情况，那么行为体就属于"厌恶风险"。因此，在该用户所要作出的决策中，其最差结果也要比任何替代方案的最差结果都要好，这被称为"小中取大策略"（maximin strategy）。

小中取大策略：决策的最差结果优于所有替代性决策方案的最差结果（它具有"最大的最小值"）。

在本例中,"小中取大策略"对应的即是"保持中立",原因在于该项选择的最差结果排在第五位,而其他选择的最差结果分别排在第六或第七位,相比之下是最优项。相反,如果用户最主要的利益是在"将要出现"的好结果中,若要尽可能得到最好结果,那么行为体就属于"弹性风险"。因此,用户作出决策的最好结果也是最优结果,这被称为"大中取大策略"(maximax strategy)。

大中取大策略:决策的最优结果优于所有替代性决策方案的最佳结果(它具有"最大的最大值")。

在本例中,"大中取大策略"对应的即是"**支持理想候选人**",原因在于该项选择的最好结果排在首位,而其他选择的最好结果分别排在第三或第四位,相比之下是最优项。示例见表 27.4

表 27.4 小中取大与大中取大策略示例

影响选举 (小中取大与大中取小策略)	理想候选人赢得选举	不受欢迎候选人赢得选举
支持理想候选人 大中取大策略	第一位 "最大的最大值"	第七位
反对不受欢迎候选人 策略主导性决策	第二位	第八位
保持中立 小中取大策略	第四位	第五位 "最大的最小值"
保持中立,但支持(理想候选人)的价值观	第三位	第六位

在小中取大与大中取大策略之间进行选择,是极其困难的。但是在思考该问题之前,人们可能还想获悉在这种情况下其他替代性方案的可行性。这里就有一个有趣的特点:尽管没有在全部可能中提供最好的"最优"结果或是最好的"最差"结果,但是也从不会将最坏的结果作为某一特定结果。"**保持中立,但支持(理想候选人)的价值观**"对应的结果,相比于排在第四位的结果而言排在更好的第三位;相比于排在第七位的结果而言排在更好的第六位。无论发生什么,用户如果作出了某种不同选择,都将得到更好的结果。然而,无论发生什么,用户至少会避免因作出不同选择而得到更差的结果。用户将得到的是排在第三位(而不是获得第四位)或第六位(而不是获得第七位)的结果。他们的"遗憾"(最终得到与本可得到之间的差距)也将降到最低。他们的遗憾将属于"最小的最大值"。这就是"大中取小策略"。

大中取小策略：某决策产生的最遗憾结果（该结果对于行为体的价值与最佳结果之间的差距），低于任何替代性方案产生的最遗憾结果。

为说明大中取小策略，有必要以更加精确的方式对结果的价值进行评估，并将其按照序数排序（第一、第二、第三等）更替为按照定量数值排序（100、90、80等）。这与风险范式相类似，将最优结果赋值为100，其他结果会按照与最优结果之间的差距，分别赋予0~100之间不同的数值。结果的"遗憾"值，表示该结果与替代性决策中的最佳结果之间的差距。示例参见表27.5。

表27.5　最小最大策略示例

影响选举 （分值排序和极小极大策略）	理想候选人赢得选举	不受欢迎候选人赢得选举
支持理想候选人 大中取大策略	100（遗憾=0） "最大的最大值"	10（遗憾=40）
反对不受欢迎候选人 策略主导性决策	90（遗憾=10）	0（遗憾=50）
保持中立 小中取大策略	60（遗憾=40）	50（遗憾=0） "最大的最小值"
保持中立，但支持（理想候选人）的价值观 大中取小策略	80（遗憾=20） "最小的最大遗憾"	40（遗憾=10）

"保持中立，但支持（理想候选人）的价值观"对应的最大遗憾值是20，而"支持理想候选人"与"保持中立"对应的最大遗憾值均为40。因此，"保持中立，但支持（理想候选人）的价值观"的最大遗憾值最小，故称大中取小策略。

无知范式提供了五种评估策略：①**策略主导**：是否任何决定"无论如何都更好"或是提供"没有可失去的"？②**策略主导消除**：相对于特定竞争对手的任何决定，"无论如何更差"或是提供"没有能得到的"？③**小中取大策略**：哪项决策具有"最好"的最差结果？④**大中取大策略**：哪项决策具有"最优"的最优结果？⑤**大中取小策略**：哪项决定的最大遗憾值最低？现在，除策略主导外（因为比较少见），并不一定能保证某项单一决策可以确定为"最佳决策"。如上例所示，它们彼此之间可能存在相互冲突（例如，小中取大、大中取大、大中取小等策略都会偏好不同类策略）。① 这或许看起来会成为反对使

---
① 同样的策略，甚至可能是小中取大、大中取大以及大中取小策略，但其不一定明显就是最佳选择。

用**无知**范式的理由，并且这确实是一个潜在缺点。然而，从另一个角度看，它产生的原因只是在于对该方法的使用要求并不高。**风险**范式要求分析人员可以为结果的概率估计出合理数值，而**无知**范式则不能（甚至允许某些评估仅对结果价值进行序数排序）。往往分析人员作出的假定越大胆，他们得到的结论也会更大胆。相反，如果分析人员准备作出更适当的假定，那么他们必须准备好接受更谨慎的结论。此外，**无知**范式的支持者可能会认为，该方法的价值并不一定总是将单一决策认定为明确的最佳决策，而是一定要去注意可能成就最佳决策的不同因素。换言之，关于该去考量什么的问题，该方法给出的指导并非是通过机制去得出结论，但是更进一步讲，它有效地展示出了考量可能产生的后果的重要性。分析人员应当注意的是：可能的结果（完全靠他们自己得到），可以成为评估潜在策略的有效方法（即使他们对可预测性缺乏了解）。

27.4 博弈论/多向不确定性范式：关于探索各行为体对彼此选择作出假设之间的相互作用的战略评估

正如决策情景之间存在（结构上的）"博弈"，**博弈论**就是针对决策情景作出的正式分析与评估。**博弈论**这一学科，受到哲学家、经济学家和政治科学家的广泛青睐，它试图探索的是涉及多个行为体的理想决策情境中的最合理选择。其中，每一个行为体都可以合理预见到其他行为体的可用选项。因此，博弈论范式在某种意义上存在于**风险**范式与**无知**范式之间，在于其有关假定的稳定性。不同于**风险**范式，博弈论并未假定参与者能够合理评估可能结果的概率。不同于**无知**范式，博弈论认为参与者多少能够说明结果具有可预测性，而这些结果在某种形式上又包括其他参与者对其决策作出的反应。与**无知**范式相类似的是，博弈论中的一些原则只能用于对相关结果值进行排序评估（第一、第二、第三等），而其他方法则需要基准量化排序（100、90、80等）。有趣的是，尽管有时会将**风险**范式视作理性决策理论中最强大、最权威的版本，但实际上**博弈论**就是这种这种范式的初始版本（至少它可作为具备完整逻辑/数学支撑的理论），而风险与无知范式属于特殊情景（单一参与者博弈，或是参与者可以对结果概率进行估计的博弈）。

"博弈"的概念是很难去准确描述的。一般而言，可以将博弈理解为一种朝目标导向发展的活动，其中一方获得成功的可能性取决于其对自身行动后果的预测能力，与此同时还依赖于其他行为体以及双方所处环境中的那些起到掌控作用（彼此互知）的规则。目前，根据这一定义，许多现实生活中的情形（至少类似地）都可称为博弈。但是这也很容易出现误解。那就是将某事称为博弈，并不意味它（a）类似于现实或字面类游戏（例如，扑克、大富翁、卡坦岛等）；(b) 主要（甚至根本）目的是娱乐；(c) 必然是竞争性的（可能会是合作）；(d) 结果完全是随机性的（像抽奖一样），或是完全确定性的（像国际象棋一样）；(e) 具有对称性（玩家可以有不同的选择和/或目标）。此外，**博弈论**范式不同于战争游戏。从技术层面看，战争游戏通常可以理解为是对现实世界情况的一种仿真，而不是（像在**博弈论**中一样）一种类比。[①] 总的来说，将某事物称为"博弈"，它所要强调的是某人行为的结果取决于另一方（基于其自身目标）的行为，并且相关要素（规则）并未受制于任何一方。同时，一方能够在多大程度上取得成功，取决于其对彼此的预测与应对能力。现在要注意的是，该定义并不能完美呈现关于"博弈"的所有内容，但能够总体满足当前所需。

  博弈论范式的独特之处在于其最重要的方法论，即从多个参与方的角度评估每个结果的价值。也就是说，如果有两方参与，其中一方为他们二者可能出现的每一种结果分配相关值。通过综合多方参与情况对决策进行评估，将得出的一系列新考量加入到博弈之中，例如其中包括决策之间的可预期性。然而，要考虑所有**战略评估**因素并不那么简单。因此，需要从**博弈论**范式中对"博弈"进行最为广泛的讨论，从而说明必须提供（哪些）范式，而不是（像**风险和无知**范式一样）去提供一般性的规则。因此，这（即使是在最开始阶段）不是对**博弈论**范式中的原则规律进行概述总结，而是一种可供人们去使用该方法的主要实例。[②]

  博弈论中最著名的例子就是**"囚徒困境"**。（这里所指的）**囚徒困境**最初

[①] 主要区别在于：仿真旨在实现"具有代表性"：存在一个预期的真实或虚构外部对象，使得其（重要）元素可以与游戏中的（重要）元素一一对应放置，并且反之亦然。仿真设计使得游戏的玩法能够实际增加人们对于其仿真对象的认识。相比之下，**博弈论**范式中的"游戏"是"模拟性的"：规则（与游戏）不是为了对模拟对象或主题进行探索或解释。相反，模拟对象或主题的存在是为了对规则与游戏进行探索或解释。显然，这里有一个范围。但总的来说，**博弈论**范式中的"游戏"是对现实世界的模拟，而不是要对它们进行呈现（或仿真）。

[②] 关于该方法更加完善的版本，请参阅：杰弗里（Jeffrey）的《决策的逻辑》(*The Logic of Decision*)，或雷斯尼克（Resnik）的《选择》(*Choices*)。此外，简化后的探讨，参见：诺埃尔·亨德里克森（Noel Hendrickson）、柯克·圣·阿芒（Kirk St. Amant）、威廉·霍克（William Hawk）、威廉·奥米拉（William O'Meara）与丹尼尔·弗拉奇（Daniel Flage）合著的《罗曼和利特菲尔德批判性思维手册》(*Rowman & Littlefield Handbook for Critical Thinking*) 值得参考的还有史蒂芬·J. 艾布拉姆斯（Steven J. Brams）的《博弈论与政治》(*Game Theory and Politics*)(New York：The Free Press, 1975) 与《理性政治》(*Rational Politics*)(Thousand Oaks, CA：CQ Press, 1985)。

由美国兰德公司研究人员在 20 世纪 50 年代提出：一对罪犯被逮捕后分别接受审讯，警方提出以下选择。若一方认罪并供述犯罪信息，而另一方保持沉默，则该方即刻获释，沉默一方将判 10 年监禁。若双方均向警方供述犯罪信息，则双方都获得 5 年减刑。相比之下，如果你保持沉默而对方供述犯罪信息，那么你将被判 10 年监禁。如果双方均保持沉默，都只会获得 6 个月刑期。二人面临相同选择，但在作出选择的过程中无法交流，如表 27.6 所列。

表 27.6　经典型囚徒困境

基础型囚徒困境	保持沉默	供述信息
保持沉默	（第二，第二）	（第四，第一）
供述信息	（第一，第四）	（第三，第三）

"供述信息"（无论如何）对双方而言都具有**策略优势**，因为其结果排序是第一位或第三位，而不是第二位或第四位。但是如果双方均采用该策略，那么他们都只能得到第三位结果，而如果他们都保持沉默，就都会得到第二位结果。当然，如果一方知道对方会保持沉默，那么他应该会去供述信息，所以又不能保持沉默。因此，即使对双方而言是最好的结果，但罪犯无法保持沉默，这就是所谓的困境。

在更具一般性的意义上，**囚徒困境**代表的是所有人都会追求个人最佳利益，但在实际上这对集体而言并非最理想的情况。原因在于，得知其他人没有去争取自身利益最大化之后，就有理由会使得一些人仅仅去为个人着想，如表 27.7 所列。

表 27.7　通用型囚徒困境

通用型囚徒困境	有益或遵守规则/协议	损害或破坏规则/协议
有益或遵守规则/协议	（第二，第二）	（第四，第一）
损害或破坏规则/协议	（第一，第四）	（第三，第三）

现实世界还有许多情况与囚徒困境有着相同的逻辑框架，例如：（1）**军备竞赛**。减少武器装备和增加武器武器装备。（2）**谍报活动**。不派出谍员和秘密派出谍员。（3）**环境监管**。使用绿色产品和不使用绿色产品。（4）**有力的政府支出政策**。承认其不可持续性和不承认其不可持续性。但是，在现实中（特别是在**情报分析**中），最常讨论的情形是冷战时期的核威慑，如表 27.8 所列。

表 27.8　囚徒困境示例

冷战时期核威慑	不采取先发制人打击	采取先发制人打击
不采取先发制人打击	（第二，第二）	（第四，第一）
采取先发制人打击	（第一，第四）	（第三，第三）

囚徒困境展现出了一种不同于人们直观感受的结论（特别是对于核威慑），也就是双方的最佳策略是确保每一方均可得到第三位结果（也就是第二差结果），而如果双方共同作出相反选择，就可以确保都能获得第二位结果。囚徒困境还有助于更加精确聚焦对决策的概念化处理。在最初的案例中，要求参与方只作一次选择，而且（实际上）还是在相互不掌握对方选择的条件下同时作出选择。然而，分析人员也可以设想在相同情况下进行多次选择，同时每一方都可能知悉对方已作出了什么选择。可以说，后者与冷战时期核威慑的情形相似度更高：每一方都需要不断作出是否采取"先发制人打击"的决定，并且（在有预警的情况下）各方都有机会回应对方作出的决定。更进一步讲，该博弈没有明确"终点"；它只会在未来无限期持续下去。因此，许多人在这种情况下指出，主导策略要比单一策略复杂许多。尤其是，如果一方的主导策略是在直到/除非对方选择"**采取先发制人打击**"之时，首次选择"**不采取先发制人打击**"，接着（并且只有到那时）另一方还是会选择"**采取先发制人打击**"。只要博弈没有预设"终点"①，其中一方就可以持续根据对方决策进行回应②，并且大多数人都会认为这就是主导策略。当然，这是冷战时期核威慑经典学说的基础。如今，即便**博弈论**不完全尽如人意，但它依然提供了一种评估结构，否则相关评估情况可能会变得更加复杂。

博弈论范式可用于阐明一些在重要现实案例中发挥作用的策略要素。同时，在不需要作出假定的情况下（而风险范式就需要），分析人员就能够对结果的概率进行估计。博弈论范式确实假定分析人员能够对其他参与方的行为进行理性预期，正如他们属于"目的决定手段"的理性，并且知晓每一方所具有的选项、这些选项对于各方的意义，以及每一方对其他各方所能造成的影

---

① 如果这里有一个预设终点，并且一方掌握另一方正在选择"**不采取先发制人打击**"，那么其主导策略就是选择"**先发制人打击**"（因为他们不会进行报复）。当然，对于具有预设终点的情况，另一方如果知悉该点，也会选择采取"**先发制人打击**"。在这种情况下，如果一方已经知道将会遭到报复，那么就没有理由选择"**不采取先发制人打击**"。因此，这又将开始回归至最初选择"采取先发制人打击"的选择。因此，没有预设终点是相当重要的。

② 报复能力的不对称性也可能会破坏该结论，这就是为什么核武库的大小、规模和有效性（以及**博弈论**）仍然重要的原因。

响。再次说明，这并不意味着必须假设各方的目标或目的都是理性的，甚或属于真正的"目的决定手段"的理性，而参与方（通常）会表现如此。在这种情况下，只要分析人员不能作出假定，那么情况就会开始转入至风险范式（如果参与方是不理性但可预测）或是无知范式（如果参与方是不理性且不可预测）。无论哪种方式，**博弈论**范式的核心价值在于：至少，它迫使分析人员在思考决策时会去以这样的视角进行思考，那就是其他参与方会受到自身用户所作决策的影响，并且会对这些决策以及对其他参与方可能造成的影响进行概念化处理。最好的策略必须考虑上述所有因素。这就是说，己方决策的结果将取决于另一参与方（如竞争者或对手）的决策。这会导致考虑许多与决策相关的新情况，这些需要考虑的情况都是博弈论理论家进行大量研究的主题。同时，即便人们对正统博弈论提出的许多现实情景（如冷战核威慑）的存在性持怀疑态度，但上面一点对于分析人员依然具有重要意义，因此，分析人员应当认真研究**战略评估**中他方期望所带来影响的重要性。

27.5 三种方法的对比：它们有何不同？

现有三种**战略评估**范式之间的差异体现在它们对总体前景的识别性与关注重心上。**风险**范式在认识论意义上是乐观的，认为可能结果的概率具有可知性，并且能够从其中一方的角度探究决策的结果、概率及其效用值。**无知**范式在认识论意义上是悲观的，认为可能结果的概率具有不可知性，能够从其中一方的角度探究决策的结果及其效用的排序。**博弈论**范式在认识论意义上处于中间状态，认为可能结果的概率具有不可知性，并且取决于其他参与方的行动，它是从双方（或多方）角度探究他方的可能决策，并对其效用进行排序。此外，这些范式还具有不同的应用标准。**风险**范式旨在计算和评估预期效用。**无知**范式旨在探讨可能后果（对于自身的）回报，并且会从某一角度评估该结果的可能效用。**博弈论**范式旨在评估多方彼此间进行决策的影响，并且从两个（或更多）角度对可能效用进行评估。

关于**风险**、**无知**和**博弈论**三种范式对情报分析人员的潜在价值，可写出的内容还有很多。然而，由于本书旨在为情报分析人员提供一种新的推理方法，而不是对现有方法进行调整，因此这里就不再对这些方法进行更加完整偏重实践的介绍。之所以要引出这些范式，主要考虑是好的**战略评估**方法应该强调环境稳定的重要性、可能后果的可预测性、关于可能后果对其本身影响的考量，以及决策对他方的预期影响等。对三种范式的比较见表27.9。

表 27.9　比较战略评估的现有范式

	风险 通过可能结果的概率与意愿估计出最优决策	无知/单边不确定性 运用对可能结果意愿强调可能决策的重要性	博弈论/多边不确定性 探索相关参与方彼此间作出选择后，所涉相关假定间的相互作用
关于描述方法的总结	**战略评估**要计算哪类决策具有最佳的可估收益	**战略评估**要探索可能后果（对其本身）的收益，用以确定最佳决策	战略评估要评估多个参与方对彼此决策和可能收益所产生的影响
关于驱动方法的识别力	认识论意义上的**乐观**：可能结果的概率具有可知性	认识论意义上的**悲观**：可能结果的概率具有不可知性	认识论意义上介于**乐观与悲观之间**：可能结果的概率具有不可知性，但它取决于其他参与方的可知行动
关于定义方法的主题	一方决策的结果、概率以及从某一方视角出发显示出效用（数值）	一方决策的结果、概率以及从某一方视角出发显示出效用（排序）	一方的决策、另一方的决策，以及从双方（或多方）视角出发显示出效用（排序）
关于指导方法的标准	预期效用	一方视角下的可能效用	双方（或多方）视角下的可能效用
关于从方法中衍生的重要观点	环境的稳定性与结果的可预测性对**战略评估**非常重要	考虑可能后果为其本身带来的影响对**战略评估**非常重要	他方的预期影响对**战略评估**非常重要

第 28 章
战略评估的多维方法
关于环境、效应以及预期维度的介绍

情报分析人员工作最重要的意义是为用户提供有价值的推理。多维方法的理想推理由三个维度构成：个人（理想推理例证需保持良好的习惯）、程序（理想推理需遵循正确的规则）和问题导向（理想推理需提出正确的问题）。情报分析推理实践中的挑战正是产生上述三个维度的成因。问题导向维度对应分析人员推理的目标，即用户的竞争者或对手，可能会遇到内容不足、不相关、不确定和不重要的推理难题。上述四种难题分别对应以下四种思维方法，即假设推导、因果分析、前景探究、战略评估。本章主要探讨战略评估的多维方法，情报分析人员需要寻找"用户如何回应"这一问题的答案，从而进行推理。本章首先详细阐释了战略评估推理方法在情报领域的重要目的；其次，描述了新的战略评估多维理论在情报领域的应用；最后，探讨了情报分析人员对于战略评估方法的实践应用。

28.1 情报分析中实现战略评估目的的多维方法

战略评估推理的目的是发现用户潜在决策的重要性。它并不要求用户应该作出怎样的决策，也不鼓励用户作出特定的选择，而仅仅是将每个决策对于客户的意义进行概述。本方法通过阐释其他参与方的合理期望、各种决策的可能后果和用户可能面临的未来环境的方式来阐释用户决策的重要性。据此，战略评估针对"不重要"的认知挑战或及时作出必须符合用户目标的决策。这种思维方式在分析人员的推理中起到三种作用：直接作用、间接作用和结构性作用。

战略评估在情报分析人员的推理中具有明显的直接作用，因为用户经常会

第十部分 情报分析中的战略评估理论：关于"用户能够怎样应对？"的推理范式

提出有关他们可作选项的效用问题。历史上的案例包括："美国如何提升冷战后的军事能力"（20世纪90年代军事计划）；"美国如何应对A国可能重启的大规模杀伤性武器计划"（曾入侵A国）；"美国如何与苏联在古巴部署导弹问题上进行接触"（1962年的古巴导弹危机）。这些直接的战略评估问题帮助用户了解潜在行动方案的重要意义（例如，冷战后的军事计划的选择，阻止A国潜在的大规模杀伤性武器计划，应对苏联在古巴部署导弹等）。在此强调，这些问题并不是"美国在后冷战时代军事能力构建的最佳方案"，或者"美国对A国可能重启大规模杀伤性武器计划最佳的回应"，因为这种措辞意味着会预先假设分析人员要试图让用户选择最佳方案，这就缩小了用户的选择范围。分析人员应当向用户摆出一系列可用的选择，之后再确定对用户来说意义最重大的一个。情报分析人员的工作是评估每个可能选择的重要性，而用户（可能还包括其政策顾问）的工作是决定选择其中哪个。在此情景下，情报分析人员需能够直接回答战略评估问题。

战略评估在分析人员的推理中也起到间接作用。但其间接作用与假设推导、因果分析、前景探究的间接作用略有区分。这三种方法在分析推理中发挥关键的间接作用，通常是通过回答必须回答的问题来实现的，如不解决这些问题，则无法解决用户的直接问题。它们解决了先决条件问题。但是，由于最高级别的问题具有战略性（战略评估基于前景探究，前景探究基于因果分析，因果分析基于假设推导），它们不会成为任何其他类型的推理必要的先决条件。然而，从假设推导到因果分析，到前景探究，再到战略的这种线性进展，有时更像是一个用来支持假设推导的战略评估周期。比如，某人可能想通过探究竞争对手的战略选择（通过变相的战略评估问题"竞争者会如何回应"）来了解竞争者或对手的意图（通常是提出假设推导型问题"发生了什么"）。举一例说明，有人可能会评估苏联在古巴导弹危机期间的战略选择（战略评估问题）（对苏联）的重要性，从而探究其意图（假设推导问题）。这可能造成理智上的"混乱"，因其将战略评估的重点从支持用户对其决策的评价性观点转移到支持对他人思维的描述性理解（它从"既定性"转变为"描述性"）。因此，它可能并不总是合适的。但是在某些特殊情况下可能会这样做。事实上，多维分析法提出的最终方法，即预期影响分析，要求分析人员能够明确了解竞争者的部分决策过程。在某些情况下，将分析作为用假设推导中探究对手意图的起始手段是恰当的。这里我们需要再次强调，这并不是战略评估在分析推理中的典型作用。但有时候，这四种类型的推理范式更像是一种往复更替的循环，而不太像从假设推导到战略评估的过渡。因此，情报分析人员应做好回答间接战略评估问题的准备。

战略评估在分析人员的推理中的结构性作用源于分析人员如何将他们的思想定位到用户目标上：竞争者或对手会由此带来"无意义"的问题。"无意义"是四种情报推理（特定问题）挑战之一，且不同于其他类型的思考。分析人员的推理必须能够帮助用户及时作出推进先前既定目标的决策。情报思维从来不仅仅是"为了自己的利益"，因其可能处于学术背景中。情报推理也无法完全给出"中立"或"不可知"的结论，学术界得出"必须完成更多的工作"的结论，实际上并没有支持某种结论。情报用户必须为冷战后的世界做好准备，他们必须以某种方式回应伊拉克潜在的大规模杀伤性武器计划，而且不得不对苏联在古巴部署导弹作出回应。虽然在这些案例中分析人员的工作具有不同的时间框架，但最终都需要对决策的重要性进行特定的评估。纯粹为了自己的兴趣或只是为了得到中性结论的情报探究无法得到可以令人接受的结果。当人们认为在这些情况下的实际竞争者可能会根据用户的需要作出决策并可能利用这些竞争者出现任何犹豫的时机，这一点就更加明显了。竞争者希望用户在做好准备前作出决定，这决定了情报分析人员思考的目标，提出"无意义"的挑战和战略评估的结构性需求。

虽然特定的竞争者或对手的存在，有助于通过它所带来的不同挑战将情报分析与其他形式的推理分析区分开来，但情报之外的其他因素也会影响到分析人员的推理过程。"无意义"仅仅是分析人员在推理方面的定义，但并不是因为它只适用于情报领域，而是因为它在情报方面的实际应用较深。这一定义在一般推理中有所体现，并随着信息化时代的进步而逐步升级。在一般推理中，所有决策的制定都是经过预先假定的，潜在决策（例如，其结果将如何在用户的目标身上得以实现）十分重要，而知识与才智之间存在差距。并非所有知识都与每个人、每个决策和每种情况相关。在信息化时代，思想创造力和传播力的速率与日俱增，这进一步限制了作出决策的时间，更加深了作出正确决策的重要性。无意义带来的挑战和战略评估的需求在情报分析中尤为突出，但它也是基于一般推理产生的，且在信息化时代中得以升级。当分析人员的思想与这一问题足够契合时，方能在情报中发挥关键的结构性作用。

28.2 多维提议：一种情报分析人员的战略评估理论

情报分析人员理想的推理是多维的，包括个人、程序和问题导向方面。这些主要维度还包括几个次维度。假设推导、因果分析、前景探究、战略评估四

第十部分　情报分析中的战略评估理论：关于"用户能够怎样应对？"的推理范式

个角度就构成了推理的问题导向方面。这些次级维度还可以继续划分到三级维度，比如战略评估的环境、效应和期望等。但战略评估的这些不同之处是什么？这就引申到解决"用户如何回应"问题的不同方法。

多维方法提出的战略评估的三个维度受到前述有关主要观点的启发，包括环境稳定性和结果的可预测性，考虑其本身可能产生后果以及对其他参与方期望的影响（参见第 27 章）。为了得到这些理论的"最佳"结果，本方法坚持三个维度（及其对应的三种方法）比重相同。在思考和实践战略评估方面，它们每一种都同等重要。它们在认知概念上具有相关性，仅仅在背景知识方面存在多与寡的问题。普遍认知中最不稳定的是对于环境维度的假设，它甚至不会要求分析人员对用户决策的可能后果作出判断。这一情况与情势具有特殊的相关性，该情势下可能存在一直变化的背景环境，且不清楚这一变化情况是适度的还是大量的。这一维度是战略关联检查法的着重点。关于效应维度的假设是我们普遍认知中稳定性较为中庸的，它要求分析人员能够基本判断出用户决策的后果，但并无更多要求（因为在此情景中，另一参与方的意图是可知的）。这一维度是**决策意义比较法**的着重点。普遍认知中最为稳定的就是关于期望维度的假设，其既要求分析人员能够识别判断用户的决策后果，也要求分析人员至少能够理解其他参与方的决策过程（受制于对参与方反应的合理的预判评估）。这一维度是**预期影响分析法**的着重点。不过，理论上有一种更加稳定的维度假设，它要求分析人员能够识别判断用户的可能决策的后果，并且可以给出预估的可能性概率（无论它们是否是其他参与方的最终决策）。这就是风险范式设想的认知情景。如果分析人员在评估中认为目前情况较为乐观，则可以使用这种假设范式。然而，这种情况对情报分析人员来说是较为罕见的，更重要的是，分析人员既有可能对情况进行过分评估。[①] 因此，多维方法将此种情况视为例外或特殊情况，而非战略评估的一个维度。相关情况可见图 28.1。

战略评估中多维方法的第一个方面是环境维度。它要求的是从可能改变决策内容的角度审视战略评估，通过子问题"可能的预期背景会对用户如何回应产生何种影响"来回答"用户如何应对"的问题。本方法会受一些风险范

[①] 虽然我仅仅在过去数十年教过百余名致力于成为分析人员学生，这限制了我对于部分问题认知的经验，但我得出的结论是，我们需要高等的教育和概率论学习经验才能对何时风险范式作出合理判断。因此，对于这本书（大部分）的受众来说，这或许是纸上谈兵。如果任何读者具有这样的教育学习背景并且喜欢其模式，大可判定战略评估存在第四个维度——"估算维度"，提出"针对结果的合理预测将如何影响用户的回应结果"这一问题，并可以使用传统的效用分析作为其相应的维度推理办法。我多次考虑将这一概念更广泛使用，但最终由于文中所述原因而并未在该版本中体现。

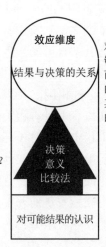

图 28.1　战略评估的维度概述

式的影响，强调环境稳定的重要性和预期结果的可预测性。然而，与风险范式不同的是，它认为决策制定的过程，是通过对决策后果的"可知性"持怀疑态度实现的，不仅质疑决策结果可能性评估的合理性，而且质疑假设结果本身的合理性。本方法还受到战略评估强调"战略多样性"的影响，即迈克尔·雷诺最近提出的方法。① 也就是说，决策制定内容的这一维度，就好像内容本身正在经历根本性的变化，可能出现新的结果，而没有长期适用的方法。该维度一般不会假设存在根本性变化，除非这些变化十分值得注意。某些严重的战略失误并不是因为误判了哪种结果，而是没有在第一时间考虑到正确的结果。换句话说，分析过程中容易将适度变化的环境误认为是存在根本性变化的环境，反之亦然。分析人员不能在情况不稳定的时候假设其具有稳定性，或者在稳定时假设其具有不稳定性；他们也不想在环境适度变化时准备应对根本性环境变化，或者在环境发生根本性变化时准备应对适度变化环境。在环境维度下，这些因素应该是分析人员考虑和关注的重中之重。因而可以说，决策背景的可能发生改变的情况是战略评估的一个方面。这即是环境维度。

战略评估的多维方法的第二个方面是效应维度。它是从决策结果的不确定角度审视战略评估，通过回应"可能的结果会对用户如何回应产生何种影响"

---

① 见迈克尔·雷诺，《战略悖论：目标成功为何导致失败（我们该如何应对）》（New York：Doubleday，2007）。

来回答"用户如何应对"的问题。本方法受一些未知（单边不确定性）范式的影响，强调考虑可能后果本身的重要性。① 与环境维度不同，效应维度认为背景知识足以用于确定可行决策的可能后果的评估，但不需对其可能性概率进行评估。这些都被视为（功能上）同样合理的结果，对决策的评估完全基于这些结果（以及可能产生这些结果的决策）。它使得分析人员专注于思考决策，而不会去过多考虑哪些结果的预期具有更高的可能性，哪些结果预期可能性较低。也就是说，不确定的决策结果是战略评估的一个方面。这即是效应维度。

战略评估中多维方法的第三个方面是预期维度。它从每个参与方假设其他参与方决策制定程序的角度看战略评估，通过子问题"其他参与方的期望对用户如何回应产生何种影响"来回答"用户如何应对"的问题。本方法受一些博弈论（多边不确定性）范式的影响，其重点在于其他参与方期望的影响。预期维度不会关注语境变化对决策重要性（如环境维度）的影响，也不会关注可能的结果对决策重要性（如效果维度）的影响，而是关注并预测其他参与方的哪些作为（或哪些不作为）会对决策产生重要影响。它强调其他参与方在决定用户决策结果以及它在对用户是否有用方面所起的作用，因其通常可以将这些结果解释为对于主要参与方的回应。反过来，人们可以将用户的决定解释为主要是对其他参与方决策的回应。每一方的决定都是针对另一方的"不确定"的结果。这种相互作用的意义在于，每一个参与方对其他参与方决策程序的假设都是战略评估的一个方面。这即是预期维度。

战略评估是多维的。也就是在探究如何回答"用户如何应对"这样的问题时，会有多种重要方法。分析人员通过"可能的预期情景会对用户如何回应产生何种影响"或"可能的结果会对用户如何回应产生何种影响"或"其他参与方的期望对用户如何回应产生何种影响"这类子问题获得答案。需要注意的是，这三个问题经常交织在一起，因为战略评估的这三个维度并不是三个（可拆分的）部分，而是可做区分但不完全独立的部分。正如一般推理包括思想家的个人素质、思考的程序和技巧以及其思考的问题和目标有所不同一样，战略评估也包括环境、效应、预期对决策重要性的影响。总的来说，这三者都需要同等的重视。相关对比如表28.1所列。

---

① 见理查德杰弗里，《决策的逻辑》（芝加哥：芝加哥大学出版社，1983年）；马丁彼得森，《决策理论导论》(New York: Cambridge University Rress, 2009年)。另一个更简单的描述，见诺曼·亨德里克森等人著《批判性思维手册》(Lanham, MD: Rowman & Littlefield, 2008)。

表 28.1 战略评估三个维度对比

环境维度	效应维度	预期维度
背景与可能决策的关系	结果与可能决策的关系	竞争者对可能决策的关系
问"可能的预期背景会对用户如何回应产生何种影响?"	问"可能的结果会对用户如何回应产生何种影响?"	询问"其他参与方的期望对用户如何回应产生何种影响?"
根据可能预期情景的不同描述可能决策的重要性	根据不确定的决策结果描述可能决策的重要性	根据每个参与方对他方的假设,描述可能决策的重要性
最少的先决条件知识;认知意义上的悲观情况	中间水平的先决条件知识;认知意义上的中庸情况	最多的先决条件知识;认知意义上的乐观情况
战略关联检查法强调较多	决策意义比较法强调较多	预期影响分析法强调较多

28.3 情报分析中战略评估实践的多维方法

多维方法意味着将其他学术分析方法进行融合从而形成情报推理理论的综合视角。本章指出了这些理论如何有助于形成情报推理的工作理论。多维方法还可以为分析人员提供情报推理实践的视角,帮助分析人员成为推理的良好"范例"。本节描述了战略评估理论的三个维度如何转化为实践应用。随后的章节将详细介绍每种方法的具体步骤。本节给出了对前述"理论"与后文的"实践"之间的过渡性概述。

战略相关检查法强调环境维度,并利用可能变化的决策环境探索可能决策的重要性。具体来说,它明确要求分析人员开发多个可能的未来决策背景:一个稳定环境,两个适度变化环境和两个发生根本变化的环境。然后,要求分析人员评估所提出的策略与各背景之间的相关性。该方法是否只在假设的某一预期背景最可能实现时才会对用户有帮助?或者战略是否更具弹性,能够帮助用户实现所有方面的目标?更确切地说,拟作研究的战略在不同的预期背景下,有用程度如何?当环境(被认为是)对于评估拟作研究的决策的可能结果不足够稳定时,本方法旨在更加关注战略的"多功能性"。① 本方法重点关注的是不同预期背景在决策重要性方面发挥的作用。

决策意义比较法强调效果维度,并探究可能决策使用不确定的决策结果的重要性。尤其是,来自无知范式(单边不确定性)中的众所周知的原则,例如主导性、大中取大、小中取大和大中取小,而且要求分析人员从符合原则的

---

① 雷诺的《战略悖论》观点虽然不尽相同,但系此方法的先驱理论。

角度去探索每个拟作研究的决策可能最优解释方式。① 这与一般意义上用于决策理论的原则不同：通常情况是分析人员只是在总体上对适用性进行评估和确定，如果适用则根据原则选择决定。这些原则中有一些根本不适用，或无法令人信服，而这些情况并不罕见，因此本方法认为，每种原则都可以提供不同的"论证风格"，从而帮助用户作出决策、得出分析结果。这是一种基于决策理论的"结构性争论"或"故意唱反调"行为，每个选择都有足够的依据支撑说明为何其在基于给定标准的情况下是最优选择。因此，它有助于分析人员将其提取出来，向用户强调重视每项决策的原因。本方法重点关注每项决策可能的后果在决策重要性中发挥作用。

预期影响分析法强调预期维度，并利用每个参与方对其他参与方决策过程的假设来探究可能决策的重要性。最终，本方法试图创建一种简洁、易于学习的方法，将对博弈论范式的理解应用于情报分析工作中。此方法来自于积淀厚重的学术领域，因此必须将其完全简化，没有进行过专业培训的分析人员也可以使用此方法。因此，上述内容可归纳为一点：用户的竞争者必须对其合意的选择有什么样的期望？② 有了这一问题的答案，分析人员就可以知道对用户有意义的预期是什么，从而使用户的竞争者的所作所为正中用户下怀。这个想法从博弈论的范式出发，随后使用风险范式中的公式计算所涉及的期望。因此，这是一种融合两种方法的混合理论。但是本方法的核心是去关注各参与方的预期在决策重要性方面发挥的重要作用。

对以上三种战略评估方法的选择，通常是基于情报分析人员希望侧重的维度。这可能取决于分析人员的认知立场及其知识储备。但在少数情况下，分析人员可能会（可能随着时间的推移而变化）选择针对特定问题以外的推理方法，如关于推理的个人和程序维度的推理法。尽管多维方法的所有特质和规则与其他方法的侧重点不同，但这些方面都很重要。分析人员对这些方法中的一种或几种使用过于频繁或几乎不用，则会导致个人或程序方面出现不均衡。然而，如果分析人员过多或太少关注这些特质或规则也会有危险。战略评估方法存在的意义，主要是因为它所具有的特质或规则要点（方法的多样化），但其通常会着重于战略中的某一维度：环境维度、效应维度还是期望维度相关比较如表 28.2 所列。

---

① 对于所指原则，请参阅杰弗里《决策逻辑》、彼得森《决策理论导论》和诺曼·亨得里克森等人著《批判性思维手册》(Lanhan, MD：Rowman & Littlefield, 2008)。

② 这有点类似（a）"解决"诸如"囚徒困境"之类的情况或（b）提出"混合策略"（包括对每一采取某些行动的几率的共同期望）。见杰弗里《决策逻辑》、彼得森《决策理论导论》。

表 28.2 战略评估方法的个人和程序维度要点

注意：每一个特质、规则和问题对每个背景都很重要；这些特质对于相对应方法的前景更为重要。

	战略关联检查	决策意义比较	预期影响分析
1. 谦逊：信心与不确定性	√		
2. 咨询意识：中立与现实关切		√	
3. 求知欲：广度与深度			
4. 敏感性：认识相似性与差异性	√		
5. 效率：周密与权衡			√
6. 描述性：定量与定性		√	
7. 反思性：关注客观性与主观性	√		√
8. 多面性：既有范式与运用自发适应		√	
9. 融合性：自下而上与自上而下	√		
10. 务实：识别威胁与识别机遇		√	
11. 讲究：特异性与普遍性			√
12. 宽容：反对与改进		√	

注意：每一个特质、规则和问题对每个背景都很重要；这些特质对于相对应方法的前景更为重要。

	战略关联检查	决策意义比较	预期影响分析
1. 考虑问题维度			
2. 证实决策意义	√		
3. 彻底研究分析对象			√
4. 透明地构建过程			
5. 作出相关区分		√	
6. 质疑每一个维论	√		
7. 提出合理的替代方案		√	√
8. 认真对待反对意见	√		
9. 不断启发判断	√		
10. 预测新的问题		√	
11. 确定证明的局限性			
12. 找到更广泛的背景			√

第十一部分

情报分析中的战略评估实践：关于"用户能够怎样应对？"的推理方法

第29章

如何支持决策：结果与预期均未知时
"战略关联检查"方法

高质量的情报分析能够帮助用户预测未知情况。分析人员对于用户拟达成各种目标的潜在结果进行权衡评估，帮助用户作出战略决策。这些结果通常是不确定的，但可以通过结合内在的背景环境进行合理推测。然而，如果环境本身就具有不确定性呢？如果决策环境发生较大变化，致使分析人员无法预测什么是合理结果呢？当决策环境发生变化时，同样的决策可能会产生完全不同的后果。如果分析人员知道环境正在发生变化，他们就可以相应地调整其战略评估。但往往，推理环境看似只发生了适度改变，分析人员仅需要在推理过程中对战略进行"修正"；而实际上并非如此，分析人员需要进行战略"革新"才足以应对。与此同理，有时环境看似发生的大变化，实则只是简单的、少量的改变。每隔一段时间，所谓"现状"就会稳定为常态，可能发生的改变不是根本性的。如果分析人员在环境本身不确定的情况下，认定了错误的决策环境，那么他们不仅可能会误判结果，甚至可能一开始就没能考虑到正确结果。因此，当分析人员无法合理确定未来可能决定用户决策的环境时，他们需要一些能够更好帮助用户预测多种可能环境的建议。

29.1 问题导向方面：建议分析人员提出什么问题？

分析人员运用**战略关联检查法**时，会通过某个特定类型的问题用以启发思维。首先，他们要进行通盘考量，提出"用户如何应对"这一问题并进行战略评估。例如，用户可能直接要求分析人员针对之前被界定为"恐怖分子"而现在声称是"合法政党"的集团，提出如何与之进行交往的意见，或者评估己方应当具备哪些海上方向的军事装备及人员，或者给出如何应对其盟国政治动荡局势的意见。正如这些问题一样，大多数的战略评估问题都是直截了当的。但是，分析人员偶尔也会遇到不够直白的问题。例如，用户想了解竞争者或对手的意图，那么分析人员有必要将其当做战略评估问题对待，并应从竞争者的视角作出判断。分析人员须从竞争者可能会作出的"理性"判断的角度来调查其可能的计划，但这确实有助于针对某些竞争者开展分析。

分析人员使用战略关联检查法进行推理分析时，需要通过回答"未来可能出现某种情况的背景将如何影响用户应对的方式"这一问题来进行战略评估。本方法优先考虑的是环境维度，能够描述在给定的未来可能出现的不同背景下，用户各种潜在决策的重要性。战略评估通过比较决策与其可能结果的关系来考察决策的意义。此方法将用户面对的情况纳入考量，而这种情况往往是动态且富于变化的，其关键问题则在于：其潜在的决策选择是否丰富，可供充分应对各种未来可能出现的情况。因此，本方法重点关注环境维度，并探讨环境变化的可能性及其将如何影响可行决策的实用性。

分析人员甚至可以在无法合理预测用户行为的可能结果这种在认知上较为悲观的情况下使用本方法。分析人员能够评估可能结果时，也可以使用此方法，但这并不是分析人员使用本法的先决条件。在尝试本方法之前，分析人员应该具备前述前景探究、因果分析、假设推导相关的知识。例如，为了评估"革新派"恐怖组织的下一步行动，分析人员首先应该评估该组织可能的未来发展情况（回答前景探究的问题——"为何时何地可能发生变化"）。为了对其未来发展路径进行评估，首先需要分析出该恐怖组织为什么能逐渐演变成为一个合法政治团体（回答因果分析问题——"为什么会发生这种情况？"），且确认该团体实际上正在成为国家合法的政党（回答假设推导问题——"发生了什么？"）。战略评估通常会产生很多潜在问题，分析人员应始终注意不能预设答案。因此，我们建议运用战略关联检查法的分析人员通过将可能结果的重要性描述为背景关系的角度，回答"用户将会如何回应"的问题。比较可能结果与可用决策的关系的角度，询问并提议用户作出回应。这通常是分析人员作出有效推理分析的最终目标，且是在基于其大量潜在推理过程的情况下产生的。

29.2 程序方面：建议分析人员遵循什么规则？

情报分析人员在运用**战略关联检查法**时，不仅要自问某种类型问题，还需要一套特定的规则来启发思维。他们优先考虑那些使其**可信的程序**。战略关联检查法主要有四步程序性的优先事项。这不是本方法鼓励分析人员遵循的唯一标准，但是本方法最优先关注的事项。第一，为识别相关背景，本方法特别建议分析人员通过切实关注可能的决策和未来可能出现的一系列环境变化之间的"契合度"，来证实决策的意义。上述所指环境变化包括适度变化和根本性的变化。第二，为推断出可能的结论，本方法建议分析人员通过明确在环境差异下用户决策的结果产生的不同方式，质疑每一个推断。第三，为了开发合理的替代方案，本方法建议分析人员要非常明确地去不断启发判断，因为这种方法将根据用户的未来环境的不同，评估用户决策的重要性。第四，为解释更广阔的意义，本方法建议分析人员当其发现用户的选择可能无法"契合"未来潜在的不同环境时，需要更加明确地指出新问题。综上，战略关联检查法要求分析过程更为透明，证实决策的意义、质疑每个推断、不断启发判断、预测新问题。选择这种方法的分析人员既要在具体案例中遵循这些规则，又要在整个分析过程中强化这些规则。

29.3 个人方面：建议分析人员具有何种特点？

分析人员选择使用**收敛想定推导法**，要通过特定类型的问题启发思维、遵循相应的规则，还要具备一些认知意义上的良好品质。分析人员需要着重培塑某些特质，从而（在理想标准上）定义他们作为推理者的"样子"。这些特质对于分析人员能够较好运用本方法至关重要，而使用本方法也可以反之提升分析人员的此类特质。分析人员在使用战略关联检查法时，有四点主要特质尤为重要。第一，使用本方法需认真考虑用户当前选项和未来环境之间存在不"契合"的可能性，强调分析人员应谦逊（信心与不确定性之间的平衡），以追求思维中的胆识。第二，使用本方法需考虑与"现状"一致的未来、"适度变化""根本变化"的决策制定环境，强调分析人员应具有敏感性（认识的相似性及变化性之间的平衡），从而具备思维中的自制。第三，使用本方法能够在战略"修订"需求和战略"变革"需求之间转换，作为应对各种潜在环境的一种方式，强调分析人员应具有多面性（运用既有范式与自发适应之间的平衡）的特质，从而具备判断是非的能力。第四，使用本方法能够质疑正在考虑的策略（正面的）相关性及其在各种环境中（负面的）局限性，强调分析人员应具有现实性（在识别威胁与机遇之间做好平衡），从而做到思维公正。综上，战略关联检查法建议分析人员更加谦逊、具备敏感性、多面性、现实性。因此分析人员选择运用本方法时，意味着他们要在具体案例中以上述要求自己，又要在总体上努力成为接近理想中推理者的"样子"过程中达到上述要求。

29.4 方法呈现：一般情况下如何操作？

战略关联检查法首先要确定进行评估所需的组合选项。然后，建议分析人员对这些选项未来可能所处的五种不同环境进行描述：一种"现状"环境、两种"适度变化"的环境和两种发生"根本变化"的环境。后两者的主要区别在于前者通常只是对用户需要的能力进行"修改"，而后者通常要"替换"相关的能力。对于这五种环境，要求分析人员分析最具决定意义的挑战以及与每种环境最相关的能力。最后，分析人员对用户选项对应的能力及其结果的局限性与每个环境的相关程度进行评估。

步骤1：对正在被评估的战略进行描述。对正在进行相关性评估的战略，描述其主要要素。特别是对参与方来说，要阐明该战略的核心能力是什么。

步骤2：确定当前的"现状环境"。描述参与方作出决策时所处的实时环境及其未来可能的发展情况。分析人员应提出谁或什么是主要的竞争者和/或对手。

步骤3：开发两种可供用户选择的"适度变化"环境。假设当前环境将发生改变，将这种改变设定为"适度"变化的替代方案。也就是"改变"竞争者或对手的性质，以及对此进行响应的能力（并非完全"替换"，因为仍然存在一些相似之处）。至少当前环境中的一些主要能力的相对重要性可能发生变化。分析人员应提出两个截然不同的"适度变化"的背景。

步骤4：开发两种可供用户选择的"根本变化"环境。假设当前环境将发生改变，且这种改变程度超过"适度变化"环境的变化程度。设定可能构成"彻底"改变的替代方案。也就是"变更"竞争者或对手的性质，以及对此进行响应所涉及的能力（不仅仅是"修改"，而是毫无保留、彻底改变）。该环境中将出现一些全新的能力。分析人员应提出两个截然不同的"根本变化"的背景。

步骤5：确定每个环境中最具决定意义的挑战。要考虑情报人员该如何推进或实现目标。各环境中最明确的挑战是什么？分析人员应确保"现状""适度变化""根本变化"的决策环境在这几个环境中都得到了体现。

步骤6：探查每个环境中最重要的能力。思考参与方可能需要必备的各种能力来应对（步骤5中）每个环境的挑战。确保"现状""适度变化""根本变化"的决策环境在这几个环境中都得到了体现。

步骤7：描述纳入考虑的战略决策的局限性。对（步骤1）被评估的策略与五个环境相关程度进行评估。分析人员应通过与适合每种环境的能力相比，分析该策略发展的能力的局限性。将其分为低、中、高三个级别，然后明确他们受限的方式。确定受到最大限制的区域在哪里。

结论：因缺乏与未来可能的不同环境的"契合度"，宜确定用户当前选择可能暗藏的威胁和机会。

29.5 方法实践：在具体实例中如何操作？

20世纪80年代末到90年代初，随着冷战结束，美国决策者面临的是不断变化的决策环境，世界发展看起来将不再受美国与俄罗斯之间竞争的驱使。什么将驱动世界发展，尚不明朗。那个时期，美国发展的大部分军事能力都集中在确保与俄罗斯常规军事能力对比中保持平衡或占据优势。下面假设一个分析团队尝试通过"战略关联检查法"分析当时各种选择与冷战后新世界的关联程度。

分析人员确定了用户当前（20世纪80年代末到90年代初）的战略，即他们针对不断变化的环境进行评估（**步骤1**）：建立能够威慑俄罗斯对盟国（特别是欧洲）采取行动的常规部队且/或在发生全面对抗的情况下击败它们。提出"现状"环境（**步骤2**）：其中包括与超级军事大国（如冷战期间的苏联）的竞争。随后，分析人员指出了两种未来决策可能所处的环境，但这些环境与"现状"有很大的区别，即现有能力的重要性发生了变化，但此种变化并不一定达到需要全面开发完全不同能力的程度（**步骤3**）：美国认为"C国正在崛起"并且C国会成为对区域秩序产生进攻性威胁的国家。分析人员指出两个未来可能的决策环境，表示甚至有更为重大的变化（**步骤4**）。这些所涉变化极大，能够促发全新的实力，具备成为相关实力的潜能，而不仅仅具备成为改变现有能力的重要性；即美国所谓的"破坏性组织"和"自然之怒"[①]。

通过探究这五大环境，分析人员确定了每个环境中用户将会应对的最具决定性挑战（**步骤5**）。分析人员要考虑每个环境中的主要竞争对手（或对手）以及决定性挑战，并试图确定哪些军事能力在其中最为重要（**步骤6**）。最后，将评估的战略与每个环境中所需能力进行比较，找出这些能力的限制。"现状"环境中的能力限制很少，因为当前似乎非常"适合"这种环境。美国认为的"C国崛起"环境所需的能力受到了一些局限，原因在于没有完全适应对经济资产进行保护的要求。对于C国会成为对区域秩序产生进攻性威胁的国家所对应的环境，其相关能力也受到了一定程度限制，原因在于美国认为C国在取得军事胜利后并不会专注于恢复秩序，而是更专注于阻止冲突且/或赢得军

---

① 由于作者是从美国立场出发，对中国的一些认识表达不妥，因此在翻译中对个别词句进行了归正和调整。——译者

事对抗。所谓"破坏性组织"对应环境中所要的能力也非常受限,因为该环境中力量的多样性会受到限制,而且没有足够的可用于维系"政府"所需的资源。所谓"自然之怒"对应环境中所需的能力也非常受限,因为鲜有部队具备(足以应对挑战)的专业技能,且没有足够用于支持危机中潜在的"政府"的资源。上述过程如表29.1所列。

表29.1 战略关联性检测法的示例

注:场景仅用于演示学术方法,不做他用①		步骤2	步骤3		步骤4	
	环境类型	当前的"现状"环境	可能出现的新的"适度变化"环境1	可能出现的新的"适度变化"环境2	可能出现的新的"彻底变化"的环境1	可能出现的新的"彻底变化"的环境2
	主要竞争者或对手	"军事超级大国对手"(如俄罗斯/苏联)	美国认为的"C国崛起"(如进取的C国)	美国认为C国会成为对区域秩序产生进攻性威胁的国家(如苏联国家之间的侵犯)	所谓的"破坏性组织"(如拉丁美洲毒贩、中东恐怖分子)	所谓的"自然之怒"(如疾病传播、自然灾害、气候剧烈变化)
步骤5	最具决定性的挑战	消除欧洲、拉丁美洲和中东军队而非经济平等的影响	消除东亚和非洲的经济但非军事平等的影响	反对国家之间(或之内)的暴力而非军事平等(维护人权)	消除群体的区域影响和传到本国或盟国的潜力(宣扬价值观)	消除疾病传播或自然灾害破坏的影响(避免人道主义灾难)
步骤6	最重要的功能	在可预测的地点阻止或对抗常规军事打击;打击代理人战争以消除其他地方的影响	在可预测的地点阻止或对抗常规军事打击;保护国内外经济资产	在半敌对(和可部分预测的)地点"维持和平";常规军事防御	在不受欢迎(和不可预测的)地点进行"国家建设";支持多种特种部队和基础设施	在欢迎(和不可预测的)地点进行"国家建设";支持专业技能(科学)和基础设施
步骤7	评估策略的限制	限制少	适度限制;保护经济资产	适度限制;军事胜利后恢复秩序	高度限制;力量多样性;支持"政府"	高度限制;专业技能;支持"政府"

---

① 译者注。

第30章
如何支持决策：结果已知而预期未知时
"决策意义比较"方法

优秀的情报分析人员会穷尽一切可能去探讨能够为用户带来重要意义的方法，在具体入手时可能会自然而然去对比某一个选择的"影响"和"可能性概率"。然而，倘若某一个决策的结果尚不确定，并且它的可能性概率无法估算呢？这在情报分析中是很棘手的情况，因为分析人员预测可能性概率的能力会极大程度上决定其对于最有可能的结果的判断。反之，假如他们缺乏此种能力并判断某一特定结果是最有可能出现的，他们就可能忽视推理中的不确定性，并极可能为用户作出了偏离事实的阐述。分析人员通常会对所有可能的结果进行分析，但却无法确定其可能性概率，这种情况并不鲜见。因此，分析人员需要一种能够评估所有可能结果但又不需给出最有可能结果的（推测性）分析方法。当面临决策结果的可能性概率未知的情形，分析人员需要一些建议能够针对此种情况提供解决办法。

30.1 问题导向方面：建议分析人员提出什么问题？

当分析人员运用**决策意义比较法**时，他们会通过某个特定类型的问题来启发思维。首先，他们要进行通盘考量，提出"用户如何应对"这一问题并进行战略评估。用户或许想知道，如果一架己方飞机意外进入竞争国空域并坠毁，如果想抵制针对盟友日益加剧的叛乱，如果想促进两国之间的军事合作，他们可以作出哪些可能性回应。正如这些问题一样，大多数的战略评估问题都是直截了当的；但是分析人员偶尔也会遇到不够直白的问题。例如，用户想了解竞争者对具有威胁性邻国的反制计划，这就需要分析人员在表述中从竞争者的视角对该情景进行战略评估。分析人员须从竞争者可能会作出的"理性"判断的角度来调查其可能采用的计划，这确实有助于针对某些竞争者开展分析研究。

如果分析人员使用决策意义比较法来进行推理分析，他们将用"可能结果将如何影响用户的回应方式"这一问题来构建战略评估的框架。此方法优先考虑效应维度，并在不能够确定决策结果的情况下分析潜在选择的重要性。战略评估通过比较决策与其可能结果的关系来考察决策的意义。此方法认为，用户作出特定决策后的可能后果是不确定的，因此需要根据（举例来说）"无论如何决策都是最好的结果"和区分"如此决策可能导致的最好的、最坏的结果"或"如此决策可能导致的最佳、最佳结果"的方式来评估用户决策的意义。

分析人员采用这种方法，必须（至少）建立在能够合理预测其用户行为的可能后果的认知基础上，而且这种认知并不需要较为悲观的态度。因此，分析人员推理的环境必须是足够稳定的，这才能够确定哪些结果是合理的；然而，分析人员不需具备评估结果可能性概率（即便是判断最可能或最不可能的结果）的能力。分析人员也不必要掌握对预测其他参与方基于用户行动会作出何种回应的能力。但是在尝试本方法之前，分析人员应该具备前述前景探究、因果分析、假设推导相关的知识。例如，某国飞机意外闯入竞争国空域，在分析出这一潜在威胁可能出现的结果（回答前景探究的问题——"何时何地可能发生变化"）的情况下，分析人员仅能够以用户选择的应对方式进行评估。分析人员只能在充分评估两国关系后，才能对未来可能产生的影响（回答因果分析问题——"为什么会发生这种情况?"）进行分析，而且还要对用户方飞机确实进入了对方领空（回答假设推导问题——"发生了什么?"）的情况真实性予以认定。战略评估通常会产生很多潜在问题，分析人员应始终注意不能预设答案。因此，我们建议运用决策意义比较法的分析人员，通过比较可能结果与可用决策的关系的角度，询问并提议用户作出回应。这通常是分析人员作出有效推理分析的最终目标，且是在基于分析人员已进行的大量潜在推理过程的情况下产生的。

30.2 程序方面：建议分析人员遵循什么规则?

情报分析人员在运用**决策意义比较法**时，不仅要自主选择问题所属的类型，还需要一套特定的规则用以启发思维。分析人员在分析推理的过程中必须遵循特定程序。决策意义比较法在程序方面有四项重要规则，它们不仅是分析人员必须遵守的标准路径，对于此分析方法的实际运用效果来说也是至关重要的。第一，为识别相关背景，本方法特别建议分析人员深入研究分析对象，引导用户考虑到可能结果的各个方面，以及这些可能结果（或许与最初的直觉相反）对于自己的不同意义。第二，为推断出可能的结论，本方法建议分析人员更明确地作出相关区分，从而突出决策后果的不确定性以及诸如"最佳情况"和"最差情况"可能结果的区分。第三，为了设想合理的替代方案，本方法建议分析人员推导合理的替代方案，指导用户明晰目的，每项可能的决策达成的效果是不确定的，或许是"无论如何决策都是最好的结果"，或者最坏情况下的"最好结果"或者最佳情况下的"最好结果"。第四，为解释更广阔的意义，本方法建议分析人员直接指出决策因素的局限性，从而帮助用户了解各种决策在四种不同程序规则中的重要意义。提出一个行之有效的替代方案也是十分重要的。综上，决策意义比较法建议分析过程深入研究分析对象、作出相关区分、提出合理的替代方案，并确定决策因素的局限性。选择这种方法的分析人员既要在具体案例中遵循这些规则，又要在整个分析过程中强化这些规则。

30.3 个人方面：建议分析人员具有何种特点？

分析人员选择使用**决策意义比较法**，意味着他们要通过特定类型的问题启发思维、遵循相应的规则，还要具备一些认知意义上的良好品质。分析人员需要着重培塑某些特质，从而（在理想标准上）定义他们作为推理者的"样子"。这些特质对于分析人员能够较好运用本方法至关重要，而使用本方法也可以提升分析人员的此类特质。分析人员在使用决策意义比较法中，有四点主要特质尤为重要。第一，使用本方法需通过上述四种方式询问用户决策的重要意义所在，强调分析人员应具备求知欲（兴趣的广度与深度之间的均衡），从而具备思维中的胆识。第二，使用本方法能够引发用户注意关注类似"遗憾"程度以及全面把握"最佳""最差"等限定词，从而强调分析人员的描述性（在事物的定量与定性之间保持平衡）能力，从而使其具备思维中的自制。第三，使用本方法能够探讨，在一般情况下，如"无论如何决策都是最好结果"；在特殊情况下，如最坏情况中的"最优解"决策的意义，借以强调分析人员应具有融合性（"自下而上"与"自上而下"思考之间的平衡），从而使其具备判断是非的能力。第四，使用本方法能够探索每种决策及其替代方案在上述四种不同程序方式中的重要性，强调分析人员应足够宽容（掌握否定替代方案与改进替代方案之间的平衡），从而做到思维公正。综上，决策意义比较法建议分析人员具备求知欲、描述性、融合性、宽容的品质。因此分析人员选择运用本方法时，意味着他们要在具体案例中以上述要求自己，又要在总体上努力成为接近理想中推理者的"样子"过程中达到上述要求。

30.4 方法呈现：一般情况下如何操作？

使用决策意义比较法能够根据对用户决策帮助程度的区分来确定主要变量及其可能发生的结果，进而针对每个相关选择，并根据以下四种不同的推理原则探讨其对用户的重要性：（a）主导性；（b）小中取大；（c）大中取大，以及（d）大中取小。每一项原则都代表了可能决策被证实为"最重要"的不同方式。

步骤 1：确定结果的特定不确定性因素。确定对用户可能决策的价值产生最大影响的关键点或关键问题。该关键点或关键问题应具有可被识别的可能（"已知"）。但其可能性概率不必可估。分析人员应逐一明确阐述这些结果，形成一系列互斥替代方案。

步骤 2：描述用户的相关决策选项。确定用户正在考虑的决策，包括针对关键不确定性的考虑。分析人员应逐一阐述这些选项，形成一系列互斥的替代方案。

步骤 3：描述每个可能的决策可能会怎样成为主导性选项。对于每个可能的决策，尝试阐释如何以及为何将其作为"主导"策略是最好的选择：为何某个决策无论在何种情况下……且在结果关键性不确定的情况下，都优于其他替代方案。分析人员通常采用"无论如何，此种情况和此种较好结果都将发生"的形式作出推理阐述。

步骤 4：对每个可能的决策可能如何被作为大中取小选项进行解释。对于每个可能的决策，尝试阐释如何以及为何将其作为"大中取小"策略是最好的选择：即一个决策所能导致的最差结果，如果优于其替代方案可能导致的最差结果……那它就是最差结果中"最好的"情况。分析人员通常采用"即使使用该策略的最坏结果发生了，至少还会出现此种情况和此种较好结果"的形式作出推理阐述。

步骤 5：对每个可能的决策可能如何被作为大中取大选项进行解释。对于每个可能的决策，尝试阐释如何以及为何将其作为"大中取大"策略是最好的选择：即一个决策所能够导致的最好的结果，如果优于其替代方案可能导致的最好结果……那它就是"优中取优"的最优结果。分析人员通常采用"如果使用该策略的最佳结果发生了，则会出现此种情况和此种较好结果"的形式作出推理阐述。

步骤 6：对每个可能的决策可能如何被作为小中取大选项进行解释。对于每个可能的决策，尝试阐释如何以及为何将其作为"小中取大"策略是最好的选择：如果一个决策相比某一替代方案事后对于"本可以如此"的遗憾是最少的……其结果就是最接近于"最优"的结果（相比另一替代方案）。分析人员通常采用"如果替代策略的最佳结果发生了，但未能带来此替代策略更多的益处,则仍会出现此种情况和此种较好结果"的形式作出推理阐述。

注释:推理分析中的选项越少,小中取大选项参数则越有可能接近大中取小的选项参数。

30.5 方法实践:在具体实例中如何操作?

21世纪初期,全球"反恐战争"伊始,美国及其盟国评估了伊拉克萨达姆·侯赛因政权通过启动大规模杀伤性武器计划来制造化学武器、生物武器、核武器的可能性。针对伊拉克入侵科威特的行动、1991年海湾战争爆发,分析人员强化了对伊拉克与大规模杀伤性武器之间关系的判断。海湾战争结束后,伊拉克销毁了大量武器,并长期接受联合国武器核查人员的监督,直至核查人员不再被允许进入伊拉克。在此期间,国际社会针对伊拉克与大规模杀伤性武器的质疑日趋增多,担心此举对其邻国及美国乃至世界都构成极大威胁。美国及其盟国最终评估伊拉克极可能会启动大规模杀伤性武器计划,并因此选择攻打伊拉克。然而,我们可以假设情报分析人员(在21世纪之初)选择采用决策意义比较法来进行分析,而不考虑伊拉克启动大规模杀伤性武器计划的可能概率。

在此情景下,分析人员确定推理分析中关键的不确定性因子为:伊拉克是否已经启动大规模杀伤性武器计划(步骤1),之后进一步确定此政策制定者的主要选择(步骤2),如更严厉的制裁(在迫在眉睫的军事入侵威胁下,进行彻底核查,重启制裁)、间接政权更迭(支持内部政变的空袭或其他军事行动)、直接政权更迭(陆上入侵和最终占领,直到过渡到新政府),如表30.1所列。

表30.1 决策意义比较法步骤1~2示例

注:场景仅用于演示学术方法,不做他用[①]	伊拉克已经启动其大规模杀伤性武器计划	伊拉克还未启动其大规模杀伤性武器计划
更严厉的制裁(在军事入侵威胁下,进行彻底核查)	更严厉的制裁和 启动大规模杀伤性武器计划	更严厉的制裁和 未启动大规模杀伤性武器计划
间接政权更迭(支持内部政变的空袭或其他军事行动)	间接行动和 启动大规模杀伤性武器计划	间接行动和 未启动大规模杀伤性武器计划
直接政权更迭(陆上入侵和最终占领)	直接行动和 启动大规模杀伤性武器计划	直接行动和 未启动大规模杀伤性武器计划

之后,分析人员尝试在可能选项中寻找有可能的主导性选项(步骤3),大中取小选项(步骤4),大中取大选项(步骤5)和小中取大选项(步骤6),如表30.2所列。

---

① 译者注。

表 30.2 决策意义比较法步骤 3~6 示例

第 1 步：关键不确定性的可能结果：
伊拉克已经重启大规模杀伤性武器计划或伊拉克尚未启动大规模杀伤性武器计划

第 2 步：选项	第 3 步：可能如何被描述为主导选项？	第 4 步：可能如何取大中取小选项？主导大选项？	第 5 步：可能如何被描述为主导大选项？	第 6 步：可能如何取小中取大选项？主导大选项？
更严厉的制裁（在军事入侵威胁下，进行彻底式核查）	无论如何，美国/盟友的军事行动只是针对直接袭击进行自我防御或其他形式防御（他们保持法律/道德"制高点"）。	即便伊拉克拥有大规模杀伤性武器且至少证明其完全违反了制裁决定，国际社会将进一步反对此种行为，采取进一步反对此种行为，行动是正当的。	如果伊拉克没有大规模杀伤性武器且制裁最终受到了制裁，那么制裁依然有用/有效的威胁将迫在眉睫的（尽管压力将永久有国际影响力的强大工具）。	如果伊拉克拥有大规模杀伤性武器并且受到了制裁，我们并未直接受变更来反对此人。
间接政权更迭（空袭或支持内部政变）	无论如何，伊拉克潜在的大规模杀伤性武器设施都将被（空中）摧毁，大多数美国/盟国的军事资产仍然保留（保持未来的"机动性"）。	即便伊拉克拥有大规模杀伤性武器并至少其发展大规模杀伤性武器的能力在没有美国盟国人侵/占领的情况下被摧毁。	如果伊拉克拥有大规模杀伤性武器发动了制裁，空袭大规模杀伤性武器设施等，可以美军/盟军不必通过陆上打击占领伊拉克，减少了伤亡风险。	如果伊拉克没有大规模杀伤性武器，且制裁发生改变，我们仍然不需要使用陆上大规模杀伤性武器的方式而伊拉克的大规模杀伤性武器能力将被摧毁。
直接政权更迭（陆上入侵和最终占领）	无论如何，萨达姆的政权将被推翻，在美国和盟国的友好下，一个更为好的政权取而代之。	即便伊拉克没有大规模杀伤性武器且无改于实际依据，至少萨达姆下台，该地区将有希望建立民主政权。	如果伊拉克拥有大规模杀伤性武器并且受到制裁，那么该行动将被证明是"正当的"，既消除了威胁，构建了可信的区域盟友关系，也对发展大规模杀伤性武器行为释放出强有力的反对信号。	如果伊拉克没有大规模杀伤性武器，且并未实施最"正当的"制裁，但萨达姆政权被推翻了，该地区将有希望建立民主政权。

第 31 章
如何支持决策：结果与预期均已知时
"预期影响分析"方法

高质量的情报分析能够明确了解他方的预期效果。战略决策的制定通常需要对其决策结果进行优劣衡量，这就要求分析人员能够明确阐释这些结果及它们将如何"成为现实"。然而，这不仅关乎某一具体决定"通常会带来什么后果"，用户决策的结果往往与另一个决策过程相关——即对手的决策。用户某个决策的结果，可能变成其竞争者的决策依据；同理，竞争者决策的结果，也可能成为用户决策的依据。用户及其竞争者有时处在"相互妥协"的循环中，即一方的决策是另一方决策的结果，反之亦然。这对于战略分析来说有着十分重要的意义，因为往往竞争者会对用户决策作出的预判并据此反其道而行之开展行动。分析人员应当明白其用户的竞争者往往也是战略决策的制定者，并期待己方用户作出他们预期内的行动。因此，情报分析人员需要建议用户考虑竞争者可能作出的反应，从而帮助用户作出合理的决策。

31.1 问题导向方面：建议分析人员提出什么问题？

当分析人员运用**预期影响分析法**时，他们会通过某个特定类型的问题来启发思维。首先，他们要进行通盘考量，先期预判"用户将对此作出何种反应"并进行战略分析。例如，其用户或许会直接询问与他国交战派系寻求和平的做法，或寻求打压一项新激进运动的途径，或能够威慑其对手的方法。大多数的战略评估问题都是直截了当的；但是，分析人员偶尔也会遇到不够直白的问题。如果用户对对手军事设施的建设目的感兴趣，那么分析人员或许应当从竞争者的角度思考，利用战略分析进行调查。分析人员须从竞争者可能会作出的"理性"判断的角度来调查其可能的计划，但这确实有助于针对某些竞争者展开分析研究。

如果分析人员使用预期影响分析法来进行推理分析，他们需进一步回答"其他因素的预期如何影响用户应对"这一问题来对战略评估进行阐释。此方法优先考虑的是期望维度，并对竞争者的思维模式对己方用户决策的重要影响进行诠释。即从每个参与方对其他参与方及其决策过程有所预期的角度进行战略分析，进而得出用户决策会导致的可能结果。用户某个决策完全基于对手可能的选择；而其可能决策也是对手决策的基础。一方可能作出的决策是另一方决策的可能结果，反之亦然。因此，在此情境下每个参与方对其他参与方的期待，对他们决定如何行动起到重要作用，能够影响到预期结果是达到用户期待结果这一战略的组成部分。

分析人员只能在既能够分析出用户决策的可能结果，也能够分析出对手可能方案和意图这样的较为乐观的认知情形下采用这种方法。分析人员不必预测结果的可能性概率，但是应当能够提出对方对己方决策的可能预期。分析人员还应当具备前述前景探究、因果分析、假设推导相关的知识。例如，为了就用户方与其他国家交战派系寻求和平提出意见，分析人员必须首先分析这些交战派系未来可能选择的路径（回答前景探究的问题——"何时何地可能发生变化"），为验证这些路径，分析人员必须首先调查为什么有一些因素会使这些交战派系发生冲突（回答因果分析问题——"为什么会发生这种情况？"），而且还须对几方派系确实正在交战冲突状态中（回答假设推导问题——"发生了什么？"）的情况真实性予以认定。战略评估往往要求分析人员需预先掌握一些重要的背景知识，因此分析人员需要注意不要过快给出选择结果的判断。因此，我们建议运用预期影响分析法的分析人员通过阐明其他参与方在相互期待之间的关系，并从这一角度分析用户将如何反应，进而帮助用户作出决策。这通常是分析人员推理的最后一步，且是基于其具备实质性的基础知识的情况下完成的。

31.2 程序方面：建议分析人员遵循什么规则？

情报分析人员在运用**预期影响分析法**时，不仅要自问某些特定问题，还需要一套特定的规则来启发思维。有四个程序方面的重要规则，它们不仅是分析人员必须遵守的标准路径，对于该分析方法的实际运用效果来说也是至关重要的。第一，为识别相关背景，本方法建议分析人员考虑问题的维度，形成用户决策的选项；换句话说，要形成用户的竞争者的决策的可能后果（从而制作出决策制定程序的替换)。第二，为推断出可能的结论，本方法建议分析人员构建一个清晰的流程，详细说明用户的选择、竞争者的选择、竞争者的目标、分析人员认为促成竞争者目标的内容、竞争者可能的不同期待及其可能出现的结果。第三，为提出合理的替代方案，本方法建议分析人员认真对待反对意见，考虑竞争者可能对用户决策产生的不同水平的情况。第四，为了解释更广阔的意义，本方法建议分析人员通过询问，寻求更广泛的内容，考虑用户为其竞争者创造的一种作为机会或者威胁的情况。综上，预期影响分析法建议分析过程要考虑问题的维度，构建清晰的流程，认真对待反对意见，寻求更广泛的内容。选择这种方法的分析人员既要在具体案例中遵循这些规则，又要在整个分析过程中强化这些规则。

31.3 个人方面：建议分析人员具有何种特点？

分析人员选择使用**预期影响分析法**时，意味着他们不仅要通过特定类型的问题启发思维，并遵循相应的规则，还要具备一些认知意义上的良好品质。分析人员需要着重培塑某些特质，从而（在理想标准上）定义他们作为推理者的"样子"。这些特质对于分析人员能够较好运用本方法至关重要，而使用本方法也可以反之提升分析人员的此类特质。分析人员在使用预期影响分析法时，有四点主要特质尤为重要。第一，使用本方法需理解用户竞争对手的想法及其观点的预期，以及对用户的影响，强调分析人员的咨询意识（平衡中立性与现实世界中的问题），从而具备思维中的胆识。第二，使用本方法能够关注用户及其竞争对手的两个主要决策情况，及其结合产生的价值，强调分析人员的效率（在周密与权衡之间的平衡），从而具备思维中的自制。第三，使用本方法能够关注用户的选择，同时关注其竞争对手的选择，且每个决定如何对对手产生影响，强调分析人员的反思性（关注自我与关注他人之间保持平衡），从而具备判断是非的能力。第四，使用本方法能够根据一组选择及其可能的预期来表征总体的决策情况，强调分析人员做到讲究（特殊性/特定局势与一般性/普遍情形之间的平衡），从而实现思维公正。综上，预期影响分析法建议分析人员具备咨询意识的积极性（主动）、效率、反思性和做到讲究。因此分析人员选择运用本方法时，意味着他们要在具体案例中以上述要求自己，又要在总体上努力在成为理想中推理者"样子"的过程中达到上述要求。

31.4 方法呈现：一般情况下如何操作?

分析人员在使用预期影响分析法时，首先要确定用户竞争者的决策选择可能带来的后果，从而决定用户的决策；随后，要分析由此产生的结果对竞争者的意义，以及竞争者对己方用户各种可能决策的预期会如何影响其作出战略最优决策；最后，要探讨竞争者对用户行为的预期可能给己方带来的机遇和威胁。

步骤1：确定用户的决策选项。在理想情况下，找到用户两个最值得关注（且竞争者实际可以预见到）的决策选项。将它们用2×2列表中的"列"反映"用户竞争者的选择结果"。在理想情况下，根据竞争者可能考虑的长期的结果进行分析（尽管竞争者显然可以关注短期结果）。

步骤2：确定竞争者的决策选项。在理想情况下，找到竞争者的两个最值得关注的决策选项，按照他们理解的方式进行表述（避免用"过量语言"内涵批评）。将它们用2×2列表中的"行"表示，确定最终可能的决策组合。

步骤3：确定竞争者的相关目标。分析决策组合情况以及在什么程度时竞争者将会认为或不认为这些决策组合是（战略上）"好"的结果（理想的最终状态本身或者达到理想的最终状态的有用途径）。哪些因素与此相关？确定两到三个。

步骤4：在给定所有因素的情况下为每个决策组合赋值。采用不同因素，评估（所有考虑的情况）每种决策组合对于竞争者的有用程度。（从竞争者的角度）为其"效用"赋值。用数值100作为（可用的）"最佳"结果的得分，其他结果根据与"最佳"结果进行比较，按照比例给出0~100之间的数值（允许出现相同数值），如表31.1所列。

表31.1 预期影响分析法的步骤4结构

注：场景仅用于演示学术方法，不做他用[①]	用户的决定1（d1）	用户决定2（d2）
竞争对手的决定1（D1）	d1 的效用（U1） （给定 D1）	d2 的效用（U3） （给定 D1）
竞争对手的决定2（D2）	d1 的效用（U2） （给定 D2）	d2 的效用（U4） （给定 D2）

---

① 译者注。

步骤5：计算根据给定不同的用户决策带来的竞争者选项可能的预期效用。每一个竞争者选择的预期效用将是（步骤4中）每个决策组合预期效应乘以其概率的总和。然而，由于这些组合是由用户决策产生的，因此规定其概率为竞争者期望用户作出决策的可能概率。使用以下数值（基于标准概率范围），如表31.2 所列。

表31.2 概率与预期的对应程度

标准概率范围	0.95~1.00 几乎可以肯定	0.80~0.95 高度期待	0.55~0.80 可能	0.45~0.55 概率大致相等	0.20~0.45 不太可能	0.05~0.20 极不可能	0.00~0.05 基本不可能
期望水平	完全符合预期 0.98	高度符合预期 0.88	符合预期 0.65	相同预期 0.50	意料之外 0.35	非常意外 0.12	几乎不可能 0.02

预期的效用如表31.3 所列。

表31.3 预期影响分析法的步骤5 结构

注：场景仅用于演示学术方法，不做他用[①]	竞争者对选择D1结果的预期	竞争者对选择D2结果的预期
结果预期的范围	预期的效用（d1=U1 的效用，d2=U3 的效用）	预期的效用（d1=U2 的效用，d2=U4 的效用）
d1 几乎可以肯定 d2 几乎不可能	U1×0.98+ U3×0.02	U2×0.98+ U4×0.02
d1 高度期待 d2 非常意外	U1×0.88+ U3×0.12	U2×0.88+ U4×0.12
d1 符合预期 d2 意料之外	U1×0.65+ U3×0.35	U2×0.65+ U4×0.35
d1/d2 期望/意外概率相同	U1×0.50+U3×0.50	U2×0.50+U4×0.50
d1 意料之外 d2 符合预期	U1×0.35+ U3×0.65	U2×0.35+ U4×0.65
d1 高度符合预期 d2 非常意外	U1×0.12+ U3×0.88	U2×0.12+ U4×0.88
d1 几乎肯定没有 d2 几乎可以肯定	U1×0.02+ U3×0.98	U2×0.02+ U4×0.98

---

① 译者注。

步骤 6：确定竞争者的预期如何影响其"最优"决策。对于竞争者的每一个决策选项，确定哪一组（关于用户的决策/竞争者结果）预期是该决策的"最优"决策（具有最高的预期效用值）。

步骤 7：评估竞争者对用户的预期的影响。如果竞争者希望用户作出特定选择，则需确定该选项是否存在对用户的"威胁"；之后，明晰如果竞争者希望用户选择其他选项，是否存在相应的"机会"。

31.5 方法实践：在具体实例中如何操作？

20世纪50年代后期，随着美国和苏联的冷战，国际局势变得越来越紧张，古巴共产主义革命推举菲德尔·卡斯特罗掌权，美国支持的富尔亨西奥·巴蒂斯塔落败。由于担心古巴会与苏联建立起牢固关系，从而成为苏联在西半球的强大的战略盟友，美国于1961年发动了一次试图推翻卡斯特罗政府的失败战争。此后，美国继续伺机推翻卡斯特罗政府，而古巴则成为苏联的强大伙伴（作为潜在的保护源）。1962年秋，美国情报部门发现苏联在古巴派部署弹道导弹，即令世人震惊的古巴导弹危机，现在被认为是美国和苏联最接近全面冲突（包括核战争的风险）的事件。美国有多种应对措施，其中最重要的选择包括对古巴实施或对导弹部署地点作出外科手术式的空袭。而苏联的主要选择包括维持导弹部署或将其移除（可能是美国作出回应的某种让步）。下面假设分析人员应用预期影响分析法来帮助他们从苏联的角度来看待这一事件。

分析人员将从长期视角，考虑美国的选择，确定是否允许卡斯特罗继续执政或继续尝试推翻其政权。因此，苏联的选择结果是"卡斯特罗继续执政"和"卡斯特罗下台"（步骤1）。苏联在此次危机中可能得到的长期结果，包括"移除导弹"和"保存导弹"（步骤2）。根据给定的苏联的价值为效用赋值（步骤3~4），如表31.4所列。

表31.4 预期影响分析法的步骤4示例

注：场景仅用于演示学术方法，不做他用①	卡斯特罗继续执政（d1）	卡斯特罗下台（d2）
移除导弹（D1）	移除导弹且卡斯特罗继续执政 效用=80	移除导弹且卡斯特罗下台 效用=20
保存导弹（D2）	保存导弹且卡斯特罗继续执政 效用=100	保存导弹且卡斯特罗下台 效用=0

---

① 译者注。

鉴于这些效用赋值，苏联对"移除导弹"和"保存导弹"的预期效用（步骤5）如表31.5所列。

表 31.5　预期影响分析法的步骤 5 示例

注：场景仅用于演示学术方法，不做他用①	苏联对选择"移除导弹"结果的预期	苏联对选择"保存导弹"结果的预期
结果预期的范围	预期的效用 （卡斯特罗继续执政效用=80，卡斯特罗下台效用=20）	预期的效用 （卡斯特罗继续执政效用=100，卡斯特罗下台效用=0）
卡斯特罗继续执政 几乎可以肯定	80×0.98+20×0.02=78.8	100×0.98+0×0.02=98.0
卡斯特罗继续执政 高度期待	80×0.88+20×0.12=72.8	100×0.88+0×0.12=88.0
卡斯特罗继续执政 符合预期	80×0.65+20×0.35=59.0	100×0.65+0×0.35=65.0
卡斯特罗继续执政/下台 期望/意外概率相同	80×0.50+20×0.50=50.0	100×0.50+0×0.50=50.0
卡斯特罗继续执政 意料之外	80×0.35+20×0.65=41.0	100×0.35+0×0.65=65.0
卡斯特罗继续执政 非常意外	80×0.12+20×0.88=27.2	100×0.12+0×0.88=12.0
卡斯特罗继续执政 几乎肯定不可能发生	80×0.02+20×0.98=21.2	100×0.02+0×0.98=2.0

考察这些选项（步骤6），分析人员分析预期和结果的组合，推断如果苏联认为选择"保存导弹"继而"卡斯特罗继续执政"是高度符合预期的（或更高）结果，那么"维持导弹"则是最优选项。另外，如果苏联认为选择"保存导弹"而很大可能不出现"卡斯特罗继续执政"（或更低）的结果，那么"移除导弹"则是最优选项。然而，如果选择"保存导弹"，且"卡斯特罗继续执政"的结果符合预期或者期望/意外概率相同或者意料之外，那么最优选择取决于他们对"移除导弹"可能结果的预期。如果"移除导弹"的结果是高度期待（或更高）"卡斯特罗继续执政"，那么"移除导弹"就是最优选项。但是，如果"卡斯特罗继续执政"极度不符合预期（或更低），那么"保存导弹"是最优选项，如表31.6所列。

---

① 译者注。

表 31.6 预期影响分析法的步骤 6 示例

		苏联对选择"移除导弹"结果的预期						
		卡斯特罗继续执政几乎可以确定	卡斯特罗继续执政高度期待	卡斯特罗继续执政期待	卡斯特罗继续执政期待/意外概率相同	卡斯特罗继续执政意料之外	卡斯特罗继续执政高度不符合预期	卡斯特罗继续执政完全不符合预期
苏联对选择"维持导弹"结果的预期	卡斯特罗继续执政几乎可以确定	移除=78.8 保存=98.0 保存	移除=72.8 保存=98.0 保存	移除=59.0 保存=98.0 保存	移除=50.0 保存=98.0 保存	移除=41.0 保存=98.0 保存	移除=27.2 保存=98.0 保存	移除=21.2 保存=98.0 保存
	卡斯特罗继续执政高度期待	移除=78.8 保存=88.0 保存	移除=72.8 保存=88.0 保存	移除=59.0 保存=88.0 保存	移除=50.0 保存=88.0 保存	移除=41.0 保存=88.0 保存	移除=27.2 保存=88.0 保存	移除=21.2 保存=88.0 保存
	卡斯特罗继续执政期待	移除=78.8 保存=65.0 保存	移除=78.8 保存=65.0 移除	移除=59.0 保存=65.0 保存	移除=50.0 保存=65.0 保存	移除=41.0 保存=65.0 保存	移除=27.2 保存=65.0 保存	移除=21.2 保存=65.0 保存
	卡斯特罗继续执政期待/意外概率相同	移除=78.8 保存=50.0 移除	移除=78.8 保存=50.0 移除	移除=59.0 保存=50.0 保存	移除=50.0 保存=50.0 平分	移除=41.0 保存=50.0 保存	移除=27.2 保存=50.0 保存	移除=21.2 保存=50.0 保存
	卡斯特罗继续执政意料之外	移除=78.8 保存=35.0 移除	移除=78.8 保存=35.0 移除	移除=59.0 保存=35.0 移除	移除=50.0 保存=35.0 移除	移除=41.0 保存=35.0 移除	移除=27.2 保存=35.0 保存	移除=21.2 保存=35.0 保存
	卡斯特罗继续执政高度不符合预期	移除=78.8 保存=12.0 移除	移除=78.8 保存=12.0 移除	移除=59.0 保存=12.0 移除	移除=50.0 保存=12.0 移除	移除=41.0 保存=12.0 移除	移除=27.2 保存=12.0 移除	移除=21.2 保存=312.0 移除
	卡斯特罗继续执政完全不符合预期	移除=78.8 保存=2.0 移除	移除=78.8 保存=2.0 移除	移除=59.0 保存=2.0 移除	移除=50.0 保存=2.0 移除	移除=41.0 保存=2.0 移除	移除=27.2 保存=2.0 移除	移除=21.2 保存=2.0 移除

注:场景仅用于演示方法,不做其他用①

"移除导弹"和"保存导弹"结果的预期组合,使"移除导弹"成为苏联的预期的最佳选择接着，分析人员得出结论（步骤7），就其用户希望苏联选择"移除导弹"而言，苏联对美国反应的预期至关重要。例如，如果苏联认为"保存导弹"后卡斯特罗继续执政是高度符合预期的，那么苏联就不会将导弹移除。这对用户来说就是一种威胁。对比来看，如果苏联选择"移除导弹"而卡斯特罗继续执政的可能性占到一半（或者更低）；如果苏联期望卡斯特罗继续执政，那么"移除导弹"就是最优选择，这对用户来说是一个机会。因此，苏联对美国反应的预期结果非常重要。这并不意味着如果苏联的预期实现，苏联则将按照美国的思路行事，而是美国应该想要了解这些预期结果将如何使苏联作出更为合理的确切行动。

结　语

　　本书旨在为情报分析人员开辟新的视野，推动推理工作实现理论与实践创新。本书的创作动机源于情报分析人员在推理工作中面对的独特挑战，而这些挑战可以从**多维度**进行阐释。这些挑战的困难之处，源于情报分析人员工作的特殊性质（参见第 2 章），又广泛存在于一般性推理的各类问题之中（参见第 1 章），并且在信息化时代正在不断加深（参见第 3 章）。在理解现有推理范式的大背景下（参见第 4、12、17、22、27 章），本书提出了自成体系的替代方法（第 5 章）。其中，分析人员在面对推理工作时，审视来自特质、技术与目标等方面的挑战，不仅要从分析人员本身出发（"他们是谁"：体现出的良好习惯），还应将其自身视作过程中的一部分（"他们做什么"：遵循的规则），同时还包括分析人员提出的问题（"他们去向哪里"：推理的领域）。在这些分析人员推理工作理想标准的共生维度中，每一项都可划分出第二层与第三层维度（第 6~8、13、18、23、28 章），而且分析人员在这些丰富维度中的每一个部分，都可以找到不同层次的对应方法（第 9~11、14~16、19~21、29~31 章）。总之，可以对本项研究作如下总结：

　　　　情报分析推理的主体与客体都具有多重维度，理想的推理就是在这些不同维度中寻求平衡；这种实践就是要知晓在什么情况下要强调哪些维度，其目的不仅在于解决当前存在的具体问题，还在于在总体上确保分析过程与分析人员处在平衡的健康状态。

　　除具体阐释情报推理理论与实践外，本书鼓励向新兴**情报研究**领域中与分析推理工作相关的一系列问题投注更多精力。尤其对于书中屡次提及的五个核心主题（已在**绪论**部分列出），它们对于所有在未来可以预见的推理工作而言，也可视作一项"挑战"。因此，在对本书进行总结的过程中，我（希望）上述提及的问题也能够启发人们继续探索。

　　审视情报分析人员推理工作，最先且最显著的挑战就是，相关阐释要做到既能够服务于情报学者与方法论专家对系统化理论的需求，同时又能为分析人员在现实中从事实践活动提供理论基础。因此，该理论作为学术理论要是可信的，但也要与相应的"现实世界"实践议题结合起来。这些理论必须能够帮助信息化时代的情报分析人员了解到（并阐释出）推理工作中的"最佳原则"以及"最佳实践"。

  1. **阐释情报分析人员理想推理中的全面挑战**：提出一种关于推理的可靠总体理论，该理论能够在更广阔的意义上与其他相关学术理论相衔接，并且涵盖对情报分析人员在现实世界中切实可行地运用该理论的一套实践指导方式。

  鉴于分析人员在作为人的维度上居于情报分析工作的中心，结合人们普遍认为要去努力避免问题心态、偏见与谬误等重要问题，这里对于推理工作的阐释是，如果将情报分析与个人作用的相关性疏离开来，那么推理工作就无法符合标准。值得注意的是，这种标准（及其背后所指向的推理工作）将思维模式、偏见与谬误视为推理特质的重要指标，而非指标之外的东西。换言之，这里的第二项挑战，就是去有力说明在情报分析人员所具有的积极心态特征中，其中一部分便是来自于思维模式、偏见与谬误带来的挑战。这不只是去要求人们对思维模式、偏见与谬误作出任何形式的回应，而是需要将分析中的个人方面摆在优先位置——即分析人员自身的特质。

  2. **阐释情报分析人员理想推理中的个人维度挑战**：提出一种关于积极心理特质的可靠说明，这种特质要求分析人员去直面思维模式、偏见与谬误。

  第三项挑战反映出如下事实：不仅分析人员在作为人的维度上居于情报分析工作的中心，在程序的维度上也应如此。分析过程是一种特殊的推理过程，也就是一种透明且依规受控的过程。某些特定步骤相比于其他方式更能起到正向推动作用。这里提出的是一种介绍该程序的一般性理论。对于情报分析人员推理工作的理想阐释，就是要将程序置于优先位置——即分析过程本身。

  3. **阐释情报分析人员理想推理中的程序维度挑战**：提出一种关于某类技术的可靠说明，此类技术能够帮助分析人员使其过程实现透明化并做到依规受控。

  情报分析中的推理主题对推理工作提出了独特的问题导向性的挑战，该维度与作为人的分析人员以及作为程序的分析工作一样，都在情报分析中居于中心地位。这里阐释的是分析人员推理工作所要面对的四项挑战，即分析性问题受制于有限的可靠数据、误导性信息、多种未来路径以及重大决策的需求。对于情报分析推理工作的理想化阐释，需要提出能够应对所有上述四类问题的独特方案。这里需要的并非是一种"万全之策"，但却与那些造成分析人员遭遇困难的现实因素息息相关。目前从理论上讲，由于已经确定出四种不同的问题，该项挑战也可以依次对应拆解成四个独立的问题。但是为了简单起见，我将它们进行了合并。需要着重注意的是，在其中一些方面，对于推理工作的阐释会比其他方面做得要好，因此人们确实要记住这一点。对于情报分析推理工作的理想阐释，也要将这些挑战从分析人员的目标中突出出来——即分析性问题本身。

4. **阐释情报分析人员理想推理中的问题导向维度挑战**：提出一种关于某特定问题的可靠说明，该类问题与分析目标有关，并且还与怎样去指出信息不充分、信息不相关、信息不确定和信息无意义有关。

阐释情报分析推理的最后一项挑战源自推理工作具有独特性。因此，可以认为这属于最具争议性的问题。分析人员的推理之所以与众不同，是因为它要实现的是对问题给出（潜在）理想的分析。

5. **阐释情报分析人员理想推理中的范式挑战**：提出一种关于分析人员在**信息化时代**进行理想推理的可靠说明，这种推理就其本身而言是一种合理的"标杆"，同时也能够激励他人采用类似的方法进行推理，（从而）为情报分析赋予重要意义。

最后，同样也是最为重要的一点是，对情报分析人员提出挑战是为了构建出理想推理的（潜在）范式。因此，对情报分析人员推理工作作出可信的阐释，必须能够以相当精密的形式呈现出来，用以说明什么是理想标准。这些对于分析人员推理工作的阐释，应当帮助我们去理解为什么情报分析人员会如此重要。

作者介绍

诺埃尔·亨德里克森博士是美国詹姆斯麦迪逊大学副教授①，也是该校情报分析项目的创始成员。对于该项目，亨德里克森博士率先开发了情报分析的推理方法并且讲授相关系列课程，其中包括假设试验、因果分析、反事实推理以及战略评估。亨德里克森博士此前提出的咨询建议（以及培养出的情报分析项目毕业研究生），在美国政府机构、国防工业部门以及其他的主要国际企业和咨询公司所构成的庞大分析界中占据着情报分析领域的重要地位。亨德里克森博士于2002年获得美国威斯康星大学哲学博士学位，最初的学术研究方向聚焦于人类决策的结构（特别是其中的不确定性），同时他的授课内容主要涉及批判性思维。自2005年起，亨德里克森博士的研究已经开始转向情报分析中的推理问题，同时开发出了一种新的维度，用以专门审视情报分析中的挑战，并且创建出一种反事实推理的崭新模型，用以分析未来问题。在上述领域，亨德里克森博士频繁受邀在与情报相关的教育和训练会议中发言，是国际"五眼联盟训练工作坊"的长聘教官，也是享誉业界的咨询专家。除发表有关（分析哲学中的）行动理论、批判性思维以及（情报分析）推理问题的论文之外，亨德里克森博士还撰写了《反事实推理：分析人员、战略家与决策者的基本指南》(Counterfactual Reasoning: A Basic Guide for Analysts Strategists and Decision Makers)(2008)，并且与他人合著《罗曼和利特菲尔德批判性思维手册》(Rowman & Littlefield Handbook for Critical Thinking)(2008)。

---

① 现为教授。——译者

译者后记

2018年，我在思考战略决策与情报工作中的不确定性现象时，偶然间发现了美国情报学家亨德里克森同年出版的这部作品，当即托请正在国外学习的好友购得并寄回国内。

坦率地讲，我在阅读本书时感到，作者以哲学和逻辑学家特有的素养，运用哲学理论开益情报研究的方式的确引人入胜，而且他在文字间流露出的那种对情报事业的学术态度与学术追求着实令人印象深刻，甚至逐渐模糊了我在开卷时审视其分析不确性方法的"初衷"。我有这样的感受：即使科技革命正在加速改变情报工作，但情报分析的主体依旧归属人的认知，其本质依旧是一种高级的思维过程，需要思想上的战略穿透。而且从某种意义上讲，对技术、数据的过多关注，时常会使人们忽略掉情报分析中蕴藏的总体性规律，忽略掉思维革新对技术进步的主导作用。实际上，思想对技术的影响，远比技术对思想的影响更加重要。

鉴于此，我决定将该书译成中文，把它介绍给更多的国内读者。2019年，本书获得中央军委装备发展部"装备科技译著出版基金"立项，期间中国工程院院士、军事科学院研究员戴浩少将与全国政协委员、海军指挥学院教授鲁明少将，向评审委员会联袂推荐本书。本书的翻译工作得到了国防科技大学国际关系学院领导同志和国防工业出版社有关同志的大力支持。直至本书付梓，全国政协委员、资深情报专家、国防科技大学国际关系学院邢霞教授始终给予我热情鼓励和鼎力相助，并欣然应请为本书作序。在翻译过程中，谷蕾副教授曾就几处难点问题给予宝贵帮助，好友孙曲宜、刘路鹏、刘畅等同志在校阅部分译稿中提出了许多建设性意见，郭燕、徐旭、邱烽、张照星等领导同志也给予了具体的支持和关怀。责任编辑辛俊颖女士和国防工业出版社的其他同志对译文进行了专业细致的审核校阅和精心的排版编辑。在此一并表示深深的谢意！

我很荣幸能与空军研究院彭丹杨、军事科学院于泽雯两位同志携手合译此书。我们的分工为：我翻译导言、第一至第四部分全部章节，并添加译者注以及绘制图表；彭丹杨翻译第五至第八部分全部章节以及结论部分；于泽雯翻译第九至第十一部分全部章节。在初译和互校基础上，我对全部译稿作了统校。

译事甘苦处，译者寸心知。亨德里克森教授对学术语言的严谨追求和对哲学知识的旁征博引，超出了我们起初对翻译难度的预计，但也给我们带来了极大的乐趣。我们查阅资料、反复揣摩、比较研究，力求准确还原原著风貌。两年间，我因工作辗转于伦敦、北京和南京三地，太多的日常事务使得我很少能将整块时间投入到翻译工作。同样，彭丹杨与于泽雯也因案头压茬推进的各项工作，不得不把两年里本就捉襟见肘的休息时间都奉献给本书。在此特向两位同志表示敬意！

我始终认为，理论研究不是用来装点门面，而是用来指导实践、解决实际问题。亨德里克森教授的这本书，既是严谨治学的范本，也是将情报理论与情报实践紧密结合的范例。但限于我们的翻译能力和专业水平，书中部分内容或许只有读者以专业的素养投注更多耐心，主动以贴近作者的方式去浸润体会，才能更好地加以把握。译稿交付后，我们总觉得还有许多理解不够深透的地方，尚存的疏漏与不足，还敬请读者以存疑的雅量给予谅解并期指正。

果翃宇

2020 年 11 月 21 日于南京

2021 年 6 月 4 日修改于北京